지역사회복지론

-공동체 만들기 지침서-

이경은
정송화
하나영
공 저

COMMUNITY WELFARE & PRACTICE

양 성 원

머리말

현대사회에서 사회문제의 해결책으로 지역사회복지 혹은 공동체 만들기를 제시하고 있다. 하지만 우리는 지역사회 또는 공동체를 어떻게 이해하고 있는가에 대한 의문에서 본서는 시작되었다. 지역사회가 구성원들이 생활하는 공간이라 한다면 전통적인 농경사회에서는 지리적 범위 내에서 끊임없이 마주치며 상호작용하는 '마을'을 지역사회로 볼 수 있다. 그러나 현대사회의 모습은 어떠한가? 옆집에 살면서도 거의 마주치지 않고 인사도 제대로 건네지 않는 오늘날의 도시환경을 본다면 지역사회를 '마을'과 같은 개념으로 정의하는 것은 부적절해 보인다. 본서는, 첫째, 지역사회와 공동체 개념을 폭넓게 이해하는 데 초점을 맞추었다. 지역사회와 공동체의 본질은 다양하고 복합적이기 때문에 하나의 정의로 표현하기 어렵다. 공동체 또한 전통적으로 지역사회 공동체에서 출발했지만, 오늘날에는 다양하게 분화되고 있다. 3인으로부터 시작해 몇백만 명 이상이 모인 공동체까지, 그리고 마을부터 읍 · 면 · 동, 시 · 군 · 구, 시 · 도까지 다양한 지역공동체가 존재하고 있다. 따라서 우리는 지역사회와 공동체를 동일 개념으로 혹은 개별적인 개념으로 파악하고, 이러한 고민을 해결하기 위해 지역사회와 공동체 개념에 주목하여 서술하였다.

둘째, 주민의 복지적 욕구에 따라 지역복지 실천가인 사회복지사 혹은 조직가의 역할은 어떻게 변화해야 하는지에 초점을 맞추고자 하였다. 경제성장과 함께 지역사회 주민의 복지적 욕구도 점차 다양해졌다. 약화된 가족의 기능을 보완하기 위해 지역사회 주민을 조직화하여 주민 스스로 지역사회의 문제를 발견하고 해결하는 과정을 필요로 한다. 따라서 본서는 보다 주민의 복지적 욕구에 따라 실천가의 역할은 어떻게 변화해야 하는지에 주목하였다.

셋째, 사회적 고립에 대한 대안으로 공동체 의식 함양에 주목하였다. 최근 한국사회의 핵심적인 화두로 단절, 고립, 분열의 문제가 대두됨에 따라 통합이나 공생의 방법을 찾기 위한 사회적인 노력도 활발해지고 있다. 이는 안정감을 제공하고 정체성의 근거가 되었던 전통적인 관계들의 해체로 인한 사회적 배제(Social Exclusion), 선택에 따른 다양한 삶에 기인한 공동체적 연대의 약화 등 현대인들이 당면한 근원적인 문제들을 함축하고 있었다. 본서는 이러한 현대사회의 핵심 문제인 '개인화'와 관련해서 공동체의 필요성과 중요성을 제시하여 현대사회에서 가능한 공동체에 대해 고민하고 이를 위한 해결책을 제시하고자 하였다.

이 책은 총 15장으로 구성하였다. 제1장은 지역사회와 공동체, 지역사회복지의 개념을 새롭게 정의하였으며, 제2장에서는 지역사회복지실천이 사용되어온 맥락을 짚으면서 각각의 개념을 정리하였다. 제3장에서는 지역사회를 바라보는 관점과 문제를 인식하는 이론적 배경에 대한 지식에 대해 설명하였다. 제4장에서 제6장까지는 지역사회복지의 실천과 이론, 모델에 관련한 영역으로 지역사회복지실천의 기본적인 원칙과 과정, 지역사회복지의 실천모델에 대한 이해를 바탕으로 구성하였다. 제7장에서는 지역사회복지 실천가의 기술에 관련하여 제시하고, 제10장까지는 실제 실천가가 활용되어 나타나고 있는 지역사회보장계획, 지역사회교육 그리고 지역사회복지운동을 다루었다. 제11장에서 15장까지는 지역사회복지 실천이 이루어지는 추진체계를 고찰하였다.

이 책은 지역사회복지 혹은 공동체 만들기와 같은 과업을 사회복지사와 조직가들이 실제 수행하는 데 있어 가질 수 있는 어려움에 대해 다양한 사례를 통해 그 해답을 제시하고자 노력하였다. 그리고 4차산업혁명 시대에 지역사회와 공동체를 어떠한 형태로 우리가 활용할 수 있는지에 대한 미래지향적인 노력을 함께 제시하고자 하였다. 모쪼록 현대사회의 공동체에 대해 많은 고민을 가지고 있는 조직가와 학생들에게 귀중한 참고자료가 되기를 소망한다. 아울러 편집을 위해 수고해 주신 양성원 강철원 대표님과 편집부에 감사의 말씀을 전한다.

차 례

Chapter

01

지역사회의 이해

Chapter

01 지역사회의 이해

1. 지역사회의 개념

지역사회(community)가 구성원들이 생활하는 공간이라 한다면 일상생활에서 정한 지리적 범위 내에서 끊임없이 마주치며 지속적으로 상호작용을 하고 지내는 '마을'을 지역사회로 볼 수 있다. 그러나 현대의 우리는 옆집에 살면서도 거의 마주치지 않고 인사도 제대로 건네지 못한다. 오히려 멀리 떨어진 지역에 있는 사람들과 '일촌'을 맺고 살아가는 지역사회에서는 이러한 정의가 부적절해 보인다. 이처럼 지역사회의 본질은 다양하고 복합적이기 때문에 하나의 정의로 표현하기 어렵다.

사회복지 영역에서도 지역사회에 대한 개념을 이론적으로 정립하고 지역사회복지 실천을 본격화한 것은 1980년대 이후라고 할 수 있다. 지역사회복지 학자인 루빈과 루빈(Rubin & Rubin, 1992)은 지역사회를 다섯 유형으로 나누어서 설명한다. 그들에 따르면, 지역사회는 장소로서의 지역사회, 연대로서의 지역사회, 사회계급으로서의 지역사회, 사회연결망(social network)으로서의 지역사회, 삶의 공간으로서의 지역사회로 나뉜다.

1) 장소로서의 지역사회

장소로서의 지역사회는 크기, 밀도, 이질성에 따라 차이가 난다. 장소로서의 지역사회는 하나의 장소에 사는 사람들의 집합체이다. 이러한 집합체는 지역사회를 바라보는 시각에 기초하여 특정 지리적 영역 또는 근접하게 사는 사람들의 집단이라 정의할 수 있다. 힐러리(Hillery)는 일정한 지리적 영역에 거주하는 주민 또는 공동체성을 지닌 주민 간의 만남이 이루어지는 장소를 지역사회라고 정의하였다. 따라서 '장소'는 근린 지역사회, 일정한 구역의 지역사회, 도시 지역사회, 대도시 지역사회로 불린다(함철호, 2020). 특히, 인구 천만 명의 초거대도시인 서울시의 경우 생활권으로서의 지역사회를 나누기 보다는 행정 동 단위로 구별하는 게 훨씬 피부에 와닿을 수 있다(최순옥 외, 2017). 이에, 장소로서의 지역사회는 읍·면·동 등의 행정구역이나 이웃, 마을, 도시 등을 예로 들 수 있다.

지역사회를 장소의 개념으로 인식하는 경우 사회복지사는 여러 질문을 제시해야 한다. 생활권을 의미하는 근린은 어떠한 의미를 내포하고 있는가? 'Neighborhood'는 옆집에 사는 이웃만을 의미하는 것일까? 'Community'와 'Neighborhood'는 어떤 차이가 있을까? 'Locality'는 또 어떤 개념일까? 지역성, 장소성, 공간적 특성의 개념이 왜 중요한가? 이와 같이 지역사회라는 일상용어가 주는 관습적인 개념에서 벗어나 우리 활동의 경험과 모습에 대한 사회학적인 접근을 해야 한다(최순옥 외, 2017). 따라서 사회복지사는 질문에 근거하여 다음과 같은 점에 유의해야 한다. ① 사람들은 특정 장소에 같이 모여 살지만, 상호 간에 연결되어 있지 않다. ② 장소로서의 지역사회는 동질성을 공유하는 집단과 그렇지 않은(이질적인 개별적 특성) 집단이 같은 지역사회 안에서 생활할 수 있으며, 장소로서의 지역사회를 이해하기 위해서는 그 지역사회 구성원들이 갖는 동질적 성격을 찾는 것이 중요하다. ③ 한 장소 또는 영토에 많은 지역사회가 존재할 수 있기에 꼭 한 장소에 한 지역사회만이 존재하지 않는다. 이와 같이 지역사회를 장소로 인식하는 경우 지역사회를 구분하는 경계에 대해 지역주민에게 물어보는 것이 중요하다고 볼 수 있다. 특히, 사회복지사는 자신이 개입하여 일하게 되는 지역사회와 친밀

해져야 한다. 그렇게 하려면 지역 주변을 관찰하고 지역주민과 함께 시간을 보내는 것이 중요하다.

2) 연대로서의 지역사회

연대로서 지역사회를 바라보는 시각은 지역사회가 공통의 유산을 지니고 있다는 전제에 기초한다. 즉, 공동체성, 연대감, 사회적 동질성을 강조하는 지역사회 개념이다(Ross, 1967). 로스(Ross, 1967)에 의하면 연대로서의 지역사회는 공통적인 이해관계를 지닌 사람들의 모임이며, 사회와 문화적 동질성과 상호작용에 근거하여 형성된다.

에밀 뒤르켐(Emile Durkheim)은 연대성 수준에 따라 기계적 연대와 유기적 연대로 구분하였다. 첫째, 기계적 연대는 혈연, 지역, 종교, 인종 등 문화의 동질성에 기초하여 공통의 유산을 가지고 있다. 공통의 유산을 가지고 있는 지역주민은 강력한 일체감이나 동질성을 갖게 되고, 공동의 가치와 신념체계를 가지고 있다. 예를 들어, 미국 뉴욕에 있는 브루클린(Brooklyn)의 한 지역은 유대인들이 그들의 신념과 종교 가치 등을 공유하며 지역을 형성해서 살고 있다. 우리나라 같은 경우 지리산 청학동에는 여전히 과거의 전통을 고수하며 사는 사람들이 존재한다. 아직도 일부 지역사회는 같은 성을 가진 사람들만 사는 집성촌이 있는 경우도 종종 볼 수 있는데, 이런 경우 그 지역사회의 연대성은 매우 높다고 할 수 있고 기계적 연대라고 정의할 수 있다. 둘째, 유기적 연대는 사회발전에 따라 동질적이지 않은 구성원들끼리 분업을 통해 상호 의존하게 된다. 사람들은 경제적으로 상호 의존하고 있고, 사회 구성원 각자가 이러한 상호 의존의 중요성을 인식하는 과정에서 통합되는 것이다. 특히, 산업화 사회가 발달함에 따라 사람들은 다른 직종에서 공급되는 재화와 용역이 필요하므로 점점 더 서로에게 의존하게 된다.

3) 사회계급으로서의 지역사회

사회계급으로서의 지역사회는 권력 구조적으로 바라보는 관점에 기초한다. 즉, 지역사회는 힘의 관계에 따른 계급의 분화로 정의할 수 있다. 계급은 힘을 나타낼 수 있는 소득, 교육, 재산의 소유관계, 자원과 기회에 접근할 수 있는 접근성의 정도 등에 기초한다. 사회계급으로 지역사회를 바라보는 관점은 특정 지역사회의 힘의 관계를 통해서 그 지역의 특징을 분석할 수 있다. 따라서 사회계급으로서 지역사회를 이해하기 위해서 사회복지사는 지역사회 안에 존재하는 지역주민 사이의 힘을 분석(power analysis)해야 한다. 힘의 분석은 사회복지사들에게 두 가지 명확한 강점을 제시해 준다(지은구, 2003). ① 권력 또는 힘이 없음이 지역사회 구성원들에게 어떠한 영향을 가져다주는지를 이해할 수 있다. ② 지역사회를 계급으로 구분 짓는 잠재적인 힘의 원천들(sources)이 무엇인지를 확인할 수 있다(지은구 · 조성숙, 2010).

지역사회에 대한 계급적 이해는 자연스럽게 갈등으로서 지역사회를 이해하는 관점으로 이어진다(Hardcastle et al., 1997). 지역 안에서 상이한 하위체계 안에 있는 다양한 권력 집단 간의 불일치나 전체와 부분 집단들의 불일치가 일어날 때에 원인, 결과, 대책에 대한 분석에 있어, 집단 간의 힘의 불균형이 필수적이다. 따라서 지역사회는 갈등의 장으로서 집단과 집단 간, 나아가 개인과 집단 간의 불일치 또는 갈등이 어떻게 인식되고 해결되어야 하는지에 대한 대안으로 등장하였다. 이 관점은 지역사회의 갈등과 변화는 지역사회가 안고 있는 속성이며, 발전을 위한 전제라고 본다. 그리고 지역주민의 이익을 결정하는 과정은 이성적 기획, 제휴(행동을 함께하기 위해 서로 붙들어 도와줌), 조정 등에 의해서뿐만 아니라 협상과 갈등을 포함한다(Hardcastle et al., 1997).

4) 사회연결망으로서의 지역사회

지역사회를 사회연결망(social networks)으로 바라보는 시각은 사람들이 연결망을 구성하고 이 연결망이 곧 지역사회를 구성한다. 루빈과 루빈(1992)에 따르면, 사회연결망은 특정한 논의 또는 쟁점에 대한 정보를 흐르도록 돕는 연계된 관계의 하나의 유형이다. 연결망은 가족, 친척, 동료, 또는 공동의 관심사로 함께 모이는 사람들로 구성된다. 루빈과 루빈(1992)은 연결망 구축을 위한 일차적인 기초가 동일한 욕구와 정서(감정)이기 때문에 연결망의 초점은 상호원조에 있다고 본다. 상호원조는 협조와 지지로 발전하기 때문에 사회복지사는 가족 연결망(family network)뿐만 아니라 사회연결망이 어떻게 이루어져 있는지 파악하고 있어야 한다. 사회연결망의 파악을 통해 지역사회 구성원들을 이해하고 그들의 문제를 해결하는 데 중요한 정보를 받을 수 있게 된다(지은구 · 조성숙, 2010).

지역사회를 서로 간에 이해가 얽혀 있는 조직체로 바라본다는 관점에서 최근에는 가상공동체의 네트워킹을 강조한다. 그리하여 사회연결망과 이익 중심의 지역사회는 유사한 맥락에서 이해될 수 있다. 많은 지역이 공유하는 지리적 영토보다 공유하는 공동의 관심이나 이익을 가지고 있다. 예를 들어, 독신남녀 모임, 환경문제 모임, 알코올중독자 모임, 도박 모임 등의 다양한 공동의 이익이나 관심을 가지고 있는 사람들로 지역사회가 조직화되고 구성된다.

5) 삶의 공간으로서의 지역사회

삶의 공간으로 지역사회를 바라보는 관점은 지역사회에 대한 생태적 관점의 확대로 볼 수 있다. 켐프(Kemp, 1998)는 생태적 관점을 가지고 지역사회를 해석하는 이론을 제시하였다. 그에 따르면, 삶의 공간이라는 용어는 개개인이 경험하고 건설하는 그들만의 사회적 · 물질적 세계의 특정한 개인화된 방식을 설명하는 용어다. 누구나 개인적으로 자신만의 특수한 공간을 가지고 있을 수 있으며, 같은 공간이라고 해도 개인적 느낌이나 경험에 따라 매우 다르게 해석될 수 있다. 비록 집합적으로 특정 공간에 대해 많은 사람이 경험하는 것이 비슷할지라도 개개인의 수준에서 저마다 개인적 특성과 경험을 나름대로 경험하며 형상화하고 그에 맞은 색깔을 선택한다. 생태적 관점에서 삶의 공간은 Niche(적소)로 설명되기도 한다(Brower & Nurius, 1993). Niche는 경험, 인식, 문화, 기회구조에 의해서 만들어지는 장소이며, 사람은 일생을 살면서 다양한 Niche를 점유할 수 있다. 결국, 개개인의 삶의 공간은 다를 수 있으며, 따라서 지역은 각기 다른 사람이 경험하는 자신만이 갖는 삶의 공간으로서의 Niche라고 할 수 있다. 다시 말해, 생태적 입장에 따르면, 지리적으로 똑같은 공간이 아니라 개개인 나름의 공간이 바로 그들만의 지역사회가 된다. 지역사회인 삶의 공간에서 개개인은 편안함과 안락함을 느끼며, 그 공간을 벗어나면 새로운 공간에 적응하여야 한다는 것이다.

지역사회복지 분야에서는 지역주민이 이러한 그들 나름의 다양한 삶의 공간에 귀속하는 의미와 가치를 이해하는 것은 대단히 중요할 수 있으며, 또한 그들의 삶의 공간에서 그들이 갖는 경험을 이해하는 것 역시 중요하다고 볼 수 있다. 결론적으로 사람이 자신의 장소를 인식하는 방식 그 장소에서 무엇이 가능한지에 대한 자신의 관점을 형성할 수 있다(지은구, 2003; 지은구 · 조성숙, 2010). 따라서 지역사회 개입은 개개인의 다양성에 대한 응답으로 행해지고 있음을 알 수 있다.

2. 지역사회의 기능

지역사회는 일정한 지역에 거주하는 주민들의 집단이며, 서로의 이익을 위해 서로의 생활과 행동을 나누는 생활 공동체이다. 특히, 지역사회가 유지되고 발전되기 위해서는 사회화를 포함한 인간 생활에 필요한 다양한 기능들이 필요하다. 그렇다면, 지역사회는 주민들을 위하여 무엇을 하는가? 왜 사람들은 근린과 지역사회 집단을 이루는 것인가? 지역사회의 기능은 과연 무엇인가? 따라서 지역사회가 가지는 사회적 기능이 무엇인지 대해 길버트(N. Gilbert)와 스펙트(H. Specht)가 제시한 지역사회기능을 살펴보고자 한다.

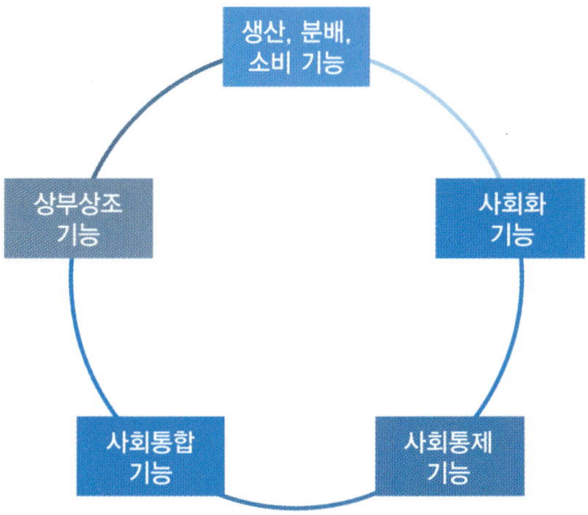

[그림 1-1] **길버트와 스펙트가 제시한 지역사회의 기능**

1) 생산, 분배, 소비의 기능

생산, 분배, 소비의 기능은 지역사회 주민이 일상생활을 영위하는 데 필요한 재화와 서비스를 생산하여 분배하고 소비하는 과정과 관련된 기능을 뜻한다. 생산기능은 사람들에게 필요한 재화나 서비스를 만들어 내거나 이미 만들어진 재화의 경제적 가치를 높이는 행위이다. 생산요소에는 인적요소(노동), 물적요소(토지와 자본)로 나누어서 볼 수 있다. 분배기능은 생산에 의해 얻은 소득을 각 경제주체에게 분배하는 것이다. 즉, 생산요소를 공급한 사람들에게 소득이 되는 것이며, 생산 활동에 참여한 후 그에 대한 대가를 받는 행위를 분배활동이라고 지칭한다. 소비기능은 생활에 필요한 재화나 서비스를 구매하는 활동이다. 결국, 이러한 기능은 개별적 욕구 충족뿐만 아니라, 지역사회 전체를 통해 구성원들이 자립할 수 있는가를 결정짓는다. 현대사회에서는 재화와 서비스를 생산하고 분배하는 기능이 주로 기업, 정부를 비롯한 전문기관, 종교단체 등이다.

2) 사회화 기능

사회화는 타인과의 사회적 상호작용을 통해 사회생활에 필요한 가치, 기술, 지식, 규범들을 학습하여 인간다운 품성과 자질을 획득해 나가는 과정을 일컫는다. 사회화의 과정은 개인의 어린 시절 및 일생을 통해 계속된다. 그렇다면 지역사회의 기능은 지역사회가 공유하고 있는 일반적인 지식, 사회적 가치 그리고 행동 양상을 그 사회 구성원에게 전달시키는 과정이다. 이처럼 지역사회와 같은 모든 사회적 단위는 구성원들에게 기본적인 규율을 가르치는 기능을 수행하며, 구성원들로 하여금 희망과 목표를 심어주어 정체성을 확립하는 데 도움을 준다.

3) 사회통제 기능

사회통제 기능은 지역사회 구성원들에게 사회규범인 법, 도덕, 규칙 등에 순응하도록 행동을 규제하는 것을 말한다. 이러한 사회통제의 기능은 주로 국가를 중심으로 경찰과 사법권을 통해 보편적 법을 집행하는 강제력을 발휘함으로써 나타난다. 그렇다면 지역사회의 통제 기능은 지역사회의 다른 조직들인 가정, 학교, 종교 등의 기관들도 유사한 기능을 부분적으로 수행하여 구성원들의 일탈행동을 막고 일탈행동이 일어나면 그것을 제한하거나 금지하도록 조치한다.

4) 사회통합 기능

지역사회통합의 기능은 지역사회 구성원들이 사회적인 결속과 유대감을 강화하는 것이다. 즉, 사회통합은 서로 다른 사람들로 이루어지는 사회에서 서로 간에 갈등하거나 대립하지 않도록 하는 것에 초점을 둔다. 사회체계가 정상적인 기능을 수행하기 위해서는 결속력과 신뢰를 제공하는 기능을 해야 한다. 지역사회 결속력은 지역사회가 구성원들을 보호하는 역할을 가능하게 해 주며, 지역사회 구성원들 간에 결속력이 형성되면 외부의 어떤 강제가 없더라도 스스로가 상호 약속한 규범이나 법, 제도를 위반하지 못하게 한다(이재곤, 2011). 이렇게 서로 간 신뢰가 바탕이 되면, 주민 스스로가 지역사회 내의 문제를 해결하고 중요한 사안에 참여하게 된다. 대체로 수행주체는 종교단체에 의해 수행되었으며, 가정, 학교 등도 부분적으로 수행한다. 이에 지역사회 주민들의 결속을 위한 다양한 문화행사나 적극적인 소통의 장을 마련하는 것이 필요하다(김영남 · 김찬선, 2015).

5) 상부상조 기능

상부상조 기능은 기존 사회제도에 의해 기본적 욕구를 충족할 수 없는 경우, 지역사회 구성원들이 서로에게 도움을 주는 기능이다. 상부상조는 서로서로 돕자는 뜻이며, 지역사회 구성원들이 사망하거나, 질병, 실업, 사고 등 개인적 이유와 경제 제도의 부적절한 운용으로 자립할 수 없을 때 도움을 받게 되는 기능이다. 전통사회에서는 가족과 친척, 이웃 등의 일차적인 집단에 의해서 수행되었으나, 현대사회에서는 정부, 민간사회복지단체, 종교단체 등으로 그 기능이 이행하는 형태로 변하고 있다.

3. 지역사회의 유형

현대사회에서는 첨단과학의 폭발적인 발달로 지구촌(Global community)을 하나로 연결하는 광의의 지역사회 개념이 등장하였으며, 사이버 공동체, 네트워크 공동체 등 새로운 지역사회의 형태가 나타나고 있다. 따라서 단순한 지역성을 강조하는 지리적 의미를 넘어 시대적 변화를 반영하여 지역사회를 이해하는 관점이 필요하다.

1) 공동사회와 이익사회

지역사회의 개념과 관련하여 가장 고전적인 개념은 독일의 사회학자 퇴니스(Ferdinand Tönnies)의 개념이다. 퇴니스는 인간의 유대(human asociations)를 공동사회와 이익사회로 나누어서 지역사회를 설명하였다. 게마인샤프트(Gemeinscahft)로 칭하는 공동사회는 자연스럽고 인격적이며 직접적인 만남의 사회관계에 기초하고 있다. 공동사회는 혈연과 지역, 운명공동체를 바탕으로 소규모로 이루어지는 대면적 사회이며, 여기에는 가족, 부족, 촌락이 해당된다(Tonnies, 1957). 공동사회에서는 개인들이 '무엇을 했는가'와 같은, 즉 기능에 의해서가 아니라 그들이 '누구인가'와 같이 인격체로서 받아들여진다. 공동사회는 관습이 중요한 사회통제의 기반이 되며 집단적 관계가 개인의 목적이나 열망보다 더 중요하게 여겨진다. 퇴니스는 공동사회를 가족과 소집단, 그리고 전통적 공동체 내에 반영된 인간관계의 유형으로 보았다.

반면, 게젤샤프트(Gesellschaft)로 불리는 결사체형 이익사회는 합리적인 자기 이해관계(self-interests)에 의해 이루어진다. 서로 결합되어 있는 개인들의 목적자체가 없어지거나 변질되면 사회적 실체도 없어지거나 퇴색하게 된다. 이익사회는 집단의 이해관계가 개인의 이해관계를 대체하며, 개인들 간의 상호작용은 인격적이기보다는 실용적 목적을 지향하고 흔히 계약에 기초한다. 사회적 응집력은 정교화 된 노동의 분화로부터 나오며 사회적 통제는 공식화 된 법과 규칙에 기반을 두어 이루어지게 된다.

퇴니스는 19세기 말 서구에서 일어난 산업자본주의 발달에 따른 지역사회 변화를 그 배경으로 하고 있다. 전통적인 가족 중심의 농경 공동체에서 벗어나 사업사회의 계약과 교환에 의해 등장하는 새로운 인간관계를 개념화 했다고 볼 수 있다. 퇴니스는 인간사회는 공동사회에서 이익사회로 발전해 가며, 산업화 이후 이는 더 가속화 된다고 보았다. 이 두 유형을 인간 유대의 서로 다른 형태로 보았으며, 이익사회의 특성이 공동사회를 대체하는 것이 아니라 두 가지 유형 모두가 현대사회에서 존재할 것으로 보았다. 퇴니스는 두 가지 속성을 모두 보여 주는 제3의 협동사회를 제시하였다. 제3의 협동사회는 교회, 학교, 국가를 그 예로 들 수 있다. 따라서 두 유형의 지역사회를 인간 상호작용의 연속선상의 양 끝으로 본다면 우리는 커뮤니티에 대한 기본적인 이해에 좀 더 쉽게 도달할 수 있다.

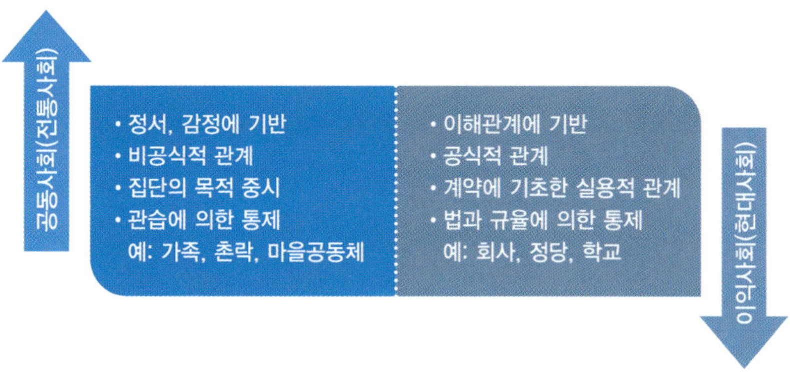

[그림 1-2] **퇴니스의 개념에서 본 지역사회 특성의 연속성**

현대의 지역사회를 어떻게 정의할 것인가에 대한 논쟁은, 이익사회의 특성이 강하다는 측면에 기반할 때 지역사회 또는 커뮤니티는 좀 더 제도적이고 공식적이며 실용적인 이해관계의 특성을 가진 개념으로 정의될 수 있다. 반면, 현상으로서의 이익사회 특성을 인정하면서도, 인간의 욕구는 이익 사회적 특성의 공동체를 통해서만 해결되는 것이 아니며, 본질적으로 인간 공동체는 공동사회의 특성을 갈망하는 존재라는 이해에 기반하고 있다면, 지역사회는 비공식적 관계망, 문화적 고유성, 집단의 자연스러운 경험 등을 강조하는 것으로 개념화될 수 있을 것이다(홍현미라 외, 2010).

2) 지리적 지역사회와 기능적 지역사회

로스는 지역사회의 개념을 지리적(공간적) 의미와 기능적 의미로 구분하였다. 지리적 지역사회는 지역적 경계를 가지며, 기능적 지역사회는 공간적 제약을 넘어 공동의 이해관계나 특성 등에 따라 형성된 사람들의 집합체이다(Anderson & Carter, 1990). 파크(Park)와 버제스(Burgess)는 지역사회를 "공동체를 구성하는 사람들과 조직들을 지리적 관점에서 고려될 수 있는 사회(사회집단)"라고 정의하면서 모든 커뮤니티는 사회이지만 모든 사회가 커뮤니티는 아니라고 주장한다(최일섭 · 이현주, 2006). 워런(Warren, 1963) 역시 지역사회는 "지리적 관련성을 기반으로 하여 주요한 사회기능을 수행하는 사회 단위 및 사회체계들의 결합"이라고 정의하였다. 이들이 정의하고 있는 지역사회는 영토적 특성, 지리적 경계가 분명히 구분되는 특성에 의해 정의되는 지역사회이다. 예를 들면, 시 · 군 · 구 · 동 같은 것이 전형적인 예가 될 수 있다. 그러나 지리적 경계가 반드시 행정적 경계와 일치하는 것은 아니다. 지역사회에 대한 이러한 정의는 기본적으로 지리적 공간을 공유하면서 그 공간을 중심으로 사회 · 문화 · 심리적 연결과 이해관계를 갖는 사회 단위 혹은 사회체계로 그 의미를 받아들인다.

기능 혹은 이해관계나 정체성을 공유하는 집단으로서의 지역사회는 지리적 경계와 상관없는 멤버십(membership)을 말한다(Streeter, 2008). 이 개념에서는 구성원들 간의 합의, 일체감, 공동생활양식 혹은 공통적인 관심과 가치 그리고 공동 노력이 강조되며, 다른 공동체와 구별되는 독특성이 강조된다. 로스만(Rothman, 1995)은 지역사회가 소속된 사람들 또는 구성원들에게 일련의 집합적 동질성을 제공한다고 하면서 동질성을 강조하였다. 현대사회는 전통사회와는 달리 지리적 공간을 넘는 직업, 질병, 종교, 사회계층, 인종적 특성 등에 의해 공동의 가치와 이해관계를 공유하는 여러 기능적 공동체를 생각해 볼 수 있다. 예를 들어, 이주근로자 공동체, 에이즈 환자 공동체이다. 이러한 공동체는 지리적 경계를 갖는 지역사회와 중첩될 수 있다. A시에 공동의 정체감과 문화를 유지하면서 상호의존적으로 살아가는 이주근로자들이 인구 구성에 큰 비중을 차지하고 있다면 이는 기능적 공동체가 지리적 영역 내에 중첩되어 있다고 말할 수 있다.

지역성과 기능성 모두에 기반을 두고 지역사회를 설명하기도 한다. 네팅 등(Netting et al., 1998)은 기존의 지역사회의 정의들을 분석하여 지리적 영역, 사회적 상호작용, 공동의 연대감이라는 공통의 요소를 밝히면서, 이러한 세 가지 요소를 포함해 지역사회는 "일정한 지리적 영역 안에서 사회적 상호작용을 통하여 공동의 연대감이 갖추어져 있는 인간 집단"이라고 정의하였다(채현탁, 2016). 펠린(Fellin, 1995)은 지역사회란 "공동의 장소, 이해, 정체감, 문화, 활동에 기반하고 있는 사람들이 구성한 사회 단일체(a social unit)"라고 언급하였고(박태영 · 채현탁, 2014), 마테시와 몬시(Mattessich & Mnosey, 1997)는 "일정한 지리적 공간 안에서 서로 사회적 · 심리적 유대를 가지고 있는 사람들"이라고 표현하였다.

현실에서 대부분 사람은 지리적 경계를 갖는 지역사회의 주민이면서 동시에 다양한 이해관계에 따라 하나 이상의 기능적 공동체와 관련을 맺고 있으며 이는 개인의 지역사회 네트워크로 표현될 수 있다. 워렌(1963)은 지역사회를 "지역적인 수준에서 사람들의 욕구를 충족시키기에 적절한 주요 사회기능들을 수행하는 사회적인 단위(units)와 체계의 연합"으로 정의하여(류지선 · 백정원 외, 2015) 근린, 자발적 연합체, 그리고 더 광범위한 지역사회에 이르는 사회적인 단위들을 포함하였다(Netting et al., 1998; 박태영 · 채현탁, 2014 재인용). 한편, 뒤르켐은 국가는 개인으로부터 매우 분리되어 있기 때문에 지역사회와 같은 매개 단위의 도움 없이는 사회화 기능의 성공적 수행이 불가능하며, 개인의 의식에 영향을 미칠 수 없다고 언급하였다. 이는 지역사회를 개인과 사회를 연결 또는 개인을 형성하고 사회화시킬 수 있는 매개 구조로서 보는 관점이다.

4. 공동체의 개념

지역사회란 용어는 영어의 커뮤니티(community)에서 근원을 살펴볼 수 있다. 우리나라에서 커뮤니티(community)는 지역사회로 번역되기도 하고, 공동체로 번역된다. 따라서 지역사회와 공동체가 혼용되고 있는 것은 당연하다. 일반적으로 지역사회는 행정적인 의미 중심으로, 공동체는 친목, 인간관계나 정서적 측면이 강조되어 사용되고 있다. 공동체는 주관적 의식의 차원에서 공통의 연대 의식 내지는 유대감이 존재하거나 혹은 객관적 실재로서 구성원들 사이에 서로 의지하고 보탬이 되는 호혜적 관계이다(박철수, 2008).

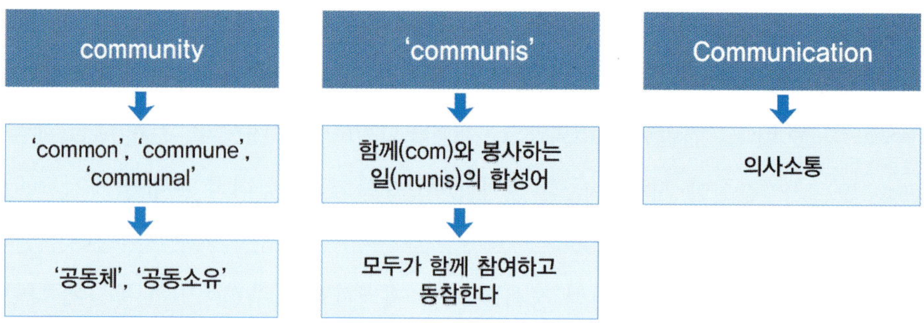

[그림 1-3] 지역사회의 어원(최선희, 2020 재인용)

1) 좋은 공동체의 조건

좋은 공동체는 주민 간 서로 친근감을 가지고 다른 주민들이 어떤 사람이고, 어떻게 생활하는가를 알려고 노력하면서 다양한 주민을 이해하는 것이다(Warren, 1983). 또한, 주민들이 지역사회에 대한 깊은 애정을 품고 있어야 하며, 치안과 안전이 보장되며, 기능적인 생활환경과 이웃 관계를 유지해야 한다. 지역사회의 사회문제는 서로 협력하여 해결하고, 쾌적한 공간적, 문화적 환경이 유지되어야 한다고 설명하였다. 워렌

(Warren)이 제시한 좋은 공동체의 조건을 정리해보면, ① 사람들이 비인간적인 기초(돈)보다 인간적 기초(정)위에서 서로를 존중한다. ② 공동체 내에서 권력이 광범위하게 분포(민주주의)되어 있어야 한다. ③ 공동체는 다양한 소득집단, 인종 집단, 종교집단, 이익집단을 포용한다(다양성). ④ 공동체에서는 근린 집단에 의해 많은 통제(동네 민주주의)가 이루어져야 한다. ⑤ 공동체는 의사 결정 과정에서 협력을 극대화하고 갈등을 최소화 한다.

선행연구들은 좋은 공동체에 대해 다음과 같이 제시하였다. ① 치안과 안전이 보장되는 살기 좋은 지역사회가 좋은 지역사회라고 볼 수 있다(최윤지 · 고순철, 2020). 살기 좋은 지역사회는 범죄로부터 시민들을 보호하고, 심리적으로 안정감을 줘야 한다. ② 편리한 생활환경과 이웃 관계를 유지하여야 한다(황정임 외, 2011). ③ 주민 일상생활의 기능적 차원에서 교육과 고용의 기회가 충분하여 일하기 좋은 곳, 아이를 키우기 좋은 곳이어야 한다. ④ 주민들의 지역사회에 대한 깊은 애정이 있어야 한다. 지역사회가 안정되고 힘을 가지기 위해서는 주민들이 서로 위하고 협력하는 마음이 있을 때 가능하다.

그렇다면 '오늘날 도시사회에서의 공동체는 가능한가? 과거와 대비되는 현대사회, 농촌사회와 다른 도시사회에서 공동체는 만들어질 수 있을까?'라는 질문을 가지고 구현주(2021)가 제시한 공동체이론과 현실공동체를 중심으로 도시사회의 공동체의 개념을 다시 정의하고자 한다.

2) 도시사회의 공동체

최근 한국 사회의 핵심적인 화두로 단절, 고립, 분열의 문제가 대두됨에 따라 통합이나 공생의 방법을 찾기 위한 사회적인 노력도 활발해지고 있다. 근 몇 년 사이에 가장 많이 회자된 단어는 바로 '충'이다. 학교 다니는 청소년을 비하하는 단어인 급식충, 자녀를 양육하는 여성을 비하하는 맘충까지 혐오의 대상으로 묘사되고 있다. 평소 해당

집단에 대해 어떤 감정도 없던 사람들이 사소한 언론 보도 하나, 논쟁 하나로 "충"이라는 단어를 붙이고 혐오 감정을 이야기한다. 혐오는 나와 다른 모든 방향으로 향하고 있다. 심지어는 자기 자신도 혐오로부터 자유롭지 못하며, 이 가운데서 우리는 연대의식이 무너지고 있음을 볼 수 있다.

우리나라는 2020년 OECD의 삶의 질 지표(BLI, Better Life Index) 중 공동체 지표가 40개 국가 중 최하위이다. 공동체 지표의 내용은 어려움에 처했을 때 도움을 요청할 수 있는 친척, 친구나 이웃이 있는지이다. 조사 결과에 의하면 한국 국민은 어려움이 처했을 때 도움을 요청할 수 있는 친척, 친구 혹은 이웃이 없다는 의미이기도 하다. 이러한 원인 속에는 다양한 원인이 있겠지만, 모든 학자들이 동의하는 바는 한국 사회의 집합의식이 심각하게 위협받고 있다는 것이다. 따라서 도시사회의 개인화로 인한 관계적 고립과 단절은 사회적 연대와 통합의 가치를 위협한다는 점에서 현대사회의 핵심 문제이다(Giddens, 1991: Beck, 1999; 이명진 외, 2014). 주로 인간 공생의 방법으로 공동체 회복을 제시하고 있다. 이러한 전제는 공동체가 허물어지고 있으며, 공동체가 허물어진 이유는 도시화, 산업화 과정에서 해체된 것으로 보고 있다. 한국사회의 도시 형성은 단시간에 급속도로 이루어졌다. 1960년에는 전체 인구 중 도시에 사는 사람이 28%였던 것이 2000년 80%를 차지하였으며, 실제 우리나라 인구의 80%가 도시에서 살며, 서로 연결되어 있지 않고 단절되어 있다고 느낀다. 벡(Beck, 2014)은 '개인화'를 '개인들 사이의 유기적 의존 관계가 심각하게 해체되거나 구성원 간의 적대적 관계가 증폭되는 상황'을 의미하는 용어로 사용하였고, 이는 현대인들에게 안정감을 제공하고 정체성의 근거가 되었던 전통적인 관계들의 해체로 인한 사회적 배제, 선택에 따른 삶의 다양함에 기인한 공동체적 연대의 약화 같은 근원적인 문제들을 함축하고 있다(이명진 외, 2014).

도시사회의 문제들은 더욱 가시화되어 가고 있다. 출산율 감소는 물론 매년 증가하고 있는 자살률, 주거 이동률, 고령화로 인한 독거노인 수 등의 지표는 경제적 성장 이면의 문제적 결과로 지적되고 있다. 외적으로 보았을 때 삶은 풍요로웠지만, 질적인 삶의 만족도는 떨어지고 있다(구현주, 2021). 경쟁과 성장사회에서 대다수의 개인은 문제를 스스로 풀어 나가야 하며, 각자의 문제를 해결하느라 서로 나누고 의지하면서 함께 문제를 해결하는 것이 어려워지고 있는 세상이다. 사실, 공동체는 닥친 문제를 '나'의 문제로 받아들이고, 타인의 고통을 '나'의 고통으로 이해할 줄 알아야만 지속가능한 사회로 나아갈 수 있는 것이다. 이러한 배경에서 2012년부터 시작된 서울시 마을공동체는 주민의 참여를 위하여 기존 단체중심의 공모사업에서 주민 3인만 모이더라도 실천할 수 있는 구조를 만들었고, 찾아가는 마음상담을 시행하고 마을박람회와 다양한 마을사례집을 발간하여 누구나 마을활동에 참여할 수 있도록 안내하였다. 주민모임을 형성하는 사업에 집중하였다면 그 모임들이 마을에서 연결되어 공동체를 이룰 수 있도록 그리고 그 지역의 문제를 해결하는 공익적 단계로 성장할 수 있도록 동네단위 마을계획을 지원했다. 하지만, 더 많고 더 다양한 주민의 참여가 과제였다.

오늘날 도시사회는 새로운 형태의 공동체들이 많이 존재한다. SNS로 접속하는 인터넷 네트워크 문화를 떠올리면, 우리가 알고 있는 가상공동체 등과 같이 이제는 같은 마을에 산다는 것이 더는 중요하지 않음을 알 수 있다. 현대사회는 인터넷망을 통해 지역을 넘어서 연결되는 것이 가능해졌고, 관계 맺는 방식도 다양해졌다. 이제는 우리는 하나라는 공동체에 속하기보다는, 느슨하게 걸쳐져 있는 모임들이 많아졌다. 웹망을 통해 비슷한 사람들과 관계를 맺을 수 있고, 고도의 전문화된 집단을 형성할 수 있는 반면, 사회의 나머지 부문과는 고립된 집단을 형성하게 된다. 더 나아가 자신의 독특한 능력을 공동체에 기여하기보다는 서로의 유사성을 강화하게 하고, 서로의 능력을 필요로 한다는 사실조차 달가워하지 않는다. 특히, 불일치가 생기게 되면 즉각 인터넷을 하지 않게 되며 공동체를 쉽게 탈퇴하게 된다. 현대 도시사회의 많은 공동체들은 힐러리의 기본요소를 충족하지 못한다(구현주, 2021). 그렇다면, 공동체의 개념도 현시점에서 다시 정의될 필요성이 제기된다.

공동체의 개념에 관련해서 앞서 살펴본, 퇴니스의 공동체의 개념을 다시 살펴보고자 한다. 퇴니스는 거대한 문화발전 속에서 공동사회 시대는 이익사회 시대로 접근하고 있다고 보았고, 지금 우리사회를 보았을 때 전통적 질서가 유지되는 공동사회(게마인샤프트)에서 개인의 자유의지에 기반을 둔 계약과 명문화된 규칙이 중요한 이익사회(게젤샤프트)로 접근하고 있다고 볼 수 있다. 퇴니스 관점에 따라 살펴보면, 게젤샤프트는 공동체라기보다는 계약으로 형성된 결사체이다. 그러니까 일정한 목적에 따라 만들어진 조직이며, 예로는 회사, 학교, 교회 등이 여기에 속할 수 있다. 각각 회사 공동체, 학교 공동체, 교회 공동체로 표현될 수 있지만, '지역'의 범주를 벗어난다는 점에서 공동사회(게마인샤프트)와는 다소 차이가 있다. 지역은 일시적이고 선택적인 주거 장소일 뿐이고, 계약에 따라 이해관계가 생겨난다는 것이다. 따라서 관계는 전인적인 것이 아니라 특정 관계에 한정된 비인격적 교류이다. 한 예로 회사에서는 고용계약에 따라, 학교에서는 학교규칙에 따라, 교회에서는 종교적 규율에 따라 관계 맺고 소속된다. 아침부터 저녁까지, 출생부터 죽음까지 공유하는 전통적인 공동체에서의 관계와는 분명 다르다. 반대로 오늘날에는 공동체적 지향을 가진다고 하더라도 공동사회(게마인샤프트)적 관계로만 유지될 수 없고, 이익사회(게젤샤프트)도 있음을 알 수 있다(구현주, 2021).

퇴니스 연구의 핵심은 전통적인 공동체의 소멸, 그리고 새로운 결사체의 등장이라는 직선적 발전단계를 설명하는 것이 아니다. 어떻게 변형되어 가는 공동사회(게마인샤프트)를 유지할 수 있는가를 모색하는 것이다. 퇴니스가 말했듯이 공동사회(게마인샤프트)적 공동체를 형성한다는 것은 이익사회를 개조해서 새것으로 만들 결심을 해야 한다는 것이다(구현주, 2021). 그렇다면, 현대사회 구조 속에서 공동체를 절충하는 방법은 무엇인지와 더 나아가 도시 속의 개인에게 성취감을 느낄 기회, 공헌할 기회 그리고 중요한 사람으로 취급받을 기회를 어떻게 제공해야 하는지를 고민할 필요성이 존재한다.

3) 가상공동체

가상공동체는 정보통신기술의 발달로 등장한 새로운 형태의 지역사회 개념이다. 그동안 우리 사회는 지연, 학연, 혈연을 중심으로 이루어졌지만, 인터넷의 등장으로 가상공동체가 시간과 공간을 뛰어넘어 자리 잡으면서(김범수 · 신원우, 2016) 가상공간에서 다양하게 이루어지는 상호작용은 기존 공동체와는 다른 함의를 지니고 있다. 가상공동체(virtual community)는 인터넷 네트워크로 매개되는 공동체이다(internet network community). 이는 사람 간의 직접적인 만남보다는 인터넷 네트워크를 통해 의사소통하는 사회집단을 말한다. 가상공동체라는 용어는 실질적인 신체 접촉 없이 전자통신망에서 공동체가 작동한다는 의미에서 붙여진 용어이다(Kollock & Smith, 1999).

가상공동체가 지니는 현대적인 측면, 즉 직접적인 대면적 특성이 적고 대체로 이해관계나 기능적 특성에 의해 형성된다는 점과 일대일 관계가 가능하고 직접적인 참여가 활발하다. 하지만, 비공식성이 공존하고 일시적 특성이 매우 강하게 나타난다는 점에서 퇴니스의 이익사회 개념만으로 파악하기 어려운 측면도 있다. 그러나 가상공간에서의 의사소통 기술의 발달은 거리나 접근성, 스티그마(stigma) 때문에 쉽게 만나지 못했던 사람들에게 그러한 제한성을 넘어 함께할 수 있도록 한다는 점에서는 엄청난 잠재력이 존재한다. 특히, 사회적으로 소외되어 왔거나 목소리를 내지 못했던 소수자들이 손쉽게 연대할 수 있는 수단이 될 수도 있으며, 공공정책의 토론이나 지역사회 의사결정 과정에 더 넓은 범위의 직접적인 시민참여를 가능하게 할 수도 있다. 시민참여의 측면에서 가상공동체가 가질 수 있는 잠재적 파워는 우리나라의 경우 이미 실체적인 현상으로 경험되고 있다. 우리나라는 세계적인 정보통신 강국으로 IT 인프라의 수준이 매우 높게 구축되어 있고, 젊은 세대의 경우 가상공간에서의 활동이 생활의 중요한 부분으로 일상화되어 있다는 점을 고려할 때 미래 세대에서 가상공동체가 가지는 사회적 의미는 현재보다 훨씬 더 중요하게 확대될 것이다.

사례

로컬의 진화

1. 농촌에 스토리를 입힌 '산골 유학'

춘천 별빛 산골 교육 센터는 외국으로 가는 유학이 아닌 도시에서 로컬로 가는 춘천 '산골' 유학이다. 2005년 농촌 지역사회에서 학교를 마치고 집에 가던 초등학생이 교통사고로 사망한 사건이 계기였다. 학교 수업이 끝나도 아이들은 오갈 데가 없었고, 도로에는 아이들을 지켜 줄 방지턱도 무인 카메라도 없었다. 윤 대표는 어른들의 책임이라고 생각했다. 이후 내 아이의 일이라고 생각하고 근본적인 문제해결을 위해 동네의 마음 맞는 부모님들과 안전하게 돌보기 위한 방과후 학교를 운영하게 되었다. 그러나 이내 학생 수가 줄어들어 학교 자체가 통폐합되거나 없어질 위기에 처하자 고민은 더욱 깊어졌다.

그 과정에서 일본의 산골 유학 제도에 대해 우연히 알게 돼 본격적으로 산골 유학 사업을 시작하게 되었다. 윤 대표는 산골 유학 마을을 창조하고, 사업이 활성화되면서 기존 마을과 연계한 운영 인력과 숙소 등 다양한 형태의 부존자원을 발굴해 지역성을 높이고 있다. 춘천의 스토리를 입힌 산골 유학은 다른 유학과는 다른 점이 있다. 바로 자율성이다. 따라서 학생들은 오랜 기간 산골 유학을 체험한 후, 결정하도록 한다. 특히, 체험기간 동안에는 스마트폰 사용을 금지한다. 이러한 원칙 때문에 크게 망설이던 학생들도 있지만, 금세 산골에 적응하고 잘 지내게 된다고 하였다.

공동육아 개념으로 시작한 춘천 별빛 산골교육센터는 하나는 마을 119안전센터 사업이고, 다른 하나는 유학생 학부모들이 로컬로 이주한 것이다. 마을 119안전센터는 유학생들의 가정 체험 중 로컬에 사는 노인과 만나면서 알게 된 노인 문제 해결의 필요성에서 시작되었다.

2. 발굴 자원과 창조 자원이 합쳐지면(책맥)

창업자들은 여기에서 외부인의 소비나 외부 자원에만 의존하지 않고 나름의 새로운 방식으로 로컬의 강점과 특징을 살려 자원을 발굴해 새로운 생태체계를 구축하고 있다. 그 예가 바로 버드나무 브루어리다. 버드나무 브루어리는 강릉만의 새로운 수제 맥주를 만들기 위해 강들 홍제동의 폐양조장이라는 부존자원을 발굴해 활용한 것이다. 이들이 택한 강릉 합동 양조장은 1926년 설립돼 2014년까지 탁주 공장으로 운영되다가 막걸리의 인기가 떨어지면서 문을 닫았다. 지금은 막걸리 수출, 수제 막걸리 브랜드가 넘쳐 나서 상상하기 어려운 일이지만 인기가 없어서 문을 닫았다는 이 이야기가 불과 6년 전의 일이다. 그 자리를 버드나무 브루어리가 지금의 수제 맥주 공장과 팝으로 재탄생시켰다.

이렇게 기억할 만한 동네 사람의 이름을 붙인 맥주 사업, 강릉의 옛 지명인 '하슬라'와 밀 공급 마을 명칭을 붙인 '미노라', '주문' 등의 수제 맥주 브랜드로 창조 자원을 만들고, 책맥문화 행사 같은 발굴 자원을 만들어 냈다. 치맥이 아닌 책맥은 책을 사면 맥주 한 잔을 마실 수 있는 프로그램인데, 강릉의 자원으로 제품을 만들고 주민의 문화생활을 지원하는 것이다.

3. 주민 자산화(마을 호텔)

주민 자산화는 주민들이 토지와 건물 등 로컬에 필요한 자산을 공동으로 소유하고 사용하는 대안적 소유 방식이다. 공동 소유 자산의 관리와 운영에 주민들이 민주적으로 참여하며, 자산 운용을 통해 발생한 로컬 공동체와 나눈다. 즉, 다수의 시민이 공동 건물주가 되는 개념이다. 그 사례로 마을 호텔을 들 수 있다.

2018년 8월에 문을 연 공주 봉황재 마을 호텔은 관광객과 마을 자영업자가 상생할 수 있는 방식으로 기획됐다(류석진 외, 2020). 2014년 공주시가 구도심 활성화를 위해 도시 재생사업인 역사 문화 보존 사업을 진행했지만, 하양식 사업 접근으로 성공하지 못했다. 이를 민간 차원에서 한옥 숙박, 식당, 카페, 사진관, 서점, 갤러리, 잡화, 공방, 볼거리 등으로 구성해 마을 전체를 하나의 호텔처럼 논스톱 방식으로 재구성한 것이 봉황재 마을 호텔이다. 호텔이라는 개념을 빌려 장소를 재구성한 것이다. 2020년 5월 문을 연 강원도 정선 고한의 18번가 마을 호텔 역시 비슷하다. 탄광 지역의 쇠락, 강원랜드라는 대형리조트가 채울 수 없는 생활공간을 2017년부터 3년의 준비과정을 거쳐 낡은 집 리모델링, 깨끗한 마을 만들기와 동네 상권과의 연결을 통해 하나의 호텔로 만들었다.

마을 호텔사업은 이윤 추구만을 위해 움직이지 않고 주민 협력과 공유 자원을 재해석하고 활용하는 방식으로 운영한다. 예를 들어, 매출 전액을 마을 발전 기금으로 기부하는 사례도 있다. 마을 호텔이 구성되면 모든 사람은 공동체의 일원이 된다. 마을 호텔 운영을 위해 2주에 한 번씩 당사자들이 모여 회의하고, 마을 호텔 위원회, 주민들의 협동조합 등은 정선 고한처럼 운영전에 만들어지기도 하고, 공주 봉황재처럼 운영 후에 만들어지기도 한다.

출처: 류석진 외(2020).

Chapter

02

지역사회복지 실천

Chapter

02

지역사회복지 실천

1. 지역사회복지의 개념

지역사회복지는 어원적으로 지역(community)과 사회복지(social welfare)가 혼합된 단어이다. 따라서 지역사회복지의 개념은 지역사회와 마찬가지로 매우 다양하게 정의되고 있다. 지역사회복지의 목적을 지역사회의 변화에 초점을 두고 개념을 정의한 학자들이 있다. 로스(1967)는 지역사회복지가 지역사회 구성원 스스로 욕구와 목표들을 정의하고 우선순위를 정하여 그것을 이루겠다는 의지와 자신감을 개발하고, 필요한 자원을 찾아내 대처함으로써 지역사회 내에 협동적이고 협력적인 태도와 실천을 확대하는 과정이라고 정의하였다. 호만(Homan, 1994)은 지역사회 구성원들의 욕구를 충족시키는 방식, 즉 지역사회의 정책, 서비스, 사람들의 행동과 태도 등에서 지역사회가 지닌 문제를 제거하거나 개선함으로써 지역사회를 변화시킨다고 하였다. 류기형(2004)은 지역사회복지를 지역사회 단위에서 지역사회 문제를 해결하고 주민들의 복지 욕구를 충족시키며 복지를 증진시키기 위한 전문적 또는 비전문적인 그리고 공적 또는 사적인 다양한 사회복지 활동으로 정의하였다.

반면에 지역사회복지를 지역사회를 대상으로 하는 원조 혹은 지원 노력에 초점을 두고 정의하기도 한다. 트웰베트리스(Twelvetrees, 2002)에 따르면 지역사회복지는 집합적 행동을 취함으로써 지역을 개선시키기 위해 그 지역 사람들을 원조하는 과정이며, 하드캐슬 등(2004)은 지역사회 내부의 집단, 조직, 제도의 행동 양식을 변화시키기 위해, 혹은 지역사회 구성원 간의 관계성이나 상호작용에 변화를 가져오기 위해 응용하는 사회복지실천기술로 정의하고 있다. 웨일과 겜블(Weil & Gamble, 1995)에 따르면, 지역사회복지는 ① 민주적 과정으로의 참여를 촉진시키기 위해, 사회정의를 조직화하고 집단이나 지역의 욕구를 지원하고자 한다. ② 인간서비스 체계의 책임 또는 효과를 증진시키기 위해 지역과 지역주민의 역량을 강화하는 실천개입이라고 정의하였다. 최일섭과 류진석(2005)은 지역사회복지는 전문 혹은 비전문 인력이 지역사회에 개입하여 지역사회에 존재하는 각종 제도에 영향을 주고, 지역사회의 문제를 예방하고 해결하고자 하는 일체의 사회적 노력으로 정의하였다. 지은구와 조성숙(2010)은 지역주민의 삶의 질을 개선하고 지역사회의 문제를 해결하기 위한 사회복지 전문적 개입 방법으로 정의하였다. 박태영과 채현탁(2014)은 지역사회복지를 "일정한 지역사회 내에서 주민의 생활과제를 사회복지사와 주민이 함께 공식적 · 비공식적 자원을 활용 · 개발하여 해결하거나 예방하는 다양한 노력"이라고 정의하였다.

따라서 지역사회복지는 주민의 삶의 질 향상을 위한 것이며, 지역사회 문제의 예방, 문제가 있는 제도의 변화, 지역사회와 지역주민의 역량강화, 지역 내 복지 향상을 위한 전문적 · 비전문적 활동을 모두 포괄하는 개념이다. 하지만 지역사회복지 실천을 위해 활용되는 전문적 사회복지 개입이 어떠한가에 따라 지역사회복지는 협의의 의미와 광의의 의미를 가질 수 있다. 협의의 의미에서 지역사회복지는 지역사회보호나 사례관리와 같이 지역사회를 활용하기도 하지만, 그 초점이 지역사회 구성원의 욕구나 문제해결에 초점을 두고 이루어지는 휴먼서비스를 의미한다(홍현미라 외, 2010). 반면, 광의의 의미에서 지역사회복지는 지역사회 자체를 대상(표적)으로 하여 개입하는 것을 말한다. 즉, 광의의 의미에서는 개인에 대한 직접적인 서비스의 제공보다는 지역사회의 체계와 환경 변화, 제도의 개선 등과 같은 거시적 측면의 개입이 중요하게 된다.

2. 지역사회복지의 구성개념

지역사회복지 실천은 지역사회를 대상으로 하는 사회복지실천을 의미하는데, 지역사회는 지역사회복지 실천의 대상인 동시에 수단이 되기도 한다. 지역사회복지 실천이 무엇인가에 대한 물음은, 1) 지역사회복지 실천가에 대한 이해, 2) 지역사회복지 실천에서의 권력과 통제, 3) 지역사회복지 실천 목적에 대한 검토로 이해된다.

1) 누가 지역사회복지 실천가인가

(1) 지역사회 행동 집단 및 협의체의 구성원들

지역 내에서 일어나는 문제와 관심사를 중심으로 다양한 단체가 있다. 단체의 구성원들은 공유된 문제와 관심사를 염두에 두고 함께 자발적으로 일할 수 있다. 예를 들어, 육아공동체와 거주자 협의체에서의 도로 안전정비 사업, 캠페인 등이다.

(2) 지역사회복지 실천가들

지역사회복지 실천을 담당하기 위해 자선기업, 지방정부, 사회적 기업에 의해 고용된 실천가가 많다. 예를 들면, 지역사회주민들에 의해 규정된 이슈를 해결하기 위한 지역사회 실천가들, 지역사회 교육가들 그리고 지역사회 조직가들이 고용된다. 일반적으로 근린 지역 거주자여서 고용되거나 임차인 참여, 환경운동, 건강 증진과 같은 특정 영역의 전문가도 고용될 수 있다(Banks et al., 2013).

(3) 지역사회복지 실천 임무를 하는 조직 관리자

관리자는 지역사회복지 실천을 촉진시키고 지원하는 간단한 활동을 한다. 예를 들면, 지역사회 재건이나 개발 프로그램 관리자이다. 청소년복지 분야 혹은 정신보건 영역에서 일하는 관리자는 넓은 임무 영역 내 지역사회 참여에 대한 책임감을 가질 수 있다. 지역사회에 고용된 관리자는 조직적 의사결정, 훈련, 다른 자원에 접근하는 그들의 능력으로 실천을 촉진하고, 자원을 개발하는 위치에 있게 된다. 이러한 관리자는 지역사회복지 실천을 진행시킬 잠재력을 가진 꼭 필요한 존재이다.

우리나라의 경우 풀뿌리 시민 주체를 예로 들 수 있다. 풀뿌리 시민 주체는 시민사회 활동가, 사회복지사, 지역아동센터, 사회적 경제 등 다양한 분야의 활동가이다. 마을공동체 활성화를 위한 풀뿌리 시민 주체는 자발적인 집담회를 통해 시작되었다. 이를 바탕으로 서울시 마을공동체 지원조례가 제정되었고, 지역공동체 담당관도 신설되어 서울시 마을공동체가 설립되었다.

(4) 정치가 혹은 정책 실행가들

지방 및 중앙정부나 다른 공적 · 자발적 · 사적 기관에 속해 있는 최고 경영자, 정책 실행가 그리고 정치가들은 지역 사회정책의 발전과 관련된 파트너십, 조직들과 더 나아가 지역사회를 만드는 문화적 변화를 실천하고 격려하는 것에 관련될지도 모른다. 그리하여 그들은 지역사회를 중심으로 한 실천의 넓은 범위를 촉진시키는 잠재력을 가진다. 영국의 경우, 싱크 탱크(think tank)인, 즉 공공정책 연구원, 지역사회 발전 재단, 조셉 로우트리 재단 등을 예로 들 수 있다. 이러한 기관들은 근거와 아이디어의 제공을 통해 활발한 시민의식, 이웃관계의 발전, 지역사회 회복탄력성(resilience)을 장려한다.

2) 지역사회복지 실천에서의 권력과 통제는 어디에서 오는가

권력이란 개념을 이해하는 것은 아주 복잡한 일이다. 왜냐하면 권력 자체가 다양한 측면을 가지고 있기 때문이다(Banks et al., 2013 재인용). 따라서 권력을 분석하기 위해서는 누가 전체적인 흐름을 통제하고, 누가 의안을 세우고, 어떤 사람이 의사결정과 활동을 통제하는지 알아봐야 한다. 권력은 때때로 숨겨져 있으며, 다양한 방법을 통해 전달된다.

지역사회 안에서 작동하는 권력의 근본적인 다양한 특성을 이해할 수 있다면, 정책 결정과 서비스를 전달함에 있어 실천가와 지역사회에 속해 있지 않은 다른 기관과의 권력의 균형을 이룰 수 있게 된다. 지역사회 내에서 이루어지는 일들은 절대로 간단하지 않다. 정책이 만들어지고 서비스가 전달되는 방법을 구상하는 대단히 중요한 의제(agenda)와 토론은 중앙정부, 기업 이익이나 전 세계적 유행에 의해 영향을 받고 종종 통제된다. 또한, 어떤 '지역사회복지 실천가'는 기관과 조직에서는 전문가이지만, 다른 이들은 지역사회 실천가이면서도 선출된 지방 당국의 구성원이나 더 큰 조직체의 구성원일 수도 있고, 아니면 둘 다일지도 모른다. 따라서 '지역사회'와 '외부기관' 간의 명확한 구분은 불가능하다.

3) 지역사회복지의 목적은 무엇인가

지역사회복지의 목적은 지역사회 활동을 하는 이유다. 지역사회라는 개념이 개개인을 포함하는 것인 만큼, 다양한 목적을 추구하게 될 것이므로 결과적으로 모든 활동이 원래의 목적대로 이루어지고 있다고 말하기는 어려울 것이다. 다음의 항목(Banks et al., 2013)은 절대적이진 않지만, 전반적으로 가장 많이 추구되고 있는 목적이다.

(1) 권력과 자원의 분배과정에서의 변화

이러한 목적은 대체로 시위하거나, 특정 쟁점을 겨냥한 지역사회단체들에 의해 추구되며, 현재 체제를 바꾸기 위해 지역사회 실천가들은 협동하고 노력하게 된다. 그로서

(Grosser, 1965)는 지역사회조직 사업에서 사회복지사는 서비스의 수혜자 입장보다는 서비스를 제공하는 기관의 입장에 서서 일하는 경향이 있음을 지적하고, 빈곤 계층의 복지를 증진하기 위해서는 클라이언트 편에 서서 활동을 전개해야 함을 강조했다. 지역사회 내 불이익집단이나 취약계층 및 특수집단의 물질적 재화와 서비스의 몫을 증대시키는 등 그들의 이익을 증대시키는 데 초점을 둔다.

(2) 지역사회의 발전

이러한 목적은 자주 지역사회의 발전 접근방법으로 이해되며 지역사회 정신, 협동, 기술 및 다양한 자치적 활동을 장려 · 추구하고, 미래의 계획 · 정책을 세우는 것을 목표로 한다. 이러한 목표는 모든 구성원이 지역사회에 적응하고 더 나아가 주체가 되어 지역사회의 복지와 발전을 위해 노력하는 것이다. 개인이 새로운 지역사회에 적응하는 과정에 영향을 미치는 요인으로는 개인 특성, 정착 과정, 정착 후의 생활환경, 친구, 이웃으로부터의 도움 정보와 관계 정도(박병일, 1998; Moore, 1971), 이전 유사 공동체에서의 생활 경험(이동하, 1998; Carlson et al., 1998), 현재 자신의 공동체와의 괴리감(Melville, 1978), 개인이 공동체에 대해 알고 있는 사전 정보와 지식(강대구 외, 2006; 신윤철 외, 1998; 이동하, 1998; Carlson et al., 1998) 등이 제시되고 있다. 개인은 지역사회로 합류하기 위해 노력해야 하고, 마을 구성원들도 개인을 지역사회의 구성원으로 받아들일 때 공동체 의식이 생겨나기 때문이다. 이러한 과정에서 그 지역에 특별한 애정을 갖고 헌신하게 되며, 결국 그 지역에 뿌리를 내려 성공적으로 적응할 수 있다.

(3) 지역사회 기반 정책의 개선

지역사회서비스 제공기관 간 조정 활동을 통해 효과적, 효율적인 서비스를 제공한다. 이것은 지역사회 기반, 서비스 전달 시스템의 발전을 위한 것으로 함께 협동하여 정책을 조정하고 발전시킨다. 이것은 상담, 자원 분배 및 공동체 프로젝트 활동을 통해 이루어질 수 있다.

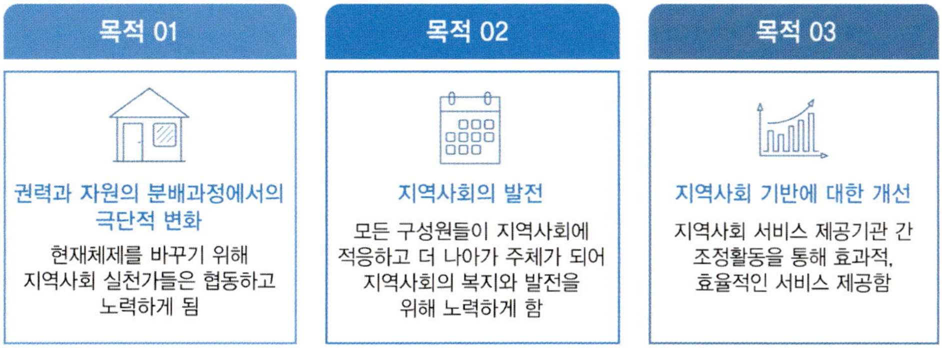

[그림 2-1] **지역사회복지의 목적**

4) 지역사회복지 실천 방법

지역사회복지 실천(community welfare practice)은 지역사회를 대상으로 하는 사회복지실천이며, 지역사회는 대상인 동시에 수단이 된다. 스키드모어(Skidmore)와 동료들은 지역사회 실천의 개념을 케이스워크(casework), 그룹워크(group work)와 대비시킴으로 이해하고자 하였다. 그들의 주장에 따르면, 지역사회는 클라이언트다. 지역사회의 욕구는 대단히 중요하며, 이러한 욕구는 지역사회 구성원들에게 악영향을 미치는 사회문제를 명확하게 규명함으로써 찾아질 수 있음을 제시하였다.

1960년대 미국을 중심으로 지역사회복지 실천서비스 전달(service delivery)과 지역사회 조직화로 분류되었다. 흔히 이 모델에서 조금 더 확장된 모델은 서비스 전달과 지역사회 조직화(organizing)에 지역사회개발과 전문적 옹호(professional advocacy)를 추가하여 네 가지의 실천유형으로 나타난다(김종일, 2003). 이 가운데 서비스 전달과 지역사회개발 그리고 전문적 옹호 모델은 외부의 인력과 자원을 동원하여 지역주민의 구체적인 욕구와 문제를 해결하는 데 도움을 주는 것을 목적으로 삼는다. 이와 대조적으로, 지역사회 조직화는 주민 스스로 자신들의 권력 기반을 넓히고 제도를 개혁하는 일체의 노력을 가리킨다. 이것은 결국 전통적 유형화 작업이 주민을 위한 실천활동(doing for people)과 주민에 의한 실천활동(doing by people)의 이분법으로 정리되었다.

5) 지역사회복지 관련 용어

지역사회복지와 지역사회복지 실천은 가장 유사한 용어로 사용되며 가장 빈번하게 등장하는 용어이다. 이 외에도 자주 등장하는 유사한 용어들로 지역사회조직(Community Organization: CO), 지역사회사업, 지역사회개입, 지역사회보호(community care) 등이 있다. 이러한 용어들은 지역사회복지의 모델 혹은 구성요소로 〈표 2-1〉과 같이 인식되기도 한다.

〈표 2-1〉 지역사회복지의 구성

<table>
<tr><th>학자(연도)</th><th colspan="6">지역사회복지</th></tr>
<tr><td>Douglas
(1999)</td><td>서비스 전달</td><td colspan="2">지역사회개발</td><td>전문적 옹호</td><td colspan="2">지역사회 조직화</td></tr>
<tr><td>김종일
(2003)</td><td colspan="4">주민을 위한 실천 활동</td><td colspan="2">주민에 의한 실천 활동</td></tr>
<tr><td>Rubin and Rubin
(2001)</td><td colspan="4">사회적 생산</td><td colspan="2">사회적 동원</td></tr>
<tr><td>Rothman
(1995)</td><td colspan="2">행동/계획</td><td colspan="2">계획/개발</td><td colspan="2">개발/행동</td></tr>
<tr><td>Weil and Gamble
(1996)</td><td>계획</td><td colspan="2">개발</td><td colspan="2">사회정의를 위한 사회변화</td><td>조직사업</td></tr>
<tr><td>홍현미라 외
(2010)</td><td>지역사회보호
지역사회사업</td><td colspan="3">지역사회개발, 지역사회 구축</td><td colspan="2">지역사회조직</td></tr>
</table>

출처: 이마리아(2007); 홍현미라 외(2010) 참조하여 재구성.

(1) 지역사회조직

지역사회조직이라는 용어는 사회사업의 세 가지 대표적인 개별사회사업, 집단사회사업과 함께 지역사회복지 실천을 지칭하는 용어로 널리 사용됐다. 'Community Organization'의 첫 글자를 따서 CO라고도 칭하는 이 용어는 원래 지역사회복지를 실천하는 지역사회조직들을 일컫는 말이었다. 지역사회조직이라는 용어가 지역사회복지 실천을 대표하는 용어가 된 것은 1960년대부터 1970년대 초반까지 활발했던 미국 지역사회조직들의 활동을 그 역사적 배경으로 하고 있다. 1960년대에 미국 연방정부는 빈곤과의 전쟁(War on Poverty)을 선포하고 이룰 수 있는 주체로 풀뿌리 조직들을 비롯한 지역사회의 다양한 조직들을 지원하였다. 이에 따라 수많은 지역사회 조직들이 발달하게 되었고, 이를 계기로 지역사회복지 실천 활동을 '지역사회조직'이라고 부르게 된 것이다(김종일, 2006).

이후 전문가 주의의 성장으로 1980년대와 1990년대의 지역사회복지는 과거 풀뿌리 지역조직을 중심으로 한 사회행동의 특성에서 정부의 민간조직 협력, 체계적인 지역사회서비스의 제공 등으로 이루어졌다. 그래서 지역사회개발(community development)과 지역사회 구축(community building) 등이 사회행동을 대체하는 중요한 실천전략으로 자리를 잡게 되었다(오정수 · 류진석, 2009). 따라서 지역사회조직은 사회사업의 전통적인 분류인 개별지도사업, 집단지도사업, 지역사회조직이라는 3대 방법의 하나로, 지역사회를 구성하는 개인, 집단, 이웃의 사회복지를 향상시키기 위해 지역사회 수준에서 전개되는 일련의 활동을 뜻한다(민소영 · 신재은, 2017).

(2) 지역사회사업

지역사회사업은 좀 더 미시적인 접근방법을 지칭하는데, 지역사회를 대상으로 사회사업적 지식과 가치, 기술을 적용할 때 사용되는 경향이 있다(김종일, 2006; 홍현미라 외, 2010 재인용). 지역사회사업은 1980년대 초 영국의 사회복지실천 현장을 배경으로 등장한 새로운 지역사회복지이다. 지역사회사업은 지역사회가 개인 또는 집단에 사회적 기능수행 능력과 목적에 대한 사회조직을 유리하게 하는 작업을 돕거나 복원하는 것을 도와주는 개념이다.

(3) 지역사회보호

지역사회보호는 지역사회복지를 실천하는 특정한 방법의 하나로 볼 수 있다. 원래 지역사회보호는 시설보호를 비판하면서 그 대안으로 등장한 것으로서, 영국을 중심으로 1950년대 말 이후에 발전하여 전 세계로 퍼진 것이다.

지역사회보호는 사회적 보호를 필요로 하는 아동, 노인, 장애인 등 취약계층에게 시설이 아니라 지역사회 내에서 생활하면서 서비스를 받도록 하는 것을 말한다. 지역사회보호의 특징은, ① 가정 또는 그룹홈(group home)처럼 가정과 유사한 환경이 보호의 장으로 전제된다. ② 서비스 제공을 위해 상주 직원보다는 자원봉사자의 활동이 더 선호된다. ③ 일상생활의 결정은 개인의 자율적 판단을 존중한다. ④ 가정에서의 보호 또는 가정 외부로부터의 서비스를 받는다는 점이다(김종일, 2006; 오정수 · 류진석, 2009; 홍현미라 외, 2010).

(4) 지역사회 만들기

지역사회 만들기(community building)는 지역사회의 문제해결에 초점을 두고 있다. 그리하여 지역사회 만들기는 지역사회 내에서 공동체 의식을 형성해 가는 활동으로서 지역사회의 문제를 해결할 수 있는 지역공동체의 사회적 자본을 확충하는 것이다. 지역사회 문제를 해결하기 위해서는 단편적인 노력이나 활동으로는 부족하며, 지역사회의 잠재적 자산을 응집할 수 있는 다원적 전략과 활동이 필요하다. 한편, 지역사회 만들기와 기반이 되는 사회적 연대는 근린 집단, 공공조직, 종교단체, 사회복지, 보건, 주택 등 지역사회복지 관련 조직 간의 체계적인 연계를 구축함으로써 이루어져야 한다.

(5) 지역사회개발

지역사회개발(community development)의 목적은 지역사회 구성원들의 참여를 핵심으로 지역주민들의 삶의 질 향상을 위해 주민들이 스스로에 대한 확신을 가지고 대처기술을 획득하도록 지원하는 활동이다. 이러한 욕구의 해결은 주민 스스로의 힘으로 달성해야 하지만 제한된 인적, 물적, 사회적 자원 때문에 외부의 자원을 능동적으로 포함할 수 있어야 한다. 특히, 지역사회의 있어 자기결정, 자립과 협동에 대한 태도를 개선하며, 지역주민의 조직화를 실시한다. 이를 통해 주민들이 자신이 거주하는 지역사회에 영향을 미치는 의사결정, 프로젝트, 그리고 정책을 통제하는 힘을 가진다. 더 나아가 지역주민들의 삶의 질 향상을 위해 주민들이 스스로에 대한 확신을 두고 대처기술을 획득하도록 지원하며, 주민 스스로가 주체적으로 지역사회의 생활 조건을 향상시키고 개선해야 한다. 따라서 지역사회개발을 통해 지역사회 구성원 사이의 연대감과 상호신뢰성을 가지게 되며, 상호신뢰를 바탕으로 공동체 의식 등이 나타나면서 지역사회 문제를 해결할 수 있다.

3. 지역사회복지 이념과 가치

1) 지역사회복지 이념

지역사회복지가 추구해야 할 이념은 무엇인가? 지역사회복지는 지역사회 구성원들이 보유한 다양한 문제해결을 위해 지역사회 변화에 필요한 사회복지적 기술을 적용하는 것이다. 그렇다면 지역사회복지가 궁극적으로 나아가야 할 방향은 정상화, 사회통합, 탈시설화, 주민참여, 네트워크 이념이다.

(1) 정상화

정상화라는 용어는 덴마크에서 기존의 격리보호주의에 대해 반대하는 움직임에서 나타났다. 정상화의 이념은 지역사회 내에서의 통합된 생활을 강조하는 개념으로 특별한 욕구나 장애가 있는 사람도 지역사회와 분리된 시설이 아닌 일상적인 삶을 사는 것을 의미한다. 한 예로, 장애인도 사회의 다른 구성원들과 함께 같은 교육을 받아야 하며, 동일한 작업환경 내에서 일할 수 있어야 하며, 사회구성원들이 속하는 일반적인 활동에 적극적으로 참여할 수 있어야 한다. 이에, 특별한 욕구나 장애를 가지고 있다 하더라도 지역 내에서 함께 살아가는 이웃으로 이상적인 공동체를 만들어 가야 한다는 이념이다.

(2) 탈시설화

시설은 집단수용, 고립, 억압, 개성 박탈 등이 복합적으로 포함된 개념으로 공간적으로 집단수용된 상태이면서 관계적인 측면에서는 일방적으로 통제받는 상태를 의미한다(김용득, 2018; 이송희 외, 2019; 서애정 · 이선화, 2020). 이와 반대로 탈시설은 대형시설의 의존적인 삶에서 지역사회에서 자립적이고 의미 있는 삶으로 변화하는 과정을 의미한다. 탈시설화는 소규모 시설의 생활시설이며, 형태는 그룹홈, 주간보호시설, 단기보호시설 등이다. 이러한 생활시설의 최종 목적은 입소자들의 자립과 사회적인 통합이다. 더 나아가 가족적인 환경 속에서 독립적인 생활기술을 습득시키고, 장애등급에 따라 개개인의 잠재능력을 높일 수 있도록 한다.

(3) 사회연대

사회연대는 지역사회의 보호가 필요한 장애인, 노인, 아동 등이 지역사회주민들과 함께 생활할 수 있도록 마련하는 장을 일컫는다. 특히, 사회연대는 계층 간의 격차를 줄이고 사회의 불평등을 감소시킴으로써 삶의 질을 향상한다. 우리는 한 개인을 온전하게 인식하고 연대할 때, 비로소 공동체를 이야기할 수 있다.

이에, 지역사회연대는 갈등의 가능성을 줄여 나가고, 사회적 약자를 포함한 지역주민 모두가 일정 수준 이상의 삶의 질을 확보할 수 있는 여건을 갖추는 것이다. 빈민, 장애인, 노인, 여성 등이 지역사회 내에서 차별이나 불이익 없이 공존할 수 있는 조건을 확보하여야 함을 주장하는 이념이다.

(4) 주민참여

주민참여의 목적은 지역주민들이 정책결정이나 집행과정에 개입하여 영향력을 행사하는 일련의 행위를 뜻한다. 주민참여는 지역의 의사결정기구 기능을 수반하여 의사를 성립시키고, 의사를 진행하여 합의를 생산해 내는 것이다. 주민참여에 있어, 지역사회복지가 지역주민이 주체가 되어 지역사회 문제를 발굴하고, 문제를 예방하거나 해결해야 한다는 점에서 주민참여는 무엇보다 중요하다.

한편, 지역주민은 서비스를 받는 대상이기도 하지만, 서비스를 제공하는 대상이기도 하다. 이 과정에서는 무엇보다 주민의 자기결정과 자발성이 매우 중요하다. 이러한 개인의 긍정적인 변화는 지역사회 문제를 해결하는 데 있어, 주민들이 직접 문제에 참여하고 권한을 행사함으로써 문제를 해결할 수 있게 된다. 이러한 긍정적인 변화를 이끌어 내기 위해서는 지방자치단체(지자체)와 주민 간에 동등한 파트너십을 형성하여 지역사회 문제를 함께 해결해야 한다.

(5) 연계망(네트워크) 구축

연계망은 공통의 관심사를 가진 사람들이 연결되어 유대감이 실재함을 의미한다. 연계망은 공통의 이익(정보교환)을 공유하는 사람들로 구성되는데, 공유된 이익에 기초하여 서로를 연결한다. 마을 활동에서는 무언가를 만들고 무언가를 변화시키고자 하는 필요 및 실현으로부터 출발하게 된다. 필요와 실현은 스스로 나서고자 하는 주민으로부터 시작되는데, 필요를 느낀 주민은 다른 주민들과 함께 이야기하고 관계를 맺어

간다. 이러한 과정이 연계망 구축에 속한다. 이런 과정을 통해 '나'의 필요와 활동은 '우리'의 필요와 활동으로 전환된다(최순옥 외, 2017). 연계망의 구축은 지역사회주민의 욕구에 적합한 서비스를 제공하기 위해서 지역 내 복지자원의 연계와 주민의 조직화 등을 추구하는 이념이다.

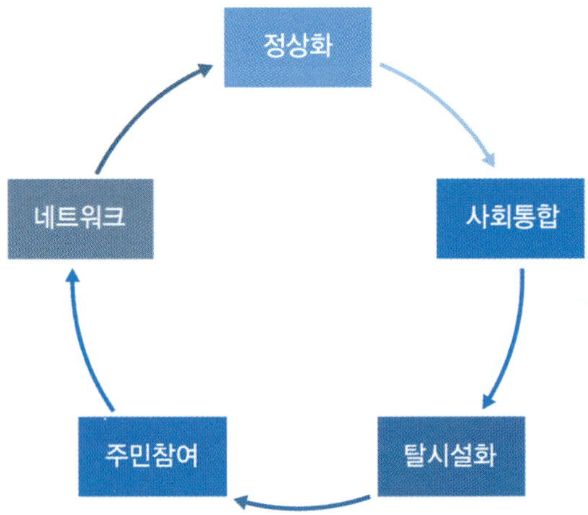

[그림 2-2] 지역사회복지 실천 이념

2) 지역사회복지의 가치

가치는 단순한 관심이 아니라 인간 행동의 방향과 동기를 제공한다. 지역사회복지의 가치는 지역사회복지 실천 과정에서 사회복지사가 목표하는 것을 달성하기 위해 중요시 해야 할 행동 수칙이라고 할 수 있다(김범수 · 신원우, 2016). 따라서 일반 사회복지실천의 윤리와 구분되는 지역사회복지 실천의 독특한 윤리적 측면을 살펴보고자 한다.

(1) 문화적 다양성

문화는 시간과 공간에 따라 다양한 형태로 나타난다. 문화라는 개념은 우리에게 매우 익숙한 용어이고 실제 자주 사용하기도 한다. 가장 넓은 의미에서 문화는 사회적 존재로서 인간이 획득하고 학습한 삶의 방식이다. 우리가 다양한 문화를 습득하는 이유는, ① 우리가 현재 사는 세계는 그 어느 때보다 외부와의 연결과 상호작용이 빈번하다. ② 인간사회의 교류와 일상을 둘러싼 소소한 물질 문화부터 시작해 다양한 문화의 가치관과 의식세계가 존재한다. ③ 우리는 출생과 함께 문화를 배우고 우리의 삶은 거의 모든 영역에서 문화에 의해 매개된다고 할 수 있기에 더욱 중요하다. 따라서 사회복지사는 문화적 다양성이 현재는 물론 미래에서도 인류의 공동 유산이라는 사실에 유념해야 한다.

그러나 우리는 인종, 민족, 지역, 계층, 직업, 나이 등에 따라 문화적 편견이 만들어지고 있다. 이러한 문화적 편견은 인간 삶의 여러 영역에서 차별과 불평등으로 이어지는 현상을 목격하게 된다. 특히 지난 20여 년에 걸쳐 외국에서 수많은 이주 노동자와 결혼 이민자들이 유입된 한국 사회에서는 이러한 문화적 편견이 더욱 심해지면서 다양한 문제들이 도래되었다. 그리하여 실천가는 각각의 사회집단이 지닌 문화적 가치와 의미를 정확히 인식하는 한편 문화적 소수자가 겪는 차별과 억압의 구조에 대항하여야 한다.

(2) 자기결정과 임파워먼트

자기결정은 클라이언트가 직접 전문가의 개입여부를 결정하고, 개입방법과 개입결과 등에 대해서도 선택할 수 있도록 한다. 한편, 임파워먼트는 지역사회주민의 의사결정 참여를 강조하는 관점이다. 이 관점은 주민의 주체의식을 키우고 부정적 자아상을 불식시킴으로써 일종의 치료효과를 가져온다. 그리하여 지역사회 체계에서 자발적으로 참여함으로써 개인이 지역사회 자원을 더 잘 이용할 수 있게 한다. 임파워먼트에 초점을 둔 실천은 사회의 각기 다른 집단 사이에서 자원과 권력의 분배가 더욱더 공평하게 이뤄지도록 한다. 즉, 자기결정과 임파워먼트에 초점을 둔 실천은 개인 스스로가 환경을 이해하고 선택하고, 선택에 대한 책임을 지고, 조직화와 옹호를 통해 자기 삶의 위치에 영향을 줄 수 있도록 개인의 능력을 발전시키는 것을 말한다.

실천가 · 활동가는 지역사회 구성원 스스로 자신들의 삶에 관해 자율적인 의사 결정권을 행사할 수 있는 권리를 존중해야 한다. 다만, 자율적인 의사결정으로 자신 또는 타인이 해를 당할 우려가 있는 경우에는 실천가의 전문적인 판단이 클라이언트의 판단보다 우선권을 가질 수 있다. 그러나 전문적 또는 법적 정당성이 확보되어야 한다.

(3) 비판의식의 개발

비판의식[1](critical consciousness)이란 용어는 프랑크푸르트학파(the Frankfurt School)의 비판이론[2](critical theory)과 브라질의 사회교육자였던 아울로 프레이레(Paulo Freire)의 이론에 뿌리를 둔 것으로 알려져 있다. 비판의식은 사고의 주체(thinking subject)가 홀로 고립되어 존재하는 것이 아니라 타인과의 관계 속에서 존재한다는 사실에서 출발한다. 아울러 비판의식을 개발한다는 것은 사회적 관계의 겉모습이 아닌 심층에 놓여 있는 권력과 특권의 차이(즉, 불평등)에 대한 성찰적 인식에 도달하려는 노력이다. 실천가는 이러한 불평등을 해소하고 사회정의를 실현하기 위해 마음을 다짐하고 세상을 보는 관점을 재조정하는 행위로 나아가는 것이 비판의식의 개발이다. 이것을 흔히 의식화(conscientization)라고 표현하기도 한다.[3]

지역사회복지 실천에서 비판의식을 개발한다는 것은 억압을 조장하는 사회의 메커니즘을 인식할 뿐만 아니라 그러한 사회의 구조 및 의사결정 과정을 집중하여 이해하는 것을 말한다. 아울러 얻은 이해와 지식을 지역주민과 공유함으로써 이들의 지역사

---

1) '비판'이라는 한국어는 영어 'critical'을 표현하기에 한계가 있는 단어이다. 영어 critical에는 '비판적'이라는 뜻도 있으나 이것은 이 단어가 의미하는 내용 가운데 일부에 지나지 않는다. Critical의 어원은 그리스어 'kriticos'(통찰력이 있는 판단)와 'kriterion'(표준, 기준)이다(김종일, 2014).

2) 비판이론은 독일 프랑크푸르트 대학을 중심으로 활동했던 네오 맑스주의(Neo-Marxism) 전통의 사회과학자들이 발전시킨 사회이론으로 인간을 노예로 만드는 모든 억압 구조로부터 인간을 해방시키는 것을 기본 목적으로 삼는다(김종일, 2014).

3) 과거 권위주의 통치 시대에 한국 사회에서는 '의식화'라는 용어를 계급의식을 조장하고 공산주의에 동조하는 행위로 몰아 일반 대중의 각성을 막으려 한 바 있다(김종일, 2014).

회를 변화시키는 활동을 격려하고 돕는 일이다. 비판의식의 개발은 대화와 교육을 통해 이루어질 수도 있다(김종일, 2014).

(4) 사회정의에 대한 헌신

사회정의가 무엇인지를 정의하는 일은 결코 간단한 과제가 아니겠지만 사회정의에 부합하지 않는 것이 무엇인지를 가려내는 일은 그리 어렵지 않다. 권력의 오·남용, 자원의 편중 배분, 주변 집단의 소외 등은 지역사회에서 쉽게 목격할 수 있는 현상으로 사회정의와 부합하지 않는 것이다. 지역사회복지사는 먼저 지역사회의 모든 삶의 측면에서 누구나 동등한 권리와 접근권을 누려야 한다는 기본 명제를 분명히 인식하고 있어야 한다. 사실 지역사회의 실천의 주요 목표 중 하나가 사회정의를 증대시키는 것이다. 사회정의를 증대시키기 위한 싸움에는 주류 사회의 편견에 도전하는 것, 다양성을 인정하고 그 가치를 역설하는 것, 자원의 평등한 분배에 힘을 기울이는 것, 불의한 정치 행태에 도전하는 것 등이 포함된다(김종일, 2014).

(5) 상호학습

상호학습은 조직화의 과정에서 대상자 집단의 문화적 배경에 대해 배우고자 하는 학습자이다. 상호학습은 주민에게 클라이언트로서 해야 할 역할을 뛰어넘어 교육자이자 파트너로서의 역할을 맡을 수 있도록 동기를 부여하는 것이 중요하다. 이는 실천가와 주민이 사회변화의 과정에 위계적 관계가 아닌 동등한 파트너라는 점이다(지은구·조성숙, 2010).

사례

주민 지도자의 지역사회복지 실천

1. 대전광역시 유성구 로컬푸드를 통한 지역공동체 활성화

대전광역시 유성구는 노동 복합도시로 지역에서 생산된 안전한 먹거리를 구민에게 안정적으로 공급함으로써 농가의 소득안정과 주민의 건강 증진은 물론 지역의 발전까지 도모하고자 로컬푸드 사업을 추진하게 되었다. 먼저 주민들에게 로컬푸드 대중 강좌, 텃밭, 학교 교육 등을 통해 로컬푸드를 알리기 시작하였다. 주민들에게 유성구에서 생산되는 안전한 농산물을 알리기 위해 '바른유성찬'이라는 유성구 로컬푸드 브랜드를 등록하고, 지역의 농가에서 생산되는 농축산물에 대한 로컬푸드 인증제를 실시하였다. 2015년 5월 1호 인증을 시작으로 현재까지 104 농가가 '바른유성찬' 인증을 받고 로컬푸드 사업에 참여하고 있다. 로컬푸드를 활용한 가공식품 개발과 교육을 위한 희망마을 가공지원센터를 조성하여 청년 창업과 경력단절 여성들의 취업을 지원하고 있다.

2. 고릿골

괴곡동 마을은 95가구 223명의 주민으로 이루어진 대전 외곽의 전형적인 농촌 마을로 대전 최초의 천연기념물인 느티나무(천연기념물 제545호)가 자리를 잡고 있으며, 통상혐오 시설로 분류되는 추모공원이 들어서 있다. 농업만으로는 소득 창출에 한계가 있어 2009년 주민들로 이뤄진 마을운영위원회를 구성하여 영농조합법인 '고릿골'을 설립하였고, 마을 내에 추모공원이 위치한 것을 착안 묘지 및 시설 관리, 조경사업 등을 수주하며 연 300여 명의 고용 창출 효과를 증대하였다. 또한 마을 공동작업장을 마련하여 농번기에는 서로 도움을 주어 농업의 효율성과 생산성을 높였다.

추모공원이 들어선 이후 주민들은 마을 이미지를 훼손시키는 것은 물론, 불이익을 받고 있다는 불만이 커졌고, 추모공원을 반대하는 집단시위와 무조건적인 반대급부 요구도 빈번하였다. 하지만, 발상의 전환을 통하여 주민 의견을 조정한 고릿골이 추모공원 내 사업에 정당하게 노동력을 제공하고, 그 대가로 마을 발전 기금 마련과 주민소득증대라는 두 가지 숙제를 해결하기로 하였다. 그리고 시 조례에 따라 고릿골은 묘지와 시설 관리, 조명사업, 매점운영 등 20여 건의 추모공원 사업을 수주하게 되었다. 이러한 성과는 '나'라는 개인이 아닌 '마을공동체'로 뭉쳐 함께 고민하고 행동한 결과이다.

3. 마을 인물백과사전 만들기

평택시에 속한 오성면은 논농사를 주로 하는 지역으로 7천여 명의 주민이 살고 있다. 노년층 비율이 가장 높고, 도서관을 이용하거나 서비스를 받은 경험이 적어 마을주민과 어르신들에게 편안하게 다가갈 수 있는 방법으로 '생애 구술 사업'을 선택하였다. 2015년부터 70여 명의 중고등학생이 토요일마다 생애 구술 교육을 받아 70대부터 백세 어르신 서른 명의 이야기를 듣고 기록하였다. 4월부터 12월까지 매주 토요일 16회 도서관에서 평택과 오성면의 역사, 마을트레킹, 질문지 만들기, 인터뷰, 이론과 실제, 녹취를 풀어 글쓰기를 공부하고 낯익은 우리 마을을 새로운 눈으로 사진 찍었다. 어르신 인터뷰 원본 기록물과 오디오 파일, 옛 사진, 프로그램 관련 사진 등 개인의 생애를 통한 마을의 기억과 역사를 기록하여 마을 '아카이브'를 구축하였다. 2015년, 2016년 12월 기준으로 총 400권을 발간하였다.

마을과 함께하는 구술 사업을 추진하기 위해 관내 공공기관, 학교와 협력하여 사업을 추진하였다. 마을 이장, 부녀회장들과 이야기 나누고 오성면 곳곳의 경로당을 직접 방문하여 어르신들에게 도서관을 소개하고 삶의 이야기를 들려주실 분들을 찾았다. 역사와 기억을 기록하는 '청소년', 어르신과 청소년을 잇는 가교의 역할로 청장년 마을활동가들이 함께하고 어르신들은 땅의 역사와 사람이 사는 이야기를 들려주었다. 청소년들을 마을 역사, 인터뷰, 녹취 풀이 등의 교육을 받은 후 어르신들을 만나 이야기에 귀를 기울였다. 어르신들은 자기 삶의 이야기를 들려주며 '자존감'을 획득하고 청소년들은 지방 소도시를 언젠가 떠날 곳이 아니라 역사가 있는 생생한 삶의 공간으로, 고향으로 관심을 가지게 되었다는 점이 가장 큰 성과일 것이다.

4. 서곡 코딱지 방과 후

원주시 판부면 서곡리는 최근 6~7년 사이 전원택지 개발과 서곡초등학교의 혁신학교 지정 등으로 인구수가 1/3가량 급격히 증가하고, 서곡초등학교 재학생도 2배가량 증가하였지만, 시내와 다소 떨어진 지리적 위치로 인해 학원 등을 이용하기 어렵다. 또한 아동 청소년을 위한 지역 내 문화시설도 부족하여 방과 후 활동 및 돌봄에 많은 어려움이 있었다. 따라서 서곡생태마을에서 추진하고 있는 마을 동아리 활동을 통해 꾸준히 모임을 갖고 있던 부모들이 공동체 경험을 살려, 초등 돌봄 문제를 해결하고자 2015년 '소꿉 코딱지' 동아리를 만들어 품앗이 돌봄으로 시작하였다.

학교 방과 후 수업이 끝난 후인 오후 3:30분부터 3시간가량을 기본적인 돌봄 시간으로 정하고 자연에서 할 수 있는 자유 놀이를 바탕으로 활동을 이어 갔다. 그 속에 정기적인 방과 후 프로그램을 하고 주말을 이용하여 회원 가족 간의 특별 프로그램을 기획하였다. 정기적인 방과 후 프로그램은 원어민 영어, 전래놀이, 공작 활동 등으로 구성되었으며, 특별활동으로 견학 숲 체험, 농사 체험, 자전거 및 인라인 타기 등을 시행하였고, 프로그램이 없는 자유 시간에는 마을 어르신의 보호하에 자유놀이 위주로 한 돌봄을 하였다. 그리고 1박 2일 가족 캠핑을 통하여 회원들 간의 친목 도모를 하였으며, 연말 작은 잔치를 시행하여 사업 평가와 동시에 1년간 아이들의 지낸 시간을 사진과 장기자랑, 게임, 퀴즈를 통해 재미를 느끼는 시간을 가진다. 특히, 마을 안에 있는 서곡 네트워크 소속 모임을 최대한 활용하며 방과 후 활동에 필요한 인력과 프로그램을 구축하여 마을주민들의 고용연계지원에 일조하였다. 다양한 연령층의 마을주민들의 재능기부를 받음으로써 세대 간의 교류를 활성화하였다.

출처: 행정안전부(2017) 재인용.

Chapter

03

지역사회복지의 역사

Chapter

03 지역사회복지의 역사

지역사회복지 역사를 아는 것은 지역의 문제를 어떻게 다루었는지 과거를 통해 이해하고 현재 상황을 직시할 수 있는 거울을 닦는 것이라 할 수 있다. 지역사회복지의 역사를 살펴보면, 산업화와 도시화에 의해 발생한 사회문제가 인간의 삶을 억압하였다. 이에 대한 반응은 영국이 가장 먼저 나타났고, 영국의 역사적 유산은 미국으로 전파하게 되었다. 이 장에서는 영국, 미국, 한국의 역사적 사건에 따른 제도와 지역사회복지 환경의 변화를 주목하여 지역사회복지 흐름을 짚어 보고자 한다.

1. 영국의 지역사회복지 역사

영국의 사회복지 역사는 1601년 제정된 「엘리자베스 구빈법」과 「자선신탁법」(Statute of Charitable) 체제하에서 수용과 구제 중심의 지역사회복지를 시행하였다. 영국 지역사회복지 핵심 발전과정은 1948년 「국가부조법」 제정과 그 이후의 복지국가 주도기,

1970년대 이후 신보수주의로 인한 복지 후퇴 및 다원주의 시기 등으로 나누어 볼 수 있다. 특히 20세기 영국 지역사회복지 발전과정의 핵심은 지역사회보호의 출현과 발달이다. 이는 공공부문 중심의 사회복지서비스 전달이라는 특징으로 지방정부 중심의 집행체계와 시설보호의 문제를 개선하기 위한 지역사회보호서비스 확충이다. 이는 다양한 지역사회복지의 발전이 지역사회보호와 연관되기 때문이다.

1) 근대 지역사회복지의 시작(1800년대 후반~1950년대 초)

19세기 후반 영국의 사회적 격동기에 지역사회복지 발전과정의 핵심은 자선조직협회와 인보관운동이라고 할 수 있다.

(1) 자선조직협회

자선조직협회(COS: Charity Organization Society)는 19세기 말 성행하였던 자선조직의 무분별한 활동과 비효율의 문제를 해결하여 체계적 자선을 시행하고자 하는 노력으로 시작되었다. 영국은 산업혁명 이후 급속하게 진행된 산업화로 빈부의 격차가 심해지고, 가난한 농민들은 직업을 찾아 도시로 모여들면서 도시빈민의 문제, 실업문제, 범죄문제, 질병, 비위생적인 환경문제 등 많은 사회문제에 당면하게 되었다. 산업화로 인해 발생한 다양한 문제를 해결하기 위해 1800년대에 많은 자선단체가 생겨났지만, 자선활동이 무분별하게 진행되면서 서비스의 중복과 누락 등 비효율성의 문제가 지적되었다. 이러한 문제로 민간 자선활동의 조정에 대한 필요성을 느낀 자선단체들은 자선을 과학적 · 합리적으로 제공하기 위해 자선조직협회를 만들게 되었다. 자선조직협회(Charity Organization Society: COS)는 순수 민간단체로 1869년 런던에 최초로 설립되었으며 차머스(Thoma Chalmers) 목사, 그린(Richard Green) 목사, 보상케(Charles Bosanquet) 등이 주도하였다.

자선조직협회의 지도자들은 자선의 오용과 남용을 막고 빈민들의 의존문화를 근절하기 위해 구호 신청자의 상황을 면밀히 분석할 필요가 있다고 생각하여 우애방문(Friendly visit)을 시작하였다. 우애방문원(friendly visitors)[1]은 구호를 신청한 본인과 가족은 물론 이들의 집주인, 이웃, 고용주까지도 방문하여 이들의 상황을 보다 총체적으로 파악하려고 노력하였다. 우애방문원은 자선조직협회에서 임명한 자원봉사자로서 교육받은 중산층 부인들이었다. 이들은 빈곤 가족의 친구가 되어야 하며, 빈곤과 고통으로부터 가족을 자립시킬 수 있는 안내자로서 존경받을 수 있어야 했다. 우애방문원이 한 일은 가정방문을 통한 빈민층 교화 활동, 욕구조사, 문제원인의 규명, 문제해결 방법을 알려 주는 일이다. 이들은 빈곤의 원인을 개인의 도덕적 결함이나 나태에 기인한 것으로 보았다. 구호를 받을 만한 자격이 있는 빈민인지 아닌지를 조사하고, 가난하지만 가치 있는 사람에게만 서비스를 제공하였다. 우애방문 활동은 사회복지실천과 사회복지조사, 지역사회복지 실천 활동에 큰 영향을 미쳤다.

(2) 인보관운동

인보관운동(Settlement House Movement)은 1854년 데니슨(Edward Denison) 목사가 주축이 되어 케임브리지대학교 및 옥스퍼드대학교 학생들과 슬럼가의 노동자들을 결합함으로써 빈곤문제를 해결하려는 일종의 사회 이상주의 운동으로 시작되었다. 바네트(Samuel Barnett) 목사가 1884년에 런던 동부 빈민지역에 최초의 인보관인 토인비홀(Toynbee Hall)을 설립하였는데, 이것이 세계 최초의 지역사회복지관이다. 토인비홀은 빈곤문제에 대한 지역사회 수준의 개입을 확장시키는 데 크게 기여하였다. 특히 빈곤문제는 개인적 문제가 아닌, 산업화 · 도시화로 인해 나타나는 각종 사회문제의 결과물로 인식하여 대학생, 성직자, 지식인들이 빈곤 주민의 거주 지역에 직접 인보관을 세우고 함께 생활하였다. 그리고 주민들에게 빈곤과 사회문제에 대한 의식화 교육 활동을

1) 우애방문원은 빈곤자에 대한 개별방문지도 활동을 수행하였다. 처음에는 무보수로 활동하다가 이후 유급 사회사업가로서 활동하였으며, 오늘날 사회복지사의 모태라고 할 수 있다. 이들의 활동은 이후 개별사회사업(case work)으로 발전하였다.

진행하여 사회 원인과 빈곤의 메커니즘을 깨닫게 하는 데 주력하였고 아동 위생, 보건, 기술, 문맹 퇴치 등 다양한 교육 활동 및 문화 활동을 진행하여 주민들의 잠재력을 끌어내고자 하였다. 이렇게 빈곤문제, 주택문제, 노동착취 문제, 공공위생 문제 등 각종 사회문제에 관심을 두고 이를 해결하기 위한 사회개혁 활동 및 입법 활동을 펼쳤다. 그 후 몇 년 동안 영국 전역에 100여 개의 인보관이 설립되었으며, 1889년 미국 시카고, 1897년 일본 동경까지 확산되었다.

인보관운동은 지역사회복지 실천의 초석이 되었으며, 사회에서 배제된 구성원들의 상황을 개선하기 위해 사회가 해야 할 혁신적 방법들과 많은 새로운 사회정책들을 제시하였다.

자선조직협회

1869년 런던 최초 설립
- 자선조직을 지역단위로 조직화, 체계적 자선 시행하고자 설립
- but 빈곤의 원인 개인에게만 그 책임 물었다는 한계

인보관 운동

1884년 바네트 목사 최초의 인보관 '토인비홀' 설립
- 주민교육으로 역량 강화, 사회개혁활동 및 입법활동
- 빈곤을 사회문제의 결과물로 인식

[그림 3-1] **영국의 지역사회복지 기원**

2) 지역사회보호의 태동기(1950년대~1960년대 전반)

제2차 세계대전 이후 영국의 지역사회복지는 국가 책임하에 수행되기 시작하였다. 지방정부를 중심으로, 시설보호 문제를 개선하기 위한 지역사회보호체계가 확충되면서 다양한 지역사회복지가 실행되었다. 이 시기에 지역사회의 사회복지사들은 제2차

세계대전의 폐허 속에서 마셜플랜(Marshall Plan)을 바탕으로 유럽 전역의 지역사회 재건 활동에 핵심적인 역할을 담당했다. 구빈원의 폐쇄성에 따라 인권 문제가 제기되었고, 지방정부의 재정적 부담이 문제가 되면서 시설이 아닌 지역사회가 새로운 보호의 장으로 대두되었다.

지역사회보호는 신체적, 정신적으로 장애가 있는 사람들을 시설보다는 가정에서 보호하고 치료하는 탈시설화를 위한 영국의 정책이다. 이 정책의 주요목적은 가능하면 개인이 자신의 집에서 삶을 유지하는 것에 있었고, 정책적으로 도덕적이고 인본주의적인 선택을 하고자 노력하였다. 이러한 선택은 비용적인 측면에서도 효율적이라고 보았기 때문에 영국의 지역사회복지는 공공부문의 지역사회보호를 중심으로 발전해 나가게 되었다.

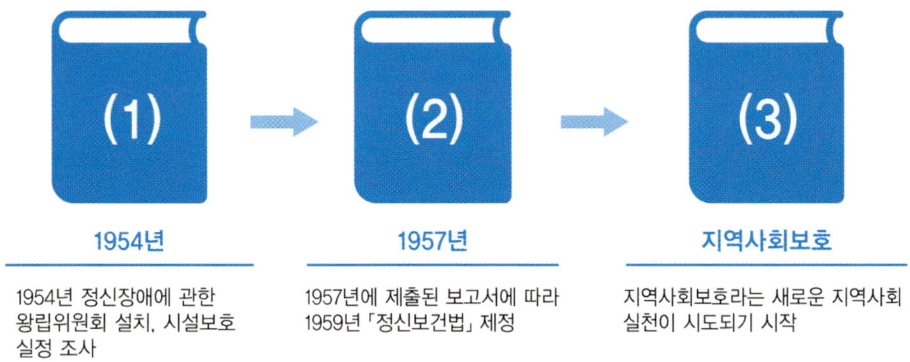

[그림 3-2] **영국의 지역사회복지 태동기**

3) 지역사회복지의 형성기(1960년대~1980년대 초반)

이 시기에는 지역사회보호와 관련된 여러 보고서가 제출되었다. 우선, 시봄 보고서(Seebohm Report)는 지역사회보호로의 실질적인 전환이 일어난 계기가 되었다. 이 시기에는 지역주민들의 다양한 욕구 충족을 위한 비공식 보호서비스가 강조되었다.

시봄 보고서(Seebohm Report)는 1968년 제출된 보고서로 지역사회를 기반으로 한 사회서비스 제공에 초점을 둔 행정 개편 필요성을 언급하였다. 시봄 위원회는 가족 지향적인 서비스 제공을 제안하면서 지역사회복지 서비스의 통합을 중요하게 다루었는데 여러 부서에 산재되어 있는 서비스를 통합하고 지역 서비스 전담사무소 설치를 피력하였다. 이 시기에 지역사회보호에 대한 공공책임뿐만 아니라 민간과 비공식 영역의 책임을 중요하게 다룬 보고서들이 등장하면서 지역사회보호의 다원화가 더욱 촉진되었다.

그 다음 하버트 보고서이다. 하버트 보고서(Harbert Report)는 1971년 『지역사회에 기초한 사회적 보호(Community- Based Social Care)』로 출판되었다. 공공서비스와 민간서비스 외에 가족 체계와 지역사회의 근린에 초점을 둔 비공식 서비스의 중요성을 강조한 것이 특징이다. 즉, 공공과 민간서비스의 주요한 과업은 친구와 친척에 의하여 제공되는 비공식 보호를 지원함으로써 클라이언트의 긴급한 욕구를 충족시켜 주는 것이라고 보았다.

마지막으로 바클레이 보고서(Barclay Report)는 1982년에 제출된 보고서로 대부분의 지역사회보호가 공공 또는 민간의 공식 서비스로 제공되는 것이 아니라 지역주민들의 인간관계에서 비롯된 비공식 돌봄망에 의해 제공됨을 인식하고 비공식 보호 서비스와 공식 보호서비스 간의 파트너십 개발을 강조하였다.

〈표 3-1〉 **영국의 지역사회복지의 형성기**

작성자	지방자치단체 및 관련 대인사회 서비스위원회 (Seebohm)	에이번 지방정부 사회서비스부 책임자 하버드(Harbert)	바클레이 위원회 (Barclay committee)
연도	1968년	1971년	1982년
주요 내용	• 지역사회보호로의 전환 계기 • 지역사회를 사회서비스의 수혜자이자 서비스 제공자로 인식 • 사회서비스의 행정적인 조직을 재편	• 공공서비스와 민간서비스 외 비공식 서비스의 역할 인식 • 지역사회에 기초한 사회적 보호 강조	• 사회사업가의 직무와 역할에 대한 포괄적인 제안 • 비공식 보호서비스와 공식적 보호서비스 간에 파트너십 개발 필요성 강조

TIP

시봄 보고서(Seebohm Report)

1968년에 발간된 영국 사회복지제도의 개혁을 지향한 '지방자치단체 및 대인사회서비스' 위원회의 보고서이며, 이 위원회의 위원장의 이름을 따서 명명하게 되었다(이철수, 2006). 시봄 보고서는 잉글랜드와 웨일스 지역 지방행정당국 대인사회서비스의 조직과 책임을 검토하고 효과적인 서비스를 위한 것이었다. 이 당시 지역사회 서비스 업무는 여러 지방행정부서와 중앙정부부서에 산재해 있었는데, 시봄 위원회는 지역사회에 근거를 두고 가족지향적인 서비스를 제공할 수 있는 지방행정당국의 새로운 부서 설치를 제안하였다. 이 권고에 따라 지방행정당국에 아동, 가족 및 성인을 위한 서비스를 통합하는 사회서비스부(Social Service Department)가 설치되었다.

시봄 보고서는 첫째, 아동 및 성인 업무를 통합적으로 담당하는 부서의 설치를 권고하였다. 둘째, 주택, 보건의료, 교육 등과 같은 다른 서비스와의 긴밀한 협력을 제안하였다. 셋째, 사회적 빈곤의 위험을 경감시키는 예방적 접근의 필요성을 강조하였다. 지역사회의 위험 상황을 보다 구체적으로 파악할 수 있는 연구와 지역사회개발의 중요성을 강조하였다. 이에 따라 지방행정당국의 사회서비스부들은 특별한 욕구가 있는 지역에 자원을 집중하며, 서비스 기획 · 조직 · 제공과정에서 시민참여를 독려하고, 자발적 행동을 장려하고, 비공식적 선린관계를 촉진하여 지방팀을 중심으로 서비스를 조직하는 등 지역사회개발사업에 관여하였다(Glasby, 2005).

하버트 보고서(Harbert Report)

1971년에 설치된 에이번(Avon) 지방정부 사회서비스부의 행정책임자였던 하버트가 지방정부에서의 사회서비스 행정경험에 기초하여 작성한 보고서로 '지역사회에 기반한 사회적 보호(Community Based Social Care)'라는 제목으로 발표되었다. 이 보고서는, 공공서비스가 지역사회주민의 복잡하고 다양한 욕구를 모두 충족시킬 수 없으므로 공공서비스와 민간서비스 외에도, 가족체계와 지역사회의 가까운 이웃에 초점을 둔 비공식 서비스의 중요성을 강조하였다. 이 보고서에서 지역사회보호란 "지역사회에서 취약계층을 지원하기 위하여 다양한 형태로 제공되는 공공서비스, 민간서비스 및 비공식 서비스"라고 정의되고 있다. 이 보고서는 다양한 방법으로 제공되는 서비스가 상호 보완적이어야 하며, 각각의 서비스는 적절한 재정적 지원을 받을 필요성이 있다고 언급하였다(오정수 · 류진석, 2009; 지은구 · 조성숙, 2010 재인용).

바클레이 보고서(Barclay Report)

바클레이 보고서는 1982년 '시봄 보고서' 이후 지속적으로 논의되어 온 사회복지사의 직무와 역할에 대하여 포괄적인 제안을 하였다(오정수 · 류진석, 2009). 사회복지사가 지역사회의 끝없는 욕구와 그 욕구를 충족시키기에는 불충분한 자원 사이에서 불안하게 일하고 있으며, 이러한 중압감으로 인해 그들이 어떠한 방향으로 나아가야 할지, 무엇을 해야 할지, 어떻게 조직화되고 배치되어야 하는지에 대해 혼란을 겪고 있다고 지적하였다(Glasby, 2005).

이 보고서에 따르면 사회복지사들은 다음과 같은 기능을 수행해야 한다(Glasby, 2005 재인용). 우선, 사람 및 사람의 욕구를 전체로 보고, 서비스가 필요하다면 어떤 서비스가 제공되어야 할지에 대한 사람들의 견해를 확인해야 한다. 둘째, 개인의 가치를 존중하고 자기결정에 대한 그들의 권리를 지각하여야 한다. 셋째, 지역사회 연계망을 촉진시키고 사회보호계획에 참여하여야 한다. 즉, 지역주민의 욕구에 부응하여 계획하고, 다른 기관과 협력하며, 자원봉사단체들(voluntary organizations)을 강화함으로써 현재와 미래의 사회문제를 감소시키기 위해 노력한다. 넷째, 개별사회사업과 폭넓은 지역사회사업의 균형을 맞추면서 지역사회자원에 대한 지식을 가지고 중재자(broker)와 협상자(negotiator)의 역할을 하여야 한다. 다섯째, 클라이언트를 대신하여 협상하고 옹호하면서 다른 서비스들과 협력하여야 한다. 여섯째, 부족한 자원을 배분하고, 배분된 자원에 대해 모니터링하는 역할을 한다.

그밖에 '바클레이 보고서'는 공식서비스가 수발자의 역할을 대신할 수 없음을 인식하면서 비공식 보호가 중요함을 피력하였다. 또한 개인, 가족, 지역사회, 포괄적인 서비스 등 주요 이해 관련자 연계망과 협조적 관계를 발전시키면서, 사회서비스가 다른 서비스들과 긴밀히 협력 할 필요성을 강조하였다. 무엇보다도 '바클레이 보고서'는 지역사회에 기반한 사회사업 접근을 강조하는 동시에, 지역사회공동체의 역량을 개발하고 지역사회공동체가 보호 과정에 참여할 수 있도록 상세한 정보를 가진 사회복지사가 되어야 함을 강조하였다. 특히 시민의 사회적 욕구가 충족될 수 있도록 하기 위해서 대인 사회서비스는 지역사회와 지역사회의 강점에 보다 많은 초점을 두고 시민과 긴밀한 동반자적 관계를 발전시켜야 한다고 피력하였다(Glasby, 2005; 지은구 · 조성숙, 2010 재인용).

4) 지역사회복지의 발전기(1980년대 후반~현재)

1980년대 복지재정의 압박으로 지역사회보호에 필요한 공공재정에 대한 재검토가 이루어졌고 현재까지 영국의 지역사회보호는 민간의 역할을 상대적으로 더 강조하는 방향으로 발전해 왔다. 1979년 보수당 대처 정권이 등장한 이래 신보수주의 이념에 의한 사회복지 개혁이 추진되었는데, 공공재정 지출의 축소라는 정책적 목표하에 기존의 지역사회보호정책의 결과에 대한 강한 비판이 일어나면서 새로운 정책 대안 수립의 필요성이 제기되었다. 따라서 집권 중이던 보수당 정부에 의해 지역사회보호에 소요되는 공공재정을 재검토한 그리피스 보고서(Griffiths Report)가 작성되었고, 이에 따라 지역사회보호와 서비스 분야의 복지국가 개혁에 대한 내용이 마련되었다. 이는 신보수주의 경향하에서 케어의 혼합경제(mixed economy of care) 혹은 복지다원주의(welfare pluralism) 논리를 따랐으며, 이후 1990년 국민보건서비스 및 「지역사회보호법」(National Health Services and Community Care Act)으로 제정 및 공포되었다.

그리스피 보고서에 대해 조금 더 자세히 살펴보면 다음과 같다. 1988년에 제출된 보고서로 정부나 지방당국 외에 민간부문, 자원부문(voluntary sector)의 역할을 강조하였고 서비스 소비자의 선택권을 증진해야 한다고 주장하였다. 또한 돌봄 계획을 수립하고 욕구를 판단하며 민간서비스 간의 경쟁을 유도하고 서비스에 대한 감독을 강화하는 등의 케어매니지먼트(Care Management)를 도입해야 함을 주장하였다. 이는 정부가 서비스의 공급자가 아닌, 서비스의 구매 · 조정자로서 그 역할에 변화가 일어났다는 특징을 가진다.

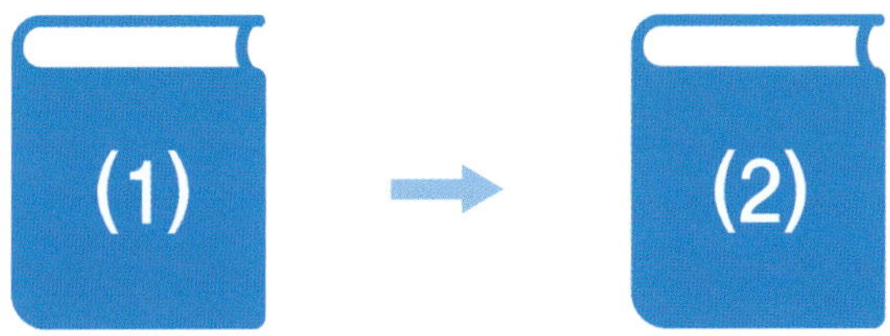

1980년	지역참여 네트워크
1980년대 복지재정 압박으로 그리스피 보고서 작성: 혼합경제(복지다원주의 논리) 따름	서비스 이용자 중심의 욕구주도 서비스 추구, '지역참여 네트워크' 법적 근거 마련, 돌봄 서비스 제공기관의 개인과 자원조직에 의한 모니터링 확대

[그림 3-3] **영국의 지역사회복지 발전기**

TIP

그리피스 보고서(Griffiths Report)

1986년에 대처(Thatcher) 정부는 로이 그리피스(Roy Griffiths) 경을 위원장으로 하는 위원회를 구성하고, 전반적인 지역사회보호 체계를 검토하고 보고하도록 하였다. 1988년에 '지역사회보호: 행동안건(Community care: Agenda for action)' 이라는 제목의 녹서(Green Paper)로 발표된 '그리피스 보고서'는 지역사회의 자원이 보다 효과적으로 지역사회보호에 기여할 수 있는 방법을 중점적으로 다루고 있다. 이 보고서는 관리주의(managerialism) 이념의 영향을 받아 강력하고 효과적인 리더십과 관리의 부족 때문에 복지국가가 직면한 문제들이 발생한다고 전제하였다.

'그리피스 보고서'는 복지다원주의 또는 복지 주체의 다원화에 그 핵심이 있다. 복지다원주의(welfare

pluralism)는 복지 제공의 책임을 정부는 물론이고, 비정부 부문, 즉 비공식부문, 민간부문으로 역할을 확대한다는 개념이다. 영국의 경우 19~20세기 초까지는 민간부문이 사회복지의 주요 제공자였으나, 대규모 국가 사회복지제도와 관료구조와 복지국가가 대두됨으로써 민간부문의 역할은 급격히 약화되거나 불필요하거나 국가복지에 장애물로 전락하였다. 이런 점에서 복지다원주의는 복지 영역에서 이러한 민간부문의 위상을 복권시켰다고 볼 수 있다(원석조, 2008).

'그리피스 보고서'는 다음과 같이 권고하였다. 우선, 활용 가능한 충분한 자원과 지역사회보호에 대한 명확한 정책이 있어야 하며, 이 목표의 달성을 책임을 질 수 있는 장관을 지명해야 한다. 둘째, 효과적이고 포괄적인 서비스가 되기 위해서는 단편적인 방법보다는 통합적인 방법의 서비스가 개발되어야 한다. 셋째, 모든 보호체계가 개인의 욕구를 충족시킬 수 있도록 맞춤형으로 보호 패키지가 개발되어야 한다. 예를 들면, 서비스 전달 시, 장애인이 스스로 서비스를 찾아내고 활용하는 것은 어려우므로 서비스를 패키지화하여야 한다는 것이다. 넷째, 지역사회보호 프로그램은 개인의 폭넓은 욕구를 충족시킬 수 있도록 수립되어야 한다. 다섯째, 개인 프로그램을 계획할 때에는 클라이언트의 견해가 우선적으로 고려되어야 한다. 여섯째, 모든 서비스는 물리적 환경과 보호 측면 모두를 고려하여 설계된 최소기준에 따라야 한다.

2. 미국의 지역사회복지 역사

미국에서의 지역사회복지는 산업화 이후 도시화의 지역 사회문제를 해결하려는 것에서부터 시작하여 제1차 세계대전, 대공황, 제2차 세계대전, 빈곤과의 전쟁, 신보수주의의 시기를 거치면서 발전해 왔다. 이 절에서는 미국의 지역사회복지 역사를 태동기, 형성기, 정착기로 나누어 살펴보고자 한다.

1) 지역사회복지의 태동기(1890년~1910년)

미국의 지역사회복지 역사는 19세기 말 산업화 이후 농촌 및 유럽 지역에서 이주한 이주민들의 도시 집중화로 인한 지역사회 문제에서 출발한다. 당시 미국은 산업화에 따른 농촌인구의 유입과 이민자들로 인한 도시 빈곤, 남북전쟁 후의 흑인문제, 주택문제, 질병 등의 사회문제를 개선하려는 지역단위의 노력이 필요한 상황이었다. 이념적으로 국가의 역할은 국민의 재산권 보호와 자유, 인권의 보장에 한정되어야 한다는 주장이 제기되었다. 동시에 사회적으로 불이익을 받는 사람에 대한 권익 보호와 옹호를 위한 급진주의적 사상도 영향을 주었다. 미국은 사회적 문제해결을 위한 활동으로 영국의 영향을 받아 자선조직협회와 인보관운동이 활발하게 추진되었다.

(1) 자선조직협회(Charity Organization Society, COS)

자선조직협회는 1877년 버펄로시에 영국 성공회 소속인 거틴(Gurteen) 목사에 의해 자선의 중복을 예방하고 빈자를 구호하기 위해 존재했던 수많은 민간단체의 업무를 조정하기 위한 목적으로 설립되었다. 주요 활동은 자선기관들의 협력을 모색하고, 조사를 통해 도와줄 가치가 있는 가구와 그렇지 않은 가구를 면밀히 가려 도와줄 가치가 있는 가구에게만 서비스를 제공하였다. 이것은 추후 사회조사 기술의 발전을 도모하게 된다(오정수 · 류진석, 2014).

자선조직협회 운동 프로그램은 사회적 · 경제적 문제에 관한 광범위한 연구 · 분석을 통하여 특정 조치를 건의하는 것이었다. 이때 자선조직협회의 지도자들이 적극적으로 참여했던 활동은 「임대주택법」 개정, 결핵 퇴치협회 설립, 소년법원과 교정 요원을 위한 입법 활동, 요보호아동을 위한 기관 설립과 사업 수행, 걸인과 유랑자 단속을 위해 경찰과 협력, 집을 떠난 아버지에게 자녀의 부양의무를 부과하는 입법 등이 있다. 그리고 이들의 활동으로 사회조사 기술이 발전하여 1907년에서 1908년에 걸쳐 피츠버그 조사가 시행되었다. 이들은 사회복지기관협의회를 설립하여 조사에서 건의된 사항을 실천에 옮기고, 지속적인 연구와 개혁하는 책임을 수행하면서(김승훈, 2010), 지역문제 해결을 위한 공동모금 능력을 강화하였다. 이후 회원기관들과의 관계에 있어서 주로 공동모금에 의해 지원을 받는 복지기관들의 연합체 성격을 가지다가 지역사회 내 복지 문제와 서비스에 관심을 갖는 시민들의 협의회로 재구성되기도 하였다.

(2) 인보관(Settlement house)활동

미국의 인보관활동은 자선조직협회보다 늦게 시작하였다. 1886년 코이트(Stanton Coit)가 영국의 토인비홀을 방문한 후 뉴욕에 설립하였다(오정수 · 류진석, 2014). 이후 1889년에 제인 애덤스(Jane Adams)와 엘런 게이츠 스타(Ellen Gates Satt)가 시카고에 설립한 헐하우스(Hull House)가 대표적이다. 인보관활동은 빈곤의 문제를 사회구조적 문제로 바라보고, 공동체적이고 옹호적인 접근을 모색하였다. 외부 세력에 의해 희생물이 된 사람들을 자신의 삶에 책임을 질 수 있는 사회참여자로 변화시켰고, 지역사회 자원봉사단에 의한 광범위하고 유용한 활동을 전개하였다. 지금까지 살펴본 자선조직협회운동과 인보관활동을 비교하면 〈표 3-2〉와 같다.

〈표 3-2〉 **미국의 자선조직협회운동과 인보관활동 비교**

구분	자선조직협회운동	인보관 활동
사회문제의 근원	개인적인 속성	환경적인 요소
참여자 유형	사회의 상류층 또는 이들과 가까이 지내는 사람들	대학생, 성직자
사회문제의 접근방법	빈자를 개조하거나 상황의 역기능적인 면을 수정하고자 함	빈자와 같이 거주하면서 환경을 개량하고, 기존의 사회질서를 비판함
서비스 제공 시 역점을 둔 내용	기관 간의 서비스 조정	유치원, 아동을 위한 클럽, 오락 프로그램, 야간 성인학교, 공중목욕탕, 그림 전시회 등의 서비스를 직접 제공
활동 성격/내용	• 우애방문원의 가정방문 • 자선기관들과 협력적 계획 모색 • 새로운 복지기관 설립, 낡은 기관 개혁 • 입법 활동 전개 • 지역사회계획전문기관 탄생 • 사회조사 기술 발전 • 사회복지기관협의회 설립 • 사례관리의 모태가 됨	• 주민과 함께 생활하면서 환경과 제도를 개혁하고자 함 • 입법 · 행정적 혁신까지 포함 • 기존 서비스의 향상 및 새로운 서비스 강구 • 잠재능력을 발휘하도록 하는 교육에 역점을 둠 • 아동노동 반대 • 참여와 민주주의 강조 • 자선계획을 수립 · 추진 • 산업지역의 여러 가지 문제점 조사 및 개선
주요 이념	사회진화론, 적자생존 논리	자유주의, 급진주의, 계몽주의

2) 지역사회복지의 형성기(1920년~1950년)

제1차 세계대전이 끝나고 1929년 대공황의 여파로 미국 전역에 대량의 복지 수요가 파생되면서 지방 중심의 사업이 국가적 차원으로 확대되었다. 이 시기는 공동모금회 및 지역사회복지기관 간의 협의회 등이 형성되었고 지역사회 조직화의 움직임이 일어나는 등 지역사회 복지사업이 본격화되었다.

(1) 지역 공동모금 제도

19세기 후반 미국은 급속한 산업화 · 도시화로 빈곤 등의 사회문제가 등장하자 민간 사회복지기관도 늘어났으며 이로 인해 민간 사회복지기관들이 상호 경쟁적 모금을 경쟁하였다. 이러한 상황이 발생하자 민간 사회복지기관들에 기부자들은 효율적인 모금과 배분에 관심을 가지게 되었다. 그래서 복지기관들이 모여서 공동으로 모금을 하는 사례가 발생되었다. 자산보증기구를 통해 사회복지기관의 기준을 설정하고 활동 평가에 따라 일정 요건을 충족한 기관에만 지원하는 지역공동모금제를 시행하였다. 이후 기금 집행에 있어 사회복지관의 독립성을 침해한다는 논란으로 1913년 클리블랜드 상공회의소의 자선연합회가 창설되었다. 자선연합회가 기부자, 모금 활동자, 그리고 기금을 배분받는 기관의 자원봉사자로 구성된 자선연맹을 구성하고 모금 캠페인을 전개한 것이 오늘날과 같은 공동모금의 본격적인 시작이라고 할 수 있다. 제1차 세계대전으로 공동모금이 전시모금을 겸하게 되면서 공동모금이 크게 확산하였고, 1949년 디트로이트 공동기금(United Fund)을 시작으로 1950년대 전국적 공동모금 조직이 결성되었다.

(2) 사회복지기관협의회

자선조직협회 활동을 근간으로 하여 지역사회의 문제와 욕구를 충족시키기 위해 복지사업을 계획하고, 조정하는 것을 목적으로 하여 설립하였다. 초기에는 공동모금에 의해 지원받는 복지기관의 연합체 성격을 가졌고, 점차 전문화됨에 따라 참여 대상이 전문가, 시민 등으로 확대되어 현대의 협의회 형태를 가지게 되었다(강철희 · 정무성, 2012).

(3) 지역사회 조직화(CO: Community Organization)

지역사회 문제에 초점을 두고 비이데올로기적인 지역주민조직에 초점을 맞춘 지역사회조직을 형성하고 지역사회 구성원 스스로의 조직을 통한 문제해결에 초점을 두는 알린스키(Alinsky)의 지역사회조직 활동이 시도되었다.

알린스키의 지역사회 조직화는 1930년대 말부터 시카고의 노동자 거주 지역에서 시작되었다. 이러한 지역사회 조직화의 핵심 전략은, ① 조직체는 민주적 의사결정과 토착적 지도력을 소중히 여길 것, ② 조직체는 모든 구성원에게 개방되어야 함, ③ 조직가는 그 지역의 전통적 지도자와 조직체들로부터 지지를 확보해야 함, ④ 싸우지 않고는 권력층을 움직일 수 없고, 갈등 전략을 사용할 때 가장 큰 것을 취할 수 있다. 이러한 지역사회조직 활동의 확대로 1939년 지역사회조직이 사회복지실천의 방법으로 공식화되었다.

(4) 공공 복지사업의 마련

미국 사회는 제1차 세계대전과 대공황을 거치면서 그동안 가지고 있었던 도시문제, 빈부격차 문제, 인종 간 갈등과 대립의 문제들이 더욱 심각해졌다. 특히 대공황으로 인해 빈곤과 대량실업 등이 발생하여 사회복지 수요가 급증하면서 민간 복지서비스로는 이를 담당하기에 역부족이었다. 급속하게 확대된 사회복지 수요에 대응하기 위해 사회복지 영역 전반에서 연방정부 개입이 확대되었다. 연방정부는 1935년 「사회보장법」과 최저임금제를 제정하여 공공부조 사업을 포함한 사회복지 프로그램 등을 강화하였다. 연방정부의 적극적인 개입은 지역사회조직 사업에 큰 영향을 주어 과거 민간단체에서 했던 사업이 정부기관으로 이양되었고, 지방중심의 사업은 국가 차원의 사업으로 확장되었다. 「사회보장법」과 「최저입금법」이 제정되고, 공공부조제도와 뉴딜정책이 시행되었다.

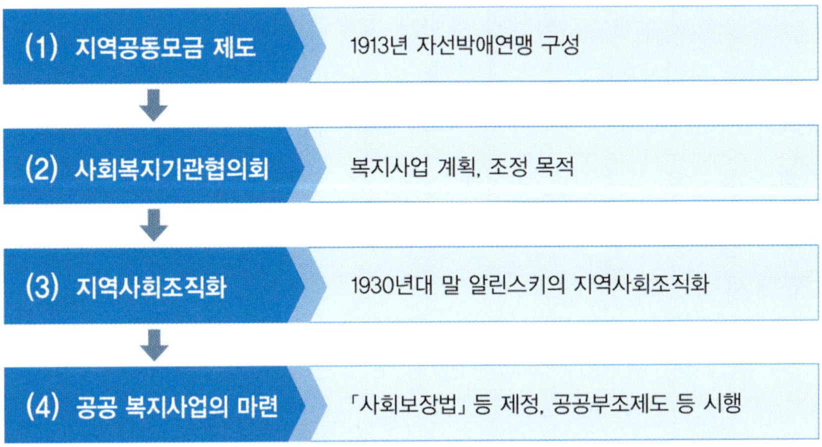

[그림 3-4] **미국의 지역사회복지 형성기(1920년대 후반~1950년대)**

3) 지역사회복지의 정착기(1960년대~1980년대)

(1) 미국의 사회적 상황

이 당시 미국의 빈곤문제가 인종문제와 결합되면서 사회적 쟁점으로 부각되었다. 1960년대 '빈곤과의 전쟁'으로 사회복지 문제에 대한 연방정부의 책임은 더욱 확대되었다. 특히 빈곤문제 해결을 위한 각종 프로그램은 많은 지역사회 조직가들의 관심을 불러 일으켰고 1965년에는 헤드스타트 프로그램(Head Start Program)[2]이 도입되었다.

2) 헤드스타트 프로그램은 미국 정부가 1965년 대도시 빈민가의 유아에게 조기교육 기회를 제공해 빈곤의 대물림을 막겠다는 취지로 도입한 프로그램이다. 이는 사회적으로 혜택받지 못한 계층의 유아에게 개입하여 조기에 풍부한 교육경험을 제공해 줌으로써 모든 유아가 자신의 환경적 요인에 상관없이 균등한 교육기회를 보장받을

1970년대 이후 사회복지에 대한 정부지원이 축소되는 경향을 보였다. 두 차례의 오일 쇼크에 의해 발생한 미국 경제의 스태그플레이션(경기 침체 속 인플레이션) 현상을 치유하기 위한 세율 인하, 규제 완화, 정부 지출 삭감, 긴축 정책을 펼치게 됨에 따라 각종 복지프로그램들이 축소되는 양상을 보였다. 지역주민의 참여를 통한 지역사회 결속력 강화와 통합 추구, 지역사회 자원의 합리적 배분과 지역사회 변화에 관심을 가졌다. 그래서 지역사회주민들을 조직화하여 자신들이 당면한 문제를 직접 해결하도록 유도하는 지역사회행동 프로그램(CAP: Community Action Program)이 제시되었으며 이로 인해 인종차별 철폐운동, 여성해방운동 등 시민권운동이 성장하였다.

(2) 사회서비스의 민영화

1970년대 후반부터 레이건(Reagan) 대통령이 '작은 정부'를 표방하면서 반복지주의적 물결, 즉 레이거노믹스로 불리는 신보수주의가 강세를 보이면서 사회복지에 대한 정부 지원 축소 및 공공 사회복지서비스의 민영화가 본격화되었다. 이러한 사회적 상황과 이념의 변화로 지역사회복지 실천에서도 자조를 기반으로 하는 모델들이 강조되었으며, 지방 · 민간기업 · 가족에 중심을 두는 방향으로 변화하였다. 그리고 지역 중심의 지역사회복지에 있어서 평가 등 외부 영향력이 증대되어 사회계획과 사회행동을 위한 기관들이 증가하였다. 또한 지역사회복지 실천모델의 접근방식, 프로그램, 목표 등이 다양화 · 세분되었으며 민간 비영리기관이 활성화되었다.

수 있게 하였으며, 교육을 통해 빈부의 차이를 최소화하고 빈곤의 세대세습을 막고자 하였다. 헤드스타트 프로그램은 출범 당시에는 일부 도시지역 저소득층 자녀를 대상으로 한 여름철 프로그램에 불과하였지만, 지금은 미국 전역에서 저소득층 3, 4세 유아교육, 보육뿐 아니라 외국 출신 부모 대상 영어교육 등 다양한 지원활동을 벌이고 있다. 이 프로그램의 수혜자는 부모의 연간 소득과 가구 구성원 수에 따라 정해진다. 5인 가구의 경우 연소득 2만 2,000달러 이하면 이 프로그램의 혜택을 받을 수 있다.

1960년대	사회개혁을 위한 연방정부사업 활성화: '빈곤과의 전쟁', 헤드스타스 등
1970~1980년대	사회개혁과 지역사회개입 위축, 자원봉사집단 조직화
1990~2000년대	지역사회복지에 대한 평가 실시
2008년	'월가를 점거하라' 시위, 2013년 환자보호 및 건강보험료 적정부담법 시행 → 지역사회복지 차원 사회행동이 복지확대 이룸

[그림 3-5] 미국의 지역사회복지 정착기(1960년대~1980년대)

4) 지역사회복지의 활성화 시기(1980~현재)

1980년대 미국 사회는 신보수주의 이념의 확산으로 레이건 정부에서부터 부시 정권에 이르기까지 사회복지 예산은 삭감되었다. 1990년대에도 복지삭감에 대한 압력, 사회복지서비스의 민영화 등 보수주의적 분위기는 여전히 지속되었다. 특징적으로 1996년 클린턴 정부 때에는 복지개혁(welfare reform)이 이루어졌는데, 이때 핵심 아이디어는 근로와 복지를 연계하는 생산적 복지의 강조였다. 이러한 정부의 복지정책 아래에서 지역사회에 대한 개입방식은 지역사회와 지역사회 조직에 기초한 옹호적 접근의 강조보다는 사회복지기관의 행정과 계획, 조직발전, 평가개발에 주안점을 두었다. 클린턴 정부의 복지개혁은 사회복지 서비스의 효과성을 증명하고 효율성을 강화하기 위한 평가를 증진하는 계기가 되었다(오정수 · 류진석, 2004).

3. 한국의 지역사회복지 역사

한국의 근대적인 사회복지가 일제강점기를 시작으로 6·25 전쟁 이후 발전하게 되었다. 지역사회복지 역사도 그 흐름을 같이 하고 있다. 하지만 전통적인 지역공동체 안에서의 상호부조라는 사회복지의 기능은 고대부터 존재하였기 때문에 그 의미들을 살펴볼 필요가 있다. 이 절에서는 이러한 전통적 의미의 근대 이전 시기, 일제강점기를 포함하는 근대화 시기, 6·25 전쟁 이후 지역사회복지 형성기, 지역사회가 주축이 된 지역사회복지 정착기, 지역사회 중심의 서비스 확대 및 지역사회복지의 새로운 변화가 현재까지 진행 중인 발전기로 나누어 살펴보고자 한다.

1) 근대 이전의 지역사회복지

전통적인 지역사회복지 활동은 촌락 단위의 자발적·자생적인 전통 인보상조 관행과 정부에 의한 공식적 인보제도로 구분할 수 있다.

(1) 전통 인보상조 관행(촌락 단위의 복지활동)

근대 이전의 시기에는 주로 촌락 단위의 협동 관행이 있었다. 특히 전통적인 농경사회와 유교문화로 인하여 촌락을 중심으로 당면한 문제에 대한 공동의 노력과 상호부조를 위한 공동체를 형성하였다. 전통 인보상조 관행은 다음과 같이 10가지의 활동이 있었다.

① 상부상조의 민간 협동체로서의 '계'이다. 계는 한국 사회 특유의 조합적 성질을 지닌 협동조직으로써 공익, 생산, 영리, 친목 등 다양한 모습으로 실생활과 밀접하게 운영되어 왔다. 특히, 각종 지출에 대비하기 위한 경제적 성격을 띤 계가 활발하였다(구자현, 1970).

② '두레'이다. 두레는 농사일을 협력하기 위해 만들어진 공동노력 풍습으로 상호부조 · 공동오락 · 협동 노동 등을 목적으로 마을 단위로 조직하였다(구자헌, 1970). 산업화 · 도시화 되면서 대부분 사라졌지만, 여전히 농촌을 중심으로 상호협동 생산방식이 조금 남아 있다.

③ '품앗이'다. 품앗이는 노동력을 상시로 차용 또는 교환하는 조직으로 오늘날의 공동육아와 유사한 형태이다.

④ '향약'이다. 향약은 향촌의 자치규약이면서 지식인들 간의 자치적인 협동조직으로 현재의 조례와 유사한 성격을 가진다.

⑤ '사창'이다. 사창은 재앙이나 흉년에 대비하여 미리 향민에게 곡식을 징수 또는 기증받아 저장해 두는 촌락 단위의 구휼제도인데 의창, 상평창과 더불어 삼창의 하나이다. 촌락 단위에서 행해지면서도 국가의 지도와 감독을 받은 것이 특징이다.

⑥ '공굴'이다. 공굴은 마을 안에 중병자나 장애인, 과부, 상을 당한 사람의 농사를 같은 마을 사람들이 공동으로 지어 주는 것이다.

⑦ '부근'이다. 부근은 농사일뿐만 아니라 동네 사람이 집을 신축할 때 또는 10세 미만의 아이가 죽었을 때의 장사 등에 동원되는 봉사활동을 의미한다.

⑧ '향도'이다. 향도는 상여를 메는 사람이라는 뜻에서 유래된 것으로, 마을에 흉사가 있을 때 무보수로 봉사하는 것을 말한다.

⑨ '고지'이다. 고지는 궁핍한 마을 사람들끼리 연대책임으로 농업 경영자와 노동청부의 계약을 맺고 양식이 떨어진 춘궁기에 노임으로 양식을 선지급 받아 그것으로 춘궁기를 나고 농번기에 계약된 노동을 제공하는 것이다.

⑩ '부조'이다. 이는 오늘날의 금품 제공과 같은 형태로, 마을에서 누군가가 집을 지을 때 일할 도구와 점심을 들고 가서 도와주는 것을 말한다.

(2) 정부에 의한 인보제도

정부가 주도적으로 시행한 인보제도는 3가지로 나누어 살펴볼 수 있다.

첫째, 애민육조(愛民六條)로 표현되고 있는 6가지 복지시책이다. 이것은 목민심서에 기록된 것으로 양로(養老), 자유(慈幼), 진궁(賑窮), 애상(哀喪), 관질(寬疾), 구재(救災)를 말한다. 양로(養老)는 어른을 공경하라는 의미로 노인을 대상으로 하는 복지시책이며, 자유(慈幼)는 고아를 대상으로 한 복지시책으로 어린이를 사랑하라는 의미이다. 진궁(賑窮)은 가난한 사람들을 구제하라는 의미로 다른 사람의 힘을 의존하지 않고서는 살 수 없는 사람들을 대상으로 하며, 애상(哀喪)은 지극히 가난하여 상을 치를 수 없는 사람들을 대상으로 하는 복지시책으로 상을 애도하라는 의미이다. 관질(寬疾)은 환자를 구호하라는 의미로 불치의 환자나 위독한 병자를 대상으로 하며, 구재(救災)는 수재 · 화재 · 기근 등 재앙을 당한 사람들을 대상으로 하는 복지시책으로 재난을 구제하라는 의미이다(김승훈, 2010).

둘째, 오가작통법이다. 이는 각 하급 지방행정 구획을 일정 수의 호수로 세분화하여 그 구역 내에 거주하는 모든 성원이 인보상조와 연대책임으로 서로 돕는 일종의 지방자치 제도를 말한다. 오가작통법은 모든 지역주민이 상부상조하고, 연대감을 가지며, 지역 내의 치안을 유지하고, 복리를 증진하여 지방행정의 운영을 돕게 하는 강제성을 지닌 인보제도이다.

셋째, 국가 단위의 상설 복지기구이다. 의창, 상평창, 진휼청, 동서대비원, 혜민국으로 크게 5가지로 나누어 볼 수 있다. '의창'은 고려 및 조선시대 흉년이든 해에 기민을 구제하기 위하여 양곡을 저장 · 보관해 두는 제도로 빈민에 대해 무상의 구제를 했다는 점에서 오늘날의 생활보호제도와 그 기본성격이 유사하다. '상평창'은 고려와 조선시대 빈민에 대해 곡물을 대여하고 상환하도록 한 제도이다. '진휼청'은 조선시대 흉년에 빈민을 구제하는 국가 기관을 말하며, '동서대비원'은 치료를 목적으로 하는 의료구호 기관이고, '혜민국'은 의약, 의복을 제공하는 기관이다.

2) 일제강점기의 지역사회복지

일제강점기는 근대적 의미의 지역사회복지 사업이 싹트기 시작한 시기이다. 일제강점기 지역사회복지 활동의 이해를 돕기 위해서는 그 시대적 배경을 먼저 살펴보고 구체적인 내용을 확인해야 한다.

당시 일본이 자국의 이익을 위해 한국 농업을 식민지적 구조로 변경하기 위한 토지조사 사업, 산미증산 계획 등을 실시하여 전통적인 자생복지 활동은 위축되고 해체되었다. 일부 매판지주들과 결탁한 관제협동조합들로 인해 재래적 민간협동단체는 자연붕괴되었으며, 부락의 자치단체였던 동리계는 읍면제도 등 새로운 행정제도의 실시와 행정기구의 정비로 해체되었다. 은행과 금융기관의 발달로 이자계와 같은 금융을 목적으로 했던 각종 협동체는 도태되거나 위축되었다. 혈족단체인 종계와 화수계는 개인주의 사상의 침투로 붕괴되었으며, 산업을 목적으로 하는 계는 농회, 수리조합 등 새로운 산업단체의 발달로 소멸되었다(최일섭 · 류진석, 2003).

일제강점기 시대의 지역사회복지 내용은 조선사회사업협회, 조선구호령, 사회복지시설과 사업이다. 먼저 조선사회사업협회는 1929년 설립되었고 사회사업단체 간의 상호 연락, 조사연구, 강습 · 강연회, 지식교환 등의 활동을 벌였다. 현대적 의미의 협의회와 유사한 기능을 가진 조직이나 이 협회는 관의 통제를 받았다. 다음으로 조선구호령은 1944년에 제정 · 실시되었고 해방 후 1961년 「생활보호법」 제정으로 폐지되었다. 그 배경을 자세히 살펴보면 다음과 같다. 일제강점기에 들어와 일본은 본토에서는 1874년에 제정된 구휼규칙을 1929년에 폐지하고 「구호법」(救護法)을 새로 제정하여 보다 향상된 현대적 구빈행정을 시행하였으나, 한국에서는 이 법을 시행하지 않고 유사시에 은전을 베푸는 형태로 극히 한정된 범위의 요구호자에 대한 구빈사업을 실시하였다. 그러던 중 1944년 3월 군사적 목적을 위하여 한 국민에게 징병과 노무 징용을 강요하게 되면서 비로소 일본의 「구호법」을 기초로 하고 「모자 보호법」과 「의료보호법」을 부분적으로 추가해서 종합한 법인 조선구호령을 제정하였다. 대상은 65세 이상의 노쇠자, 13세 이하의 유아, 임산부, 불구 · 폐질 · 질병 · 상이 및 기타 정신 또는 신체장애로 인하여 노동을 하기에 지장이 있는 자이며, 급여내용은 생활부조, 의료, 조산, 생업부조, 장제부조로 이루어져 있다. 구호는 자산조사 및 신청주의에 따라 실시되었고 거택보호를 원칙으로 하였다. 거택구호가 불가능하다고 인정될 때는 구호시설 수용, 위탁수용, 또는 개인의 가정 혹은 적당한 시설에 위탁 수용할 수 있도록 규정하였다(원석조, 2008). 조선구호령은 근대적 의미의 공공부조 제도의 기본이 된 법이라 할 수 있으며, 해방 이후 전개된 「생활보호법」의 모태가 되었다.

마지막으로 사회복지시설과 사업이다. 일제강점기에는 육아시설(전국 22개소, 이후 숫자만 표시), 임산부상담소(5), 탁아시설(4), 영아건강상담소(5), 빈궁아교육기관(9), 불량아감화시설(5), 맹아보호시설(2), 육아협회 등 어린이 보호시설이 많이 세워졌다. 또한, 1930년대 말부터 서부인보관, 용강인보관, 성동인보관, 영등포인보관 등 인보관을 개설하여 인보, 상부상조의 정신이 국민들에게 자각되고 향상되길 꾀했다. 요보호자를 보호하는 제도로는 1941년 방면위원제도가 있는데, 이를 통해 요보호자에 대한 보호, 구제, 직업알선 등을 시도하였다.

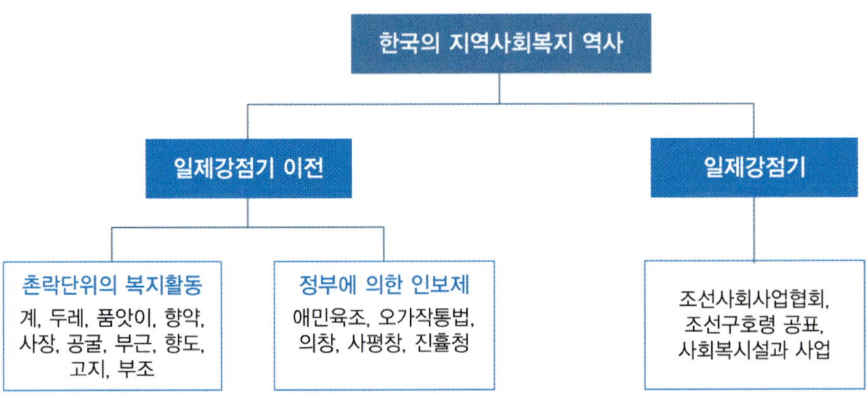

[그림 3-6] 일제강점기 이전과 일제강점기 지역사회복지

TIP

한국 최초의 인보관

사회복지관의 모체로 볼 수 있는 인보관은 외국 선교사들이 설립하였다. 한국 최초의 인보관은 1906년 미국 감리교 여선교사였던 메리 놀스(Miss Mary Knowles)가 원산의 6평 초가집에서 시작한 반열방(남경현, 1978; 김범수 · 신원우, 2014 재인용)으로 알려져 있다. 반열방에서는 여성들을 위한 교육이나 보건 등의 사업을 시작하였다.

3) 지역사회복지 형성기(해방 이후~1970년 전반기)

해방 이후 급격한 사회변화로 인해 사회 혼란과 한국전쟁을 거치면서 외국의 원조기관들이 전쟁 고아들을 위한 시설보호와 빈민구호 활동에 주력하면서 지역사회복지의 초보적인 틀을 마련하였다. 6 · 25 전쟁 이후 지역사회복지는 국토 재건과 이재민을 비롯한 국민에게 필요한 물자와 서비스를 외국으로부터 들여와 전달하는 활동을 중심으로 전개되었다. 해방 이후, 지역사회복지 형성과정에서 사회복지공동모금의 발전과 외국 민간원조기관의 활동 그리고 지역사회개발 사업이 어떻게 전개되었는지 살펴보고자 한다.

(1) 사회복지공동모금의 발전

해방 이후 빈민과 빈곤아동에 대한 구호 활동에 있어, 열악한 국가재정으로 인한 어려움을 타개하고자 민간자원을 동원하기 위한 모금회가 설립되었다. 하지만 자선기금 마련을 위한 모금행위들이 산발적으로 일어나면서 문제점이 발생하였고, 이를 규제하기 위해 1951년 「기부금품모집금지법」이 제정되었다. 이후 1970년 「사회복지사업법」에서 공동모금회 설립을 규정함에 따라 1971년 민간주도의 공동모금 운동이 전개되었으나 관심과 여건 부족으로 정체되었다(김종일, 2004).

(2) 외국 민간원조기관의 활동

외국 민간원조단체 한국연합회(KAVA: Korean Association of Voluntary Agencies)는 외국에 있는 본부의 지원으로 우리나라에 보건사업, 교육사업, 생활보호, 재해구호 또는 지역사회개발 등의 사회복지사업을 진행한 비영리적 사회사업기관으로 그 사업자원이 외국에서 마련되고 외국인에 의해 운영된 기관이었다. 1952년에 7개 기관이 모여 조직하였던 것이 1955년 사무국 설치로 연합회의 기능을 갖추게 되었고 1964년 70여 개로 증가하였다. 이후 1970년대 후반부터 철수하거나 철수계획을 세우기 시작하였다. 대표적으로 주한외국민간원조단체연합회(Korea Association of Voluntary Agencies: KAVA)는 전쟁 난민 또는 고아를 돕기 위한 시설보호 사업으로 시작되어 보건사업, 교육, 지역개발사업, 전문 사회복지사업을 전개하였다. 특히, KAVA는 사업 추진에 있어서 정부기관과 유대를 가지고 효과적으로 협조한 점이 두드러진다.

(3) 지역사회개발 사업

우리나라의 지역사회개발사업은 1955년 UN에서 후진국의 경제 · 사회발전을 위해 시작되었다. 이후 1970년대 새마을운동 사업으로 전환되어 지역사회복지 실천을 위한 기반이 되었다. 그러나 관 주도의 반강제적 운동이라는 점에서 지역사회복지의 자발성 원칙에는 다소 위배되는 측면이 있다. 새마을운동은 박정희 정권이 1970년부터 시작한 핵심 사업이다. 즉, 우리 사회의 안정적 경제발전을 위해서는 우선, 국민의 일상적 삶부터 새롭게 개혁되어야 한다는 것을 강조하였다. 새마을운동의 기본이념은 근면 · 자조 · 협동이며, 농촌의 근대화, 지역의 균형적인 발전, 의식개혁을 그 목표로 하였다. 개개인의 실천과 마을 단위에서의 협동은 국가 단위의 위기를 극복하고 경제발전을 달성해 나갈 수 있다고 보았고, 가장 대표적인 사업은 농촌의 환경개선 사업이다. 이 운동은 1970년 11월부터 농한기 농촌마을 가꾸기 시범사업 형태로 생활환경개선사업에서 시작해 소득증대 사업으로 확대되었다. 처음에는 농한기에 전국 3만 5천 마을에 300여 포대의 시멘트를 나누어 주는 것으로 시작하였지만, 투자에 비해 엄청난 무상의 노동력이 투입됨으로써 많은 농촌마을의 숙원사업이 이루어졌다. 농촌에서의 사업이 성공되면서 이 운동은 도시로도 확대되었고, 의식개선 운동으로 전개되기도 하였다. 그러나 도시의 조건은 농촌처럼 공동체적 노동력을 동원하기 어려웠다. 농촌에서는 겨울철에 한두 사람씩 모여서 길을 넓히는 등 활동이 가능했지만, 도시에서는 환경정비나 녹화작업 등의 공동체 작업을 활발하게 진행하기가 어려웠다. 도시에서의 새마을 운동은 지역에서만이 아니라 직장, 학교, 가정 새마을운동으로 전개되었고 주로 개별실천이 요구되었다. 예를 들면, 소비절약을 실천, 새마을청소의 일상화 등으로 나타났다.

새마을운동은 농업 경쟁력을 향상했고 시민들의 참여를 통해 공동체 의식, 자발적 참여 의식 회복에 이바지하였다. 정부 중심의 지역사회개발사업과 '정권 유지 차원'에서의 새마을운동은 많은 비판에도 불구하고 한국 농촌의 근대화, 한국 경제발전의 초석이 되었다는 평가도 받고 있다. 세계적으로는 농촌 개발의 모델로서 박정희 대통령의 가장 획기적인 정책으로 긍정적인 평가를 받고 있다.

4) 지역사회복지 정착기(1980년대~1990년대)

1980년대 지역사회복지는 제5공화국 국정지표인 '복지사회건설'을 추진하기 위해 「생활보호법」을 전면 개정하는 등 복지시책을 강력하게 추진하여 지역사회복지관의 설립, 재가복지서비스의 도입, 사회복지전담요원제도 실시, 지역사회 행동모델의 확대 등 진일보한 모습으로 구체화하였다. 그리고 1990년대 이후로 접어들면서 지방자치제도의 부활, 사회복지 확대 정책, IMF 경제위기라는 외부환경의 변화로 인해 지역사회복지 실천 주체의 전문화 및 다양화, 지역사회 중심의 자활사업 전개, 지방자치제도의 실시, 전문성 확보를 위한 시설평가 제도 도입 등 새로운 전환기를 맞이하면서 정착되었다.

(1) 사회복지관의 발전

사회복지관은 1980년대 후반에 영구임대아파트 단지 내에 사회복지관 건립이 법제화되었다. 1989년에는 사회복지관 운영 · 건립 국고보조금 사업지침이 마련되면서 사회복지관이 국가보조금을 받고 운영되기 시작하였다. 그 후 사회복지관은 매우 큰 양적 팽창을 이루었으며, 민간법인에서 운영하고 정부의 지도 · 감독이 이루어지는 형태로 발전하였다. 1999년에 도입된 사회복지 시설평가는 사회복지기관의 전문성 향상을 도모하는 계기가 되었다.

(2) 재가복지봉사센터의 설립

재가복지가 관심을 받기 시작한 1980년대 후반, 한국 노인복지회, 은천 노인복지회, 북부 노인종합복지관, 남부 노인종합복지관 등 민간단체들을 중심으로 본격적인 재가복지서비스가 시작되었다(김범수 · 신원우, 2014). 1992년에 비로소 재가복지봉사센터 설치, 운영 지침이 제정되어 본격적으로 정부 차원의 재가복지가 이루어지기 시작하였다. 재가복지봉사센터는 지역사회에서 일정한 시설과 전문인력 및 자원봉사자를 갖추고 필요한 재가복지서비스를 제공하는 사회복지시설이다(보건복지부, 2008). 재가복지봉사센터는 기존의 사회복지관에 전담 인력, 장비 및 사업비 등을 추가 지원하여 사회복지관의 부설 형태로 설치 · 운영되었다.

(3) 지역사회 행동의 확산

1980년대 후반 이후 각 민간단체를 중심으로 '바른 삶 실천 운동(YMCA)', '공해추방운동', '경제정의 실천 운동', '복지권 실천 운동(참여연대)' 등의 복지 이슈와 관련된 사회운동이 이루어졌으나, 이슈 중심적 접근으로 지역사회와 구체적으로 연계된 측면은 약했다. 그러나 저소득층 지역사회의 재개발 반대운동, 핵발전소 설치 반대운동 등의 주민운동은 지역적 근거를 배경으로 한 사회행동의 일환으로 볼 수 있다. 이처럼 복지와 관련된 이슈 또는 지역사회의 문제해결을 위해 사회행동모델이 강조되고 점차 변화되는 추세였다.

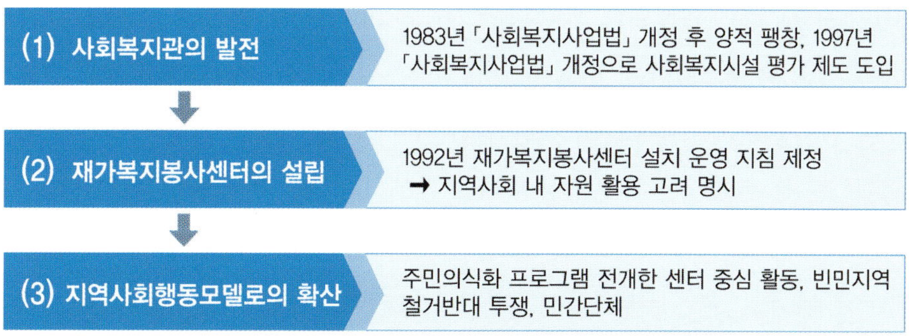

[그림 3-7] 한국의 지역사회복지 정착기(1880년~1990년)

(4) 지역사회 중심의 공공부문 전달체계 개편 논의

공공부문 전달체계에서는 1987년부터 사회복지전담공무원이 기초자치단체까지 배치되었다. 하지만 광역자치단체에서 기초자치단체를 거쳐 클라이언트로 연결되는 일방적·수직적 전달체계상 지역주민의 복지욕구에 대한 능동적 대처의 곤란, 보건과 복지서비스의 대상자 일치를 근거로 한 서비스 공급조직 통합으로 보건복지의 포괄적 서비스 제공의 필요, 보건복지 서비스 환경의 변화와 통합적 서비스 공급 요구의 증대라는 필요성(이현송·강혜규, 1997)이 대두되면서 공공부문 전달체계의 개편 논의가 활발하게 일어났다. 이로 인해 1995년 7월부터 전국 5개 지역(서울 관악구, 대구 달서구, 경기 안산시, 강원 홍천군, 전북 완주군)의 보건소 내에 복지사업 담당 부서를 신설한 '보건복지 사무소'를 시범사업으로 운영하였다.

그러나 시·군·구의 사회복지과와 보건복지 사무소의 업무협조가 원활치 못했고, 농촌지역의 경우 도시지역과 비교해 대중교통수단 이용 등의 불편으로 주민 접근성 저하 문제가 여전히 해소되지 못하였다. 또한 시범사업 추진업무 중 보건복지 연계서비스의 비중이 작아 애초 목적인 보건과 복지조직의 통합 효과는 아직 미비하다고 평가되었다. 결국 보건복지사무소 시범사업은 1999년 12월에 종료되었다.

(5) 사회복지공동모금회의 시작

보건사회부는 공동모금회를 상정하여 1997년 3월 27일에 이르러 의결되어 「사회복지공동모금법」이 제정되었다. 이후 1999년 3월에는 국민이 공동 모금한 재원을 효율적으로 관리 운용하고, 공동모금의 적용 범위를 사회복지 사업과 기타 사회복지 활동으로 확대하는 등 현행 규정의 운영상 나타난 일부 미비점을 개선·보완하기 위해 「사회복지공동모금회법」으로 법명을 변경, 전면 개정하였다(김용하, 2006).

5) 지역사회복지 발전기(2000년대~현재)

2000년대 이후에는 지역사회복지 측면에서 다양한 제도가 체계적으로 수립되고, 사회복지 전달체계의 다양한 변화와 확대가 이루어지면서 지역사회 중심의 사회복지가 더욱더 강화되었다.

(1) 자활지원사업의 확대

2000년 10월에 「국민기초생활보장법」이 시행되면서 지역사회 중심의 자활지원사업이 본격적으로 시작되었다. 자활지원사업에는 지역사회 내에서 빈곤문제를 해결하기 위한 사례관리와 같은 전문적인 실천활동도 함께 요구되었다. 지역사회에서 자활지원을 담당하였던 많은 조직이 지역자활센터로 지정되었고(오정수·류진석, 2014), 전국적으로 16개 지부에 250개소의 지역자활센터가 운영되었다.(한국지역자활센터협회, 2022년 2월 기준). 자활지원사업 프로그램은 크게 사례관리, 자산 형성과 자활 촉진 프로그램, 자활근로 사업, 자활기업 지원 및 창업지원으로 나뉜다. 참여자에게 근로의 기회 제공, 취업 지원 등 자활프로그램 지원, 참여자의 자활프로그램 수행 모니터링 및 사후 평가 등 지역자활센터에서 자활참여자의 자립을 위해 수행하는 모든 과정에 대해 이루어진다. 자산 형성과 자활 촉진 프로그램은 희망키움, 내일키움 통장이 있으며, 근로중인 저소득 계층에는 프로그램별 소득 기준에 해당될 시에 근로소득 장려금 등 각종 매칭금을 적립하여 자산형성을 지원하였다.

(2) 노인장기요양보험 제도

고령화의 진전과 함께 핵가족화, 여성의 경제활동 참여가 증가하면서 가족의 부담으로 인식되던 장기요양 문제가 개인이나 가계의 부담으로 머물지 않고 사회적 · 국가적 책무로 강조되었다. 그리하여 기존의 재가봉사 서비스를 대신하여 2008년 7월에 노인장기요양보험제도가 시행되었다. 이 제도는 노인이나 노인성 질환을 앓는 국민에게 적정 서비스를 제공하기 위한 사회보험제도로 민간 공급 전달체계 형식의 재가복지가 확대되었고, 2014년 7월부터 5등급(치매 특별등급)을 추가함으로써 현재는 1~5등급 제도로 운영되고 있다. 등급 인정자의 증가에 비해 공급기관의 증가가 가파르게 진행되고 있어 공급 과잉, 지나친 경쟁으로 이어지기도 하였다.

(3) 공공 전달체계 재편

보건복지사무소 시범사업 중단 이후 복지 전문인력 활용의 미흡, 복지행정의 일관성 및 전문적 집행 미흡, 수요자 위주의 복지서비스 제공 미흡이라는 문제점(김기남, 2003; 한국보건사회연구원 · 보건복지부, 2003)이 드러나 지역사회 중심의 공공부문 전달체계로 개편하였다.

저출산, 고령화, 여성의 경제활동 참여확대, 근로빈곤층 증가 등 복지 수요에 대응하여 복지제도, 예산이 크게 확대되어 사회 안전망은 발전하였음에도 불구하고 복지 체감도는 낮은 것으로 나타났다(강제상 · 김예승 · 이영안, 2013). 그리하여 기존의 분절적 지원에서 벗어나 복지, 보건, 고용, 교육 등 다양한 서비스를 통합적, 맞춤형으로 연계,

제공함으로써 대상 가구의 복합적 욕구에 효과적으로 대응하여 복지체감도를 향상하고자 2010년 1월부터 사회복지통합관리망인 '행복e음'을 통해 시스템을 구축하고, 희망키움 통장 사업이 시행되었다. 2012년에는 사회서비스 이용 및 이용권 관리에 관한 법률이 시행되었고, 시·군·구 희망복지지원단 운영으로 통합사례관리가 시행되었다. 2013년에는 사회보장 정보시스템이 개통되어 각 부처의 복지사업 정보가 연계되었다. 그런데도 여전히 복지 사각지대가 존재하고 그로 인한 자살 등이 이슈화되었다. 특히, 2014년에 발생한 '송파 세 모녀 자살 사건'이 가져온 사회적 파장은 적지 않았다. 사각지대에 놓인 취약계층의 문제에 대응하기 위해 복지부는 읍·면·동 복지허브사업을 추진하였다.

2015년 7월부터 「사회보장급여의 이용·제공 및 수급권자 발굴에 관한 법률」이 제정안이 통과되어 시행되었다. 법률 시행에 따라 전국에 읍·면·동별 지역사회보장협의체가 구성되었다. 이 조직은 먼저 지자체 단위로 구성된 지역사회복지협의체의 기능을 더욱 세분화하여 읍·면·동 중심으로 복지 사각지대 발굴·해소, 공동체 회복을 통한 지역 보호 체계 구축 등의 사업을 주도한다. 그리고 2016년에는 '읍면동 복지허브화' 사업이 시행되면서 주민센터의 복지기능 강화를 추진하며 행정복지센터로 개칭하였다.

(4) 지방자치제 강화

문재인 정부 들어 32년 만의 「지방자치법」 전부개정(2020. 12.), 「지방일괄이양법」 제정(2020. 2.), '자치경찰제' 도입(2020. 12.), 재정분권 등 획기적인 자치분권 성과가 있었으며, 이를 통해 주민참여가 강화되고, 지방의회의 역할이 확대되고 있다. 이러한 변화가 1988년 민선 지방자치 부활 이후 실시한 그간의 지방자치와 구별되는 획기적인 진전이라는 점에서, '자치분권 2.0'이라고 명명했다. '자치분권 2.0'이란 지방자치가 자치단체, 단체장 중심에서 주민, 지방의회 중심으로 전환되는 새로운 지방자치의 패러다임을 의미한다. 2022년 1월에 전부개정된 「지방자치법」을 비롯해 「주민 조례 발안법」,

「중앙 지방 협력 회의법」,「지방공무원법」 등 자치분권 관련 제 · 개정 법률안이 시행되었다.

이에 따라 주민참여가 지방자치의 기본 원리로 인정받고, 주민이 명실상부한 지방자치의 주체로서 거듭나게 됐다. 주민들이 조례를 만들거나 폐지할 것을 직접 지방의회에 청구할 수 있고, 지방의회의 인사권과 전문성이 강화되었다.

(5) 지역사회복지계획 수립

2003년 7월에는「사회복지사업법」이 개정되어 시 · 도지사 또는 시 · 군 · 구청장이 4년마다 각 지역사회의 욕구에 맞는 지역사회복지계획과 연차별 시행계획을 수립하도록 의무화되었다. 2005년 7월에는 이를 주체적으로 수행할 지역사회복지협의체가 설치 운영되어 2006년에 제1기 지역사회복지계획을 수립하였다. 현재 제1기 지역사회복지계획(2007~2010년), 제2기 지역사회복지계획(2011~2014년), 제3기 지역사회복지계획(2015~2018년)은 완료되었고 제4기 지역사회복지계획(2019~2022년)이 진행 중이다. 지자체 차원에서 복지계획을 민과 관이 협력하여 수립하고, 이를 연차적으로 실천함으로써 지역사회복지 발전에 획기적인 전환점을 마련하였다. 즉, 지역의 다양한 복지관계자와 주민들이 계획 수립에 참여함으로써 주민의 복지 체감도를 높일 수 있다는 점에서 의의가 있다(이마리아 · 이경은, 2015). 한편,「사회보장급여의 이용 · 제공 및 수급권자 발굴에 관한 법률」 시행으로 2015년 7월부터 지역사회복지협의체가 지역사회보장협의체로 명칭이 변경되고 그 역할이 확대되었다.

(6) 지역 균형발전 정책

한편 현재 전국에서 지역 쇠퇴(regional decline)에 대한 우려가 계속 커지고 있다. 지역 쇠퇴는 어떤 지역의 물리적-사회적-경제적 상태가 쇠퇴해서 사람이 살기 어려운 곳으로 변하는 것을 뜻한다. 한국은 지방자치제의 역사가 어느덧 25년을 넘어섰어도 여전히 지역의 자립이 취약한 상태이고, 지역에 대한 국가의 규정력이 강하기 때문에 지역 쇠퇴에 대한 대응에서 국가의 적극적인 역할이 더욱 중요하다 하겠다.

지역혁신 정책은 국가차원, 광역차원, 기초차원 등 모든 차원에서 수많은 지역 개발, 발전 정책들도 계속 시행되었다. 하지만 이러한 정책들에도 불구하고 지역 쇠퇴의 문제가 서울과 수도권을 포함하여 전국적으로 악화되었고 지역소멸을 우려하고 있다. 2008년 세계금융위기를 계기로 도시 재생에 대한 관심이 커졌고, 그 결과 2013년에 「도시재생법」이 제정되었으며, 2018년에는 '도시 재생 뉴딜'이 시작되었다(관계부처 합동, 2018).

국가의 발전은 결국 지역의 발전을 통해 이루어지며, 국가의 지역 정책은 국가의 발전을 위한 핵심 과제이다. 2003년 2월에 참여정부가 출범하면서 국가 균형발전과 그 기초로서 지역 혁신체계가 제시되었다(국가균형발전위원회, 2003). 참여정부 이래 지나온 20년 동안 지역 혁신정책의 전개에 대해 살펴보면, 참여정부는 제4차 국토종합계획(계획기간: 2000~2020)을 세우고 2004년 1월 「국가균형발전 특별법」을 제정하였다. 지역혁신을 "지역의 인적자원개발 · 과학기술 · 산업생산 · 기업지원 등의 분야에서 지역별 여건과 특성에 따라 지역의 발전역량을 창출 · 활용 · 확산시키는 것"으로 정의하였다(최종석 외, 2020). 이후 이명박 정부는 2009년 4월에 「국가균형발전특별법」을 개정하여 국가균형발전 계획을 지역발전계획으로 변경하여 지역발전 정책을 되살렸다. 박근혜 정부가 추진한 새로운 지역발전계획은 '창조경제혁신센터'의 설립을 들 수 있는데 창조경제를 경제 정책의 기조로 내세웠다.

2017년 5월에 출범한 문재인 정부는 참여정부의 국가 균형발전을 최고의 국정과제로 다시 채택했고, 이에 따라 2018년 3월에 「국가균형발전특별법」을 개정해서 국가균형발전계획과 국가균형발전위원회를 복구하고 지역발전 정책과 창조경제 정책을 개선하여 유지하고 서울과 수도권을 제외한 14개 시도의 '2021년도 지역혁신 성장계획(안)'을 의결했고 9,100여억 원이 투여되었다.

(1) 자활지원사업의 확대	2000년 「국민기초생활보장법」 시행, 자활지원사업 시작
(2) 재가복지서비스 통합	2010년 재가복지봉사센터가 종합사회복지관의 '재가복지봉사서비스'로 흡수 통합, 2008년 「노인장기요양보험제도」 시행
(3) 공공 전달체계 재편	2004~2006년 사회복지사무소 시범사업, 2010년 사회복지통합관리망, 희망복지지원단, 2015년 「국민기초생활보장법」, 「긴급복지지원법」 개정안, 「사회보장급여의 이용, 제공 및 수급권자 발굴에 관한 법률」 제정안 시행
(4) 복지재정의 지방 이양 및 중앙으로의 환원	2004년 분권교부세 도입, 2015년 보통교부세에 통합
(5) 지역사회복지계획 수립	2005년 지역사회복지협의체 설치, 2006년 제1기 지역사회복지계획 수립, 2015년 지역사회보장협의체로 명칭 변경 및 역할 확대
(6) 지역 균형발전 정책 수립	2013년 「도시재생법」 제정, 2018년 '도시 재생 뉴딜'이 시작. 참여정부는 제4차 국토종합계획(계획기간: 2000~2020)을 세우고 2004년 「국가균형발전 특별법」을 제정. 2018년 「국가균형발전특별법」 개정, 서울과 수도권을 제외한 14개 시 · 도의 '2021년도 지역혁신 성장계획(안)' 의결

[그림 3-8] **한국의 지역사회복지 발전기(2000년대)**

Chapter

04

지역사회복지 이론

Chapter

04 지역사회복지 이론

1. 이론의 유용성

이 장에서는 지역사회 문제를 이해하고 지역사회복지 실천과 관련된 다양한 이론을 살펴보고자 한다. 지역사회복지 실천의 이론은 사회복지사로 하여금 지역사회복지 실천의 일련의 과정(사정, 분석, 계획, 실행, 평가)을 효과적으로 수행할 수 있는 지식체계를 제공한다. 지역사회복지사는 이론적 틀을 이용하여 문제 상황을 분석하고 결과를 예측한다. 왜 이러한 현상이 일어나게 되었는지 그 원인을 규명하는 것이다. 물론 현실은 이론보다 복잡하고 인간을 둘러싼 사회환경은 끊임없이 변화하기에 이론을 기반으로 한 사회복지실천을 단순하게 적용하기는 어렵다. 그럼에도 이론은 사회복지사들에게 현상을 이해하고 개입하는 방법을 제시하기 때문에 매우 유용하다.

리드(Reed, 2005)는 지역사회복지 실천에서 이론의 유용성을 다음과 같이 제시하였다. 첫째, 이론은 효과적인 실천에 대한 중요한 도구를 제공한다. 즉, 이론은 지역사회복지 실천에서 사정, 분석, 계획, 실행, 평가를 수행하는 데 도움을 주며, 정보와 구성원을 조직화하는 데도 도움을 제공한다. 둘째, 이론은 사회복지사에게 변화하는 지식체계와 정보속에서 이론을 통하여 다양한 지식과 기술을 확장하거나 변화시키는 데 도움을 준다.

TIP

이론 관련 유사 용어
패러다임(paradigm)
패러다임(paradingm)은 가장 추상적인 개념적 틀로서 세계관을 지배하고 현실에 대한 인식의 방향을 결정하는 역할을 한다. 사회복지학에서는 이론과 실천적 경향을 포함하는 추상적인 수준의 패러다임을 이해하기 위해 학문의 인식론적 변화와 함께 역사적 흐름을 파악하는 것이 중요하다. 아울러, 학문의 외적 환경인 사회의 분위기, 사상적 조류, 정치적 사건 등을 통해 사회의 주도적인 패러다임을 전체적으로 조망할 필요도 있다.
이론적 관점/시각(theoretical perspectives)
패러다임의 하위 수준에 있는 관점/시각(perspective)은 개념적 준거 틀(conceptual framework)로서 패러다임보다 조금 더 구체적인 수준에서 관심 영역과 가치, 대상들을 규정하는 사고체계다. 사회복지학의 관점은 보수주의적인 관점으로부터 급진적 관점까지 다양하게 구성된다. 가치개입적인 사회복지 실천의 특성을 고려한다면, 관점을 이분법적으로 단순히 나누어 볼 수는 없으나 개인과 사회에 대한 기본적인 생각과 가치의 차이를 반영하고 있기 때문에 관점 간에 상호 배타적인 경우가 대부분이다.
이론(theory)
이론이란 '사회현상을 설명하고 예측하기 위한 일련의 명제(proposition)'다. 명제란 상호연관된 개념(concept) 간의 관계를 의미한다. 즉, 이론은 특정 현상을 설명하기 위한 가설이나 개념, 의미의 집합체로서, 예측력(prediction power)뿐만 아니라 설명력(explanatory power)을 지녀야 한다. 이론은 가치나 의미, 사고 등을 보다 객관적으로 규명하고 이를 일반화시키는 과정에서 받아들여지기 때문에, 이론적 관점/시각에서 다루는 내용을 조직화시키고 경험적으로 검증하는 작업을 요구한다.
모델(model)
이론을 적용할 활동 패턴과 원칙을 구조화하고 조직화한 형태로, 대개 상당한 시험과 추가 작업이 아직 이루어져야 하는 과학적 과정의 예비 단계에 주로 적용된다.

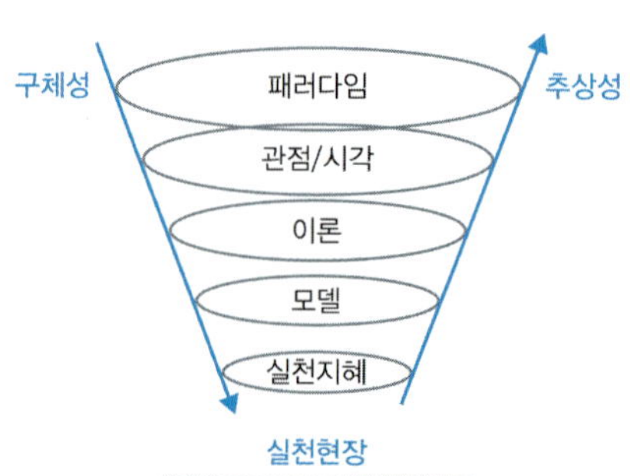

[그림 4-1] **사회복지 학문적 지식의 구성 수준**

출처: 홍선미(2004).

2. 구조기능이론과 갈등이론

1) 구조기능주의 이론

사회적 현상을 거시적 관점으로 접근하는 가장 오래된 전통을 가진 관점 중 하나는 기능주의(Functionalism)다. 기능주의 관점은 다윈(Charles Robert Darwin)의 진화론에 영향을 받아 콩트(Conte)와 스펜서(Spencer)의 사회유기체설에 의해 기초가 형성되었고, 이후 뒤르켐의 사회실재론 등을 통해 다양하게 발전되었다. 개개의 관습이나 제도를 이해하기 위해서는 전체의 문화 속에서 어떻게 기능하고 있는가를 규명해야 함을 시사하였다(박균열, 2005). 이처럼 기능주의는 관습, 제도, 가치 등에서 나타나는 다양한 사회적 현상을 전체 사회 속에서 수행하는 기능에 의해서 구조적으로 설명하는 관점이다.

구조기능주의(structural functionalism theory)이론은 20세기 중반 미국의 사회학자인 파슨스(Parsons)와 머튼(Merton)에 의해 매우 체계적이고 포괄적인 사회학 이론으로 정립되었다. 특히 머튼(1949)은 그의 주저인 『사회이론과 사회구조(Social Theory and Social Structure)』에서 구조기능주의 이론의 세 가지 기본입장을 다음과 같이 제시하였다. ① 사회의 각 부분은 서로 조화롭게 작용한다. ② 사회의 모든 부분은 개인과 사회에 이익이 될 수 있어야 한다. ③ 사회는 기존의 부분 가운데 일부만 없어도 제대로 기능할 수 없다.

(1) 지역사회에 대한 관점

구조기능주의 이론은 지역사회는 여러 부분으로 구성되어 있고, 각 부분은 전체가 잘 기능을 발휘할 수 있도록 기여한다고 본다. 지역사회 내 하위체계들은 상호합의에 따라 적응, 안정, 균형, 조화를 이루기에 지역사회의 균형과 안정을 강조한다. 이처럼 기능주의자들은 모든 사회적 현상은 조화를 이루는 유익한 것으로 본다. 따라서 구조기능주의 이론에서 지역사회 문제를 볼 때 가장 중요한 개념은 '기능적(functional)'이라는 용어다.

구조기능주의 이론의 핵심은 사회가 유기적인 체계로 구성되어 있고 체계(system)를 구성하고 있는 부분은 상호 연관되어 있으며, 각각의 체계는 생존을 위하여 만족되어야 할 욕구(기능적 선결 요건)가 있다는 것이다. 이러한 체계는 성장하고 발전하면서 정상적 상태와 병리적 상태를 가지고 있어 균형(equilibrium)과 항상성을 지니고 있다. 균형과 항상성이 깨지거나 위협받게 되면 원래대로 돌아가려는 경향이 있다(최성재 · 남기민, 2002). 다시 정리하면, 사회는 여러 부분으로 구성되어 있고, 각 부분은 사회적 가치와 규범에 따라 변화한다. 사회구성의 모든 요소는 균형 또는 안정 지향적이며, 사회는 정치, 경제, 종교, 가족 등과 같이 다양한 하부체계로 구성되어 있다. 각 부분은 전체가 성공적인 기능을 발휘할 수 있도록 기여하며, 각 요소는 상호의존적이고 통합적인 기능을 한다. 또한 점진적이고 누진적으로 사회변화가 진행되며, 사회체제 유지를 위해 사회구성원들의 공동체 의식을 강조한다.

따라서 부분은 전체를 위해 존재하고 개인에 대한 보상은 개인의 사회에 대한 기여도에 비례한다는 전제를 가지고 있다. 본질적으로 사회는 잘 통합되어 있으며 질서정연한 것으로 파악하고, 모든 사회문제를 사회구조적인 문제로 보지 않고 개인적인 문제 또는 사회구성원의 체제 적응문제로 본다.

(2) 지역사회복지 실천에 적용

구조기능주의 이론적 관점에서의 지역사회는 다양한 하위체계로 구성된 단일한 체계로 이해할 수 있다. 지역사회는 정부, 경제, 사회, 종교, 가족 등과 같은 다양한 하위체계로 구성, 생산 · 분배 · 소비의 기능, 사회화의 기능, 사회통제의 기능, 사회통합의 기능, 상부상조의 기능을 하며, 각각의 기능을 담당하는 체계가 자신의 기능을 충실히 발휘하는 것이 바람직한 지역사회 발전의 핵심 요인으로 적용할 수 있다.

따라서 지역사회복지 실천의 목표는 각각의 하위체계들이 제 기능을 하면서 동시에 조화되도록 원조하는 것이다. 대체로 지역사회를 포함한 모든 사회체계는 균형상태를 향해 움직이며, 그 결과 다양한 부분 간에 통합, 조정, 결속 등이 이루어지면서 균형상태를 유지한다. 구조기능주의 이론에서는 지역사회 구성원이 균형유지에 필요한 충분한 자원을 공급받는지 또는 지역사회의 균형이 위협받을 때 균형의 회복에 초점을 두고 어떤 통로로 자원을 공급받는지 등을 확인한다.

2) 갈등주의 이론

갈등주의 이론(Conflict Theory)은 기능주의 관점에 대항하는 이론으로 사회 내 집단 간의 상호작용에 초점을 맞추고 있으며, 특히 사회계층화(social stratification)의 과정을 통하여 형성되는 집단에 관심을 가지고 있다. 갈등주의의 이론적 기초는 마르크스(Karl Marx), 짐멜(George Simmel), 베버(Max Weber)와 같은 사회학자들의 영향을 받았다.

갈등주의 이론의 기본 가정은 다음과 같다. ① 사회체계는 갈등을 일으키며, 갈등은 사회의 일반적 특징이다. ② 갈등은 사회구조의 부분 간에 상반되는 이익에 의해 발생된다. ③ 상반된 이익은 지배집단과 피지배집단 간에 제한된 자원과 권력의 불평등한 분배로부터 생겨나며 모든 사회는 다른 집단으로부터 억압을 받는다. ④ 상반된 이익은 두 개의 갈등집단으로 양극화된다. ⑤ 갈등은 변증법적이다. 하나의 갈등 해결은 새로운 상반된 이익을 만들어 내고 이는 어떤 조건으로 또 다른 갈등을 일으킨다. ⑥ 계속되는 갈등의 결과로서 사회가 변화하고 발전한다.

신갈등론자 다렌도르프(Dahrendorf, 1959)는 인간을 불평등에 대한 투쟁적 존재로 보면서 모든 사회적 갈등은 경제적 분배 관계에서 일어난다고 설명하고 있다. 사회의 본질은 권위를 둘러싼 갈등이며, 사회갈등이 정상적이며 오히려 평화와 질서의 상태가 비정상적이라고 주장했다. 사회에서 현실적으로 나타나는 질서는 사회의 본질적인 모습이 아니며 이것은 강제적으로 조정된 결합에 불과할 뿐이다. 다렌도르프처럼 갈등은 변화의 잠재력을 내포하고 있으므로 오히려 지역사회 갈등의 제도화를 통하여 폭력을 예방하고 지역사회복지를 추구할 수 있다.

(1) 지역사회복지 실천에 적용

갈등주의 관점에서 지역사회는 사회적 권력 및 자원의 불평등한 분배로 갈등이 발생한다고 가정하고 있다. 지역사회는 갈등, 논쟁이 존재하며 지역사회가 변화하는 과정에서 갈등, 긴장 및 논쟁은 상황과 사태에 따라 격하게 될 수도 있다. 따라서 이러한 현실에서 갈등주의 이론은 갈등을 생산하는 불평등한 구조, 이로부터 파생되는 이해관계, 이해관계의 대립, 그리고 이해관계의 대립이 지역사회에 미치는 영향 등을 정확히 이해하고 예측하는 데 기여할 수 있다.

갈등주의 이론을 지역사회복지에 적용하면 지역사회 문제의 갈등 근원은 크게 경제적 문제에 대한 갈등, 권력과 권위를 둘러싼 갈등, 가치나 신념의 차이로 인한 갈등 등 세 가지 갈등으로 분류할 수 있다. 이에, 지역사회의 이익집단 간에 대립 갈등이 발생하면 점진적 제도의 개선을 통해 자원과 권위 배분을 재조직하고 주민의 이익을 보장하기 위한 문제해결 방안이 필요하다고 본다. 즉, 지역사회가 갖는 갈등문제를 자본주의 사회의 구조적 시각에서 접근할 수도 있지만, 지역사회 구성원 서로가 수용할 수 있는 갈등해소 방안을 가지고 상호 간 이해를 통해 문제를 해결하는 보다 실제적인 방안을 찾는 데도 기여할 수 있는 것이다. 지역사회 내 갈등이라고 하면 부정적 측면만 내포하고 있다고 오해하기 쉬우나 결속력을 강화하며 사회변화를 초래하는 원동력이라는 순기능도 있음에 유념해야 한다.

3. 사회체계이론과 생태이론

1) 사회체계이론

일상생활 속에서 우리는 체계(system)라는 말을 빈번하게 사용한다. 체계라는 개념은 학문 간 경계를 넘나들며 광범위하게 쓰이고 있는 개념이다. 체계는 상호의존적이며 상호작용을 하는 부분들로 구성되는 전체 또는 부분들 간에 관계를 맺고 있는 일련의 단위들을 의미한다(김범수 · 신원우, 2016). 사회체계(social system)는 우리가 사는 사회적 환경 안에 존재하는 다양한 형태의 인간 공동체인 사회조직을 말하며, 가족, 조직, 소집단 그리고 지역사회와 같은 사회체계들을 포함한다. 사회체계이론의 특성은 사회를 구성하는 크고 작은 모든 체계가 서로 연결되어 상호작용을 한다고 본다. 부분과 전체는 하나의 공동체로 공존하고 있다. 이들은 서로 연결되어 있으며, 살아 있는 개방체계를 이루고 있다는 것이다. 이 이론은 인간은 사회환경 체계와 분리되어서 존재할 수 없으며, 개인과 환경체계의 지속적 상호작용을 통하여 발달해 간다고 보았다.

(1) 지역사회에 대한 가정

사회체계이론은 지역사회를 이해하는 데 가장 유용한 틀이다. 이론은 복잡하지만, 이론의 주요 개념들은 지역사회의 다양한 구조적 기능적 속성들을 규명하는 데 도움이 된다(Fellin, 1995). 사회체계이론(Social Systems Theory)은 지역사회를 하나의 체계로 간주하고 지역사회와 환경의 관계를 설명하는 것이다. 즉, 지역사회의 각 구성 요소들이 상호 긴밀하게 연결되어 집단이 형성되고, 여러 집단이 서로 결합하여 제도를 이루고, 여러 제도가 서로 결합하여 지역사회를 이룬다고 본다. 지역사회의 구성원들은 물리적 공간을 공유하며, 공동활동에 참여하며, 일정한 형태의 조직을 구성하고 참여한다. 그 조직들은 기능적으로 분화하며, 기능수행을 통해서 지역사회는 환경에 적응하고, 지역사회 구성 요소들의 욕구를 충족시킨다.

사회체계이론은 지역사회를 이해하는 데 유익한 틀이 될 수 있다. 첫째, 지역사회의 내부 구성 체계들은 서로 수평적으로 연결되는 동시에 지역사회의 외부와도 동일한 성격의 구성체들과 수직적으로 연결되어 상호작용을 하고 있다. 지역사회의 수평적 축은 다양한 하위체계 사이에서 발전되는 유대를 말하며, 지역사회의 하위체계들은 지역사회 내부에서 상호작용을 한다. 수직적 축은 이들 하위체계와 지역사회 밖의 체계들 사이에 존재하는 유대를 의미하며, 지역사회 하위체계들이 외부와의 관계에서는 수직적 관계 속에서 상호작용한다(Poplin, 1985). 즉, 지역사회 내부 구성원들은 서로 수평적으로 연결되어 있으며 동시에 지역사회 외부와는 수직적으로 연결된 것이다.

둘째, 사회체계론적 관점에서 지역사회는 홀론으로서 하나의 사회체계이다(함철호, 2020). 하디나(Hardina, 2002)는 저서에서 건강한 지역사회는 다음과 같은 기능을 한다고 제시했다. ① 상위체계의 변화는 지역사회 변화를 유도한다. 예를 들어, 미국 정부의 사회복지개혁 입법은 저소득층 지역사회 주민들의 소득과 구직에 영향을 미치게 된다. ② 지역사회 하위체계의 행동은 그 체계의 요소뿐만 아니라 전체 지역사회에 영향을 미친다. ③ 지역사회는 워렌(1978)이 제시한 생산-분배-소비, 사회화, 사회통제, 사회참여, 상호원조와 같은 기능을 수행한다. ④ 지역사회복지의 목표는 모든 주민이 지역사회의 삶에 동참할 수 있는 안정적인 지역사회를 만들어 가는 것이다.

셋째, 지역사회는 평형상태를 향해 움직이는 경향을 보인다. 지역사회 체계 어느 한 부분의 변화가 지역사회 전체와 다른 부분에 영향을 주고, 지역사회 전체에 영향을 미친다. 이러한 과정을 통해 궁극적으로 안정 상태로 진화해 가려는 속성을 지니고 있다.

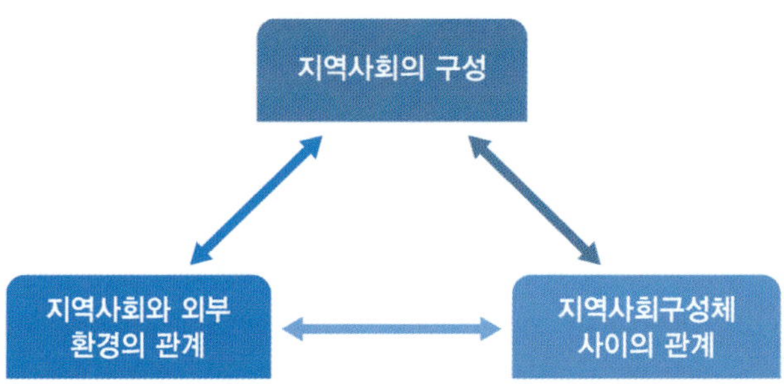

[그림 4-2] **지역사회복지 실천을 위한 사회체계이론**

(2) 지역사회복지 실천에 적용

효과적인 지역사회복지 실천을 위해서는 인간 내면 체계뿐만 아니라 그를 둘러싸고 있는 환경체계가 인간에게 미치는 영향과 상호작용에 대한 정확한 이해를 갖추어야 한다. 사회체계이론의 관점에서 지역사회를 바라볼 때 지역사회의 구성 요소들이 상호 긴밀하게 연결된다. 그리고 집단이 형성되며, 형성된 여러 집단이 서로 결합하여 제도를 이룬다. 제도를 이룬 여러 집단이 서로 결합하여 지역사회를 이룬다고 보고 있다. 따라서 사회복지사는 지역사회의 문제를 통합적 관점에서 문제의 원인과 해결방안을 다각적으로 연결해 주는 도구로 사용될 수 있으며, 개입 시 전체로서의 지역사회체계와 더불어 지역사회체계 내의 하위체계를 동시에 고려하여 인간과 환경 간의 이해해야 하는 현장에 다양하게 적용할 수 있다. 이에 지역사회복지 실천을 위해 사회체계이론을 적용하면 다음과 같이 설명할 수 있다. ① 지역사회가 어떻게 구성되는지? ② 지역사회 구성원 사이의 관계는 어떠한지? ③ 지역사회와 외부환경은 어떻게 상호작용하는지의 세 가지 측면에서 지역사회를 이해하고 나아가 지역사회가 갖는 욕구와 문제를 설명하고 해결하는 데 유용하다.

반면, 사회체계이론이 지역사회를 유기적으로 잘 짜여 있는 시스템으로 보고 있으나, 실제로 현실의 지역사회가 그렇지는 않기 때문에 이 이론을 지역사회복지 실천의 모든 문제에 적용하는 데는 어려움이 있다. 또한 구조기능주의 이론과 같이 지역사회의 균형과 유지에 초점을 맞추고 있어 지역사회의 변화 및 갈등을 설명하기에는 한계가 있다.

2) 생태이론

생태학은 19세기 독일의 헤겔(Haeckel, 1874)이 생물학에서 이 용어를 사용한 후, 꾸준히 자연과학 연구에 적용이 되면서 한난과 프리만(Hannan & Freeman)이 인간생태이론을 정립하였다. 이후 사회복지에 적용되기 시작한 것은 저메인과 지터멘(Germain & Gitterman, 1996)이 연구에 도입하면서이다. 생태학(Ecology)은 유기체와 환경 간의 관계를 연구하는 생물과학을 말한다. 생태학에서는 유기체를 환경과 분리할 수 없다. 따라서 유기체와 환경은 서로 상호작용(interaction)하는 것으로 보기 때문에, 인간과 환경을 이분화하는 것을 방지할 수 있고 양자 간의 상호작용에 초점을 둔다(Germain, 1973).

생태학이론은 생태학의 주요 개념을 사회학에 도입함으로써 통합적이고 전체적이며 역동적인 인간과 환경 관계에 대한 시각에서 사회를 분석하고 설명하고자 한다. 즉, 환경의 요소들과 끊임없이 상호 교류하는 인간의 적응적이고 진화적인 모습을 통해 인간과 환경 간의 상호영향과 변화 관계를 설명하려는 시각을 가지고 있다. 생태학이론은 가족, 지역사회, 문화 등 인간이 몸담은 생태환경을 보다 체계적으로 구조화하고 이들 환경과 개인의 발달 사이의 관계를 '환경 속의 인간(Person in Environment: PIE)'으로 이해하고자 한다(조추용, 2013).

(1) 지역사회에 대한 가정

생태학이론을 지역사회에 적용하면 지역사회는 환경의 변화에 적응할 때 생존하고, 그렇지 못하면 없어지게 된다. 따라서 지역사회는 환경과의 상호작용을 통해 지속해서 발전해 나간다는 것이다. 여기서 생태학이론(Ecological Theory)의 개념을 좀 더 깊게 살펴보면, 상호교류(transaction), 적합성(compatibility), 적응(adaptation), 유능성(ability), 긴장(stress), 대처(coping)의 하위개념으로 지역사회 문제를 분석할 수 있다. 이것을 인간이라는 유기체에 적용하면 인간과 주변의 사회환경 간의 상호작용이나 상호의존성 등의 교류에 관심을 두게 된다. 즉, 인간은 사회환경에 적응(adaptation)될 것이며 그렇지 않으면 긴장(stress)이 발생하고 이를 해소하기 위하여 대처 행동이 필요하다는 관점이다.

(2) 지역사회복지 실천에 적용

생태학이론은 지역사회 문제를 다룰 때 개인, 환경, 개인과 환경 간의 상호적 이해관계 모두에 초점을 둔다. 그리고 인간과 그를 둘러싼 사회환경을 하나의 거대한 생태계로 파악한다. 환경(상황)은 지역사회복지 실천의 매개 요인으로 매우 중요한 역할을 수행한다. 따라서 사회복지사는 지역사회가 스스로 생존하기 위하여 조직하는 방법을 탐구하여야 한다.

생태학이론에서 사용하는 주요 개념은 경쟁, 협동적 경쟁, 중심화, 분산, 집결, 분리, 위세, 침입, 계승 등이다. 이 개념을 활용하여 지역사회의 역동적인 진화과정을 설명할 수 있다. 경쟁은 지역사회 내 다양한 집단이 지역사회 내에서 보다 더 나은 위치를 점유하기 위해 다른 집단과 다투는 일종의 적응 과정이다. 지역사회에서 인간은 더 나은 지위를 차지하기 위한 적응 과정을 경쟁이라고 보았다. 파괴적 경쟁 과정을 통해 다양한 그룹을 제거하기보다는 다양한 이해관계에 적응해 나가는 것을 협동적 경쟁이라고 제시하였다. 또한, 지역사회의 기능과 사회시설 및 서비스가 지역의 중심지로 몰리는 환경이 중심화이며, 구성원이 중심으로부터 밀도가 더 낮은 지역사회 외곽으로 빠져나가는 것을 분산이라고 정의하였다. 집결은 개인들이 도시 등으로 이주하며 유입하는 것이고, 분리는 개인 집단 등이 배경적 특징에 따라 물리적 지역 내에서 서로 떨어져 유사 배경 및 기능을 중심으로 한데 모이는 것이다. 기능적으로 우위에 있는 것이 다른 단위에 대해 영향력을 행사하는 것을 위세라고 하였고, 침입은 지역사회의 한 집단이 완전히 분리된 다른 집단의 거주 지역으로 들어가는 것을 의미하였다. 마지막으로 계승은 침입이 완결된 지역의 상태이다. 따라서 인간은 환경에 적응하는 동시에 진화하는 역동적 존재임을 가정하면서도 환경에 대한 적응을 전제로 체계의 안정성을 지향하기에 적극적인 변화나 저항을 추구하지는 않는다.

[그림 4-3] 지역사회의 변화과정

3) 생태체계이론

생태체계이론(Ecosystems Theory)은 루츠(Lutz, 1958)와 헌(Hearn, 1969)이 논문을 발표하면서 학문적 관심 영역이 되었고, 컬럼비아 대학교에서 바틀렛(Bartlett)과 고든(Gordon)의 연구를 통해 발달하였다. 생태체계이론은 체계이론의 주요 개념들을 그대로 받아들이면서, 생태학 이론을 결합하여 체계이론의 한계점을 극복한 통합적 이론이다. 하나의 이론이라기보다는 다양한 이론과 결합할 수 있는 '시각' 혹은 '관점'의 개념으로 이해할 수 있다. 따라서 생태체계이론은 인간과 환경의 상호의존 관계를 연구하는 생태학적 시각과 상호의존 관계를 체계로 보는 체계론적 시각을 합친 것이다.

(1) 지역사회복지 실천에 적용

생태체계이론은 지역사회복지 실천에서 다음과 같은 시각을 제공한다(Miley et al., 1998).

① 인간을 맥락 속에서 상호작용하는 체계로 이해하는 역동적 시각을 제시한다.
② 인간과 체계 간 상호작용의 중요성을 강조한다.
③ 인간행동과 상호작용을 내부 혹은 외부 요인들에 대한 반응으로서 발전한 것으로 이해한다.
④ 인간의 현재 행동을 인간과 상황의 상호이익을 유지하는 최적성으로 설명한다.
⑤ 모든 상호작용을 맥락 속에서 적응적 혹은 논리적인 반응으로 이해한다.
⑥ 개인 혹은 집단과 환경의 변화를 위한 다양한 가능성과 체계의 변화 표적을 설정하고, 개입하기 위한 시각을 제공한다.

생태체계이론이 사회복지학에서 갖는 의미는 인간과 상호작용에 관한 관점을 중시한다는 것이다. 이러한 관점에 따라 지역사회복지 실천에 적용하면 사람과 사회환경

간에 질서 있고 건설적인 방식으로 변화가 일어나며 지역사회의 역량이 커지고 지역주민들을 위해 필요한 자원을 원활히 제공할 수 있게 된다. 하나의 사회체계 내에서 어떠한 인구집단들이 자원의 쟁취를 위해 경쟁하는지, 공간적인 점유나 분포는 어떻게 이루어져 있는지, 상품과 서비스가 어떻게 분배되고 있는지, 인구의 분포와 이동은 어떤 변화과정을 겪는지 등을 파악할 수 있는 유용한 이론이다.

4. 자원동원이론과 교환이론

1) 자원동원이론

자원동원이론(Resource Mobilization Theory)은 사회운동조직이 사회적 약자 계층의 권리를 옹호하고, 이들을 대변하기 위한 사회운동을 전개할 때 동원할 수 있는 자원의 정도와 범위에 따라 활동의 역할과 한계가 규정된다는 이론이다. 자원동원이론의 특성은 다음과 같이 정리된다(김종일, 2006). ① 사회행동은 사회운동조직이 대중의 인지와 정당성을 획득하기 위해 사용하는 일차적 방법의 하나다. ② 사회운동의 성패는 조직구성원의 충원과 자금조달, 적절한 조직구조를 개발할 수 있는 능력에 달려 있다. ③ 사회운동이 성공하기 위해서는 조직구성원들의 집합적 정체성 형성을 돕고, 이것을 토대로 조직원들의 헌신을 끌어내는 환경조성이 필요하다. ④ 자원동원을 위해 외부 자원에 의존하다 보면, 조직의 자율성과 역동성이 약해질 수 있다.

사회운동이 성공하기 위해서는 조직원들의 집합적 정체성 형성을 돕고, 이것을 토대로 조직구성원들이 조직발전을 위한 행동에 참여할 수 있는 환경을 조성해야 한다. 하이드(Hyde)에 따르면 집합적 동질감의 인식은 구성원들 사이의 연대성과 응집력을 증가시킨다. 자원동원이론은 사회운동의 활성화를 위해서 사회운동의 목적과 방법에 대한 정당성이 포함된 정치적 · 경제적 · 인적 · 물적 자원 등 '자원의 확보'가 중요한 과제라고 본다.

(1) 지역사회복지 실천에 적용

자원동원이론을 지역사회복지 실천에 적용 시 사회복지사는 집합행동을 유발시키는 존재이기 때문에 조직원을 모집하고 증원시키기 위해 총력을 다한다. 조직원을 모집한 후, 회원 간의 동질적 정체성 확보를 위해 회원의 적극적인 참여와 활동을 유도해야 한다. 지역사회에서 사회복지사가 자원 동원을 하고자 할 경우, 새로운 자원을 창조하기보다는 기존의 자원을 이용하거나 잠재적 자원을 재구성하여 이용하는 것이 효율적이다. 이를 위해서는 지역사회에 활용 가능한 자원을 확인하고, 자원을 이용할 수 있도록 노력해야 하며, 다른 자원들과의 네트워크도 시도해야 한다.

2) 교환이론

교환이론은 지역사회를 자원교환의 장으로 보며, 자원의 균형 있는 교환을 통해 지역사회가 발전함을 강조한다. 교환자원은 상담, 지역중심 서비스, 기부금, 재정지원, 정보 등이며, 교환관계의 단절이나 불균형, 교환자원의 부족 등으로 인해 지역사회 문제가 발생할 수 있다고 보았다. 주요 학자별로는 호만스(Homans)의 교환행동주의, 블라우(Blau)의 교환구조주의, 하드캐슬의 권력 균형 전략 등으로 강조점에 따라 다르게 설명되기도 한다.

(1) 호만스의 교환행동주의

호만스의 교환행동주의는 주로 미시적 차원에서 인간과 소집단 간의 교환관계를 강조한다. 즉, 모든 사회적 상호작용에는 반드시 교환이 관계되어 있다. 호만스의 교환이론의 기본 개념에는 보상, 교환자원, 대가 등이 있다. 보상은 어떤 사람이 다른 사람에게 받은 것 중 가치 있다고 생각하는 것을 의미한다. 즉, 인간의 사회적 행동은 가치가 있는 것들을 가진 사람들 사이에서의 교환으로 이해될 수 있다. 보상이나 이익은 관계에서 도출되는 긍정적인 결과를 가리킨다. 이러한 가치 있는 것은, 예를 들면 상품, 서비스 혹은 정서와 같은 물질적이거나 비물질적 보상이 있다. 교환과정이 시작되면 균형 상태로 가려는 경향이 있다. 교환된 자원은 교환과정에 참여한 사람들의 인식에 따라 유사한 가치를 지니는데, 사회적 상호작용의 균형 상태를 유지하는 데 중요하다. 사회조직은 이러한 과정을 통해서 형성되고 유지된다고 하였다. 따라서 사람들은 교환과정에서 돌아올 보상과 지불해야 할 비용을 면밀히 검토하여 최소의 비용으로 최대의 보상을 얻을 수 있는 길을 선택한다는 것이다. 그리고 모든 사회적 상호작용에는 반드시 교환관계가 선행된다고 본다. 하지만, 보상의 획득에서 비용이 보상보다 커지게 된다면 관계는 유지되기 어렵다는 것이다.

(2) 블라우의 교환이론

블라우의 교환이론은 미시적인 수준에서 출발해서 사회구조와 조직까지 연결한다. 교환이라는 인간의 사회적 행동이 어떠한 경로를 통해 사회적 유대(평등의 관계) 또는 차별적 지위구조(불평등의 관계)를 만들어 내는지에 관심을 가진다. 또한, 교환이 평등한 관계로 이어질지 아니면 불평등한 관계로 이어질지는 교환에서 얻는 이익의 호혜성(reciprocity) 여부에 달려 있다는 것이다. 하지만, 호혜성(reciprocity) 교환은 사람 사이의 신뢰와 유대를 강화하며, 타인이 필요로 하는 서비스에 대한 통제력을 가지는 한편, 타인의 서비스가 필요하지 않은 사람은 타인에 대하여 권력을 행사할 수 있는 위치에 있게 된다. 권력구조는 불평등한 교환관계로부터 만들어진다. 교환 작용이 일어나면서 자원의 소유 여부에 따라 권력과 지위는 분화되고 집단의 인정을 받기 시작한 권력은 권위로 굳어져서 조직의 안정과 균형의 기본을 이루게 된다. 한편, 어느 단계에서 구성원들이 불충분한 보상을 받고 있다고 느끼거나 권력이 구성원들이 인정한 것 이상으로 행사될 때는 갈등과 불만이 폭발해서 조직은 불균형 상태에 빠짐으로써 구조적 변화를 일으킨다.

(3) 하드캐슬의 권력 균형 전략

하드캐슬은 교환관계에서 권력은 교환 상대방이 필요로 하는 자원을 통제할 수 있는 능력이 있다고 보았다. A(강자)가 B(약자)에게 제시한 조건에 대해 B(약자)의 복종을 조건으로 자원을 교환함으로써 A(강자)는 B(약자)에 대한 권력을 행사할 수 있다. 이때 B(약자)는 교환관계에서 A(강자)에 대해 권력, 의존적인 상태에 있다고 표현한다. 이러한 교환에서 발생하는 교환상의 불균형을 수정하기 위해 하드캐슬은 다양한 권력 전략을 활용할 수 있다고 제시하였다.

① **경쟁**: B(약자)가 A(강자) 대신 다른 교환 대상으로 찾도록 하는 전략이다. 자원을 찾아 기존에 있는 자원과 새로 찾은 자원이 경쟁하도록 하는 전략이다.

② **재평가**: B(약자)가 A(강자)의 자원을 재평가하여 절하시키는 전략이다.

③ **상호호혜성**: A와 B가 서로에게 필요한 교환관계임을 인식하게 하여 A와 B의 관계를 독립적이고 동등한 관계로 바꾸는 전략이다.

④ **연합**: B(약자)가 다른 약자들과 연합하여 A(강자)와 동등하게 교환할 수 있는 능력을 만드는 전략이다.

⑤ **강압**: 물리적 힘을 동원하여 B(약자)가 가진 자원을 A(강자)가 장악하는 전략이다(법적, 윤리적 문제가 발생할 수 있으므로 유의해야 함). 이 전략은 사회복지 영역에서 전적으로 수용할 수 없는 전략이다.

5. 사회자본이론과 사회구성이론

1) 사회자본이론

사회자본(social capital)은 사회학, 정치학, 경제학, 행정학 등 다양한 분야에서 연구주제가 되어 왔다. 사회자본은 구성원(예: 가족, 친구, 동료, 지인)과 사회적 구조(예: 조합, 조직, 기업, 시민단체, 공공단체, 정부, 국제기관) 간의 상호관계를 설명하는 개념으로 매우 추상적이며 그 해석 범위 또한 광범위하다(김인설, 2013). 퍼트넘(Putnam)은 사회자본을 사회공동체 구성원 사이에 협동을 가능하게 해 주는 네트워크, 규범, 신뢰라고 정의하였다. 일반적으로 사회자본은 '구성원 간 협력을 촉진하는 신뢰, 규범, 네트워크 등 관계를 통해 생성되는 일체의 무형자산'으로 정의할 수 있다. 따라서 사회적 자본 형성을 위해 신뢰와 호혜성을 바탕으로 협력적 관계망을 구성하기 위해 노력해야 한다. 사회적 자본은 물적, 인적, 문화 자본과 사회적 자본이라는 개념을 통해 전통적인(순수한) 경제적 영역의 생산요소, 생산수단 개념이 확대되어 사용되기 시작하였다. 린(Lin, 2000)에 의하면 내가 가진 관계에 대해 목적성을 가지고 관계성이 형성되면 단기 또는 장기간의 유형적 및 무형적 이익이 발생한다고 보았다. 이익은 사회적, 심리적, 감정적 또는 경제적일 수 있다.

사회적 자본은 신뢰, 의무, 기대감, 규범, 영향력, 그리고 연대 등으로 간주되면서 조직의 대외 관계에서 개별 조직이 갖는 상대적 영향력이나 이에 관심을 가지는 개별적 차원에서는 사유재 성격을 띠기도 하지만, 조직의 목표 달성을 위해 개인의 목표와 관련된 행동을 조정하고, 신뢰 때문에 자발적으로 상호협력과 지원을 끌어내는 사회적 속성을 가질 때에는 공공재의 속성을 띠기도 한다(장익현 · 주성돈, 2018 재인용). 따라서 사회적 자본은 상호성과 신뢰를 바탕으로 공동체를 형성하고 사람들 간의 상호작용을 한다. 부르디(Bourdieu, 1972)는 사회적 자본은 상호 인지와 인식의 제도화된 관계의 지속적 '네트워크' 보유와 관련이 있는 실제로 정의하였다. 즉, 상호 간의 친분 또는 인정을 통해 제도화된 관계나 유지 가능한 사회적 관계망에 속하게 됨으로써 소유할 수 있는 실질적이거나 잠재적인 자원의 집합을 가리키는 말이다(Bourdieu, 1986: 51). 예를 들면, 자본은 한 개인이나 집단이 동원하고 활용할 수 있는 사회적인 연줄과 관계망으로서 정의된다(강명구 · 김지현, 2011). 이 자본을 소유하기 위해선 관계를 만들고 관리하는 사교성의 노동이 요구된다. 이처럼 사회적 자본에 대한 개념 차이에도 불구하고 사회적 자본 연구에 대표적인 학자들의 공통점은 사람들과의 관계(네트워크)가 중요한 자산임을 강조하였다.

(1) 지역사회복지 실천에 적용

최근에는 공동체 기반 경제활동에서 사회적 자본이 중요한 요소임을 밝히는 연구가 수행되고 있다(Peredo et al., 2006; 박시현 외, 2017 재인용). 사례로는 한국의 '새마을운동'이 있다. 한국의 '새마을운동'은 산업화로 인해 훼손되었던 지역사회 자본을 회복하는 데 기여한 것으로 평가받고 있다. '새마을운동'은 1970년 4월에 전국지방 장관 회의를 통해 '새마을 가꾸기'를 처음으로 언급하면서 농촌부흥을 위한 국가정책으로 시작되었다. 우선, 새마을운동을 통해 국민에게 내재해 있던 공동체 의식이 발현되었다. 처음에는 관 주도로 추진되었지만, 성과를 거둘 수 있었던 것은 농촌사회가 가지고 있는 두레, 품앗이, 계 등과 같은 전통적 협동 정신과 공동체 의식이 '새마을운동'에 기여(황연수, 2006)하였으며, 정부의 적극적 개입과 마을에 내재되어 있던 공동체 의식이 상호작용하여 새마을운동이 실행되었다(소진광, 2007). 이양수와 최외출(2013)은 새마을운동을 신뢰와 공동체 의식 관점에서 분석해 농촌 지역사회발전에 기여를 검증하였고, 사회적 자본 요소를 신뢰, 참여, 연계망, 제도와 규범, 이타주의로 구분하여 다양한 표현 인자를 통해 새마을운동에 사회적 자본이 형성되었음을 검증하였다(소진광 · 김선희, 2010).

이에, 사회적 자본은 지역사회 내에 현존하는 관계망을 도구적으로 활용하여, 지역사회 문제해결을 위해 구성원 간의 관계망을 재구조할 수 있다. 구성원 간의 관계와 사회구조를 중심으로 사회자본은 결속형(bonding), 교량형(bridging), 연계형(linking)으로 볼 수 있는데 이 세 가지 유형은 사회구조에 기반을 둔 구성원 간의 수평적, 수직적 관계를 기준으로 하여 사회적 유대관계(social tie)와 이해관계(interest)에 있다(Putnam, 2000; Woolcock, 2001). 결속형 사회자본은 가족이나 친구, 그리고 멤버십의 일종인 동아리, 동호회, 향우회 등 수평적 관계 속에서 일어난다. 이러한 관계는 대부분 자의적 선택을 통해 형성된 관계로 구성원 간의 신뢰도와 친밀감이 상대적으로 높다(김인설, 2013). 교량형 사회자본은 수평적이고 수직적인 관계를 모두 포함하고 있다. 또한 결속형보다 상대적으로 엷은 연대감(weak tie)이 특징이다. 즉, 상대적으로 거리감이 있는 직장동료나 상사, 또는 가까운 지인으로 그 관계는 호혜성(reciprocity)과 연결망(network)을 통해 유지된다. 결속형 사회자본과 교량형 사회자본을 구분하는 간단한 예로, 퍼트남은 결속형은 삶을 영위하는 데 도움이 되지만, 교량형은 사회적 출세를 하는 데 중요하다고 말했다(Putnam, 2000). 마지막으로 연계형 사회자본은 사회적 구조와 구성원 간의 관계 안에서 형성되는 자본이며, 저소득층 서민과 고위 관료, 지자체와 중앙정부, 빈민국과 국제기구 등 사회구조를 포함한 모든 구성원 간의 수평, 수직적 관계에서 발생하며, 사회적 자본에 영향을 미친다. 다른 예로, 근거리에 살거나 같은 입장을 전혀 가지고 있지 않은 사람들이 하나의 국가라는 사회 상위구조 안에서 '민족'이라는 개념으로 강한 연대감을 형성하는 것 또한 연계형 사회자본 중 하나이다. 이러한 사회적 자본은 지역사회 내의 사회관계에 내재된 자원이기 때문에 개인이나 조직 및 지역사회의 연결로 참여를 구축하는 행위를 통해 마련될 수 있다.

따라서 실천가는 지역사회복지 실천에 있어, 지역주민들이 자발적으로 또는 지방정부 주도하에서 서로 소통할 수 있는 연결고리가 우선적으로 필요하다. 사회적 자본은 이러한 연결고리를 의미하며, 지역문제를 개선시킬 수 있는 대안으로써 지역의 관습과 문화 및 역사적 요인들의 차이나 지역 간의 격차를 이해하고, 나아가 이를 극복하여 국가균형발전에 기여할 수 있는 방안으로(최길수 외, 2014) 연구될 필요성이 제기되고 있다.

2) 사회구성이론

사회구성이론(Social Constructionism)은 포스트모더니즘(postmodernism)과 상징적 상호작용 주의의 영향을 받아 기존의 사회분석이나 문제해결에 사용되었던 이론들이 주류계층 중심의 시각을 기반으로 발전해 왔다는 문제의식에서 출발한다. 이 이론은 사회를 지배하는 주류 이념이 어떻게 만들어지고 유지되며 내재화되는지에 초점을 맞추고 있다. 또한 현존하는 사회 및 권력 조정에 대해 어떻게 설명하고 정당화하는지를 알려 준다(Reed, 2005). 포스트모더니즘은 소외된 집단구성원의 삶과 경험에 대한 새로운 지식을 구성함으로써 억압을 극복하고자 하는 지식 접근이다. 이러한 접근은 개인과 집단이 사회제도, 관습, 일상생활과 연관된 의미들을 확인하는 대화의 과정에 참여해야 한다는 것을 요구하고 있다. 이렇듯 사회구성론은 '상징적 상호작용 주의(symbolic interactionism)'에서 출발하였다. 이는 사람들이 문화적 규범, 가치, 언어의 사용과 관련한 의미로 일상생활의 행동을 구성한다는 생각을 기반으로 하고 있다. 이 이론의 중요한 가정은 지식은 객관적인 것이 아니며 유일한 '진리'는 없다는 것이다.

따라서 사회구성론에서는 어떠한 것을 문제로 보는 집단에 의해 사회문제가 제기되는 것이지 처음부터 객관적 현상으로서 문제가 존재하는 것은 아니라고 주장한다. 이러한 관점에서 볼 때, 지역사회 문제는 지역사회의 한 집단이 설정한 의미에 동의하지 않아서 지역사회의 요구대로 행동하지 않는 현상이다(감정기 외, 2005). 대체로 현실의 주류적 시각에서 소외된 집단의 독특한 문화와 행동은 '비정상적'인 것 또는 '반사회적'인 문제로 해석하기 쉽다.

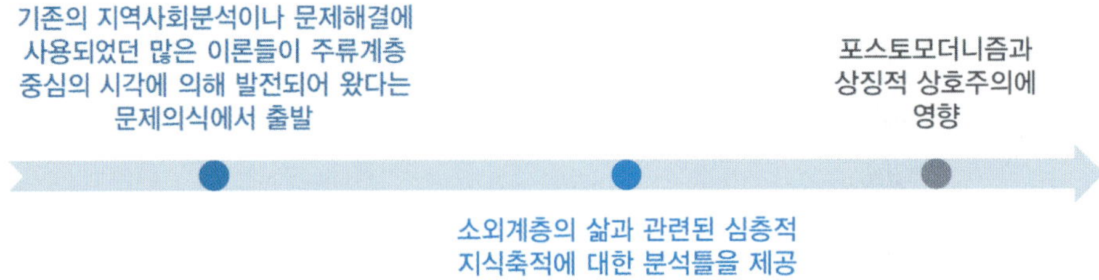

[그림 4-4] 사회구성이론의 발달과정

(1) 지역사회복지 실천에의 적용

사회구성론은 사회복지사에게 공동체적 집단이 개인 대상자의 변화에 미치는 힘을 명확히 알려 주며 대상자와의 관계에 있어서 새로운 현실을 건설하기 위해 의사소통과 협력이 필수적이라는 사실을 알려 준다. 사회복지사는 클라이언트들의 주체성을 인정하고, 그들이 자신의 권익에 주도자로 서도록 도와야 하며 사회복지사와의 교류에 있어서 새로운 의미 부여를 통해 사회적 현실을 창조하는 데 참여할 기회를 제공해야 한다(고미영 외 역, 2004). 이를 위해 사회복지사는 클라이언트의 세계를 이해하고 그들에 합류하기 위한 의사소통 기술을 배워야 하며, 클라이언트의 문제를 좀 더 민감하게 사정해야 한다. 또한 틀에 박히고 부적절한 진단적 용어의 사용을 지양해야 하며, 실천가 자신이 지역사회 내에서 활용 가능한 대안들을 잘 알고 있어야 한다(Hardcastle et al., 2004).

사회구성 이론적 실천에서는 클라이언트가 함께 있는 '지금 여기'의 현실을 중요시하므로 이때 지역사회 구성원이나 클라이언트와 공유하는 언어, 몸짓 등 상징의 의미를 파악해야 한다. 사회복지사는 클라이언트의 행동에 영향을 끼치는 사회, 경제 및 정치적 구조에 대한 이해를 통해 클라이언트의 문화적 가치와 규범에 대한 의미를 해석해야 한다. 또한 다양한 문화를 가진 클라이언트와의 지속적이고 집중적인 대화 과정을 중요시해야 하며 주관적 경험에 따라 해석이 달라질 수 있으므로 소수자에 대한 억압구조를 해석해 나가는 연구를 지속적으로 수행하여 지식의 축적과 이론적 발달에 힘써야 한다. 예를 들어, 이슈가 되고 있는 북한 이탈주민 문제, 퀴어문화축제(queer culture festival)나 동성결혼재판 등에 대한 관심과 연구도 필요할 것이다.

하디나는 구체적으로 지역사회복지 실천에 참여하는 사회복지사에게 다음과 같은 원칙이 요구된다고 제시하였다. ① 사회적 · 경제적 · 정치적 구조가 개인행동과 문화적 가치 및 규범과 관련한 의미이다. ② 실천에 영향을 미치는 문화적 상징과 의미를 결정하기 위하여 다른 전문가와 의견교류를 해야 한다. ③ 지역사회가 현실을 어떻게 해석하는지 그리고 지배문화에 의한 억압을 어떻게 내재화하는지에 대한 통찰력을 얻기 위하여 주변화된 지역사회에 대한 공동연구에 참여해야 한다. ④ 사회적 힘과 권력이 주변화된 집단의 구성원에게 어떻게 영향을 미치는지에 대한 새로운 지식과 이론을 개발해야 한다.

6. 엘리트주의와 다원주의

1) 엘리트주의

엘리트 집단은 정치와 경제 등에서 중요한 정책을 결정할 때 우월한 지위에서 영향을 미치는 사람 또는 집단을 의미한다. 엘리트이론(Elite Theory)은 사회가 기본적으로 엘리트(elite)와 대중(mass)으로 나누어 설명된다는 관점을 토대로, 공공정책이 그 사회의 소수 엘리트의 가치를 반영하여 결정된다고 본다. 엘리트이론은 국가나 사회의 주요 정책을 소수 관료나 저명인사 등 사회지배계급(엘리트)들이 일방적으로 채택한다는 것으로, 다양한 사회집단의 역할을 강조하는 다원주의와는 상반되는 관점이다.

엘리트들은 자율적이고, 다른 계층에 대해서는 전혀 책임을 지지 않으며, 사회 전체나 일반 대중의 이익보다는 자신들의 이해관계를 고려하여 정책을 결정하는 계층이다. 모스카(Mosca)는 사회구성원을 소수의 지배계급과 다수의 피지배계급으로 나누고, 사회는 필연적으로 군대, 성직자, 세습 귀족, 재산가와 같은 소수 엘리트의 지배를 받을 수밖에 없다고 단언했다. 여기서 엘리트가 되는 결정요인은 개인들의 능력에서 기인한다고 하여 경제적 생산수단의 소유를 지배계급의 근거로 삼은 마르크스주의와 차별화된다.

(1) 지역사회복지 실천에 적용

실제 사회복지를 포함하는 주요 지역사회 기능 역시 일부 엘리트 집단의 지향점을 반영하여, 그들의 지향점과 일치하는 방향으로 지역사회복지 시스템의 활동과 내용이 결정된다. 지역사회 삶의 질 향상이라는 취지로 헌터(Hunter, 1963)가 지역사회에서 삶의 질에 큰 영향을 미치는 지역사회 주요 정책들이 어떤 과정을 거쳐 형성되는지를 연구 분석한 결과는 다음과 같다. ① 지역사회 권력구조의 양상이 일부 집단에 집중되고 이러한 지배가 지역사회에서 지속되는 경향이 있다. ② 지역사회에서 자신들의 이익을 위해 경제적 수단을 사용하면서 자신들의 지향에 따라 지역의 문화, 정치, 가치 등을 구조화하여 지역사회 삶의 질에 지대한 영향을 미치는 권력 집단이 있다는 것을 보여 주고 있다.

엘리트이론의 한계는 소수의 기업인, 관료, 정치가 등 사회 엘리트 집단들이 존재하며 지역사회 수준에서 또는 전국적인 수준에서 서로 결탁하여 권력을 독점적으로 행사하고 이들에 의해 지역사회가 지배된다는 것이다. 또한 지역사회 내 다양한 집단과 직접 소통하지 않아 지역주민의 기본 욕구를 의사결정에 충분히 반영할 수 없고, 지역사회복지 시스템의 활동 방향과 내용은 결국 엘리트 집단의 지향점과 일치하는 방향으로 진행된다. 지역사회마다 엘리트 지배의 영향력 정도는 다를 수 있다. 따라서 엘리트이론은 사회복지사로 하여금 지역사회 수준에서 소수의 기업인, 관료, 정치인 등의 권력 구성 및 권력관계 그리고 그 영향력을 평가하여 지역사회 문제해결을 위한 의제 선정과 정책 결정 과정을 준비하는 데 도움을 줄 수 있다.

2) 다원주의

다원화된 현대사회에서는 각 이익집단의 대결과 갈등을 정부가 종합하여 균형적인 결정을 내린다. 다원주의이론(Pluralist Theory)은 현대국가에서 정책이란 집단 간의 이익갈등을 정부가 공정하고 중립적으로 조정한 결과라는 입장이며 정책의 점진적인 변화를 강조한다. 다원주의이론에서는 이익 집단론을 중시하는데 한 집단이 정부를 지배하는 것이 아니라 이슈와 상황에 따라 균형(equilibrium)을 이루려 하기 때문에 민주적일 수밖에 없다고 본다. 현대사회에서 개인은 특정 목표를 중심으로 여러 집단과 조직을 구성하면서 이익을 표출하는 것을 통해 정책 과정에 영향을 끼칠 수 있다고 주장한다. 다원주의이론에 따르면, 사회를 이끄는 집단은 소수의 엘리트 집단이 아닌 다수의 이익집단이다. 이익집단이란 '공통의 목적을 가지고 공공정책에 영향을 미치기 위해 노력하는 개인들의 조직체'를 말한다. 다원주의이론에서는 서로 경쟁하는 이익집단 또는 지역사회조직을 민주주의의 안정에 꼭 필요한 것으로 보고 있다.

벤틀리(Bentley)의 이익집단이론에 따르면 정치는 다양한 이익집단이 상호작용하면서 정책 결정 과정에 다양한 자원을 동원하여 영향력을 행사해 나가는 '과정(process)'이다. 트루먼(Truman)은 이를 뒷받침하는 논증을 제시한 바 있다. 이들의 이익 집단론은 이익집단의 요구에 따라 정책을 결정하고 집행하는 것이 가장 민주적이라고 주장하면서 미국의 정치체계는 다음과 같은 두 가지 메커니즘에 의해 소수의 이익, 즉 특수이익에 좌우되지 않고 다양한 이익집단의 주장과 요구에 부응할 수 있다고 하였다. ① 잠재이익집단(potential group)이다. 정책결정자는 잠재집단을 염두에 두기 때문에 소수의 특수이익이 정책을 지나치게 좌우하지는 못한다는 것이다. ② 중복회원론으로 이익집단의 구성원은 하나의 집단에만 소속되는 것이 아니라 여러 집단에 소속되므로 일정 집단의 특수이익을 극대화하기 위하여 다른 집단의 이익을 크게 손상하지는 못한다는 것이다.

달(Dahl)은 사회의 정책 결정에 초점을 맞춰 가장 중요한 지역사회 현안이라고 생각되는 공공교육 문제, 정치지도자 선정 문제, 지역개발 문제 등과 관련한 정책 결정을 분석하였다. ① 지역사회에서 다원화된 권력구조의 가능성을 제시하면서 민주주의 대표성이 지역사회에서 실천되는 경향이 있음을 제시하였다. ② 다원화된 현대사회에서 개개인은 특정 목표를 중심으로 여러 집단과 조직을 구성하면서 이익을 추구하여 정책 과정에 영향을 끼칠 수 있고, 동시에 다양한 이해관계를 대표하는 지도자들을 의회나 정부에 보냄으로써 자신들의 이해관계를 정책 결정에 반영시킬 수 있다. 달은 후반기

연구에서, 지역사회 권력 분포의 다원화가 상이한 이익집단들이 지니고 행사하는 영향력의 불균형과 경제적 대기업체의 과다한 영향력 행사 등 여러 문제점이 있으나 기본적으로 사회 권력이 소수의 엘리트 집단에 의해서 독점되는 것만은 아니라는 주장을 다원주의이론을 통해서 제시하고 있다.

(1) 지역사회복지 실천에 적용

다원주의이론에서는 지역사회권력이 집중되는 형태를 보이기보다는 전문성 등에 기본을 둔 다양한 사람의 참여와 함께 다원화되는 경향이 크다고 본다. 지역사회에서는 지역사회복지에 대한 영향력을 행사할 수 있는 집단들이 다원화될 수 있으며 시민이 실제로 큰 권력을 가지고 정책 결정 과정에 영향력을 행사할 수 있다. 지역 사회문제에 대해 시민집단이 갖는 이해관계와 영향력 등의 정확한 인식 그리고 관련 전문가들의 영향력 등에 대한 정확한 판단은 지역사회의 현실을 더 정확히 이해하고 지역사회복지 실천 과정을 보다 효과적이고 효율적으로 발전시키는 데 기여할 수 있다.

다원주의이론에서는 지역사회 내 다양한 집단이 지역사회 의사결정이 참여자가 될 수 있으며, 또한 정책 결정 과정에 영향력을 행사할 수 있다. 이에 지역사회복지 실천가는 그 집단들이 가지고 있는 힘의 영향력 정도, 전문성 정도 등을 평가하여 지역사회 문제와 지역주민의 욕구를 해결하기 위한 정책 결정 과정이 민주적 합의로 이루어지도록 준비할 수 있음을 시사한다.

엘리트이론	다원주의이론
사회에는 지역사회수준에서 서로 결탁하여 권력을 독점적으로 행사하는 소수의 기업인, 관료, 정치인 등이 존재하는데, 바로 이들에 의해 지역사회가 지배되는 경향이 있다.	지역사회권력이 집중되는 형태를 갖기보다는 전문성 등에 기반을 둔 다양한 사람들의 참여와 함께 다원화되는 경향이 크다.

[그림 4-5] 엘리트이론과 다원주의이론

7. 공동체이론과 거버넌스이론

1) 공동체이론

공동체이론을 기반으로 하는 지역사회복지의 궁극적 목적은 신뢰받을 수 있는 공동체를 구성하는 것에 있다. 공동체는 공간적 · 지리적 영역을 대부분의 정의에서 언급하고 있지만, 과거의 지리적 요인의 중요성에서 벗어나서 공동체적 삶의 의미를 복원할 수 있는 개방 공간에 대한 논의가 재조명되고 있다. 루소(Rousseau)는 합리주의적 산업사회에서의 비인간화를 우려하면서 과거의 토속적인 사회와 정직한 자연에서 그 대안으로 찾고자 하였다. 루소에 의하면 인간은 자유롭게 태어나지만 살아가는 과정에서 속박을 당하게 되고, 이러한 속박에서 벗어나기 위해 개인의 이익과 타자의 이익이 완전히 일치하는 평등주의에 근거한 공동체가 있어야 한다고 하였다. 다음으로 헤겔은 산업화 사회에서 황폐해진 인간성의 회복을 위하여 개인보다 공동체를 강조하고 있다. 즉, 인간 결합의 여러 요소 중 가족, 지역사회, 사회계급 등으로 이루어진 사회와 그 사회들 간 결합의 중요성을 강조하고 이 모든 것이 결합하여 한데 모여 진정한 국가를 형성한다는 견해다. 콩트도 사회라는 것은 단순히 개인들의 집합이 아니라 공동체가 확대된 것으로 이해하였다.

공동체에 관한 이러한 고전적 이론들은 현실에 대한 비판에서 나아가 현실 속에서 공동체의 이상을 역사적으로 실현하지 못했으며, 이에 대한 한계를 극복하고자 한 도시공동체 건설계획에서의 새로운 사회 이념을 볼 수 있다. 한 예로, 전원도시 운동의 시초인 사회주의자 로버트 오웬(Robert Owen, 1771~1858)은 스코틀랜드의 조그만 마을인 뉴라나크(New Lanark)를 운영했다. 오웬은 노동자들을 빈곤과 범죄로부터 탈출시키고자 2,400명 규모의 공동체로 발전시켰다. 이는 자신들이 생각하고 있는 유토피아적 공동체를 실현시키기 위하여 구체적인 공동체 공간을 물리적으로 건설하고 그 속에서 새로운 경제적 및 사회적 관계가 이루어지는 자급자족 또는 협동공동체를 건설하고자 하였다. 유토피아적 공동체는 공간의 설계, 도시의 규모, 집의 모양, 공원 등 공간에 대한 것뿐만 아니라 이웃 관계, 노동과 배분, 대의체제, 재산 등 심지어 남녀 간의 결합까지의 모든 구상을 담고 있다(이종수, 2016).

유토피아 공동체를 위한 건물을 가장 구체적으로 제안한 사람은 푸리에(Charles Fourier)다. 그가 구상한 농촌 공동체는 1,500~1,600명의 인구를 갖는 팔랑스(phalanx)가 기본단위인데 모든 생산과 소비가 모두 여기서 이루어진다. 또 한 예로, 프랑스 기즈(Guise)라는 마을에 1858년부터 20년에 걸쳐 세워진 파밀리스테르(Phalanstère)는 탁아소, 보육원 등의 양육시설과 당구장, 카페 등 노동자들이 여가를 즐길 수 있는 시설을 갖췄다. 일이 끝나면 노동자들은 공장 운영이나 주거방식에 대한 의견을 교환했다. 노동자 주거 문제가 심각했던 시대에 파밀리스테르는 집합적인 노동자 주거를 성공적으로 해결한 사례였다. 이 공동체는 1968년 해산될 때까지 100여 년 가까이 유지됐다. 20세기 들어 생산수단을 가진 자본가 또는 기업가 계급은 그 이익 추구를 위해 생산활동을 하도록 보장하는 사회 경제체제의 계획과 관료 정치 아래에서 민의(民意)를 무시하고 독선적 · 형식적이며 권위를 내세우는 태도나 경향이 나타나게 되면서 건축에선 유토피아에 대한 믿음을 상실하게 되었다(이진홍 · 권호근, 2015).

최근 환경에 대한 인식이 높아지고, 도시공간에 대한 개념이 달라지면서 만들기에 대한 생각이 바뀌고 있다(최영국, 2006). 따라서 공동체에 대한 관심은 이상적 도시공간을 새로 만들기 위한 노력과 다른 한편으로는 도시문제의 치유책으로 제시하고 있다. 도시환경의 개선, 주택 및 환경기준 설정 등의 기초 작업과 하수도 건설 등의 사업 및 빈민 지역 재개발 등에 초점을 두는데 이러한 노력은 도시사회학의 시발을 이루는 것으로 이해되고 있고, 사회복지 영역에서는 빈민 지역 재개발의 전통과 연결되어 있다.

(1) 지역사회복지 실천에 적용

공동체이론이 지향하는 사회는 좋은 지역사회라고 할 수 있으며, 공동체이론을 적용하면 실천가는 좋은 지역사회를 만드는 것이 중요하다. 좋은 지역사회는 주민이 인지하는 지역사회에 대한 이미지인 지역주민들이 하는 성숙된 활동으로 이루어진다. 따라서 실천가는 살기 좋은 지역을 만들기 위해 지역주민을 포함한 거버넌스의 역할은 무엇인지 고민하고 주민들이 자신들이 사는 지역에 대한 애정을 심어 주어 살기 좋은 곳, 일하기 좋은 곳, 자녀를 교육하기에 좋은 곳, 은퇴하여 지내기에 좋은 곳으로 만들어야 한다.

2) 거버넌스(governance)이론

사회 · 경제적 양극화 해소와 사회의 건전한 발전을 위해서는 분절화되고 파편화된 개인주의적 의식보다는 연대와 협력을 특징으로 하는 공동체적 가치와 삶이 우리 사회에서 더 주목을 받아야 한다는 지적이 많았다. 그 대안으로 21세기의 세계화, 정보화 사회, 신자유주의 확산으로 세계 각국은 새로운 공동체 운영과 질서에 부응하고자 거버넌스(governance)라는 새로운 패러다임으로의 전환을 제시하고자 하였다. 국가의 독점적 역할보다는 국가와 시장, 시민사회 공동체가 더불어 협의하고 협력하는 거버넌스 방식이 바람직하다는 인식이 대두되고 있는 것이다(조석주, 2013; 박시현 외, 2017 재인용). 거버넌스는 1990년대 중반부터 본격적으로 논의되었으며, 한마디로 정의하긴 힘들지만, 과거처럼 관료들이 일방적, 수직적으로 의사결정을 행하는 것이 아니라 제도화된 정책의 이해관계자들(국가기관, 지방자치단체, 시민단체, 일반시민, 직능단체 등)을 정책 과정에 참여시켜서 문제를 해결하고 책임을 지게 하는 공공의사결정의 한 형태라고 할 수 있다(Johansson & Bjork, 2001; 이경민 · 이철우, 2008). 그리고 사회의 다양한 행위자들이 공동으로 직면한 문제에 대해 참여자들의 동등하고 효과적인 참여를 통해 문제해결을 위한 의사결정에 있어서 합의를 형성하고 그에 대한 책임을 공유하는 상호협력 및 경쟁의 과정을 뜻한다(Prerre, 2000).

(1) 지역사회복지 실천에 적용

지역공동체 활성화를 위해서는 지역사회와의 네트워크가 매우 중요하다. 예를 들면, 캐나다 퀘벡, 이탈리아의 볼로냐 등의 지역공동체 모델처럼 성공적으로 진행 중인 공동체 사례들은 지역사회의 신뢰 형성과 네트워크 구축 및 활용이 매우 중요함을 보여주고 있다. 핵심은 거버넌스였다. 특히, 지역의 지속 가능한 발전과 공동체 활성화를 위해서는 행정과 민간이 정책을 함께 수립하고 집행도 함께해야 한다. 사회적 경제가 지역사회에서 활성화되려면 지역의 다양한 사업에 지역 기반의 사회적 경제 주체들이 참여하고, 이들에 의해 다양한 사업이 수행될 수 있도록 해야 한다. 지역주민들이 주체가 돼 지역 기반의 사업을 지역사회에 기여하도록 수행하고 지역발전의 순환 체계를 갖춰 가는 노력이 필요하다. 특히, 현대의 사회문제는 복잡하며, 개별 혹은 부처의 관료적 역량만으로 해결하기 어렵다. 따라서 시장, 시민사회, 정부가 함께 지혜를 모으는 거버넌스가 사회문제 해결에 주요 기제가 되고 있다.

거버넌스이론을 적용하면 사회복지사는 지역주민들의 공동체 의식, 공동의 관심사, 공유된 정체성을 가지고 네트워크를 형성하여, 적극적으로 함께 행동하여야 한다. 거버넌스의 핵심 요인은 주민들의 참여를 보장하고 촉진하는 것이며, 지역문제를 해결하기 위해 지역자산을 발굴하고 동원해야 한다. 예를 들면, 충청 논산시에서는 거버넌스를 바탕으로 '생명이 존중받는 도시'로 나아가고 있다. 즉, 사람 중심 시정에서 나아가 동물복지 확대를 통한 생명 존중 가치를 실현하고 사람과 반려동물이 함께 더불어 사는 '동고동락 공동체' 완성으로 가고 있다. 특히 논산시의 이 사례는 단순히 유기동물을 보호하는 공간이 아닌 시민사회를 기반으로 한 지역 거버넌스를 구축해 시민과 지역이 함께 동물을 보호하고, 공존하는 따뜻한 공동체 공간을 조성해 나가는 것이다. 조성해 나가는 과정에서는 시민과 지역이 함께 생명 존중 가치를 실현하기 위한 거버넌스를 구축하는 것이 중요하다고 하겠다.

Chapter

05

지역사회복지 실천모델

Chapter

05

지역사회복지 실천모델

지역사회 구성원의 삶의 질을 향상하는 목적과 방법으로서의 지역사회복지 실천은 주로 지역사회조직활동(activity)이나 사업(work) 형태로 나타난다. 이러한 다양한 시대적 배경, 국가 상황과 사회환경에 따른 다양한 실천목적과 추진체계로 인해 여러 가지의 모델이 생성된다는 견해가 일반적이다. 사실, 지역사회가 당면한 문제는 지역사회의 맥락과 상황, 가치관, 추진기관(공공, 민간기관) 등에 따라 차이가 난다. 이러한 차이에 있어, 문제를 해결하는 데는 지역사회의 수준에서 체계적으로 접근하고 실천할 수 있는 다양한 개입방법이(강철희 · 정무성, 2007) 필요한 것으로 사료된다.

지역사회복지 실천의 모델로는 미국의 경우, 로스만(Rothman, 1974)이 제시한 세 가지 모델과 여기에서 파생된 혼합모델, 테일러와 로버츠(Taylor & Roberts, 1985)의 모델, 웨일과 갬블(1995)의 모델 등이 있다. 영국의 경우는 1996년에 포플(Keith Popple)이 영국의 경험을 바탕으로 제시한 여덟 가지 모델이 있다. 특히 1980년대 이후 신보수주의 이념의 영향으로 미국과 영국의 지역사회복지 실천모델들은 효율성을 중시하였으며, 목표와 접근방식이 세분화 · 다양화 · 구체화한 것이 특징이었다.

지역사회복지 실천모델은 지역사회복지 실천을 위해 실천가가 무엇을 할 것인지를 가르쳐 주며, 실천과정을 보다 전문적으로 이루어지도록 한다. 이 장에서는 다양한 지역사회복지 실천모델들을 살펴봄으로써 지역사회복지 실천가가 현실에서 어떻게 적용해야 할 것인가를 제시하였다. 다양하게 제시된 모델을 바탕으로 한국적 상황에 토착화시키려는 노력이나 새로운 형태의 한국 모델 개발에 대한 시도가 이루어질 필요가 있다. 그리고 지역사회복지 실천과정에서 사회문제를 바라보는 실천가의 관점과 그 지역사회의 환경 및 상황에 맞게 다양한 실천모델이 선택 및 적용되어 발전할 수 있을 것이다.

지역사회복지 현장에서 실천의 과정을 실제로 실행할 때 각 이론이나 모델에 대한 지식을 이해하는 것과 동시에 강조되는 것이 어떠한 모델을 실제 선택할 것인가이다. 실천모델의 선택과 관련하여 일반적으로 다음 사항들이 실천모델의 선택과 관련되어 있다고 볼 수 있다. 우선, 지역사회복지 기관이나 사회복지 현장에서 지역사회복지 실천과정을 실행할 때 이론이나 모델에 대한 지식을 이해하는 것과 함께 어떤 모델을 실제 현장에서 선택하는가 하는 점이 중요 시 된다. 지역사회 복지기관의 철학이나 설립목적 또는 사회복지사의 개인적 선호도 등은 실천모델 선택에 영향을 미치게 된다. 일반적으로는 다음 사항들이 실천모델의 선택과 관련되어 있다고 볼 수 있다(감정기 외, 2005). 1) 지역사회 구성원의 욕구와 문화적 가치, 2) 지역사회복지 실천가나 사회복지사가 선호하는 이론적 배경, 3) 지역사회복지 실천가나 사회복지사 자신의 인성 및 성장배경, 4) 지역사회복지 실천상의 특정한 문제점이나 특수한 상황, 5) 지역사회복지 실천 전략 수립상의 윤리적 또는 사회적 가치가 가져올 파장이다.

하디나(2002)는 지역사회 문제, 지역사회의 욕구와 문화적 가치, 실천가로서 사회복지사의 이론적 관점과 성향, 전략과 전술상의 윤리적 기준 등이 지역사회복지 실천모델의 선택에 중요한 고려 요소라고 하였다. 그가 주장한 지역사회복지 실천모델의 선택과 실천에 있어 기본적 전제는 개인과 지역사회의 임파워먼트로 관련된 요소들을 정리해 보면 다음과 같다. 1) 지역사회복지사는 개입 대상 지역 고유의 장점, 기술, 가치, 그리고 역량을 충분히 인식하여야 한다. 그리고 다양한 문화집단이 혼재하는 지역사회에 개입해야 하는 경우, 사회복지사는 각 문화집단의 특성을 파악하여 상호교류를 최대한 이끌어 낼 전략을 개발해야 한다. 2) 지역사회복지사는 지역사회 내 다양한 유형의 억압이 존재한다는 점을 인식하여 지역사회 의사결정에 최대한 다양한 계층의 참여를 끌어낼 수 있는 전략이 필요하다. 이에, 전문가, 준전문가, 지역주민 3자의 평등적 참여가 가능한 의사결정 구조가 개발되어야 한다. 3) 지역사회복지사는 지역사회복지 실천의 전략과 전술 개발 및 선택과 관련된 윤리상 문제에 확고한 자세를 취할 수 있는 이론적 틀이 분명해야 한다. 그리고 지역 내 다양한 이익집단 간의 욕구와 선호를 조정할 수 있는 협상 기술을 충분히 습득해야 한다. 4) 지역사회복지 실천에는 다양한 접근들이 고려되어야 하며, 한 가지 옳은 결정만 존재한다는 편견은 버려야 한다.

1. 지역사회복지 실천모델의 목표

지역사회복지 실천 현장의 실천가는 지역사회의 환경 개선뿐만 아니라 역량강화를 촉진하고 지역주민들을 자원 서비스에 연결시켜 궁극적으로는 지역사회 구성원들의 복지를 향상하려는 목적(objective)을 가져야 한다. 이러한 목적을 달성하기 위해 지역사회복지 실천모델의 기본적인 목표(goal)는 다음과 같다. 1) 지역사회에 개입하는 노력에 따른 목적과 성과에 초점을 맞추는 과업중심 목표이다. 2) 지역사회의 개입 활동을 수행하기 위해 사용되는 구체적인 수단과 방법들에 초점을 맞추는 과정중심 목표이다. 3) 지역사회 구성요소 간의 상호작용에 의해 의식적인 변화를 추구하는 관계중심 목표이다.

따라서 지역사회복지 실천모델의 기본적인 목표는 지역사회에 개입하는 노력에 따라 목적과 성과에 초점을 맞추는 과업 목표와 지역사회의 개입 활동을 수행하기 위해 사용되는 구체적인 수단과 방법들에 초점을 맞추는 과정 목표로 나눌 수 있다. 지역사회복지의 대표적인 학자 로스만은 지역사회복지 실천모델의 목표를 크게 과업중심 목표와 과정중심 목표로 구분하였다. 던햄(Dunham)은 지역사회복지 실천을 지역사회 구성요소 간의 상호작용에 의해 의식적인 변화를 추구하는 과정으로 보며, 과업중심 목표와 과정중심 목표에 더하여 관계중심 목표를 추가하였다.

(1) 과업중심의 목표

과업중심의 목표는 구체적인 사업을 완성하거나 지역사회의 기능과 관련된 문제해결에 관심을 두는 것이다. 이에 따른 서비스를 제공하거나 새로운 서비스를 설계하거나 특수 사회 입법을 통과시키는 것을 말한다(지규옥, 2015).

(2) 과정중심의 목표

과정중심의 목표는 지역사회에 있는 여러 집단 간의 협동 관계를 수립하고 지역사회 문제를 해결하기 위해 자치적인 구조를 창조하고 필요한 역량기반을 향상하는 데 있다. 또한 지역주민들에게 지역사회의 일에 대한 관심을 두고 참여하도록 자극하며 지역사회의 공동사업에 협력적인 태도와 토착적인 지도력을 증대시키는 데 있다.

(3) 관계중심의 목표

지역사회와 집단들 간의 관계와 의사결정 권력의 분배에 있어 변화를 추구하고, 지역사회 구성요소 간의 관계에 있어서 변화를 시도하는 데 중점을 두는 관계중심의 목표이다.

2. 지역사회복지 실천모델

1) 로스만의 모델

로스만의 세 가지 모델은 가장 일반적이고 보편적인 지역사회복지 실천모델이다. 로스만의 지역사회복지 모델은 지역사회개발(community development), 사회계획 및 정책(social planning/policy), 사회행동(social action)으로 세 가지 유형을 제시하였다. 이 모델들은 분석적으로는 상호구분이 되지만 실제 적용에 있어서는 혼용된 형태로 나타나기도 한다.

1967년 로스만은 사회계획을 첫 번째 모델로 제시하였는데 그 이유는 당시 빈곤 퇴치사업 등 전문 사회복지기관이 중심이 되는 지역사회복지사업이 활발했기 때문인 것으로 사료된다. 이후 1987년의 모델은 지역사회개발모델, 사회계획모델, 사회행동모델에 사회개혁모델을 추가하였다. 1995년에는 사회계획모델에 정책을 연계하여 지역사회개발모델[1], 사회계획 및 정책모델, 사회행동모델로 구분하여 제시하였다.

(1) 지역사회개발모델

지역사회개발(community development)이란 용어는 제2차 세계대전 이후 사용되기 시작하였다. 유엔(United Nations, 1955)에서는 지역사회개발을 다음과 같이 정의하고 있다. 우선, 지역사회주민들이 적극적으로 참여하여 지역주도권(initiative)을 가지고 전 지역사회의 경제적 · 사회적 조건을 향상시키려고 하는 과정이다. 지역사회개발모델은 지역사회의 변화를 효과적으로 이룩하기 위해 광범위한 주민들의 참여를 전제로 한다. 목표는 지역사회의 다양한 문제들을 주민 스스로 해결할 수 있는 역량을 배양하고,

1) 로스만은 1967년과 1974에 '모델(model)'이라는 용어를 사용했으나 1995년의 그의 논문에서는 '방법(mode)'이라는 완화된 용어를 사용하였다. 그리고 논문의 제목도 지역사회개입에 대한 접근(approaches to community intervention)으로 수정하였고 지역사회조직 모델보다는 지역사회개입과 지역사회 실천방법(mode)이라는 말을 사용하였다.

지역사회 활동능력을 갖추도록 하는 것이다. 더 나아가 지역사회의 전체적인 조화와 주민들의 자조(self-help) 정신을 강조하고, 자립을 위한 토대를 마련하는 것이다. 이 모델의 지역사회의 구조와 문제상황에 대한 전제는 다음과 같다. ① 지역사회의 상실이나 아노미 현상에 처해 있다. ② 사회적 관계나 문제해결 능력이 결여되어 있다. 이러한 시각에서 보기 때문에 전통적인 지역사회에 더 잘 맞는 것이다. ③ 변화를 위한 기본전략은 "함께 모여서 이야기해 보자"라는 것으로, 모여서 자신의 욕구를 정리하고 해결해 나가는 과정 중심이다. 주된 전술은 대화, 타협, 합의이며 지역사회 내의 여러 집단 간의 상호교류나 토의를 통하여 과제를 도출해 가고자 한다. 이에, 지역주민들의 자발적 참여와 민주적인 절차, 자발적 협동, 토착적인 지도자의 개발, 교육을 강조하고 있다. 이 모델의 예는, 지역사회복지관의 지역개발사업, 성인교육, 자원봉사자 운동 등이다.

지역사회개발모델은 다음과 같은 한계점도 지적되고 있다(Hardina, 2002). 실천적 적용에 있어, 지역사회의 변화 노력을 위해 지역사회 관련 집단들 간의 합의와 협력을 끌어내기가 쉽지 않다는 점이다. 그리고 지역사회의 관련 집단들이 성, 계급, 인종 등과 관련된 경계를 초월하는 공통의 이해관계를 가지고 있다는 가정의 현실성 문제이다. 실질적인 정책 결정자가 사회변화를 지지할 수 없는 경우 지역사회개발을 위한 협상을 거부할 수 있는 권력 구조의 문제 등도 지적되고 있다.

(2) 사회계획/정책모델

사회계획/정책(social planning/policy)모델에 개입대상은 전체 지역사회 또는 지역사회의 일부 계층이다. 목표는 과업중심적인 목표이다. 과업중심적 목표는 지역사회의 특정 문제를 규명하고, 욕구사정과 목표개발 등을 통해 합리적인 대안을 수립하는 것이다. 특히, 사회계획/정책모델은 비행, 주택, 정신건강과 같은 사회문제를 해결하고자 하는 전문가에 의한 합리적인 계획수립과 기술적 과정을 강조하고 문제해결을 위한 합리적인 계획수립과 통제된 변화를 강조한다. 그리고 공식적인 계획과 정책 준거 틀에 대한 설계가 정책집행의 효과성과 효율성을 강조한다. 문제의 성격과 그 문제에 관여하는 기관들에 따라 지역주민의 참여 정도는 광범위할 수도 있고, 소수일 수도 있다. 사회계획/정책모델의 추진 기관들로 지방정부(각 부처의 기획 담당부서), 도시 계획국, 지역사회복지협의회, 민간복지, 보건 관계기관 등이 이에 해당한다.

사회계획/정책모델에서 다음과 같은 한계점이 지적되고 있다. 우선 지역사회개발모델처럼 지역사회의 문제해결을 위해 지역주민의 역량을 강화하는 것에 초점을 두고 있지 않고, 사회행동모델처럼 근본적인 사회변혁을 추구하는 것을 중요하게 고려하지도 않는다. 하지만, 관료조직과 같은 공식조직을 변화의 매개체로써 중요하게 고려하지만, 실제 문제를 해결하는 과정에서 작용하는 정치적인 영향력 등은 고려하지 못하는 한계가 있다.

(3) 사회행동모델

사회행동(social action)의 개념은 사회 소외계층의 권익을 위해 사회정의와 민주주의 원칙에 근거하여 많은 자원과 향상된 처우를 받을 수 있도록 사회에 요구하는 행동을 말한다. 로스만의 사회행동모델은 지역사회에는 권력과 자원의 불평등한 관계가 존재한다는 갈등론적 관점이다. 따라서 지역사회의 기존 제도나 상태에 대한 근본적인 변화를 추구한다. 이에, 지역사회의 기존 구조(권력관계, 자원 배분, 정책결정 구조 등)를 근본적으로 변화시키기 위해 사회적으로 배제되고 억압받는 집단을 조직화하고 집합적 행동을 통해 공정한 권력과 자원 배분을 요구할 필요가 있음을 강조한다.

지역사회의 구조와 문제 상황에 대한 전제는 부족한 자원으로 인하여 쉽게 조정되지 않는 갈등 구조로 이해하고, 지역사회 내의 소외계층들은 사회적 부정이나 박탈, 불평등 상황에 처해 있다고 본다. 이러한 문제해결을 위해 대중을 조직화하여 권력과 자원을 가지고 있는 집단에 대해 저항하는 것이 중요한 전략이라고 할 수 있고 항의와 시위 같은 집단행동을 통한 갈등이나 대결 전술을 활용한다.

이 모델은 대중조직과 정치과정의 변화를 매개로 아래로부터 개혁하는 상향식 접근법으로 지역사회 집단 간에 적대적이거나 이해가 상반되는 문제가 있는 경우나 논의와 합의를 통해 결정하기 어려운 문제를 해결할 때 적합한 유형이다. 사회계획/정책모델에서처럼 전문가의 역할을 강조하고 과업 달성에 목표를 두는 것보다는 행동가(activist)를 중심으로 사회변혁을 추구한다. 예로는, 소수인종 집단, 학생운동, 여성해방 혹은 여권신장운동, 급진정당, 노동조합운동, 복지권운동, 소비자보호운동, 환경보호운동 등이 있다.

사회행동모델은 다음과 같은 한계점도 있다(Hardina, 2002). 일부 실천가는 지역사회 상황에서 실천 활동을 대항활동(confrontation)으로 제한시키고 있는데, 이러한 경향은 관련 집단을 양극화시키거나 바람직한 결과를 달성하는 데 어려움으로 작용하게 되는 점과 일부 조직가와 지역구성원이 대항 전략에 대해 주저할 수 있다는 점이다. 극단적인 전략과 전술이 참여하는 지역구성원들을 위험한 상황에 처하게 만들 수도 있으며, 대응 수단의 불법성이 논란을 불러올 수 있어 윤리적 차원에서 문제가 될 수도 있다. 이상에서 개략적으로 살펴본 로스만의 세 가지 모델을 열두 가지의 실천 변수에 따라 정리하면 〈표 5-1〉과 같다.

〈표 5-1〉 로스만의 지역사회복지 실천모델 비교

구분	사회개발모델(A)	사회계획모델(B)	사회행동모델(c)
개념	지역사회의 변화를 효과적으로 이루기 위해서는 주민들을 변화의 목표 설정과 실천 행동에 참여시켜야 한다.	지역 사회문제를 해결하고자 하는 전문가에 의한 합리적인 계획수립과 기술적 과정, 통제된 변화를 강조한다.	• 지역사회의 주민들이 사회정의와 민주주의에 입각해서 많은 자원과 향상된 처우를 요구하는 행동을 말한다. • 지역사회의 기존 제도와 현실에 대한 근본적인 변화를 추구한다.
강조점	• 자조정신 강조 • 민주적인 절차 • 자발적인 협동 • 토착적인 지도자의 개발 • 교육 등	• 문제해결을 위한 합리적인 계획수립과 통제된 변화 • 정책집행의 효과성과 효율성 강조 • 공식적인 계획과 준거 틀에 대한 설계	권력, 자원, 지역사회의 정책결정에 있어서 역할 등에 대한 재분배

구분	사회개발모델(A)	사회계획모델(B)	사회행동모델(c)
지역사회 활동목표	지역사회의 활동능력과 통합(과정목표)	지역사회문제의 해결(과업목표)	권력관계와 자원의 변화, 결과중시(과정 및 과업목표)
지역사회의 문제 상황에 대한 가정	문제해결 능력과 기술 결여	지역사회에 내재된 수많은 사회문제 존재	지역사회 특권과 권력의 위계 존재(빈부격차)
기본적 변화전략	함께 모여 의논하자	사실(진상) 파악해서 논리적인 조치를 강구하자	억압자를 물리치고 체제변혁 위해 조직(규합)하자
변화전술과 기법	합의, 토의 강조	사실 조사(발견), 분석상의 기술 중요	갈등이나 대결의 전술 강조
사회복지사의 역할	조력자, 격려자, 촉매자	지역사회 진단, 사실 발견, 정보 수집, 평가, 프로그램 계획 · 실시	조직 활동가, 행동가, 중재자, 협상가
변화의 매개체(수단)	소집단 활용	공식조직 중시, 자료수집, 자료분석	대중조직과 정치적 과정 활용
권력구조에 대한 견해	권력자도 지역목적을 위해 공동노력(동참)	권력집단을 실천가의 후원자나 고용주로 인식	권력집단은 사회행동의 표적
수혜자의 범위규정	전 지역사회	전 지역사회, 일부 특수계층	권력집단에 의해 억압받는 주민
지역사회 이해관계나 하위체계에 대한 가정	공통의 이해관계 및 조정 가능한 차이	실용적인 접근, 이해관계의 조정 가능 또는 갈등	쉽게 조정할 수 없는 갈등적 이해관계, 자원의 희소성
수혜집단에 대한 인식	잠재력 있는 정상인, 평균적 시민	서비스 혜택을 받는 소비자	사회제도의 희생자, 피해자
수혜집단의 역할에 대한 인식	문제해결 과정에 적극적 참여	서비스의 소비자, 고객	고용주, 사용자, 동료(회원)
공공의 이익에 대한 개념	• 합리주의적 · 중앙집권적 개념 • 협동적인 결정과정을 이용해서 주민의 일반적인 복지를 위해 여러 지역사회 집단의 이익을 반영	• 이상주의적 · 중앙집권적 개념 • 계획전문가는 사회과학자들과 협의를 통해 지식, 사실, 이론에 입각해서 공익을 대변, 개인의 정치적 이익이나 일반의 인기에 좌우되지 않음	현실주의, 개인주의적 견해
임파워먼트 개념에 대한 인식	지역사회 구성원 스스로 문제 해결할 수 있는 상태	자신의 욕구에 맞는 정보를 계획, 정책과정에 반영	의사결정과정의 동등한 파트너, 직접적 영향력 행사

(4) 로스만의 혼합모델

로스만(1995)은 기존의 세 가지 모델, 즉 지역사회개발모델, 지역사회계획모델, 사회행동모델을 도입한 혼합모델이 1980년대 이후 실제로 더 적절하게 기능할 수 있음을 강조하였다. 로스만은 세 가지 모델 분류가 실천 변수에 따른 이념적 분류일 뿐이며, 실제 지역사회복지 실천의 개입에 있어서는 상호 중복되고 혼합된 형태, 즉 사회행동과 사회계획, 지역사회개발과 사회계획, 지역사회개발과 사회행동 등과 같은 다양한 혼합형태가 활용될 수 있다고 강조하고 있다(Rothman, 2001). 그는 혼합모델들(mixed models)의 중간지점에서 지역사회복지 실천이 실행될 수 있음을 고려하면서 개발과 행동 혼합모델(development/action model), 행동과 계획 혼합모델(action/planning model), 계획과 개발 혼합모델(planning/development model) 등을 제시하였다.

첫째, 지역개발/사회행동모델이다. 개입과정에서는 지역개발모델의 특성을 나타내면서 목적에서는 사회행동모델을 따르는 특징과 지역사회 내의 공통의 문제를 확인하기 위해 여러 집단 간의 합의가 필요하고 동시에 문제의 근원이 되는 권력 집단에 대항하는 행동이 필요할 때 적용한다는 특성을 지니고 있다.

둘째, 사회행동/사회계획모델은 이슈에 대한 실증적 연구를 바탕으로 문제해결 방법을 계획하면서 동시에 대중에게 해당 이슈의 중요성을 알리고 대중의 참여를 높이는 경우(소비자운동, 환경운동 등)와 다양한 형태의 사회행동과 함께 문제해결을 위한 과학적 조사와 연구도 병행한다는 특성이 있다.

셋째, 사회계획/지역개발모델은 새로운 계획과정에 주민의 참여를 강조한다. 더 나아가 지역사회복지계획은 사회계획모델을 이용하고 지역개발모델에 의한 실천을 요구하고 있다.

2) 테일러와 로버츠의 모델

1980년대 이후 지역복지 실천방식은 사회변화와 함께 다양화되고 세분화되는 양상을 갖는다. 사회, 경제, 문화적 변화에 따라 새롭게 발생한 여성, 소수민족 등 취약계층의 새로운 욕구를 반영하였다. 각 지역사회가 요구하는 새로운 형태의 요구에 대응하기 위해 보다 세분화되었다. 그 결과, 지역복지 실천모델은 다양한 형태로 팽창해 지역복지 실천에서의 접근양상이 보다 다양한 모습을 갖게 되었다.

이러한 변화를 반영해 테일러와 로버츠(1985)는 래핀(Lappin), 쿠르즈만(Kurzman) 등과의 공동 작업을 통해 로스만의 세 가지 모델을 중심으로 프로그램 개발 및 조정모델, 지역사회 연계모델을 새로 추가하여 다섯 가지 모델을 제시하였다. 그들은 후원자(후견인)와 클라이언트의 의사결정 권한의 정도에 따라 모델을 구분하였다.

〈표 5-2〉 **로스만 모델과의 비교**

로스만의 모델	테일러와 로버츠의 모델
지역사회개발모델	지역사회개발모델
사회계획모델	계획모델
사회행동모델	정치권 권력 강화 모델
추가 모델 →	프로그램 개발 및 조정모델 지역사회 연계모델

(1) 프로그램 개발 및 조정모델

프로그램 개발 및 조정모델(program development and coordination model)은 지역사회 변화를 효과적이고 효율적으로 유도하기 위해 공공기관(후원자)을 중심으로 프로그램을 개발하고 조정해 나가는 모델이다. 이 모델은 실천방법, 대안적 전략 고려, 의사결정 등에 대한 영향력 측면에서 후원자 중심의 모델이라고 할 수 있다. 사회 계획모형과 유사해 보이지만, 합리성 원칙만을 사용하기보다는 중립성 원칙과 협력원칙을 동시에 응용하여 다양한 이해집단을 중재하고 이들의 참여를 유발하면서 전문적 지식과 기술을 사용하여 변화를 만들어 낸다는 것에 차이가 있다. 특히, 변화과정에서 클라이언트의 직접적 참여보다는 기본적으로 지역사회의 서비스 기관, 자원 제공자, 정치적 의사결정자와 같은 후원자를 중심으로 변화 노력을 진행한다는 뚜렷한 특징과 공식적이고 전문적인 활동을 지향한다. 문제해결을 위해 다양한 이해관계를 고려하고 점증적 변화를 추구한다. 서비스는 행정기관이 직접 전달하거나, 민간단체나 협회를 통해 전달할 수 있다. 우리나라에서는 사회복지협의회, 지역공동모금회 등을 예로 들 수 있다.

프로그램 개발 및 조정 모델의 특징	지역사회 서비스 기관, 자원제공자, 정치적 의사결정자와 같은 후견인을 중심으로 변화 노력을 진행
대표 조직	자선조직협회운동 기반으로 발전한 각 지역의 사회복지협의회 및 지역공동모금회 등

(2) 계획모델(planning model)

계획모델은 로스만의 사회계획모델을 보다 인간 중심적 측면을 강조하여 수정한 형태이다. 더 진보적이고 정치 지향적인 성격을 포함하고 있으며, 다양한 지역단위에서 합리성과 전문성에 기초하여 효과적으로 변화를 유도하는 모델이다. 이 모델은 여전히 대상자의 영향력은 미약하고 후원자의 영향력이 강한 모델이다. 그리고 사회문제에 대한 반응적 시스템으로부터 예견적 시스템으로의 전환을 기대하여 개발된 모델로 지역사회 욕구에 기초하여 서비스를 개발, 확대, 조정하는 활동을 중심으로 구성되는 특징을 갖는다.

계획모델도 사회계획모델에서와 같이 조사연구와 객관적 분석 등을 통한 지역사회 문제해결에 초점을 맞추고 동시에 의사결정의 과정과 조정 등 과정 지향적 실천을 추구한다.

계획모델의 특징	진보적이고 정치 지향적인 성격, 지역사회 욕구에 기초하여 서비스를 개발 · 확대 · 조정하는 활동중심
사회복지사의 역할	계획의 전반적 과정을 관리, 계획과정에서 영향력을 발휘, 상호 간의 관계를 조정, 설계된 내용을 진척시키기, 디자인된 내용을 실제로 실행

(3) 지역사회연계모델

지역사회연계모델(community liaison model)은 클라이언트의 개별적 문제와 지역사회

문제의 연계를 통해 지역사회 문제를 해결해 나가는 모델이라 할 수 있다. 이 모델은 클라이언트와 후원자의 의사결정 영향력이 동등하다. 특히, 직접적 서비스를 제공하는 기관이 클라이언트의 욕구와 관련된 지역사회와의 관계를 개발하고 확대, 강화, 조정하면서 다차원적으로 해결해 나가는 활동이다. 이 모델은 클라이언트의 문제해결을 위해 지역사회와의 관계형성, 관계개발, 관계조정활동에 상당히 큰 비중을 두면서 지역사회를 대상으로 접근해 나가는 것이 핵심적 특징이다.

지역사회연계 모델의 특징	사회복지기관의 다양한 구성원(행정가, 사회복지사, 이사회, 자원봉사자 등)이 클라이언트의 문제해결을 위해 필요한 연계활동을 통해 접근해 나가는 방식
사회복지사의 역할	행정가 및 일선 사회복지사들 모두 소비자 집단과 함께 일하며, 표적집단의 욕구충족을 위한 프로그램의 적용 등에 관한 지역사회실천기술을 필요

(4) 지역사회개발모델

지역사회개발모델(community development model)은 로스만의 지역사회개발과 같이 지역주민의 적극적 참여와 이를 뒷받침하기 위한 교육과정을 강조하며, 시민참여의 기반을 둔 자주적 활동, 시민 역량 개발, 자체적 리더십 개발 등을 통해 지역사회개발을 추구한다. 이 모형은 클라이언트 중심적 모델이라고 할 수 있으며 지역사회의 자체적 역량을 개발하는 것에 초점을 맞추고 있다. 수행하여야 할 과업은 지역구성원 중에서 리더십을 개발하여 자체적 리더십을 갖게 하는 것과 지역사회 변화를 위해 지속적 활동을 전개할 수 있도록 시행구조를 조직화하는 것을 제시하고 있다. 이 모델에서의 핵심 과업은 '자력적 문제해결'과 '자조'라는 두 가지 요소에 기반을 두고 있다.

지역사회개발 모델의 특징	지역특성에 민감하고 지역주민에게 교육을 제공할 수 있는 기술을 지닌 전문적 지역사회개발실천가를 통해서 지역사회가 자력적으로 문제를 해결할 수 있도록 하는 것, 지역사회 스스로가 자조적 노력을 지속적으로 진행하도록 하는 것
사회복지사의 역할	성장과 개발을 위해 지역사회 구성원이 지역사회문제 해결과정에 참여하고 관여하도록 하는 것 전문가는 조직가(organizer)의 역할보다는 주로 조력자(enabler)의 역할을 강조

(5) 정치적 역량강화모델

정치적 역량강화모델(political empowerment model)은 로스만의 사회행동모델과 매우 유사하여 갈등이론과 다원주의 사회에서 다양한 이익집단의 경쟁원리에 기초하고 있다. 사회적으로 배제된 집단의 사회적 참여를 지원하고 지지하여 그들이 스스로의 권리를 찾고 확대해 나가는 모델이다. 이 모델은 클라이언트가 100% 영향력을 행사할 수 있는 모델이기에 클라이언트와의 이해관계를 중요하게 생각하고 반영, 실행하는 형태를 지니고 있다.

이 모델을 지역사회 문제해결 과정에 적용했을 때, ① 배제되었던 집단구성원들이 자기역량과 사회적 연대에 대해 의식을 갖는 주체로 변화될 수 있다. ② 참여 활동을 통해 배제집단 구성원들이 상호작용 수행 기술들을 획득하도록 하여, 관료화된 사회의 통치(governance)에 변화를 불러일으킬 수 있다.

역량강화 모델의 특징	사회체계 및 사회제도에서 시민의 참여를 보장하고 극대화함으로써 민주주의 확장을 도모하고 새로운 조직개발을 통해 참여의 채널을 촉진
사회복지사의 역할	교육자, 자원개발가, 운동가로서 역할을 하며, 중재자, 막후조정자, 대변가의 역할 등은 하지 않음

〈표 5-3〉 **테일러와 로버츠의 지역사회복지 실천모델**

실천모델	후원자와 대상자의 결정 권한 정도
프로그램 개발 및 조정 모델	• 후원자가 100% 결정 권한
계획모델	• 후원자가 7/8의 결정 권한 • 합리적 기회모델에 기초한 조사전략 및 기술을 강조 • 기획에 있어 진보적이고 정치 지향적 접근을 포함 • 조직과정관리, 영향력 발휘, 대인관계 등의 과정기술을 강조, 설계 및 실행과 같은 기술적 측면의 필요성 주장
지역사회 연계 모델	• 후원자와 대상자가 각각 1/2의 결정 권한 • 사회복지기관의 일선 스태프나 행정가에 의해 수행되는 기능 중심 설명 • 행정가는 지역사회관계, 지지활동, 환경개선, 조직 간의 관계 등과 같은 역할 수행

실천모델	후원자와 대상자의 결정 권한 정도
지역사회 개발 모델	• 대상자가 7/8 결정 권한 • 지도력 개발, 자조, 상호부조, 지역성에 바탕을 둔 지역사회연구 및 문제해결 강조 • 시민참여와 교육과정을 매우 중요시하며 전문가는 주로 조력자의 역할 담당
정치적 역량 강화 모델	• 대상자가 100% 결정 권한 • 의도된 시민참여에 의한 정치적 권력 강화에 초점 • 전문가들은 교육자, 자원개발가, 운동가로서의 역할을 하게 되며, 이러한 경향은 합법적으로 위임된 조직이나 자생조직으로 진전

	프로그램 개발 및 조정 모델	계획모델	지역사회 연계모델	지역사회 개발모델	정치적 역량 강화 모델
권한	← 후원자의 권한이 강함				클라이언트의 권한이 강함 →
특징	공공기관 중심 프로그램 개발	조사 · 연구 · 분석 강조, 과정 지향적 실천	클라이언트의 문제를 지역사회에 연계	역량개발 · 문제 해결 과정 지원	소외집단의 사회적 참여 · 권리 강화

3) 웨일과 갬블의 모델[2)]

1990년대 초반 이후 웨일과 갬블(1995)은 기존 사회복지실천 모델에 관한 문헌 검토 작업과 실천현장에 대한 조사를 통해 목표, 변화 표적 체계, 일차적인 구성원, 관심영역, 사회복지사의 역할 등을 중심으로 지역사회실천모델을 여덟 가지 유형으로 구분하였다(최인규, 2016). 웨일과 갬블의 여덟 가지 모델은 다각화되는 실천현장의 모습을 그대로 반영하는 동시에 새로운 욕구에 적합한 실천방법 제시라는 점에서 의의가 있다. 이러한 여덟 가지 유형들은 상호 배타적이지 않으며, 중복되는 점도 있지만, 지역사회복지 실천과 관련하여 적절한 개입전략을 선택하는 데 유용한 준거 틀을 제시해 준다.

2) Weil & Gamble(1995: 579-593).

웨일과 갬블의 모델은 기존의 모형과 관련하여 몇 가지의 특징이 있다.

첫째, 지역사회조직을 지리적 지역사회조직과 기능적 지역사회조직으로 구분하였다. 지역사회에 대한 개념 정의에서는 지리적 지역사회와 구분되는 기능적 지역사회가 존재함을 인정하였음에도 불구하고 기존의 실천 모델들은 이에 대해 명확하게 구분하지 않았다. 현대사회에서 기능적 지역사회가 확대되어 가는 추세에 비추어 본다면 지역사회복지 실천모델도 세분화될 필요가 있다.

둘째, 기존의 지역사회개발모델을 지역사회 사회, 경제개발로 구체화하였다는 것이다. 지역사회개발의 내용은 경제개발과 사회개발이 있는데, 그동안 학자마다 강조하는 면이 달랐다. 그러나 최근의 추세는 사회개발과 경제개발이 상호 분리될 수 없는 것으로 지역사회개발에 있어 서로 조화를 이루어야 한다는 주장이 강하다.

셋째, 로스만의 사회행동모델을 정치, 사회행동/연대/사회운동으로 세분화하였다. 이는 지역사회복지 실천모델에서 복지권, 장애인복지, 여성운동, 환경운동 등과 관련하여 사회행동이 증가하고 그 방법도 다양해지고 있는데 기존의 단일한 사회행동모델만으로는 이러한 추세를 반영할 수 없었다. 따라서 기존의 사회행동은 '정치 · 사회행동'으로 개념화하고, 효율적인 운동성과를 위해 조직 간의 연합전선이 활발해지고 있는 점을 고려하여 '연대' 모델을 구분하고, 일반인의 삶의 질을 개선하고 사회정의를 실현하기 위한 거시적인 운동을 '사회운동'으로 차별화하였다.

넷째, 로스만의 분류에서는 제시되지 않았지만 테일러와 로버츠(1985)에 의해서 제시된 프로그램 개발모델의 실존을 인정하면서, 이를 '지역사회연계'모델과 결합시키고 있다. 웨일과 갬블(1995)은 최근 권한강화(empowerment)프로그램이 강조되고 있는 추세를 반영하여 프로그램 개발이 클라이언트의 개입 없이는 의미가 없다고 판단하고, 이는 지역사회 연계를 통해 효과적으로 달성될 수 있다고 본 것이다(맹두열 · 심영미, 2011).

〈표 5-4〉 로스만 모델과의 비교

로스만 모델	웨일과 갬블 모델
지역사회개발모델	근린 지역사회조직모델
	기능적 지역사회조직모델
	지역사회, 경제적 개발모델
사회계획모델	사회계획모델
	프로그램 개발과 지역사회 연계 모델
사회행동모델	정치, 사회행동모델
	연합모델
	사회운동모델

(1) 근린 지역사회조직모델

근린 지역사회조직모델(neighborhood and community organizing)은 로스만의 지역사회개발모델에서 그 원형을 찾을 수 있다. 지리적으로 가까운 지역사회조직에 초점을 두고 있으며, 능력개발과 과업 수행이라는 두 가지 목표를 강조한다. 즉, 지역사회주민들이 조직 활동에 참여하여 문제분석, 계획, 리더십을 개발하고, 조직원 구성을 통해 주민들의 능력을 개발할 수 있다는 것이다. 따라서 지역사회의 주민들은 조직 활동을 통해 지역계획과 외부계획에 영향을 받아 지역사회의 사회, 경제적 조건들을 향상시키는 과업을 성취해 나갈 수 있다.

이 모델은 지역주민의 삶과 질이 주요 관심 영역이 되고, 지역주민이 바라는 변화를 스스로 끌어낼 수 있도록 역량을 개발하여 과업을 완수하는 데 초점을 맞춘다. 이 모델에서 지역사회복지사는 조직가, 교사, 코치, 그리고 촉진자로서 역할을 수행하며, 특히 조직가의 역할 중에서 조직 내의 리더십 형성과 발전을 위한 역할이 매우 중요함을 인지해야 한다. 이와 더불어 지역 모임의 계획, 목표 설정, 자원할당, 전략 수립과 실행, 과업 및 과정 평가 등에 개입하며, 또한 사회복지사는 행동을 위한 이슈의 정의, 조직 구성원의 충원을 위한 전략 개발, 욕구 조사 기법 교육, 행동전략 계획수립 등에서 조직 구성원들에게 도움을 주어야 한다.

(2) 기능적 지역사회조직모델

기능적 지역사회조직모델(functional community organizing)은 지리적 의미의 지역사회보다는 동일한 정체성이나 이해관계를 기초로 한 기능적 지역사회에서 구성원들을 교육해 주민 스스로 문제에 대해 대처하도록 역량을 강화한다. 이 모델의 주요 전략은 특정 이슈나 집단에 대한 정책, 행위 및 인식의 변화에 초점을 두고 옹호를 끌어낼 수 있는 행동에 근거한다. 때로는 특정 대상자나 대상 집단을 위한 서비스를 개발하고 직접 제공하기도 한다.

대체로 지역사회복지사는 조직원의 충원과 문제의 정의, 옹호 전략과 전술 결정에 기여하는 촉진자 역할과 조사와 분석기법 등 사회적 변화를 위한 기술을 교육하는 조직가와 교사의 역할을 수행한다. 그리고 조직 구성원들은 지리적으로 흩어져 있는 특성이 있다. 이러한 특성을 감안하여 조직의 소식과 정보들을 구성원들에게 제공해야 하는 역할도 함께 수행해야 한다.

(3) 지역사회의 사회 · 경제적개발모델

지역사회의 사회 · 경제적개발모델(immunity social and economic development)은 로스만이 제시한 지역사회개발모델에 근거하여 저소득계층 및 불이익을 받는 지역주민의 삶과 질의 기회를 증진하는 데 있다. 즉, 지역사회주민의 관점에서 개발계획을 주도하고, 지역 사회주민들에게 사회적 경제적 투자를 이용하도록 준비시키며, 사회 경제적 투자를 위해 내부적, 외부적 자원을 개발하고 이용하는 것이다. 경제개발과 사회개발이 동반되어야 한다는 인식을 전제하고 있다. 이 모델의 일차적인 구성원은 저소득 집단, 주변 집단 또는 불이익 집단이며, 주요 관심 영역은 사회 경제적 영역에서 투자의 균형뿐만 아니라, 교육 수준과 리더십 기술의 향상에도 관심을 가져야 한다. 변화를 위한 표적 체계는 은행 등의 경제적 조직, 외부 개발자 등이다.

지역사회복지사는 초기 조직단계에서 집단의 스태프 역할을 수행하며, 현실적인 개발목표를 결정하거나 필요한 지역사회기술과 자원을 명확히 하기 위한 욕구사정(need assessment)과 조사의 기술을 발휘해야 한다. 또한 지역사회조직의 리더십과 기술을 개발시키기 위해 조직을 만들고 훈련하는 능력뿐만 아니라 계획, 관리, 협상 능력을 갖추어야 한다.

(4) 사회계획모델

사회계획모델(Social Planning)은 합리적 의사결정을 통해 문제에 대한 우선순위를 결정하고 자원 활용, 자원 배분 문제를 해결하는 것에 초점을 둔다. 지역사회가 가진 문제에 관한 전반적 고려와 함께 통합적 문제해결 방안을 마련함과 동시에 서비스 기관의 활동조정을 통해 효율적이고 효과적으로 문제를 해결하고자 한다. 이 모델은 개별기관 수준 및 휴먼서비스 기관의 협의체(consortium) 또는 지역 휴먼서비스 계획협의회 등에서 이루어진다. 이 모델에서 변화를 위한 표적체계는 지역사회 지도자의 관점, 인간 서비스 지도자의 관점이며, 일차적인 구성원은 선거로 선출된 공무원, 사회복지영역기관, 기관 상호 간의 조직(Interagency organization) 또는 이들 간의 조합으로 이루어진다. 주요 관심 영역은 휴먼서비스의 관계망을 계획하고 조정하는 데 있으며, 공공영역의 지역계획에 사회적 욕구를 통합시키는 일이다(오정수 외, 2009).

지역사회복지사는 의사소통자, 기획자, 관리자, 계획가로서의 역할을 담당한다. 계획가로서의 중심과업은 휴먼서비스, 사회계획, 서비스의 통합과정에서 합리성을 발휘하는 것이며, 휴먼서비스에 필요한 자원 결정과 자원을 효율적으로 이용함과 동시에 구체적인 기술과 책임성을 가져야 한다.

〈표 5-5-1〉 **웨일과 갬블의 모델**

구분	목표	변화의 표적체계	1차적 구성원	관심영역	사회복지사의 역할
근린 지역사회 조직모델	• 조직화를 위한 구성원의 능력개발 • 도시 · 지역계획과 외부 개발에 영향과 변화	• 지방자치단체 • 외부개발자 • 지역주민	지역주민	지역주민 삶의 질	• 조직가 • 교사 • 코치 • 촉진자

구분	목표	변화의 표적체계	1차적 구성원	관심영역	사회복지사의 역할
기능적 지역사회 조직모델	행동과 태도에 있어 변화에 초점을 둔 사회정의를 위한 행동 · 서비스 제공	• 일반대중 • 정부기관	마음이 맞는 사람(동호인)	현안 문제나 그 대상 집단에 대한 옹호	• 조직가 • 옹호자 • 정보전달자 • 촉진자
지역사회의 사회 · 경제적 개발모델	• 지역주민관점에 입각한 개발계획 주도 • 사회경제적 투자를 주민이 이용할 수 있도록 준비	• 은행 • 재단 • 외부개발자 • 지역주민	• 지역사회의 저소득계층 • 불이익계층	• 소득, 자원, 사회적 지원개발 • 교육과 리더십 기술 향상	• 협상가 • 추진자 • 교사 • 계획가 • 관리자
사회계획 모델	선출된 기관 또는 인간서비스계획협의회가 행동을 위한 제안	• 지역사회 지도자의 관점 • 인간서비스 지도자의 관점	선거로 선출된 공무원 사회기관과 기관 간의 조직	• 지역계획에 사회적 욕구 통합 • 인간서비스 관계망 조정	• 조사자 • 사업계획제안자 • 정보전달자 • 관리자

(5) 프로그램 개발과 지역사회연결모델

프로그램 개발과 지역사회연결모델(program development and community liaison)은 로스만의 사회계획모델보다 세분화된 모델로서, 지역사회 주민들의 욕구를 충족하기 위하여 지역사회와 연계된 다양한 수준의 프로그램을 개발하고 확대하는 것을 중요한 목표로 한다. 즉, 지역사회의 대상자에게 필요하다고 평가되는 새로운 서비스를 계획하고 실행하며, 기존 서비스의 효과성을 증진시키기 위해 기관 프로그램을 확대 해야 한다. 이를 위해 지역사회와 프로그램 간의 상호작용을 통해 프로그램을 개발, 확장시키고 지역사회 내 다양한 서비스 대상자, 관련 기관 직원, 지역주민, 전문가 등과의 연계를 도모한다. 지역사회서비스의 효과성을 증진시키기 위해 기관 프로그램의 확대 또는 프로그램의 방향 전환도 이 모델의 목표가 될 수 있다. 이 모델의 일차적인 구성원은 계획된 변화와 프로그램 개발과정에 관여한 기관 위원회와 지역사회 대표들이며, 관심의 주 영역은 특정 대상이나 지역사회를 위한 서비스 개발이다. 이 모델의 욕구를 달성하기 위해서는 잠재적 클라이언트라고 할 수 있는 지역주민과 기관 실무자 간의 상호작용이 매우 중요하다. 다양한 지역사회 구성원들과 지역사회 기관들이 연계된 형태에서 프로그램을 개발하는 것이다. 변화를 위한 표적체계는 프로그램 개발에 재정을 지원하는 사람들과 프로그램을 이용하는 수혜자이다.

지역사회복지사의 주된 역할은 계획가(planner), 제안서 작성자(proposal writer), 대변자(spokes person), 중개자(mediator), 촉진자(facilitator)라 할 수 있으며, 관리자(manager), 감시 감독자(monitor), 평가자(evaluator)의 역할을 수행해야 한다.

(6) 정치 · 사회행동모델

정치 · 사회행동모델(political and social action)은 로스만의 사회행동모델과 같은 모델이라고 할 수 있다. 정책, 법, 그리고 정책 입안자들의 변화를 통해 사회정의를 추구하며, 이를 통해 의사결정에서 배제되었던 사람들이 힘의 균형을 찾도록 하는 것을 목표로 한다. 즉, 지역사회에서 기회를 제한하는 불평등을 극복하거나 지역사회의 욕구를 무시하는 의사결정자에 대항하고 사람들의 권한을 부여하는 것을 주요 내용으로 한다. 이 모델은 사회적, 정치적 그리고 경제적 정의를 위해서 정책이나 정책결정자를 변화시키기 위해 노력하고, 특히 저소득 집단에 불이익을 초래하는 정부 당국의 조치를 변화시키는 데 초점을 둔다. 참여민주주의를 강화하여 권력의 균형을 이동시킴으로써 초기 의사결정 과정에서 배제된 사람들이 미래의 의사결정에 중요한 역할을 하게 하고 사회정의를 실현하는 데 기반을 두고 있다.

이 모델의 일차적인 구성원은 특정 정치적 권한이 있는 시민이거나 특정 사안에 책임 있는 시민이며 변화를 위한 주요 표적 대상은 잠재적인 참여자와 선거로 선출된 공직자와 행정관료가 될 수 있다. 또 다른 변화의 표적은 지역사회 주민의 건강과 생존을 위협하는 환경오염 등과 같은 지역사회에 해를 미치는 활동에 참여한 기업과 정부 당국이 될 수도 있다.

지역사회복지사의 역할은 옹호자, 교육자, 조직가, 조사자로서의 수행이다. 이 모델에서 개혁적 방식의 사회변화를 유도하고자 할 때 무엇보다도 중요한 것이 바로 사회적 부정의를 들추기 위한 조사자 역할, 사실에 대한 객관적이고 정확한 이해를 위한 연구자의 역할, 사회 구성원을 대신하여 직접 그들을 옹호하거나 불의를 경험하는 조직구성원에게 스스로 옹호자가 될 수 있도록 하는 것이 바람직하다.

(7) 연합모델

연합모델(Coalitions)은 분리된 집단 및 조직을 프로그램의 방향이나 자원을 최대한 끌어낼 수 있는 집합적인 조직으로 만들어 그 권력 기반을 발판으로 사회변화에 동참시키는 것이다. 연합은 독립된 조직이 공동의 목표로 설정한 사회변화를 위해 함께 일하도록 만든다. 이러한 연합의 특징은 다양한 조직들이 가지고 있는 독립성을 유지하면서도 공동의 목표를 위해 새로운 조직을 구성하거나 연대하는 체계를 구축하는 것이다. 이 모형의 목표는 사회복지 프로그램의 방향에 영향을 미칠 정도로 거대하고 필요한 자원을 동원할 수 있는 잠재력을 가진 다중 조직적인 힘의 기반을 구축하는 것에 초점을 맞춘다. 이 모델의 일차적 구성원은 지역사회의 특정 문제에 이해관계를 갖는 조직과 시민이 될 수 있다. 변화를 위한 표적체계는 대부분 새로운 정책을 승인할 수 있는 선거로 선출된 공직자들이며, 서비스 프로그램의 신설과 확대에 자금을 제공할 수 있는 재단, 특정 사회적 관심에 대응할 수 있는 권력을 가졌지만, 준비가 되지 않은 정부 당국이다.

지역사회복지사의 역할은 중개자, 협상가, 대변인이다. 주요 관심영역이 개별적 노력을 통해서는 충분한 효과를 나타내기 어려운 지역사회의 특정 현안들이다. 이에 따라 사회복지사는 전문적 또는 휴먼서비스 연합에서의 지도자와 대변인(spokes persons)이며, 연합을 만들고 유지하기 위한 중개와 협상 기술이 필요하다.

(8) 사회운동모델

사회운동모델(Social movements)은 목적에는 다소 차이가 있으나 로스만의 사회행동모델과 유사한 모델이다. 사회운동의 목표는 바람직한 사회변화이며, 사회운동은 특정 인구집단이나 사회적 현안문제에 대응하는 지역사회 구성원들이나 다양한 형태의 지역사회 조직체에 새로운 패러다임을 제공함으로써 사회변화를 위한 행동을 자극하는 운동을 말한다.

대표적 사회운동은 민주화 운동, 시민운동 등으로 특정 대상 집단이나 이슈에 대해 새로운 패러다임의 제공을 통해 사회정의를 실현하고자 하는 모델이라 할 수 있다. 이 모델에서 변화를 위한 표적체계는 일반대중과 정치제도라 할 수 있으며 사회운동모델의 일차적인 사회구성원은 새로운 비전과 이미지를 창출할 수 있는 조직과 지도자, 시민이다. 사회복지사는 사회운동의 자원봉사자나 사회운동조직의 스태프(staff)로서 관여할 수 있으며, 특정 사회운동의 옹호자와 촉진자로서의 역할을 수행한다.

〈표 5-5-2〉 **웨일과 갬블의 모델**

구분	목표	변화의 표적체계	1차적 구성원	관심영역	사회복지사의 역할
프로그램 개발과 지역사회 연결모델	지역사회서비스의 효과성을 증진시키기 위한 기관 프로그램의 확대와 방향수정	기관 프로그램의 재정 충원자 기관서비스의 수혜자	기관위원회 또는 행정가 지역사회 대표자	특정대상자를 위한 서비스 개발	대변인, 계획가, 관리자, 사업계획 제안자
정치·사회 행동모델	정책 또는 정책형성자의 변화에 초점을 둔 사회정의를 위한 행동	선거권자, 선출된 공무원, 잠재적 참여자	특정 정치적 권한이 있는 시민	정치권력의 형성, 제도의 변화	옹호자, 조직가, 조사자, 조정자
연합모델	프로그램의 방향 또는 자원을 최대한 끌어낼 수 있는 다조직적 권력기반 형성	선출된 공무원, 재단, 정부기관	특정 현안에 이해관계가 있는 조직	사회적 욕구 또는 관심사에 관련된 특정 현안문제	중개자, 협상가, 대변인
사회운동 모델	특정 대상집단 또는 현안문제에 대해 사회정의를 위한 행동	일반대중, 정치제도	새로운 비전과 이미지를 창출할 수 있는 조직과 지도자	사회정의	옹호자, 촉진자

TIP

지역사회복지이론과 실천모델의 관계

실천모델 이론	체계이론, 생태이론	합리이론, 체계이론	갈등이론, 권력의존이론, 자원동원이론
로스만의 모델	지역사회개발모델	사회계획모델	사회행동모델
웨일과 갬블의 모델	• 근린 지역사회조직모델 • 기능적 지역사회조직모델 • 지역사회의 사회 · 경제 개발모델	• 사회계획모델 • 프로그램 개발과 지역사회 연계모델	• 사회운동모델 • 정치 · 사회행동모델 • 연합모델

4) 포플의 모델[3)]

포플은 1996년에 영국에서의 지역사회복지 실천 경험을 바탕으로 보호(care)와 행동(action)의 연속선을 기준으로 지역사회복지 실천모델을 가지고 여덟 가지 모델을 제시하였다.

(1) 지역사회보호모델

지역사회보호(community care)모델의 주요 전략은 노인, 장애인, 아동 등 지역사회주민의 복지를 위한 사회적 관계망과 자발적 서비스를 증진하는 데 목적이 있으며, 복지욕구를 충족시키기 위한 자조 개념을 개발하는 데 중점을 두고 있다. 이 모델에서 사회복지사는 지역주민이 자원봉사활동의 주도자가 되고, 보호를 제공할 수 있도록 격려하

3) 로스만의 세 가지 모델, 테일러와 로버츠의 다섯 가지 모델, 웨일과 갬블의 여덟 가지 모델은 미국의 경험을 기초로 만들어졌으며, 포플의 모델은 영국의 경험을 바탕으로 만들어진 모델이다.

는 역할을 담당한다. 사회복지사의 역할은 지역사회 주민을 조직하는 조직가와 자원봉사자로서 해야 할 역할을 담당한다.

(2) 지역사회조직모델

지역사회조직(community organization)모델의 주요 전략은 지역의 다양한 복지기관 간의 상호협력을 증진하는 데 있으며, 사회복지기관의 상호협력 및 조정은 중복 서비스를 방지하고, 자원의 부재 현상을 극복하여 복지전달체계의 효율성과 효과성을 높이는 데 일조하고 있다. 이 모델에서의 사회복지사 역할은 조직가, 촉진자, 관리자이다.

(3) 지역사회개발모델

지역사회개발(community development)모델의 주요 전략은 지역사회 구성원의 삶의 질을 향상하기 위한 기술과 신뢰를 습득할 수 있도록 집단을 원조하고, 교육을 통해 자조 개념을 증진한다. 이러한 개념을 증진하여 지역주민의 적극적인 참여로 지역사회의 독자성을 반영하도록 돕는 데 중점을 두고 있다. 이 모델에서의 사회복지사 역할은 조력가, 지역사회활동가, 촉진가이다.

(4) 사회/지역사회계획모델

사회/지역사회계획(social/community planing)모델의 주요 전략은 지역사회개발모델과 유사한 측면이 있지만, 사회적 상황을 분석하여 주요 목표 및 우선순위의 설정하고, 서비스 및 프로그램의 기획과 필요 자원의 동원과 서비스와 프로그램의 실행 및 평가 등에 중점을 둔다. 이 모델에서 사회복지사의 역할은 조력가와 촉진가이다.

(5) 지역사회교육모델

지역사회교육(community education)모델의 주요 전략은 교육과 지역사회 간의 관계를 보다 밀접하고 동등한 관계로 설정하고, 비판적 사고와 담론을 통해서 억압적 조건이나 상황을 변화시키는 행동 양식을 고양하는 데 초점을 둔다. 이 모델에서 지역사회 구성원의 경험, 문화, 가치 등을 공유하는 기회로 교육과정으로 삼을 수 있다. 이에 사회복지사 역할은 교육가와 촉진가이다.

(6) 지역사회행동모델

지역사회행동(community action)모델의 주요 전략은 전통적으로 계층 갈등에 기초한 모델로 갈등과 직접적인 행동을 활용하며, 권력이 없는 집단이 자신들의 효과성을 증가시킬 수 있는 모델로 볼 수 있다. 따라서 지역사회행동모델은 지역사회 수준에서 계층 갈등에 기초한 협상을 위해 직접행동을 선호한다. 이 모델에서의 사회복지사는 행동가의 역할을 하게 된다.

(7) 여권주의적 지역사회사업모델

여권주의적 지역사회사업(feminist community work)모델의 주요 전략은 지역사회 실천에 대한 페미니즘의 적용에 있으며, 여성 불평등의 사회적 요인에 대해서 집합적인 대응을 통해 여성복지를 향상하는 것을 추구한다. 이 모델에서의 사회복지사 역할은 행동가, 조력자, 촉진자이다.

(8) 흑인 및 반인종차별주의자 지역사회사업모델

흑인 및 반인종주의자 지역사회사업(black and anti-racist community work model)모델의 주요 전략은 지역사회 실천에 있어서 인종차별에 저항하고, 그들의 권리보호를 위해 상호원조와 조직화에 초점을 두고 있다. 즉, 소수민족의 욕구 충족을 위한 집단적인 조직 활동과 전체적인 인종주의에 반한 활동으로 소수민족의 교육, 주택, 건강, 고용 등의 영역에서 차별을 시정하는 데 목적을 두고, 캠페인, 자조집단 형성, 직접행동 등 다양한 방식을 전개한다. 이 모델에서의 사회복지사는 행동가와 자원봉사자 역할을 맡게 된다.

〈표 5-6〉 **포플의 모델**

모델	주요 전략	사회복지사의 역할
지역사회보호	• 사회적 관계망과 자발적 서비스의 증진 • 자조개념의 개발	조직가, 자원봉사자
지역사회조직	• 타 복지지관 간 협력증진	조직가, 촉매자, 관리자
지역사회개발	• 삶의 질 향상과 관련된 신뢰 및 기술습득을 하도록 집단원조 • 적극적 참여	조력자, 지역사회활동가, 촉진자
사회, 지역계획	• 사회적 상황의 분석, 목표와 우선순위의 설정, 서비스 및 프로그램의 실행 및 평가	조력자, 촉진자
지역사회교육	• 교육과 지역사회 간의 밀접하고 동등한 관계 시도	교육자, 촉진자
지역사회행동	• 지역수준에서 계급 및 갈등에 기초한 직접적 행동	행동가
여권주의적 지역사회사업	• 여성복지의 향상 • 성 불평등 해소를 위한 집합적 행동	행동가, 조력자, 촉진자
인종차별철폐 지역사회사업	• 소수인종의 욕구충족을 위한 집단조직 및 활동 • 인종주의에 대한 도전	행동가, 자원봉사자

3. 지역사회복지 실천모델에서 사회복지사의 역할

로스만의 세 가지 모델의 목표에 따라 사회복지사의 역할도 다르다는 점을 알 수 있다. 이 절에서는 로스만의 세 가지 모형에서 사회복지사의 역할에 대한 대표적인 학자들의 견해를 살펴보고자 한다.

1) 지역사회개발모델에서 사회복지사의 역할

로스만은 지역사회개발모델에서 사회복지사의 중심 역할은 조력자(enabler) 또는 격려자(encourager)라고 설명하였다(Rothman, 1995). 로스는 지역사회개발모델의 핵심 방법이라 할 수 있는 지역사회의 조직화 과정에서 사회복지사가 담당해야 할 역할을 안내자(guide), 조력자(enabler), 전문가(expert), 치료자(therapist)로 구분하여 설명하였다. 이 모델은 주민들이 문제를 스스로 해결할 수 있는 능력을 강화해 주는 데 역점을 두고 있다. 따라서 사회복지사는 문제 파악 및 해결 과정에 주민들의 참여를 권장하여 지역사회 문제를 주민들이 해결해 나가도록 분위기를 조성할 수 있어야 하므로 주된 역할은 안내자와 조력자이다.

(1) 안내자로서 해야 할 역할

안내자(guide)로서의 사회복지사의 역할은, ① 지역사회로 하여금 문제해결을 위한 목표(goals)를 설정하고, 이를 해결하는 방안을 강구하도록 도와주는 것이다. 이때 사회복지사는 주민들이 다양한 요소를 고려해서 올바른 방향으로 목표를 설정하도록 도와준다. ② 문제해결 과정에서 주도적 역량을 발휘해야 한다. 지역사회 문제에 대한 충분한 지식과 주민에게 이익이 되는 대안을 제시할 수 있어야 한다. ③ 지역사회의 조건에 대하여 객관적인 견해를 밝혀야 한다. 즉, 지역사회를 있는 그대로 수용해야 한다는 것이다. ④ 사회복지사는 자신을 지역사회 전체와 동일시해야 한다. ⑤ 사회복지사는 어떤 해결책을 제시하거나 강요하는 역할이 아니라 지역사회가 스스로에 대한 책임을 다할 수 있도록 하는 자신의 역할을 받아들여야 한다. ⑥ 지역사회가 사회복지사의 역할을 이해하고 수용할 수 있도록 자기 역할에 대해 설명해야 한다.

(2) 조력자로서 해야 할 역할

조력자(enabler)의 역할은 사회복지사가 지역사회의 불만을 집약하고 조직 내에서 주민 상호 간의 좋은 대인관계를 육성하고 공동목표를 강조하는 활동을 포함한다. 조력자로서 해야 할 역할은 또한 촉매자(catalytic agent)의 역할이라 할 수 있다.

(3) 전문가로서 해야 할 역할

전문가(expert)로서 사회복지사의 역할은 권위를 가지고 지역사회에서 필요한 지식, 정보, 객관적 자료를 제공하고 직접적인 충고를 하는 것이다. 다시 말해, 사회복지사는 지역사회가 사업을 수행하는 데 필요로 하는 조사자료, 경험, 자원에 관한 자료, 방법상의 충고 등을 제공하는 것이다. 전문가의 구체적인 역할로는 지역사회에 대한 분석 및 진단, 조사 방법에 대한 지식과 기술의 활용, 다른 지역사회에서 진행된 조사, 연구, 시범사업에 대한 정보 제공, 조직화 방법에 관한 조언, 사업 과정에 대한 설명 및 평가 등이 있다.

(4) 사회치료자로서 해야 할 역할

사회치료자(therapist)로서 사회복지사는 지역사회 수준에서 진단과 치료를 수행해야 할 때가 있다. 이러한 때에는 적절한 진단을 통해 규명된 문제의 성격과 특성을 주민들에게 제시하여 그들의 이해를 돕고, 협력적인 작업을 방해하는 요인을 제거할 수 있도록 해야 한다. 사회복지사는 문제의 적절한 진단을 위해서 지역사회의 역사, 전통, 관습, 금기적 사고(taboo), 가치관을 포함한 광범위한 지역사회의 역학관계를 이해해야 한다.

2) 사회계획모델에서 사회복지사의 역할

사회계획모델은 정책집행의 효과성과 효율성을 강조하고 과업목표에 초점을 둔 모델로, 환경, 주택, 고용, 정신건강, 돌봄 등과 같은 사회적인 문제해결을 위한 전문적인 기술 과정을 강조한다. 따라서 지역사회 문제에 대한 자료를 수집 · 분석하고 가장 합리적인 대처방안을 결정할 수 있는 지식과 기술을 가진 전문가의 역할이 중요하다. 이에 모리스(Morris)와 빈스톡(Binstock)은 사회적 서비스를 개선하고 사회문제를 완화하는 주요 수단은 공공기관의 정책을 수정하는 것이라고 한다. 이때의 사회복지사는 이러한 목적을 달성하기 위해서는 노력하는 계획가(planner)라고 정의하였다. 샌더스(Sanders, 1969)는 계획된 변화를 이룩하기 위해서 전문가(professional), 분석가(analyst), 계획가(planner), 조직가(organizer), 행정가(administrator)의 역할이 필요하다고 주장하였다.

〈표 5-7〉 **지역사회복지 실천모델에 따른 사회복지사의 역할**

지역사회개발모델		사회계획모델		사회행동모델	
로스	리피트 (Lippitt)	모리스와 빈스톡	샌더스	그로서	그로스만
안내자(guide) 조력자(enabler) 전문가(expert) 치료자(therapist)	촉매자(catalyst) 전문가(expert) 실천가(implementer)	계획가(planner)	전문가(professional) 분석가(analyst) 계획가(planner) 조직가(organizer) 행정가(administrator)	조력자(enabler) 중개자(broker) 옹호자(advocate) 행동가(activist)	조직가 (organizer)

(1) 계획가로서의 역할

사회계획모델에서 사회복지사는 객관적 사실 발견과 과학적 분석의 결과를 기초로 지역사회의 발전적 변화를 목표로 하는 계획을 수립하게 된다. 이러한 계획수립에 있어서 사업목표를 달성하기 위한 지역사회의 모든 여건을 고려할 필요가 있다. ① 가치중심적인 사회복지 특성을 고려해서 인간적인 측면에 관심을 두어야 한다. ② 사회복지를 증진할 수 있는 목표를 설정해야 한다. ③ 목표를 성취하기 위한 합리적이고 합법적인 수단을 반영해야 한다. ④ 정책기관과 저항과의 관계를 분석하고 주요 관심사가 무엇인지를 찾아낸다. ⑤ 자신의 영향력을 발휘할 수 있는 자원 중에서 주어진 상황에 가장 적절한 것을 선택한다.

(2) 분석가로서 해야 할 역할

사회복지사의 전문적인 활동은 객관적 사실 발견과 과학적 분석에서 출발한다. 사회조사와 관련한 이론 및 분석기법의 발달로 인해 다양한 지역사회 사정의(community assessment) 방법을 활용하여 파악한 지역사회의 문제와 욕구는 지방정부와 다양한 사회복지기관에서의 정책 입안 및 개선, 새로운 서비스 개발을 위한 기본적인 근거자료로 활용해야 한다. 분석가(analyst)로서의 사회복지사는, ① 사회문제에 영향을 미치는 요인들에 관한 조사와 분석, ② 사회변화를 위한 프로그램 과정 분석은 어떻게 변화를 가져올 것이냐 하는 과정에 대한 역점, ③ 계획수립의 과정 분석은 문제해결을 위한 계획이 어디에서 시작되었고, 어떠한 과정을 거쳐 결정에 이르게 되는가를 분석하는 것, ④ 유도된 변화에 대한 평가는 프로그램이 목표를 어느 정도 달성했는지에 대해 평가해야 한다.

(3) 조직가로서 해야 할 역할

조직가(organizer)로서 사회복지사의 역할은 지역사회 내의 집단이나 단체를 계획의 수립과 실천과정에 지역사회에 있는 행동체계를 참여시키는 것을 의미한다. 지역사회 내의 집단이나 단체를 참여시키기 위해 그들의 역할을 분명히 하고, 그 역할을 효과적으로 수행할 수 있도록 훈련시킨다. 특히 지역주민들의 참여의식을 고취시켜 스스로 조직화할 수 있도록 사기를 진작시키고 능력을 격려한다.

(4) 행정가로서 해야 할 역할

행정가(administrator)로서 사회복지사의 역할은 프로그램이 실제로 운영될 때 주민들이 프로그램에 대해 알고 반응을 보이는 단계에서, 프로그램이나 기관의 운영에 주로 관심을 가지는 것이다. 행정가는 계획에서 설정한 목표를 효과적이고 효율적으로 달성하기 위해 모든 인적 · 물적 자원을 적절히 관리해야 한다. 여기서 유의할 점은 프로그램을 운영하는 규칙과 절차를 적용하면서 형식적인 면을 탈피하고 융통성을 발휘해 항상 달성하고자 하는 목표에 집중해야 한다는 것이다.

(5) 전문가로서 해야 할 역할

전문가(professional)로서 사회복지사의 역할은 지역사회복지 실천모델 모두에서 공통으로 요구되는 역할이다. 지역사회에 대한 분석 및 진단, 조사방법에 대한 지식과 기술의 활용, 다른 지역사회에서 진행된 조사 · 연구 · 시범사업에 대한 정보 제공, 조직화 방법에 관한 조언, 사업 과정에 대한 설명 및 평가 등이 있다. 지역사회개발모델에서는 문제해결의 일차적 책임이 지역주민이기 때문에 사회복지사의 역할 중 전문가의 역할은 보조적이다. 그러나 사회계획모델에서는 지역주민으로는 지역사회 문제를 스스로 해결할 수 없으므로 전문가의 주도적 역할이 강조된다.

3) 사회행동모델에서 사회복지사의 역할

로스만은 사회행동모델에서 다양성을 가진 정치문화에서 불이익 집단을 조직하는 데 필요한 실천가의 역할을 강조한다. 이 모델에서 실천가는 지역사회의 기존 제도나 상태에 대한 근본적인 변화를 추구하기 위한 목적 달성을 위해 협상, 항의, 시위라는 수단이 동원되기도 한다. 따라서 대중조직을 창설하거나 대중운동을 지도하며 정치적 과정에 영향을 미치려고 노력한다. 그로서는 사회행동모델에서 조력자(enabler), 중개자(broker), 옹호자(advocate), 행동가(activist)로서 사회복지사의 역할을 강조하였고, 그로스만은 조직가를 명시하였다. 이 중 사회행동모델에서 지역사회복지 실천가가 주로 수행하는 역할은 옹호자, 행동가, 조직가다.

(1) 조력자로서 해야 할 역할

조력자(enabler)는 사회조직의 목표를 설정하고 성취하기 위하여 사회 조직화 과정을 용이하게 하는 역할을 한다. 이러한 기본적인 조력자의 역할은 모델의 구분 없이 동일하다. 그렇지만 사회행동모델에서는 다른 역할보다 상대적으로 중립적인 입장에 있으며, 매우 제한된 가치를 지닌 소극적인 역할을 하고 있다. 지역사회개발모델에서 조력자는 사회복지사의 역할 중 가장 중심적이고 일차적인 역할로 구분되며, 촉매자로서 조직화를 격려하고 인간관계 형성을 촉진하여 공동의 목표를 추진하게 한다. 반면에, 사회행동모델에서는 지역주민이 주도권을 가질 수 있도록 돕는 가장 소극적이고 제한된 역할로 한정되어 있다. 이러한 점에서 각 모델에 따라 역할의 중요도가 다르다고 할 수 있다.

(2) 중개자로서 해야 할 역할

사회복지사는 기본적으로 클라이언트와 지역사회의 자원을 연결하는 역할을 수행한다. 또한 주민들에게 필요로 하는 자원이 어디에 있는지를 가르쳐 줌으로써 이에 접근할 수 있게 해 준다. 이는 집단적인 중개(collective brokerage)의 차원으로 사회복지사의 단독적인 개입보다는 전 지역주민에게 영향을 주는 행정과 정책의 변화를 추구한다. 중개자(broker) 역할은 지역사회개발모델에서 주민들이 스스로 자원의 소재를 파악하도록 도와주는 전문가의 역할보다 훨씬 적극적인 개입으로 볼 수 있다.

(3) 옹호자로서 해야 할 역할

옹호란 사회정의를 확보하거나 유지하는 목적으로, 개인, 집단, 지역사회에서의 운동 과정을 직접적으로 대표하고, 방어·개입하며, 지지하거나 권고하는 활동이다. 옹호자(advocate)의 역할은 자원의 소재를 알려 주는 중개자의 역할에서 더 나아가 필요한 정보를 수집하고 주민들의 입장에서 정당성을 주장하며 기관의 입장에 도전할 목적으로 지도력과 자원을 제공하는 것이다.

(4) 행동가로서 해야 할 역할

행동가(activist)로서 사회복지사는 갈등적인 사회 상황에서 중립적이거나 수동적인 자세를 거부하고 적극적인 역할을 수행하며 지역사회 행동을 조직화한다. 지역사회 내 불이익을 당하는 주민들을 위해 진정한 사회복지사의 역할로 강조되고 있다. 주민조직과 함께 지역사회 환경을 개선하고 서비스를 요구하기 위한 집단행동에 있어서 리더십을 발휘하여 행동에 동참하는 것을 말한다. 이러한 역할에서 사회복지사에게 지역사회와 주민들은 클라이언트라기보다는 사회변화를 위한 파트너이다. 따라서 이 역할은 가장 적극적이고 급진적인 역할이라고 볼 수 있다.

(5) 조직가로서 해야 할 역할

그로스만은 사회행동모델에서 사회복지사의 역할로 조직가(organizer)를 명시하고 있다. 사회행동모델의 목표를 성취하기 위한 조직가의 과업에는 기술상의 과업과 이데올로기적 성격을 지닌 과업이 있다. 기술상의 과업은 모든 사회복지사가 수행하고 있으며, 이데올로기적 성격의 과업은 일부의 진보적인 사회복지사가 수행하고 있다. 여기에서 기술상의 과업은 궁극적인 목적을 위하여 지역사회 프로그램에 참여하는 사람들의 지속적인 관심과 적극적 참여를 유도하고 조직을 활성화하여 목적 달성을 위해 투쟁할 수 있는 변화를 유도하는 것이다. 이데올로기적 과업이란 지역사회의 구조적인 문제해결을 위해 대중을 조직화하여 권력과 자원을 가지고 있는 집단에 대해 저항하는 것이 중요한 전략이라고 할 수 있고, 항의와 시위 같은 집단행동을 통한 갈등이나 대결 전술을 활용하며 지역주민의 정치적 의식을 증대시킨다. 미국에서 주로 갈등과 대립이 첨예화되는 흑인 거주 지역과 가난한 여러 인종이 함께 거주하는 지역에서 주로 이러한 과업이 수행되는 것을 그 예로 들 수 있다.

4. 지역공동체를 위한 지역혁신모델

1) 지역혁신체제

지역혁신정책은 한 지역 내에서 새롭고 경제적으로 유용한 지식을 창출하고, 확산, 활용, 촉진 등으로 지역혁신체계(regional innovation system)를 구축하고 활성화하는 정책이라고 할 수 있다. 이를 통하여 지역의 산업경제 활동을 촉진시키고 지역의 소득증가로 이어지도록 하는 것을 목표로 삼고 있다.

지역혁신체계는 대학 · 연구기관 · 기업 · 지자체 등 혁신 주체가 상호 네트워킹을 통한 공동 학습 · 공동연구 개발 등을 실시한 후 그 결과를 활용하여 지역발전을 도모하는 지역 수준의 협력체계를 의미한다. 인력양성 및 과학 기술체계(대학 · 연구소 등), 생산체계(기업 등), 기업지원체계(금융기관 등)와 같은 핵심 요소가 연계되는 가운데 네트워킹을 활성화시켜 주는 시스템 연계기관, 기획 · 조정기관, 혁신인프라(교육 · 문화 · 물류 등) 등의 다양한 요소들로 구성되어 있다. 유사하게 혁신클러스터는 지리적으로 인접한 혁신 주체 간 상호작용과 체계적 산학협력을 통해 지속적 혁신과 생산성 향상이 이루어지는 일종의 공간적으로 축소된 지역혁신체계를 의미하는 것으로, 미국의 실리콘밸리, 영국의 캠브리지 테크노 폴 등이 대표적인 예이다. 다수의 혁신클러스터가 서로 네트워킹되어 광역화한 것이 지역혁신체계라 할 수 있다(기획재정부, 2017).

제4차 산업혁명 시대는 초연결, 초지능, 초경쟁의 시대로 인공지능(AI), 빅데이터, 5

세대(5G) 이동통신 등의 지능정보 기술이 삶을 혁신하는 필수요소로 새로운 지역사회로의 도약을 실현하면서 지역 균형발전에 기여할 것으로 기대된다. 제4차 산업혁명이 진전하면서 정보통신 기반과 창조성이 전략적 요소로 부상하고 있다. 지적 자본과 가치가 점차 정보통신기술 혁신과 창조성의 산물로 인식되면서 그 가능성과 기대가 한층 커지고 있다. 창조성은 국가 및 지역혁신시스템 활성화의 가능 인자로 중시된다. 새로운 지식의 연구개발과 상품화, 지식융합과 상업화 과정에서 지역혁신시스템을 어떻게 구축하고 운영할 것인가는 지역발전을 위한 핵심과제다.

지역혁신정책의 등장 배경은 1970년대 중반 이후 선진국을 중심으로 기존의 산업발전 중심 지역들이 극심한 침체를 겪지만, 그동안 저발전 지역이었던 일부 지역들이 새롭게 성장하기 시작하면서이다. 이는 기술변화와 혁신에 따른 신 상품이나 신 산업의 급속한 성장에 따른 것으로 여겨지면서 첨단 산업의 입지나 혁신을 가능케 하는 지역 환경을 중시하게 되었다. 우리나라에서도 지역혁신시스템은 1990년대 중반 이후 새로운 지역발전의 패러다임으로 부상하였다. 참여정부가 들어서면서 국가균형발전 및 자립형 지방화를 위한 국가정책 기조로 채택되어 2003년 이후 국가균형발전을 위해 지역혁신체계의 구축을 통한 자립형 지방화를 추구하는 지역혁신정책을 추진해 오고 있다(국가균형발전위원회, 2004).

지역혁신시스템의 구성요소 및 이들 간의 관계 및 역할을 중심으로 지역혁신시스템 구축모형을 도식화하면 [그림 5-1]과 같다. 정부가 지원하는 사업의 내용은 구분해 보면, ① 기업에서 필요로 하는 기술을 개발하여 지원하기 위한 기술지원, ② 기업경영에 필요한 자금조달, 마케팅 등에 대한 경영지원, ③ 기업들의 물류비용 절감, 정보획득 및 활용 비용 절감, 기타 고정비 절감을 위한 인프라 구축지원 등으로 이루어진다. 이 외에도 혁신 주체들의 활동에 간접적으로 영향을 미치는 주거환경 개선, 도시 인프라 개선 등에 대한 지원이 이루어진다.

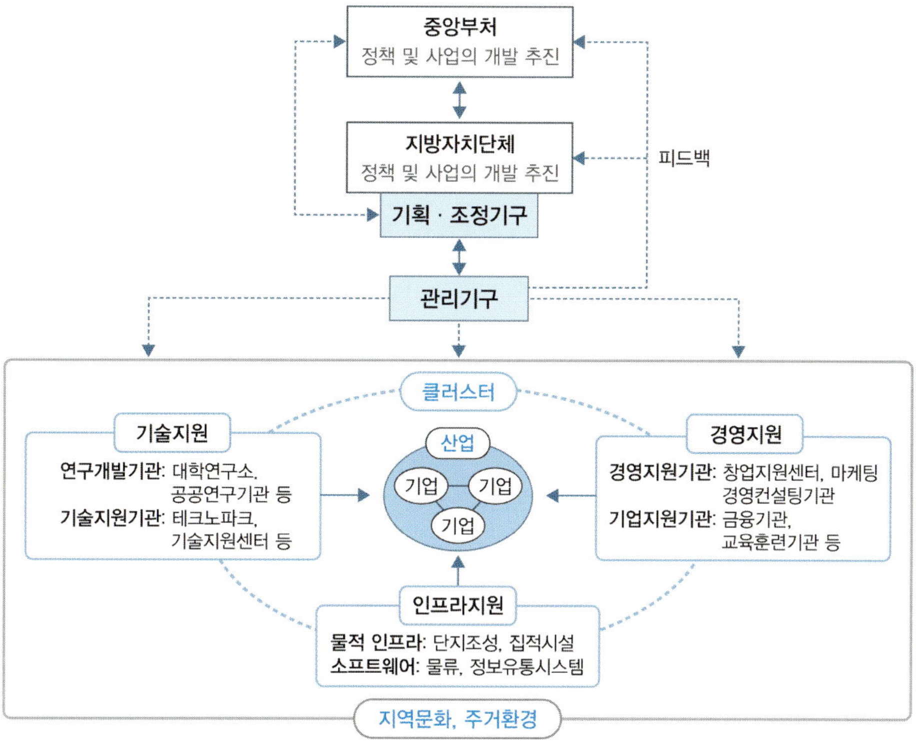

[그림 5-1] **지역혁신시스템 구축모형**

출처: 이민형(2005: 57).

새로운 국가발전 패러다임으로 제4차 산업혁명, 혁신성장 비전이 제시된 이후 정부와 지방자치단체에서 지역발전을 위한 다양한 노력이 전개되고 있으며, 2018년 7월 한국정보화진흥원은 다양한 분야의 전문가와 함께 사회 현안을 해결하고 지역 성장을 이끌 정책과제를 제시하였다.[4] 지역혁신정책의 내용을 살펴보면, ① 지역혁신체계의 구축과 활성화를 위해 지역혁신체계의 구성요소인 기업이나 연구소 등의 확충, ② 이들 각 구성요소의 역량 강화와 이들 요소 간의 네트워킹 및 상호학습의 촉진, ③ 이를

4) 2018년 7월 한국정보화진흥원은 10대 분야의 전문가와 함께 사회 현안을 해결하고 지역 성장을 끌어내기 위해 정책과제를 제시하였다. 10대 분야는, ① 재난 · 안전 · 치안 ② 정치 · 행정 · 국민 참여 ③ 에너지 · 자원 · 환경 ④ 제조업 · 스타트업 ⑤ 교통 ⑥ 보건 · 복지 ⑦ 교육 ⑧ 문화 · 예술 · 관광 ⑨ 농수산식품 ⑩ 스마트시티이다.

효율적으로 수행하기 위한 지원 기반의 정비 등을 도모하는 것으로 나눠 볼 수 있다.

국가발전의 근간으로서 지역 단위가 중요해지고 지역발전의 동력으로 주목받고 있다. 도시와 지역의 발전 및 개발에 창조성이 강조되는 이유는 도시와 농촌의 구분 없이 지역자원의 창조적 활용을 통해 살기 좋은 행복한 삶의 지역공동체로 탈바꿈하기 위함이다. 따라서 특화된 지역혁신을 지역경쟁력의 원천으로 인식하여 정부와 지자체 간 동반자적 협력이 중시되고 있다(한세억, 2018). 지역발전을 이끌어 내기 위해서는 지역마다 고유의 정체성을 살리고 차별화된 잠재력을 바탕으로 지역의 가치와 품격을 높여야 한다. 그래서 창조성과 혁신은 공학뿐만 아니라 경영, 교육, 과학, 심리학 분야에서 중심 주제로 부상하였고, 새롭고 유용하며 적절하고 질서정연한 성격을 내포하는 창조성은 개인, 조직뿐만 아니라 지역에도 요구된다. 이를 실천하기 위해서는 지역사회가 지역자원의 가치를 새롭게 발견하고 지역공동체의 구성원 주도로 창조역량을 발현, 활용해야 한다. 이를 위해서는 무엇보다 다양한 이해관계자와 지역주민의 적극적인 참여와 그들의 의견을 반영할 수 있는 방법들을 제시할 수 있어야 한다.

TIP

예시1: Co-creation 기반 지역혁신 모델

Co-creation은 기업과 소비자 공동의 가치를 만들어 이익을 공유하는 것으로 경영혁신을 위한 방법으로 등장하였으며(Prahalad & Ramaswamy, 2004), 이를 지역혁신 및 사회문제를 해결하기 위한 방법으로 Co-creation 기반 지역혁신 모델이 제시되었다. 이 모델은 복잡하고 다양한 이해관계자가 지역혁신을 위한 전략 수립과 정책 개발 및 실행 과정에 참여하여 정책 수요자 중심의 정책 실행을 위한 정책 개발, 실행 방법 및 절차를 제시한 모델이다. 과거 정책 결정이 관의 주도로 일부 전문가와 단체가 참여한 것에서 벗어나 지역혁신을 위해 다양한 이해관계자의 소통과 협력을 통한 새로운 가치를 창출하기 위한 방법이다(홍순구 외, 2014).

또한 이 모델은 과제의 발굴과 정책 아이디어의 수렴 등에서 빅데이터 분석, 아이디어 공모 및 디자인씽킹과 같은 방법을 사용하여 다양한 이해관계자와 지역주민의 의견을 반영할 수 있는 방법들을 제시하고 있다. 단계의 진행 방법에 대한 설명 외에도 과거 유사 사례에서 참고 자료를 제공받고 각 단계에서 활용될 수 있는 문제해결 방법론을 실시하기 위한 방법 및 양식을 제공해 줄 수 있어야 한다. 여기서 요구되는 IT 기술은 커뮤니케이션, 문제해결 방법론, 이해관계자, 외부 서비스 연동이다.

[그림 5-2] Co-creation 기반 지역혁신모델

출처: 김현종 외(2017).

예시 2: 지역의 성장과 혁신을 위한 '지역혁신모델'

지역혁신이 국가발전의 중심축이 되는 상황에서 창조성과 효율성을 갖춘 지역혁신모델이 요구된다. 이를테면 기업, 연구기관, 대학, 혁신지원기관, 중앙 및 지방정부가 체계적으로 상호작용하는 학습에 참여하는 시스템을 의미한다. 여기서 기업, 대학, 연구소 등의 공간적 근접성에 기초한 네트워크가 혁신 극대화의 조건이 된다. 이들 간의 협력관계로는 개인적 친분, 대면 의사소통, 개인 및 조직네트워크 간 상호작용 등을 들 수 있다.

이러한 근거를 바탕으로 기존 지역혁신시스템의 개념과 성공인자의 바람직한 모형을 제시하면 [그림 5-10]과 같다. 즉, 지식 및 창조성 프로세스 관점에서 지역혁신시스템 구성요소인 연구기관, 지방정부, 대학 등 교육기관, NGO 등 지역사회단체 그리고 지역산업 및 기술, 기업 등은 신뢰의 바탕에서 지식네트워크를 통해 서로 연결되고 상호작용에 의해 지식 흐름(창출–가공–공유–확산–저장)이 자유롭게(홍순구 · 한세억, 2013)이루어지면서 지식을 창출하는 경쟁적 협력체계를 의미한다.

창조성 발현의 전제로써 지식생산 및 소비 주체인 개인(연구자/관료/기업인 등), 조직(대학/기업/연구기관/시민단체/행정 등) 간 지식네트워크와 프로세스는 필요하고도 충분한 조건이다. 아울러 시스템이론 관점에서 각각의 기관들은 지역혁신시스템의 하위 구성요소로서 지역 내 · 외부의 요구 및 압력을 투입하여 지역구성 요소 간 상호협력과정에서 지역 특성을 반영한 인적자원, 제품, 성과, 정책 등을 산출하기 위해 지식네트워크를 형성하는 유기체로 이해할 수 있다.

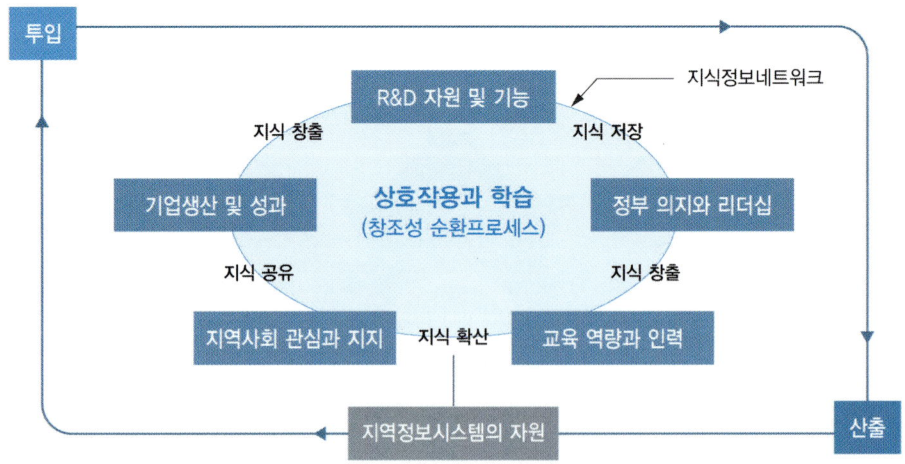

[그림 5-3] **지역혁신시스템의 요소와 연계**

출처: 한세억(2018).

Chapter

06

지역사회복지 실천과정

Chapter

06

지역사회복지 실천과정

지역사회복지 실천과정은 지역사회의 문제나 욕구에 대한 해결 과정을 일컫는다. 학자에 따라 〈표 6-1〉과 같이 다르게 설명하고 있다. 이를 종합하여 이 장에서는 지역사회복지 실천과정을 5단계로 제시하고자 한다. 1단계는 문제 및 원인 분석 단계, 2단계는 지역사회 사정단계, 3단계는 실천 계획단계, 4단계는 실천 및 점검단계, 5단계는 평가단계이다. 따라서 이 장에서는 각 학자가 제시한 내용을 정리하여 제시하고자 한다.

〈표 6-1〉 **지역사회복지 실천과정**

학자	Dunham (1970)	Kettneret al. (1985)	김만호 (2016)	김범수 · 신원우(2016)	유동철 · 홍재봉(2016)	함철호 (2020)	엄태영 (2020)	이 책
지역사회복지 실천과정	문제인식	문제확인	지역사회 사정의 개념	지역사회의 사정단계	지역사회와 환경에 대한 이해	사정(사회 문제와 욕구, 자원)	복지욕구 조사 및 분석	문제 확인
	사실발견	문제원인 분석			문제와 자원의 확인 · 분석			지역 사회 사정

학자	Dunham (1970)	Kettneret al. (1985)	김만호 (2016)	김범수 · 신원우(2016)	유동철 · 홍재봉(2016)	함철호 (2020)	엄태영 (2020)	이 책
	계획	목적목표 설정	목표수립	지역사회의 욕구파악 단계	개입전략 개발	계획수립	계획수립	실천 계획
		실행계획						
		자원계획						
	실천	실행	실행	실천전략의 계획단계	실천단계	실행	실행	실천 및 점검
		실행과정 점검						
	평가, 피드백	평가	종결 및 평가	평가 및 재사정단계	종결 및 평가단계	평가	평가 및 환류	평가

1. 문제확인 단계

문제확인 단계는 지역사회의 문제를 발견하고 분석하는 단계인 만큼 중요한 단계이다. 따라서 우리 지역사회가 어떠한 욕구가 있는지, 또는 어떠한 문제가 있는지, 그 욕구와 문제가 나타나게 된 원인은 무엇인지를 확인하는 것이다. 지역사회복지사 개인이 짐작하는 문제가 아닌, 지역주민이 피부로 느끼고 변화시키고 싶은 것이 무엇인지를 제대로 파악하는 것이 진정한 지역사회복지 실천이 시작이라고 판단된다.

1) 문제분석

문제를 분석한다는 것은 지역사회에 불합리한 사회적 조건이 무엇인지, 그것이 어느 집단의 욕구와 관련되었는지 파악함으로써 문제의 특성을 알아내는 것이다. 세부적으로 살펴보면 관련 인물 파악, 문제 특성 파악으로 나누어 볼 수 있다.

첫째, 관련 인물 파악은 관련된 다양한 시각의 당사자들과 대화를 나눔으로써 이루어진다. 이때 각기 다른 시각을 가진 집단을 만나는 것이 중요하다. 이는 이해관계가 서로 다르기에 문제에 대한 해석이 달라질 수 있고, 지역사회 상황에 대해 폭넓게 인식할 수 있다. 지역사회복지 실천 과정은 사회복지사 한 사람의 역량으로 이루어질 수 없을 뿐더러 그렇게 되어서도 안 된다. 지역사회는 다른 체계들과의 유기적인 관계 속에서 변화될 수 있으며, 사회복지사 한 사람의 생각과 경험에 국한해서 실천할 수 없기 때문이다. 지역사회복지 실천은 그 지역주민이 주체가 되어서 실천하느냐 그렇지 않으냐에 따라 진행 과정이 많이 달라질 수 있으므로 주민들과의 관계 맺기는 매우 중요하다. 문제분석 단계에서는 자연스럽게 주민 지도자들과의 관계 맺기가 형성될 수 있다. 문제를 파악하고 계획하는 초기 단계에서는 주민 지도자로 볼 수 있는 지역사회 오피니언 리더(opinion leader)들과의 접촉에 중점을 둔다.

둘째, 문제 특성 파악은 문제의 범위 설정과 문제의 속성 파악이다. 문제의 범위를 설정할 때는 여유를 두고 융통성 있게 설정하는 것이 바람직하다. 그래야만 생각지 못했던 중요한 요인이 배제되지 않고 확인될 수 있다. 문제의 속성 파악이란 복잡성, 감정적 개입 정도, 확산 정도, 지속성, 문제해결의 긴급성을 파악하는 것이다. 이러한 문제 특성 파악을 위해서는 해당 문제와 관련된 문헌 및 객관적 실증자료의 분석, 지역사회의 유력인사(예: 지역사회 지도자, 토착 주민, 지역운동가 등)와 폭넓은 대화 및 해당 문제 해결과 관련된 지역사회의 과거 노력을 검토하는 것도 중요하다. 여기서 객관적인 자료를 확보하는 것이 중요한데, 공공기관을 통한 통계 지표, 복지기관의 지역사회 욕구 조사 자료, 지역사회 오피니언 리더의 인터뷰 등이 활용될 수 있다.

2) 문제원인 분석

문제원인 분석은 문제가 생긴 이유, 즉 그 문제가 가진 의미를 파악하는 것이다. 이는 기술적 측면과 대인관계 측면에서 이루어진다. 기술적 측면(technical aspects)은 문제의 이면에 있는 논리를 확인하는 것이다. 먼저 문제의 인과관계를 파악하고, 그에 따른 이론적 틀을 선택하며, 자료의 유형을 파악하는 것이다. 여기서 이론적 틀을 선택한다는 것은 다양한 관점을 이해하는 것을 말하며 문제를 설명하는 틀로서 무엇을 설정할 것인가에 대한 지역주민의 합의가 매우 중요하다. 자료의 유형 파악은 문제와 관련한 자료가 횡단적 분석 자료인지, 종단적 분석 자료인지, 다른 지역사회와의 비교 분석 자료인지 등을 확인하는 것이다. 대인관계 측면은 지역사회 실천을 위한 지지를 얻고, 반대를 줄이기 위한 것이다. 이에 문제와 관련된 대인관계와 정치적 · 경제적인 사항을 확인해야 한다. 문제와 관련된 대인관계 확인은 서로 다른 의견을 가지더라도 협력해서 일할 수 있는 관계를 맺는 능력이다. 이때 명확한 의사소통이 매우 중요한데, 사회복지사는 사람들 간의 차이점에 민감하게 반응하고 다양한 의견에 대해 개방적인 태도로 받아들이고 토론의 장을 마련해야 한다. 지역사회복지 실천과 관련된 내용뿐만 아니라 주민 개개인의 삶에 관심을 가지고 말 그대로 친해져야 한다.

실천가는 정치적 · 경제적 사항, 즉 자원의 이용가능성, 정치적 분위기, 주민과 주민 지도자의 각성 정도 등을 고려하는 것도 중요하다. 주민들이 원하는 변화가 다른 체계들에 미칠 파급효과를 파악하고 이에 대해 사회적 승인이 가능한지, 또한 경제적 자원이 얼마나 되는지, 지지 집단을 어떻게 포섭하고 반대 집단을 최소화할 것인지를 고려해야 한다. 이때 확인된 사항을 통해 주민교육이 어느 수준에서 마련되어야 할 것인가를 가늠해 보아야 한다. 지역사회복지 실천에서 주민교육은 자신과 가족에 매몰되어 있는 이들의 시야를 지역사회 차원까지 넓히는 목적이 있는데, 이러한 주민교육이 선행되지 않으면 지역사회복지 실천에서 주민들의 참여를 담보하기 어렵다.

2. 지역사회 사정 단계

지역사회 사정 단계는 지역사회 욕구 해결에 필요한 자원을 파악하는 과정이다. 지역사회 사정의 목적은 문제화된 욕구의 확인과 욕구 충족을 통하여 문제를 해결하는 것에 우선순위를 두며, 욕구 충족을 위해 제공될 서비스 및 해당 서비스의 접근 가능성이 모두 포함되어야 한다.

1) 지역사회 사정 단계에서의 고려사항

지역사회의 문제를 파악하고 정확하게 대응해 나가기 위해서는 지역사회에 대한 사정이 중요하다. 지역사회의 사정을 통해서 지역주민이 자신의 지역사회 문제를 어떻게 경험하고 어떻게 인식하고 있는지, 또한 문제를 해결하려는 의욕, 자원, 기술이 어느 정도 있는지 등을 사회복지사는 파악해야 한다. 지역사회 사정에 근거하여 지역의 복지 욕구를 파악하고 활동 목표와 계획을 세우는 것이다. 지역사회주민의 욕구를 충족시킬 수 있는 지역사회 내 자원의 양과 질을 조사하고, 조사할 자원의 종류(인적 자원, 물적 자원)를 사정해야 한다(박정훈, 2019).

지역사회 사정 단계에서 고려해야 할 사항은 다음과 같다. ① 지역사회가 걸어온 발전과정이다. 우선 지역사회의 지도자를 파악하고, 지역사회에서 발생한 역사적 사건들을 파악하는 것이 중요하다. ② 지역사회의 정치와 사회구조이다. 지역 내의 행정, 사법, 교육, 문화, 종교 등을 파악하고, 비영리 시민단체까지도 조사해야 한다. ③ 지역사회의 경제적 상황이다. 지방정부의 재정 자립도와 지역의 산업구조를 파악해야 한다. ④ 지역사회의 사회문화인데 지역주민들의 삶의 형태를 파악하고 지역사회의 상부상조 유형을 사정하는 것이 필요하다.

2) 지역사회 욕구사정의 유형

욕구사정은 사회적 욕구나 사회문제를 파악하기 위한 조사이다. 이 조사를 통해 지역사회 주민이 경험하게 되는 사회적 욕구나 문제를 계량적으로 조사하는 과정이다. 지역사회 욕구사정의 유형은 포괄적 사정, 문제중심 사정, 하위체계 사정, 자원 사정, 협력 사정이 있다.

(1) 포괄적 사정(comprehansive assessment)

철저한 방법론에 기초하고 1차 자료의 생성과 함께 전체 지역사회를 포함한다.

(2) 문제중심 사정(problem-oriented assessment)

전체 지역사회와 관련되지만, 지역사회의 중요문제에 초점을 둔 사정을 의미한다. 예를 들어, 아동보호, 정신건강 등과 같은 지역사회의 특정 문제를 중심으로 사정하는 것을 말한다.

(3) 하위체계 사정(subsystem assessment)

지역의 특정 부분이나 일면을 조사하는 것을 의미한다. 예를 들어, 학교, 종교기관, 보호기관 등은 클라이언트와 관련된 지역사회의 하위체계라 할 수 있다.

(4) 자원 사정(resource assessment)

자원 사정은 클라이언트의 욕구와 관련하여 자원의 효과성을 평가하는 것이다. 자원 사정은 클라이언트의 욕구보다는 이용 가능한 자원의 본질, 운용, 그리고 질에 초점을 둔다. 따라서 실제로 어떤 서비스가 이용 가능한가, 어떤 서비스가 가장 잘 이용되고 있고, 그 이유는 무엇인가(서비스 제공의 위치, 질, 직원들의 태도 때문인가 등)를 조사한다.

(5) 협력 사정(collaborative assessment)

협력 사정은 참여자들이 완전한 파트너로서 조사계획, 참여관찰, 분석과 실행국면 등에 참여하여 수행하는 사정을 의미한다.

3) 지역사회 욕구사정 방법

지역사회의 정확한 이해와 욕구를 파악하기 위한 자료수집방법에는 크게 질적 접근방법과 양적 접근방법이 있다. 질적 접근방법으로는 인터뷰, 민속학적 방법 지역사회 포럼, 명목집단기법, 초점집단기법, 델파이기법이 있으며, 양적 접근방법에는 구조화된 서베이, 프로그램 모니터링, 사회지표 분석 등이 있다.

(1) 공식, 비공식적 인터뷰 및 민속학적 방법

비공식적 인터뷰는 무계획적이고 기대하지 않는 상호작용을 통해 자연스럽게 정보제공자의 반응과 질문자의 정보 욕구에 따라 이루어진다. 여기서 응답자는 단순히 대화할 뿐 인터뷰를 하고 있다는 사실을 인지할 수 없게 된다. 하지만, 신뢰도와 일관성이 낮다는 한계점을 가지고 있다. 공식적 인터뷰는 지역사회 주민들을 대표할 수 있는 사람을 선택하여 개방형 질문을 통해 인터뷰하여 자료를 수집하는 방법이다. 민속학적 방법은 사회적 약자 계층의 문화적 규범과 실천행위를 규명하는 데 활용할 수 있는 방법이다. 민속학적 방법은 지배문화에서 벗어난 사람들의 삶의 양식을 조사하는 데 이용됐으며 주로 참여관찰을 통해 이루어졌다(박정훈, 2019).

〈표 6-2〉 **질적 접근방법**

종류	내용
비공식적 인터뷰	자연스러운 접촉 및 의견교환을 통해 자료를 수집하는 방법
공식적 인터뷰	지역사회 주민들을 대표할 수 있는 사람을 선택하여 인터뷰를 통해 자료를 수집하는 방법
민속학적 방법	사회적 약자 계층의 문화적 규범과 실천행위를 규명하는 사정

(2) 정보의 수집과 종합화를 위한 방법

질적 접근방법 중 정보의 수집과 종합화를 위한 방법에는 지역사회포럼, 명목집단기법, 초점집단기법, 델파이기법 등이 있다. 지역사회포럼은 소수의 발표자(전문가)가 의견을 제시하고, 주민들은 토론에 참석하여 자유롭게 추가 토론을 시행하여 지역사회 욕구를 파악하는 것으로 효율적이다. 또한, 광범위한 계층이나 집단의 의견을 청취할 수 있지만, 소수의 인원만 참석할 때 표본 편의 현상이 발생할 수 있는 단점이 있다.

명목집단기법은 서로 다른 분야에 종사하고 있는 사람들을 명목상의 집단으로 간주하여 그들로부터 자유로운 아이디어를 서면으로 받는다. 명목집단에는 지역주민, 주요 정보제공자, 서비스 제공자, 해당 분야 전문가 등이 참여할 수 있으며, 구성원들은 집단으로 만나 독자적으로 자기 생각을 기록하여 제시한다. 따라서 의사결정 과정 동안 집단 성원 간에 일체의 의사소통을 제한시키며, 익명성을 보장하는 방식이다. 서면으로 작성하여 제출한 의견은 집단 내에서 투표로 최종적으로 결정한다. 이 기법의 주된 목적은 문제의 이해, 목표 확인, 행동계획의 개발 등의 활용이다(박정훈, 2019). 초점집단기법은 소수의 응답자 집단과 자연적인 방식으로 훈련받은 사회자가 면담을 주도한다. 진행 과정에 있어 지역사회의 문제와 관련된 정보를 제공할 수 있는 특정 대상 집단(12~15명)을 구성하여 한자리에 모아 약 2시간 전후로 자유로운 의사소통을 통한 심층 면접을 실시하여 지역사회 욕구를 파악한다. 초점집단의 주된 목적은 표적 시장에서 선출된 집단이 조사자가 관심을 가지는 과제에 대해서 이야기하는 것을 들음으로써 통찰력을 얻는 데 있으며, 내용타당도를 높이는 목적으로 사용될 수 있다(박정훈,

2019). 델파이기법은 지역사회 문제에 대해 전문가들의 견해를 유도하고 종합한 후 집단적 판단으로 정리하는 일련의 절차라고 정의할 수 있다(김병성, 1996; 이종성, 2006). 전문가들은 직접 모이지 않으며, 주로 통신수단(메일, 우편)으로 의견을 수렴하여 돌출된 의견을 내놓는다는 것이 주된 특징이다. 합의되지 않은 부분은 첫 설문의 결과가 포함된 두 번째 설문을 작성하여 전문가들에게 우편을 통해 재발송한다. 이와 같은 절차를 전문가들이 합의에 이를 때까지 반복하여 실시한다.

〈표 6-3〉 **질적 정보의 수집과 종합화를 위한 방법**

종류	내용
지역사회 포럼	주민들이 토론에 참석하여 자유롭게 추가 토론을 실시하여 지역사회 욕구 파악
명목집단기법	집단적 의사결정 방법이며, 각자 구성원들이 자신의 의견을 서면으로 작성하여 제출
초점집단기법	지역사회의 문제와 관련된 정보를 제공할 수 있는 특정 대상 집단을 구성하여 지역사회 욕구를 파악
델파이기법	전문가 집단의 구조화된 집단적 의사결정 방법

(3) 양적 접근방법

양적 접근법으로는 구조화된 서베이, 프로그램 모니터링, 사회지표 분석, 행정자료 조사 등이 있다. 구조화된 서베이는 모집단을 대표할 수 있는 표본집단을 표집으로 조사하여 이들을 대상으로 설문조사를 수행하는 방법이다. 서베이는 지역사회의 일반 인구 또는 특정 표적 인구의 욕구를 조사하기 위하여 이들 전체 인구를 대표할 수 있는 표본을 선정하고, 이들이 생각하거나 느끼는 욕구를 조사하여 대상 전체의 욕구를 추정하는 방법이다. 서베이 유형은 우편 설문, 대인 면접, 전화 서베이, 전자 서베이 등으로 구분할 수 있으며 유일한 공통점은 묻고 답하는 것에 기초해서 자료를 수집한다는 것이다. 서베이 조사의 특징은 어떠한 시점을 기준으로 자료들이 수집될 수 있으며, 고정적인 일련의 질문들로 구성할 수 있지만, 수집된 자료들은 시간적 우선성을 경험적으로 나타내지는 못한다. 프로그램 모니터링은 프로그램의 적용 대상의 적절성 및 효과성을 검토하는 방법이다. 즉, 어떤 대상의 상태나 상황을 지속해서 감시하고, 관찰하여 예기치 못한 상황과 오류를 대비하고 극복하는 것이라 할 수 있다. 사회지표분석은 공신력 있는 정부 조직이나 연구조직을 통해 발표된 기존 통계자료를 활용하여 지역사회 욕구를 파악하는 방법이다. 예로, 빈곤율, 실업률, 소득, 교육 수준 등의 분석을 통해 지역사회 욕구를 파악할 수 있다. 행정자료조사 방법은 지역사회 내 사회복지기관, 협회, 연구소 등의 조직에서 조직의 행정과정 중 생산된 자료를 수집 및 분석하여 지역사회 욕구를 파악하는 방법이다. 파악할 수 있는 방법은 지역사회 서비스 이용현황, 서비스 만족도 현황 등을 통해 파악할 수 있다.

〈표 6-4〉 **양적 접근방법**

종류	내용
구조화된 서베이	표본집단을 표집하여 설문조사를 수행하는 자료수집 방법
프로그램 모니터링	프로그램의 적용 대상의 적절성 및 효과성을 검토하는 방법
사회지표분석	연구조직을 통해 발표된 기존 통계자료를 활용하여 지역사회 욕구 파악
행정자료조사	조직의 행정과정 중 생산된 자료를 수집 및 분석하여 지역사회 욕구 파악

3. 실천계획 단계

실천계획 단계는 목적과 목표를 수립하고, 실행전략을 수립하는 단계이다. 모든 지역사회복지 실천과정은 주민이 바라는 변화에 대한 목표를 세우고 그 목표를 달성할 수 있는 적절한 수단을 찾아 실행하는 과정이기에 계획 단계가 중요하다. 물론 지역사회복지 실천과정은 지역사회의 상황과 주민들의 의견에 따라 얼마든지 변경될 수 있다. 초기에 주민들과 함께 면밀히 계획해 나가는 실천계획 단계는 크게 목적 및 목표 설정, 실천 및 자원 계획으로 나눌 수 있다.

1) 목적 및 목표의 설정

목적 및 목표 설정은 첫 번째 단계에서 분석된 지역사회의 문제나 욕구에 대해 실천의 방향과 수준을 정하는 과정으로 문제해결 여부에 큰 영향을 미친다. 목표 설정은 문제해결 방안인 동시에 이후에 그 개입이 얼마나 효과적이었는가를 점검하는 평가척도로 활용된다. 목적은 목표보다 높은 차원을 말하며, 목표들은 목적에 통합되어야 한다. 목적은 목표보다 더 포괄적으로 표현되며 주민들이 바라는 미래의 모습과 그에 따른 일반적인 방향을 제시한다. 반면, 목표(objectives)는 목적을 비교할 때보다 구체적이며 측정이 가능한 결과로 표현된다. 결과목표는 표적 집단을 어떠한 상태로 향상할 것인가의 내용을 담아야 하며, 과정목표는 무슨 일을 누가 어떻게 할 것인지에 관련하여 기술하여야 한다.

목적의 설정에 있어 목적의 진술은 원하는 미래의 모습을 나타내며 지역에서 주거 불이익을 당하는 주민들의 만족감을 향상하는 것과 같이 표현된다. 그리고 목적 설정에 주민을 참여시키는 것은 지역사회복지 실천이 사회복지사 중심의 하나의 기관 프로그램으로 전락하는 것을 막는 데 도움이 된다. 지역사회를 누구보다도 잘 아는 지역주민들은 그들이 가진 전문기술과 지역사회에 대한 이해로 지역사회복지 실천에 필요한 과업 달성에 대해 더 폭넓은 시각을 제시해 준다. 또한 계획과정에 참여한 주민들은 자신이 설정한 목적이라는 자부심을 느끼고 이후 실행 과정에서도 열정을 가지고 참여할 수 있기에 주민 참여를 촉진해야 한다. 주민참여는 주민들의 안목과 시각을 목적 설정에 포함한다는 것을 의미한다.

목표의 설정은 구체적인 세부 활동 계획과 관련 있다. 활동계획서는 목표를 달성하는 방법에 대해 구체적으로 서술해 놓은 기록물이다. 이 중 가장 대표적인 것은 갠트 차트(Gantt chart)다. 갠트 차트는 가로축에 시기를, 세로축에 활동 내용이나 달성 목표를 기록함으로써 활동 또는 달성 목표와 시기에 대해 입체적 사고를 하고 목표 달성의 경로를 살펴볼 수 있도록 한다.

〈표 6-5〉 갠트 차트(Gantt chart)

활동	1월	2월	3월	4월	5월	6월	7월	8월
1. 잠재적 참여 주민 파악								
2. 잠재적 참여 주민 상담								
3. 참여 주민 선정								
4. 장소예약, 참여 주민 연락								
5. 주간 모임 개최								
6. 평가자료 수집								
7. 평가서 작성								

2) 실천 및 자원계획

(1) 실천계획

실천계획은 설계 및 구조화하는 작업이라고도 말할 수 있는데, 이는 개입실행을 위한 구조를 만드는 과정이다. 즉, 지역사회복지 실천을 계획할 때 어느 수준에서 개입할 것인가를 구체화시키는 것을 말한다. 이는 정책 접근, 프로그램 접근, 프로젝트 접근으로 나눌 수 있다.

첫째, 정책접근(policy approach)은 지역사회복지 실천에 대한 원칙과 지침을 확립시켜 준다. 원칙과 지침은 대부분 자원의 재분배와 연관되기에 중요하다. 특별히 지역사회 차원의 거시적 실천영역에서 이루어지는 정책은 구의회, 시의회, 국회 등의 입법부에 의해 세워지기 때문에 입법부의 정책변화에 민감해야 한다. 이러한 예로는, 주거관련 조례개정 촉구를 위한 시위를 들 수 있다.

둘째, 프로그램 접근(program approach)은 특정한 욕구를 가진 클라이언트 집단의 변화를 설계하고 구조화하는 데 적합한 접근으로서 구체적이고 상세한 실천 방법을 기술해야 한다. 사회복지관 등에서 진행되는 지역사회주민을 대상으로 하는 지역통화를 활용한 품앗이 공동체 형성프로그램을 예로 들 수 있다. 또한, 지역사회주민들의 욕구를 중심으로 프로그램을 계획하거나 문제가 발생하는 원인을 근본적으로 해결하기 위한 문제해결 중심 프로그램, 지역사회나 집단의 인적, 물적, 자원을 최대로 활용할 수 있도록 프로그램을 계획하면 보다 지역사회 욕구를 해결해 나가는 연결고리가 될 수 있다.

셋째, 프로젝트 접근(project approach)은 1년 또는 1년 미만의 기간에 특정 대상의 변화를 꾀하며 계획하는 방법이다. 즉, 단기적이고 결과 중심적인 활동이다. 다시 말해, 프로젝트는 사회문제, 갈등하고 있는 쟁점 등에 대해 직접적인 서비스를 만들거나 지원하는 것을 일컫는다. 예를 들면, 결식노인을 위한 모금캠페인 등이 프로젝트 접근에 해당한다.

이러한 설계 및 구조화 시 고려해야 할 사항은, ① 클라이언트 체계는 수동적인 태도에서 능동적인 태도로 변화하게 되고, 있는 그대로의 모습을 모두 드러낸다. 특별히 유념해야 할 점은 이때 클라이언트 체계가 변화에 대해 저항할 수도 있고 지지할 수도 있다는 점이다. ② 지역사회복지 실천을 위해 노력하는 기관에 대해서는 과업 및 활동에 대한 연속성과 조정(coordination) 그리고 시기 적절성을 살펴보아야 한다. 각 과업과 활동이 일관성 있는 맥락 속에서 위계를 가지고 유기적으로 연결되도록 설계해야 한다. 즉, 업무의 중복, 의사결정 체계의 불명확성 등은 과업 및 활동이 독립적이면서도 상호연관성을 가지지 못하게 만들 수 있다. ③ 정치적 지지 기반은 지역사회복지를 실천해 나갈 때, 책임을 적절히 나누어 주고 유지시키기 위한 것으로, 지역사회조직은 주민들이 참여할 만한 이슈 제기를 염두에 두어야 한다. 의미 있는 변화는 생각지 못했던 주민들이 지역사회조직이 제기한 이슈에 공감하여 지역사회복지 실천 활동에 적극적으로 참여할 때, 이들이 정치적 지지 기반이 되면서 나타날 수 있다.

(2) 자원계획

자원계획은 예산 계획서 혹은 자원계획서 형태의 산출물로 계획 실행을 위한 자원을 구하고 활용하는 방법에 대한 참여 주민들의 동의가 반영된 문서로 표현되는 것이다. 이러한 계획을 세우는 목적은 목표와 자원이 적절하게 연결되었는지 점검하고, 실천가들이 지역사회복지 실천 과정에 활용 가능한 자원이 무엇인지 확인하도록 하는 데 있다. 자원계획은 프로그램 차원 또는 프로젝트 차원의 계획일 수도 있고 조직 차원의 계획일 수도 있는데, 각각의 자원계획은 일반적으로 단일 항목으로 표시된다. 이러한 방식의 계획은 자원계획의 과학적 구성에 도움이 될 뿐만 아니라 합리적인 행정체계를 세우거나 이사회 등에 각 프로그램의 비용을 설명하는 데 용이하다.

4. 실천 및 점검 단계

1) 실천 단계

(1) 실천활동 유형

실천하기 전에 준비할 것이 있다. 우선 계획하기까지의 결과를 다시 한번 검토함으로써 긍정적 측면과 부정적 측면을 파악하고 분석하여 보완해 나가야 한다. 그리고 주로 계획한 지역사회실천가와 주민 지도자, 계획에는 참여하지 않았던 일반 주민들까지 포함한 실천을 위해서 양측이 지속적으로 관계를 맺으면서 목표 달성을 이루어 가야 한다. 즉, 서로 간의 신뢰가 없으면 지역사회복지 실천의 목표를 이루는 것은 어려워진다. 본격적인 실천 과정은 기술적 활동, 대인관계 활동, 홍보 및 연계 활동으로 나눌 수 있다.

첫째, 기술적 활동은 계획된 활동을 함께 계획한 주민 지도자뿐만 아니라 일반 주민들이 충분히 이해할 수 있도록 활동을 조정해 나가면서 진행하는 것을 말한다. '주민들의 이해'는 미래에 대한 가치와 철학에 대한 명확한 메시지를 전달하는 주민교육을 통해 이루어질 수 있다. 처음 만나는 시간에는 주민들 간의 관계를 형성할 수 있는 집단활동이 필요하다. 그 이후에는 주민들이 그동안 자신과 가족에 대해서만 가졌던 관심을 지역사회 차원으로 확대할 수 있도록 돕는다. 다른 지역의 주민 지도자의 이야기를 듣고, 지역사회복지 실천이 활발하게 이루어지고 있는 지역을 탐방하는 것과 같은 활동이 교육 내용에 포함되어야 한다. '활동 조정'은 계획한 활동들을 주민들이 보면서 조율해 나가는 과정을 말한다. 서로 합의된 활동을 실천할 때, 주민들의 적극적인 참여를 담보할 수 있다.

둘째, 대인관계 활동은 '주민들의 저항 및 갈등 관리'와 '자기 규제 및 통제 개발'로 나누어 살펴볼 수 있다. 우선 저항 및 갈등 관리 중 저항 관리는 저항이 발생하는 원인을 규명하고 대처하는 것이다. 일반적으로 주민들의 저항은 지역사회복지 실천가의 기술이 부족하거나 격려 또는 보상이 없기에 일어난다고 본다. 한편, 자원이 부족하거나 원하는 미래에 대한 기대가 불분명하면 이로 인해 갈등이 유발될 수 있다. 이러한 갈등의 대처 방법으로는 우선 자원의 획득, 즉 법안을 통과시키거나 주민들 간에 합의를 통해 기대를 명확하게 하는 방법이 의미 있다. 다음은 자기 규제 및 통제 개발이다. 통제는 권력(power)의 행사를 나타낸다. 실천가는 외부로부터의 통제에 대해 저항할 수도 있다. 따라서 지역사회복지 실천 과정 중에서 주민들 스스로가 자신을 규제하고 통제해 나갈 수 있도록 분위기를 만들어야 한다.

셋째, 홍보활동은 지역사회복지 실천을 계획하는 과정에 참여하지 못한 일반 주민에게 이해나 인식의 폭을 넓히는 것을 말한다. 이때 지역사회 문제해결의 중요성뿐만 아니라 해결 수단에 대해서도 일반 주민들이 이해할 수 있도록 알려야 한다. 홍보활동은 신문, 잡지, 사진, 팸플릿, 소식지, 라디오, TV, 인터넷과 같은 매스컴을 이용하는 방법과 주민간담회, 반상회, 각종 모임에 직접 참여하거나 이웃 간에 교류하는 것과 같은 개인적인 의사소통 방법이 있다. 홍보활동을 할 때는 홍보 내용에 진정성이 담겨야 하고 주민들이 이해하기 쉽도록 특성에 맞게 새로운 홍보 채널을 개발하여 내용을 구성해야 한다.

연계활동은 지역사회 내 다양한 단체, 조직, 집단을 참여시키는 것을 말한다. 지역사회 차원의 문제를 인식하고 지역사회복지 실천에 찬성하는 지역사회 단체의 대표자들을 모아 회의를 개최하여 이들의 토론에서 문제해결 방법 등에 관한 결론을 내린다.

그 후에 대표자들이 자신이 속한 단체에서 이 결론을 설명하여 단체 구성원들의 동의를 얻으면 지역사회복지 실천에 그 단체가 함께 참여한다. 이때 대표자의 역할이 매우 중요하기에 최대한 많은 대표자가 회의에 적극적으로 참여하도록 해야 한다. 이를 위해서는 각 집단 간의 상호이해를 촉진시키고 친밀감과 연대감을 높이는 활동이 필요하다(박태영 · 채현탁, 2014).

(2) 실천활동 시 사용할 전술

지역사회복지 실천에서 활용되는 전술은 매우 다양하다. 그러나 모든 전술이 목적 성취에 도움이 되는 것은 아니며 어떠한 전술은 오히려 목적 성취에 역행하기도 한다. 특히 폭력에 의존하는 전술은 단기적인 효과를 낼 수는 있으나 장기적으로는 목적 성취에 방해가 된다. 따라서 위험 부담을 최소한으로 줄이고 목적 성취에 가장 효과적인 전술을 선택하는 것이 지역사회복지 실천의 관건이다.

사회복지사 등 지역사회실천가들이 전술을 활용할 때 그 전술은 다음과 같은 특성을 지닌다. ① 모든 전술은 미리 계획되어 활용된다. 표면적으로는 그렇게 보이지 않을 수 있으나 실천가들은 미리 계획된 전술을 활용한다. ② 전술은 상대방의 특정한 반응을 얻으려고 활용한다. 따라서 실제 얻으려고 예상한 반응이 달라진다면 전술도 바뀌어야 한다. ③ 전술은 상대방과의 상호작용을 기본으로 전제하며 활용된다. 이를테면 상대방과의 접촉을 거부하거나 회피하는 태도도 엄밀히 말하면 상호작용의 하나라고 볼 수 있다. ④ 전술은 목적 중심적이다. 명시된 목적이 없을지라도 전술은 목적을 염두에 두고 펼쳐지게 마련이다.

① 전술 선택의 기준

전술을 선택할 때는 목표, 수혜집단, 자원, 윤리를 고려해야 한다. 첫째, 지역사회복지 실천이 진행되면서 목표도 변화될 수 있는데 전술의 선택도 이에 맞추어 변화되어야 한다. 예를 들면, 지역사회의 가정폭력을 해결하기 위한 지역사회복지 실천 활동을 진행하였는데 실천으로 인해 지역사회에서 가정폭력 피해자 쉼터 건립에 대한 공감대가 형성되었다고 가정하자. 그러나 문제를 다시 분석하다가 가정폭력의 잠재적 피해자에 대한 개입, 이를테면 의식화 교육이 더 시급하다고 판단되어 목표가 변경되었다면 전술도 쉼터 건립 옹호에서 임파워먼트를 위한 교육으로 변화되어야 할 것이다.

둘째, 실천을 주도하고 있는 집단이 수혜집단에 대해 어떻게 인식하고 있는가를 고려해야 한다. 예를 들면, 수혜집단을 서비스의 소비자나 수급자로 본다면 협조 전술을 활용하는 것이 가장 바람직할 것이다. 그러나 수혜집단이 유권자나 권력의 희생자로 인식된다면 대부분 싸움 전술의 효과가 클 것이다.

셋째, 특정한 전술을 활용할 때는 어떠한 자원이 얼마나 필요한지를 정확히 파악해야 한다. 이를테면, 협조 전술을 활용할 때는 실천 과정에 대한 기술적 전문성이 필요하다. 이것을 갖추어야 실천의 시행과정을 명확하게 평가하고 점검할 수 있다. 그러나 싸움 전술을 활용할 때는 능수능란한 협상력과 풍부한 법적 지식이 필요할 것이다.

넷째, 윤리적 고려는 지역사회복지 실천의 모든 과정에서 고려되어야 하겠으나 전술의 선택과 활용 과정에서는 더욱 신중해야 한다. 특히 변화를 주도하는 실천 집단의 가치와 변화 대상인 표적 집단의 가치가 어긋나면 윤리문제가 발생할 가능성이 매우 크다. 윤리 문제와 관련해 지역사회복지 실천에서 반드시 지켜야 할 큰 원칙은 인간 존중과 비폭력이며 그 밖에는 다음과 같은 점을 유념해야 한다.

- 사람은 언제나 수단이 아닌 목적으로 대한다.
- 참여하는 주민의 자율성과 자기결정 능력을 존중한다.
- 모든 사람의 인권과 법적 권리를 존중한다.
- 처한 상황에서 모든 사람이 최대의 이익을 얻을 수 있는 방향으로 결정한다.

② 전술의 유형

지역사회복지 실천에서 활용되는 전술은 매우 많으나 이것을 크게 유목화하면 협력(collaboration), 싸움 혹은 교란(contest or disruption), 캠페인(campaign)으로 구분할 수 있다(Brager et al., 1987; 김종일, 2014 재인용). 이 세 가지 전술은 일련의 연속선 위에 존재한다고 보아야 한다. 달리 말하면 이 연속선 위의 한쪽 끝에 협력이 놓여 있으며,

그 반대쪽 끝에 싸움(혹은 교란)이 자리 잡고 있다. 그리고 캠페인은 이 양극단의 중간 지점에 있다고 볼 수 있다.

첫째, 협력 전술은 공동의 이익에 초점을 두고 양자 간의 차이를 좁히며 협력을 통해 얻을 수 있는 이익을 극대화하는 것이다. 협력 전술은 실천 집단과 표적 집단 내에 실천의 필요성에 대한 공감대가 형성되고 자원 배분과 관련한 합의가 이루어졌을 때 활용된다. 여기에서는 참여와 주민 임파워먼트에 바탕을 둔 역량구축(capacity building)을 중요하게 생각한다. 협력 전술의 구체적 방법으로는 교육, 설득, 문제해결 등이 있다.

둘째, 싸움 전술은 상호 간에 의견이 일치하지 않는 가운데 타협을 거부할 때 일어난다. 이러할 때 양자는 각자의 위치와 목적을 명시한 후 그것을 독자적으로 추구하겠다는 결의를 다지게 되는데 이 과정에서 양자는 상대방을 제압하기 위하여 자원과 지원 세력을 모으고 힘을 키워 나간다. 싸움의 결과가 어느 한 편의 일방적인 승리로 끝나게 될 경우는 싸움 관계도 자연스럽게 해소된다. 그러나 양편의 싸움이 고착 상태에 빠져 길어지게 될 경우는 양자 모두 캠페인 전술로 변경하려고 할 가능성이 크다. 특히 지역사회복지 실천에서는 표적체계가 실천가들의 실천을 반대할 때 이 둘 간에는 싸움의 관계가 형성될 수 있다. 싸움 전술에는 지역사회 행동, 집단소송 등이 있다.

셋째, 캠페인 전술은 상호 간에 다른 의견이 있지만 싸움이 아닌 다른 방법으로 해결하려고 할 때 활용된다. 지역사회복지 실천에서 캠페인은 표적체계로 하여금 변화의 필요성을 인식시킬 필요가 있을 때 주로 활용하는 전술이다. 표적체계가 실천가들의 실천에 선뜻 동의하지는 않으나 상호 간에 타협의 여지가 있을 때 이 전술을 사용하게 된다. 이 전술은 서로의 차이점을 명시하는 것부터 시작된다. 그다음에는 서로의 공통적인 이해관계를 찾아내는 작업을 한다. 서로 간에는 적어도 이 공통의 이해관계를 저해하는 일은 하지 않는다는 일종의 계약이 암묵적으로 작용한다. 캠페인 전술은 이러한 방식으로 서로의 차이를 좁히고 합의를 도출하는 전술로 서로 간에 타협이 이루어지면 협력 전술로 변경한다. 하지만 캠페인 전술이 실패할 경우, 이들의 관계는 싸움 상태로 바뀌기 쉽다. 캠페인 전술의 구체적인 예로는, 대중매체를 이용한 호소, 교육, 로비 활동 등이 있다.

2) 점검 단계

점검은 평가가 아닌 실천과 그로 인한 결과를 확인함으로써 지역사회복지 실천의 양적·객관적 진행도를 파악하는 것이다. 그에 반해 평가는 실천과 그 결과의 유용성 및 효과성에 중점을 두고 지역사회복지 실천 과정의 질적인 측면이나 주관적 가치를 확인하는 것을 일컫는다. 방법에서도 이 둘은 차이를 보이는데, 점검은 주기적인 현장 체크와 관리기법을 사용하는 반면, 평가는 목표 달성에 있어 진행 중인 실천의 유효성을 파악하고 실천의 영향과 다른 집단의 영향을 구별해 내고 확인하는 것을 말한다.

5. 평가 단계

평가 단계는 변화의 장점이나 가치에 대해 판단을 내리는 단계이자 성과 측정 단계이다. 평가는 실천의 강점이나 가치를 판단하는 사회적 과정이다. 전 단계에서 살펴본 점검의 과정에서 나온 투입, 진행, 산출 그리고 성과를 판단하는 것이다. 평가의 영역은 크게 활동, 성과, 적절성, 효율성, 실행과정의 다섯 가지로 나누어 살펴볼 수 있다.

첫째, 우선 활동 평가는 결과를 염두에 두지 않고 활동과 진행 상황을 단순하게 양적·질적으로 측정하는 일반적으로 볼 수 있는 평가의 기본적인 형태이다. 이러한 평가는 활동의 기대 수준과 실제 수준을 비교하여 활동을 조정하거나 자원을 배분하기 위한 근거를 제시하는 역할을 한다.

둘째, 성과 평가는 실천의 결과로 이루어지는 주민들의 삶의 질 개선에 집중한다. 이 영역에 대한 평가는 실천을 위한 자원 활용의 합리적인 근거를 제시한다는 점에서 유용하다고 할 수 있다.

셋째, 적절성 평가는 실천 활동에 의해 충족된 욕구가 실천과정 초기의 지역사회

사정에서 파악된 기존 욕구와 동일한지 여부를 파악하여 성과가 적절한지를 판단하는 것을 말한다.

넷째, 효율성 평가는 실천 활동의 투입(자원) 대 산출과 결과(산출물, 성과)의 비율을 파악하는 것이다. 크게 비용효율성(cost efficiency) 평가와 비용효과성(cost effectiveness) 평가로 나뉜다.

다섯째, 실천 과정 평가는 실천의 수행방식에 집중한다. 주민 관찰을 비롯한 다양한 양적 · 질적 조사 방법을 사용하며 주관적인 측정 도구를 활용하기도 한다. 이를 통해 실천의 효과에 대한 의미 있는 정보를 얻을 수 있고 새로운 접근방법으로서 실천이나 실천 전략과 절차에 대한 수정 사항을 확인받을 수 있다. 구체적으로 형성적 과정 평가와 총괄적 과정 평가가 있는데 형성적 과정 평가는 앞서 살펴본 점검과 유사한 개념으로 볼 수 있다. 총괄적 과정 평가는 실천이 종결될 때, 즉 실천 후에 평가하는 것으로 최종 성과자료를 포함하여 완성된 자료를 활용해 평가하는 것이다.

TIP

사례연구 – 아피오스꽃 피우는 행복 담안골마을

가. 문제확인

- 부산시 해운대구 반송지역은 1968년부터 부산시의 정책 이주로 조성된 마을로써 10~15평의 주택이 밀집되어 있고 문화시설 등이 부족하고 생활환경이 낙후된 지역이다. 1980~1990년대는 반송지역에 쓰레기매립장, 화장장 건설 등이 추진되자 주민의 손으로 이를 저지시켰으며, 이로 인해 정부나 지자체로부터 상당히 소외당한다는 피해의식이 있었다.
- 주민들을 직접 행복마을 공동체 수익사업에 참여를 유도하였고, 행복마을 공동작업장 및 텃밭 가꾸기 일자리 사업에 참여함으로써 봉사도 하고, 용돈도 벌 수 있도록 하였다.

나. 개입계획: 사업공모, 사업

가) 행복마을 만들기 사업공모

- 반송지역은 인구 595세대, 1,223명으로 특히, 60세 이상 인구는 339명으로 이미 초고령화 시대로 접어들었으며 주택 노후화도 진행되고 있는 곳이다. 2014년에 담안골 행복마을로 공모에 참여

하였다. 행복마을 지역 내 주민 참여를 위해 현수막을 걸고 회원모집과 함께 사업설명회를 개최하였고, 이를 통해 '담안골 행복마을 추진위원회'를 결성하고 위원장 1명을 선출하고 회원 18명으로 출발하였다. 자체 추진사업으로 주민 역량강화사업인 자치학교 3강을 실시하고, 마산 창동 예술촌과 부산 화명동 대천천 네트워크를 방문하여 우수사례를 배웠고, 워크숍을 개최하였다. 더 나아가 브레인스토밍을 통한 일자리 창출 방법을 모색하기도 하였으며, 매월 셋째 주 일요일 아침에는 우리마을 하천인 반송천 정기 청소일로 정하여 활동을 전개하였다.

나) 사업 내용

- 주민역량 강화
- 일자리, 소득증대
- 마을환경 개선(다양한 생활프로그램 운영, 밝고 깨끗한 반송 만들기, 아피오스 체험마을)

다. 실행: 사업실적

가) 마을주민 역량강화사업

- 주민대학 및 워크숍을 추진하여 나아가야 할 방향에 대해 고민하고 정기모임 및 SNS 의논을 통해 해결해 나감
- 고령화되고 있는 마을의 외로운 어르신들을 위한 '한글 교실'을 개최하여 손글씨 편지쓰기, 할머니 할아버지 나만의 가방 만들기 프로그램을 통해 건강하고 즐거운 소통의 장 마련
- 낙후된 주거환경개선을 위해 '정리수납봉사단'을 구성하여 독거노인, 장애인 등 정리수납에 어려움을 겪는 소외계층을 지원하는 등 봉사활동을 활성화함

나) 일자리, 소득증대

- 아피오스 작물을 재배하여 아피오스 꽃차, 효소 등을 제작 판매하여 수입 사업을 통해 마을의 경제적인 자립과 수입금은 마을 환원을 위해 적립함
- 컨설팅을 통해 다양한 아이템(양갱, 떡, 초콜렛) 발굴 등 상품화를 위해 다각도로 노력함
- 마을농장에 아피오스 외에도 일반 각종 채소 및 과일을 재배하여 관내 어린이 체험농장으로도 활용하고 있음

라. 평가

- 이 사례의 기본전략은 문제해결을 위한 도시재생사업으로 인한 행복마을 만들기 프로젝트이다. 행복마을 사업이 매개되어 다양한 공동체 프로그램의 진행으로 행복마을 사업에 대한 주민의 이해 및 마을 일의 참여를 높일 수 있었고, '아피오스'라는 특화 마을 일감을 발굴하여 아피오스 재배를 통해 실전 텃밭 공동체로써 자연과 소통하며 단결된 모습으로 주민들의 유대감을 강화하고 일자리를 창출하였다. 특히, 40년이 넘는 노후된 주택, 주택의 밀집, 좁은 골목길 등 열악한 주거환경을 개선하여 행복마을, 밝고 깨끗한 행복마을, 일자리가 있는 행복마을 3대 목표를 중심으로 주민이 만들어 가는 실천 과정이다.
- 행복마을은 조금은 느리지만 주민들과 지속적으로 소통하며 마을 일을 하나씩 풀어 나가고 낡고 어두운 골목길을 주민들이 직접 꾸미며, 언제나 쉬어 갈 수 있는 공간으로 만들고 있다.

6. 공동체 실천과정

이 장에서는 최선희(2020), 유동철과 홍재봉(2016)이 제시한 커뮤니티 발달단계인 삶의 주기형 모델과 진화모델을 바탕으로 공동체 실천과정을 소개하고자 한다. 이어서 지역사회복지 실천가가 어떠한 방법으로 주민들이 주민 의식을 가지게 하고, 민주적인 참여를 통해 공동체성을 공유하고 역량을 키워 가는지를 다루고자 한다.

1) 공동체 실천과정

최선희(2020)는 삶의 주기형 모델과 진화모델을 바탕으로 공동체 실천 과정으로 제시하였다. 〈표 6-6〉에서 제시한 바와 같이 두 모델을 종합하여 제시하였다. 공동체 발달단계는 잠재기, 형성기, 안정기/활성화기, 해산/적응기 과정으로 총 4단계를 제시하였다.

〈표 6-6〉 **공동체 실천과정 발달단계**

모델	발달단계					
삶의 주기형 모델	잠재적	연합		활성화	해산	기억
진화모델	잠재적	형성	참여	활성화	적응	
	↓	↓		↓	↓	
종합	잠재기	형성기		안정기/활성화기	해산/적응기	

출처: 최선희(2020).

(1) 잠재기

잠재기는 공동체 형성되기 시작하는 단계로 서로의 공통점을 발견하고 구성원들을 찾고 소통하면서 관계 형성을 시작하는 단계이다. 이 단계에서는 구성원들이 참여할 수 있도록 동기를 부여하는 과정이 중요하다. 한 예로, 지역복지 실천가는 주민 참여를 끌어내기 위해 지도자가 될 수 있는 주민들을 발굴하고 참여동기를 부여하여 주민들을 조직해서 공동체를 만든다. 만드는 과정에서 구성원의 수가 충족되면 공동체 형성을 시작하게 된다.

지역 알기는 발로 뛰며 지역사회와 주민을 만나는 좋은 매개이며 새로운 배움의 과정이다. 예를 들어, 사람들이 자주 모이는 곳에 정기적으로 방문하거나 이웃 주민들을 초대하여 이웃 주민들의 욕구를 파악하여 개선이 필요한 일들을 함께 이야기하는 시간을 가지기도 한다. 이 과정에서 지역알기는 정보를 파악함과 동시에 지역사회와 주민과의 관계를 맺기 위한 좋은 매개가 되는 것이다. 따라서 실천가는 주민들을 만날 수 있는 장을 스스로 만들어 현장에서 질문하고 현장에 민감할 수 있는 배움의 과정을 스스로 훈련할 수 있는 것이다.

(2) 형성기

형성기 단계는 모인 구성원을 토대로 연합하고 만남을 진행하는 단계이다. 이 단계에서는 구성원들 만나서 커뮤니티에 대한 규칙을 정하고, 연합하면서 커뮤니티에 대한 협의를 진행하여 보다 공동체의 구조와 과정을 만들고 함께할 수 있는 일들을 생각하고 개발해 나간다.

이 단계에서 실천가는 지역주민을 지속적으로 만나 지역주민들이 제공하는 정보를 가지고 지역사회를 분석하고 정리해야 한다. 특히, 지역주민들과 만나 언어적 표현뿐만 아니라, 비언어적인 표현에도 관심을 가지고 접촉해야 하며, 주민을 끊임없이 만나 신뢰를 형성해야 한다. 실천가는 주민들을 상담하고, 사정한다는 자세보다는 주민들의 삶을 이해하고, 주민의 사고와 감정이 어떤 것인지를 이해하고 파악하며, 협조적 관계를 맺는다는 차원에서 접근해야 한다.

(3) 안정기/활성화기

활성화 및 안정기 단계는 만남이 활성화되는 단계이다. 활성화의 사전적 의미는 사회나 조직 등의 그러한 기능을 활발하게 하는 것이다. 따라서 이 시기는 공동으로 세운 규칙들을 달성하기 위해 노력하여야 하며, 공동의 목적 달성을 위해 구성원들은 힘을 합쳐 공동의 활동에 자발적으로 참여하도록 해야 한다. 자발적인 참여 과정 중에 다른 구성원과 접촉하고 배우면서 상호작용이 활발해지고 공동체 의식을 형성한다고 하였다. 이러한 과정을 형성한 후 안정화하는 단계로 이루어진다.

(4) 해산/적응기

공동체 실천과정 중 해산/적응기는 총 세 단계로 이루어진다.

첫째, 기억단계이다. 기억단계는 소멸되어 가는 단계로, 공동체의 지난 이야기들을 하거나 산출된 결과를 유지하는 활동을 의미한다. 공동체의 추억하는 기념이 되는 물건들을 수집한다.

둘째, 적응단계이다. 적응단계는 공동체가 소멸되지 않고 계속 진행되는 것을 의미한다. 공동체가 급변하는 환경에서 살아남기 위해서는 외부 상황에 반응하고, 구조와 과정을 새롭게 조정해야 한다. 따라서 혁신을 이루고 기존의 공동체 활동에서 나온 지식이나 기술들을 토대로 새로운 공동체의 창출에 기여하게 되는 것이다.

셋째, 확장/소멸 단계이다. 확장/소멸 단계는 갈등 조정이나 변화 상황에 대한 대처의 정도에 따라 공동체가 확장되거나 소멸하는 것을 말한다. 대처를 잘하면 확장될 것이며, 그렇지 않으면 소멸할 것이다. 이처럼 이 단계에서는 갈등 조정의 중요성과 변화 상황에 대한 대처 능력이 요구된다.

Chapter

07

지역사회복지 실천가의 기술

Chapter

07 지역사회복지 실천가의 기술

이 장에서는 지역사회복지 실천가의 기술에 관련하여 제시하고자 한다. 옹호기술과 연계기술, 자원개발/동원기술뿐만 아니라 지역사회복지 실천에서 중요하게 다루어지고 있는 지역사회 조직화 기술에 대해서도 살펴보고자 한다. 각 기술은 실천현장에서 활용되기 때문에 어떤 상황에서 어떤 기술이 적용되는지에 관심을 가지고 접근하고자 한다.

1. 옹호기술

1) 옹호기술의 개념

옹호기술은 사회제도 및 정책의 변화를 추구하며 사회정의를 지키고 유지하기 위해 사용된다. 여기서 제시한 옹호는 클라이언트나 주민의 이익을 대변하는 활동을 뜻한다. 특징은 사회정의를 지키고, 유지하려는 목적으로 지역주민이나 지역사회의 입장에서 직접적으로 대변하고 보호하며, 일련의 행동을 제안하는 것이다. 옹호기술을 적용할 때는 다음과 같은 사항이 전제되어야 한다. ① 불평등한 사회적, 법률적, 제도적 기능으로 인해 클라이언트가 욕구를 충족할 수 없는 경우, ② 클라이언트가 정당한 처우나 서비스를 받지 못할 경우, ③ 클라이언트가 취약한 상태인 경우이다.

옹호기술에서 사회복지사가 유념해야 할 부분은 직접 서비스와는 구분된다는 점이다. 클라이언트나 지역사회의 입장을 직접 대신하여 표적체계에 전달하지만, 이것이 직접적 개입이라는 의미는 아니다. 왜냐하면 사회복지사의 개입만으로 클라이언트의 문제가 해결되는 것이 아니라, 사회복지사의 개입을 통해 표적체계의 변화를 일으켜 클라이언트 혹은 지역사회의 문제가 해결되도록 하는 것이기 때문에 간접적 개입 중 하나이다. 간접 개입은 지역사회를 중심으로 클라이언트를 둘러싼 환경체계에 개입하여 사회적 지지체계나 자원들을 발굴 또는 연계하거나, 서비스를 제공하는 제도나 기구, 정책 등에 초점을 두는 방법이다. 옹호기술의 원칙은, ① 합리적인 수준을 유지해야 한다. ② 개인보다는 팀워크에 의존해야 하며, 적극적이고 단호한 태도를 요구한다는 사실을 명심해야 한다. ③ 유연성을 감정으로 인식할 필요가 있으므로 사회복지사는 대중의 입장이 아닌 소외된 개인이나 가족의 입장만을 대변해야 한다. 따라서 사회복지사는 옹호기술의 원칙을 이해하고 실행해야 한다.

2) 옹호기술의 유형

하드캐슬((Hardcastle)이 제시한 여섯가지 옹호기술 유형은 자기옹호, 개인옹호, 집단옹호, 지역사회 옹호, 정치옹호, 체계적 옹호이다.

(1) 자기옹호

자기옹호는 자기 자신을 스스로 옹호하는 경우를 뜻한다. 자기옹호의 경우, 실천가는 옹호가 필요한 클라이언트나 주민에게 옹호 관련 지식이나 기술을 제공하여, 스스로 대변할 수 있도록 격려한다.

(2) 개인옹호

개인옹호의 활동전제는 다음과 같다. ① 클라이언트 또는 주민 스스로 자신을 옹호할 수 없는 경우, 실천가가 개인이나 가족을 대신하여 활동한다. ② 클라이언트 또는 주민이 일정한 혜택이나 서비스를 받을 자격이 있으나, 이를 획득하지 못하는 경우, 실천가는 개인에게 서비스와 사회복지 혜택이 돌아가도록 노력하거나 이미 제공되고 있는 서비스가 클라이언트의 존엄성을 인정하도록 그들을 대표해서 일해야 한다.

실천가는 효과적인 개인옹호 활동을 위해 기관의 정책과 규정에 대한 지식, 행정적 구조에 대한 지식, 기관의 탄원 절차에 관한 지식, 가용한 법적 개선 대책들에 대한 지식, 기관의 공식 또는 비공식적 권력구조에 대한 지식, 기관이 반응해야 하는 외적 압력들에 대한 지식, 대상자 또는 사람들에게 영향을 줄 수 있는 새롭게 부각된 이슈들에 대한 지식 등이 필요하다(김현호 외, 2020). 실천 현장에서 이와 같은 사전 지식을 미리 학습하는 것이 중요하다.

(3) 집단옹호

집단옹호는 특정 집단이 불이익을 받을 때 이들을 위해 제도적이거나 법률적인 체계를 변화시키도록 노력하는 활동이며, 유사한 문제를 경험하는 집단에 개입하여 해결하는 활동이다. 그리하여 특정 계층이나 집단의 모든 사람에게 영향을 미칠 수 있는 정책, 실천방법, 법의 변화를 도모해야 하며, 지역사회 주민의 공통된 욕구나 문제를 예방하고 해결해야 한다. 집단옹호 활동의 대표적인 예는, 민권 운동, 사회복지 운동, 장애아동의 교육권 운동 등이 해당된다고 할 수 있다(김현호 외, 2020).

(4) 지역사회 옹호

지역사회 옹호는 소외된 혹은 같은 문제를 경험하는 지역주민들을 위한 활동이다. 지역주민들이 스스로 지역사회를 옹호하기도 하고, 지역사회를 대신하여 다른 사람이 옹호하기도 한다. 대상은 동일한 문제나 욕구를 경험하는 지역사회 주민이다.

(5) 정치옹호

정치옹호(정책옹호)는 사회정의와 복지를 증진시키기 위해 입법 · 행정 · 사법 영역 등 다양한 영역에서 진행하는 활동이다. 예로 제시한다면, 특정 법안을 통과하거나 저지시키는 활동이 포함될 수 있다. 김현호 등(2020)은 정치(정책)는 한순간 형성되는 것이 아니기에 정치적 옹호자는 정책개발과정에서 자료를 수집하고, 정책대안을 찾아 각 대안의 상대적 장점을 비교하여 건의안을 만들어 사용되는 분석적 기술에 대해 제시하였다. ① 정책의 실천 가능성을 사정하고 권력자를 찾아내며, 정치적 전략을 개발하고 실천해야 한다. ② 새로운 네트워크를 찾아내서 연합과 위원회 구성을 용이하게 만드는 상호작용적 기술이 필요하다. ③ 정책 입안 과정에서 가치의 명확성과 윤리적 판단을 하는 것이 중요하다. 실천가는 이러한 기술을 토대로 문제를 분석하고, 정책 제안서를 개발할 때 바람직한 목적이 무엇인가를 결정해야 한다.

(6) 체제변화적 옹호

체제변화적 옹호는 제도의 근본적인 변화를 추구하는 옹호이다. 근본적인 제도상의 변화를 위해 구성원들과 함께 사회체제 전체에 영향을 미치는 활동이다. 체제 변화적 옹호 활동에는 여성운동, 장애인 이동권 보장을 위한 활동 등이 해당된다고 할 수 있다. 여기서 실천가의 역할은 조직화, 홍보 등에 대한 활동이 포함될 수 있다.

〈표 7-1〉 옹호의 유형

종류	내용
자기옹호	자기 자신을 스스로 옹호하는 경우
개인옹호	스스로 자신을 옹호할 수 없을 때 대신하여 옹호하는 경우
집단옹호	희생자 집단
지역사회 옹호	동일한 문제나 욕구를 경험하는 지역사회 주민들
정치옹호	사회정의와 복지증진을 위해 입법, 행정, 사법 영역에서 행해지는 옹호
체제변화적 옹호	제도의 근본적인 변화를 추구하는 옹호

3) 옹호기술(Advocacy of skill)의 내용

옹호활동을 위해서는 지식 이외에도 문제해결을 위한 구체적인 옹호기술이 필요하다(엄미선 · 전동일, 2009). 학자들이 제시한 옹호기술의 필요성을 정리해 보면, 슈나이더와 로리(Schneider & Lori, 2000)는 인터뷰, 주장하기, 협상, 자기관리, 법률적인 지식과 조사, 소송, 정보수집이 필요함을 시사하였다. 피들러(Fiedler, 2000)는 문제해결 모델을 기초로 한 의사소통기술, 협동기술, 갈등 해결기술, 옹호기술, 윤리적 분석기술이 필요하다고 하였다. 키셀리카와 로빈슨(Kiselica & Robinson, 2001)은 인간의 고통에 대한 공감능력, 언어적 · 비언어적 의사소통, 다체계적인 관점 이해, 집단 · 조직 · 지역사회에 대한 개입, 인터넷 및 언론을 활용하는 지식, 사정과 조사에 대한 기술을 제시하였다(엄미선 · 전동일, 2009 재인용). 트러스트와 브라운(Trust & Brown, 2005)은 네 가지 기술을 제시하였는데 의사소통 기술, 문제사정 및 문제해결기술, 조직화 기술, 자기관리 기술이다. 굿맨 등(Goodman et al., 2004)은 여섯 가지 필수적인 원칙에 자기평가, 사회정치적 영향이해, 과정에서의 힘의 배분, 클라이언트의 임파워먼트, 의식 고양, 강점 관점 등을 제시하였다(엄미선 · 전동일, 2009).

선행연구에도 제시한 듯 실천가가 옹호 활동을 펼치게 되는 상황이나 클라이언트의 유형은 매우 다양하므로 활용되는 옹호의 기술도 다양하고 여러 기술이 복합적으로 펼쳐지기도 한다. 이 파트에서는 주로 활용되고 있는 기술을 중심으로 살펴보고자 한다.

(1) 설득하기

설득하기는 추가적인 정보를 제공하거나 잘못된 정보를 바로잡아 표적체계가 기존의 결정과는 다른 결정을 내릴 수 있도록 하는 활동을 의미한다. 이러한 설득의 효과를 높이기 위해서는 개인적인 권위와 정확한 사실 파악이 필수적으로 이루어져야 한다. 그리고 전달자의 신뢰성, 동질성, 전문성, 비언어적 강점 등에 따라 효과가 다를 수 있기에 전달형식이나 메시지, 미리 대상자에 대한 정보를 파악하는 것이 필요하다. 그리고 원하는 메시지를 확실히 하고, 사실 자료를 파악해서 활용할 권력의 원천에 대해 이해하는 것이 필요하다. 분명하고 단순하며 시각적 이미지를 활용하여 감정과 논리, 시선을 맞추면서 대화하는 것 등이(김현호 외, 2020) 우선되어야 한다.

(2) 대변하기

대변하기는 전문지식이 있는 사람이 다른 사람을 대신해서 표현 또는 전달하는 행위이다. 이러한 대변 역할의 효율성을 높이기 위해서는 의사소통, 대상자의 욕구 발견, 그리고 대상자에게 진행 과정을 지원하도록 알려 주고 동기화시키는 일 등의 훈련이 요구된다.

(3) 표적을 난처하게 하기

표적을 난처하게 하기 위한 활동은 직접적 도전이나 공격이 어려울 때 사용하는 활동이다. 해당 예로는, 해당 기관 앞에서 시위하거나 해당 기관의 잘못을 밝히는 전단지를 배포하고, 언론을 통해 특정 사안에 대한 표적의 태도나 입장을 흔들릴 수 있게 한다.

(4) 정치적 압력

정치적 압력은 선출직 표적인 시의원, 자치 단체장, 국회의원 등을 대상으로 펼치는 옹호 활동이다. 정치적 권력을 이용하여 변화를 이끌어 내는 방법이다. 특히, 클라이언트는 유권자이기도 하므로 시·도의원을 만나 지역사회에 발생한 문제에 대해 논의할 수 있다.

2. 연계기술

1) 연계기술의 개념

연계의 사전적 의미는 '두 개의 서로 다른 분야를 연결하는 것'으로 광범위하게 정의되고 있다. 연계는 서로 다른 분야의 직종이 하나의 목적을 위하여 서로 협력하고 관계를 유지하면서 함께 일하는 것이다. 연계기술의 목표는 서비스의 중복을 방지하고 자원을 효율적으로 관리한다는 점에서 중요하다. 연계는 지역사회 내 구성원 간의 관계를 강화함으로써 연계망이라 일컫는 사회적 자산을 형성하는 것(김태동 외, 2014), 지역주민에게는 필요한 자원이나 서비스를 연결하는 것이다.

효율적인 자원관리를 위해 실천가는 서비스 제공 기관 간의 자원의 공유와 상호교류를 활성화하는 기술이다. 이 기술은 서비스 중복을 막고, 새로운 서비스 제공을 위해 소요 될 시간과 비용을 절감할 수 있다. 이러한 면에서 조직화의 중요한 과제라고도 볼 수 있다. 실천가는 기존의 존재하는 사회연계망을 발견하고 사회적 지지를 위한 공동체를 만들고, 주민들이 서로를 원조하여 지역사회와 사회적 변화 활동 참여를 촉진할 수 있도록 해야 한다.

2) 연계기술의 원칙

연계기술의 원칙에는 분권성, 자발성, 평등성 원칙이 있다. ① 분권성 원칙은 개별기관의 정체성은 유지하면서 팀 접근 서비스를 시도하여야 한다는 것이다. 개별기관의 정체성 유지는 기관 간 수평적인 관계를 통해 조직의 독립성을 유지해야 하며, 상호신뢰와 호혜성에 기반이 되어야 한다. 다시 설명하면, 조직들 사이의 분권화뿐만 아니라 개별 조직 내부에서 분권화 구조를 형성하여 각 조직의 대표자들 사이에서 네트워크가 이루어지는 것이 아니라 실무자들이 운영의 중심이 되는 것이다. ② 네트워크는 조직 간에 자발적인 참여를 통해 구성되어야 한다. 자발적인 참여가 아닌 강제성을 갖거나 의무적인 참여는 하지 않도록 해야 한다. ③ 네트워크에 참여한 조직 간에는 권한과 자원이 분산되어야 하며, 평등성이 추구되어야 한다. 참여한 조직은 탈퇴도 자유로워야 한다.

3. 자원개발/동원기술

1) 자원개발/동원기술 개념

자원은 사람들이 역할의 수행, 욕구의 충족, 문제의 해결을 도모하기 위하여 유용하게 동원, 활용할 수 있는 재화와 용역이라고 정의할 수 있다. 그러므로 지역사회 자원개발/동원기술은 지역사회복지 실천에 있어서 유용하게 활용할 수 있는 재화 용역을 포함한 도구를 개발하는 것을 말하며, 인적자원과 물적자원으로 구분할 수 있다. 이때 인적자원은 지역사회복지 활동에 투입할 수 있는 자원봉사자 혹은 주민을 의미하고 물적자원은 사회복지 기관이나 복지 관련 비영리단체의 재정모금 활동을 지칭한다.

자원개발/동원기술을 통해 기부 능력이 있는 잠재적 기부자를 발굴할 수 있으며, 기부할 수 있는 동기를 부여할 수 있다. 또한 홍보를 통하여 기관의 목적과 사업을 적극적으로 알리고 기관에 대한 신뢰성을 높일 수 있다.

2) 지역사회자원의 종류

지역사회자원개발은 크게 인적자원개발과 물적자원개발로 구분할 수 있다. 인적자원개발은 전문직원과 자원봉사자의 채용, 선발, 모집에서부터 직무 분석, 교육, 업무배치, 직무환경, 평가, 보상에 이르기까지 광범위한 과정을 통하여 이루어진다. 지역사회복지 실천에 있어서 인적자원이라는 개념은 좁게는 전문인력인 지역사회복지사만을 지칭할 수도 있고, 넓게는 지역사회 내의 모든 주민, 즉 전문인력을 포함한 비전문인력을 포괄하고 서비스 당사자와 제삼자까지도 포괄할 수 있다. 물적자원개발은 중앙정부나 지방정부의 보조금과 다양한 형태의 기금, 민간기업과 일반시민의 기부나 기탁금(현금, 부동산, 증권, 물품 등), 서비스의 이용료(의료복지, 복지상담, 교육 등), 기타 비영리 수익사업 등을 통하여 마련된 재화를 포괄한 개념이다. 이러한 물적자원개발은 주로 사업계획서 제출이나 프로그램 개발 및 제안을 통하여 선정되면 지원받을 수 있는 경우가 많다.

3) 자원개발/동원기술 방법

(1) 기존 지역사회의 조직 및 구조를 활용하는 방법

지역사회 문제를 해결해 나가는 과정에서 국가나 지방자치단체, 공공기관의 노력만으로는 한계가 있다. 지역사회 문제를 해결하는 데 필요한 사회적 비용을 줄이면서도 당초의 목적을 달성하기 위해서는 부족한 전문인력과 복지재정을 충당해 나가기 위한 자원봉사자나 후원자들의 개발이 절대적으로 요구된다. 우리나라의 경우, 2000년대에 접어들면서 국가사회 복지시스템 중에서 사회복지서비스 영역이 지방으로 업무가 이관되었다. 이관되면서 충분하지 못한 중앙정부의 보조금을 보완하기 위한 노력이 구체화되기 시작하였고, 이를 해결하기 위해 사회복지 공동모금회 조직을 중심으로 각종 비영리단체의 지역사회자원개발모형이 지역사회복지 실천모형의 하나로 자리를 잡게 되었다.

자원개발/동원의 기반으로 가장 신속한 방법은, ① 지역사회의 기존 조직을 활용하는 것이다. 각종 시민단체, 전문가 단체, 친목 단체, 교회, 기관, 노조 등 조직체를 대상으로 지역사회 문제에 대해 동참할 것을 권유하고, 이해관계와 신념을 공유하는 조직을 발견하여 네트워크를 구성해야 한다. ② 지역사회 내 다양한 관계망을 활용하여 조직의 자율성을 지키면서 동등한 자격으로 참여할 수 있도록 한다. ③ 지역사회 내 지도자를 발견하여 활용한다. 지역사회에서 존경받는 영향력 있는 지도자를 발굴하여 협조를 구한다. 특히, 일부 집단의 지도자와 다른 집단의 지도자 간에 경쟁적인 상황이 발생하기도 하지만, 이러한 상황이 발생하지 않도록 적절한 기술을 사용하여 사전에 예방할 수 있도록 한다.

여기에서 실천가는 사회복지자원은 일반적 자원과 다른 몇 가지 특성을 지니고 있음을 인지해야 한다. 사회복지 자원의 특성은 김교성 등(2008)의 연구를 근거하여 제시하고자 한다. ① 사회복지자원은 인간에게 효용을 제공할 때 자원으로서 의미를 갖는다. 자연상태의 자원이 적절한 방식으로 가공되어 인간의 사회적 욕구를 충족시키고, 다양한 사회적 위험에 대응하여 사회문제를 해결하고 복지적 목적에 맞게 적절히 사용될 때 비로소 사회복지자원이라 부를 수 있다. ② 사회복지자원의 범위와 형태는 당시의 역사상 · 시대적 상황을 반영하는 역사적 산물이며, 자원을 둘러싼 정치적 · 조직적 이해관계에 따라 달라지기도 한다. 이것이 어떤 형태로, 어느 정도 규모로 사용되는가에 따라 이를 둘러싼 다양한 이익집단의 주도권은 크게 변화된다. ③ 사회복지자원은 대체로 영리적 목적의 상품성에서 벗어나 비영리성 내지 탈상품성을 띤다. 따라서 지역사회는 사회문제의 장인 동시에 복지서비스 제공의 장이고(Zastrow, 1999), 사회복지 자원의 생산지이며 동시에 소비지이다. 지역사회자원을 개발한다는 것은 실천가가 지역사회복지 실천의 목적과 목표를 달성하는 데 필요한 시설 · 설비 · 자금 · 인력 · 프로그램 등을 지역사회 내에서 발굴하여 유용하게 만드는 것으로 정의해 볼 수 있다.

(2) 다수 주민 직접 참여를 촉진하는 방법

현대사회는 산업화 이후 복지사회를 지향하고 있고, 지역사회주민들의 복지 욕구도 다양해지고 있다. 욕구가 다양해지는 만큼 지역주민들의 생활상 욕구 충족에 필요한 서비스의 종류나 양, 그리고 질이 불충분하게 된다. 따라서 주민 직접 참여를 촉진하는 방법으로 개인과의 직접적인 접촉을 통해 필요한 활동에 참여하도록 하며, 다양한 지역사회 내의 문제를 해결할 수 있도록 해야 한다. 실천가는 지역주민들을 만나서 그들이 느끼는 문제와 욕구를 확인하고 규명해야 한다. 특히, 주민 참여에 소극적이고 회피하는 경우, 다양한 원인을 찾아 극복할 수 있도록 돕는다. 실천가는 지역주민들의 개인적 선호도를 적극적으로 활용하여 접촉이 개별적이고 직접적인 것이 되도록 노력해야 한다.

이러한 지역사회자원개발과 동원은 지역주민들의 서비스 제공의 효과성과 효율성을 높여 준다. 또한 자원개발과정을 통하여 지역사회주민들이 복지 제공기관에 접근할 기회를 제공할 수 있고, 지역사회주민 상호 간의 연대성을 증진시키는 효과도 기대할 수 있다. 실천가가 이러한 공식적 자원의 한계성을 극복하고 더 나은 양질의 서비스를 제공하기 위해서는 지역사회 내에 잠재되어 있는 민간자원을 적극적으로 개발하고 동원하는 노력이 요구된다.

(3) 새로운 지역사회자원을 개발하는 방법

지역사회자원개발의 방법으로서는 개인과 집단, 그리고 조직을 통해 개발할 수 있으며, 자원체계 면에서는 비공식적인 자원체계(가족, 친구, 이웃 등)와 공식적인 자원체계(각종 협회 등), 사회적인 자원체계(병원, 학교 등)로 구분하여 이루어질 수 있다. 자원개발의 기본적인 전략을 제시하면 다음과 같다.

첫째, 지역사회자원개발을 위해서는 지역사회자원의 소재에 대한 사전 조사가 먼저 이루어져야 한다. 지역사회에서는 다양한 인적 물적자원이 있다. 지역사회 내에 설치된 복지기관이나 단체에서 일정한 프로그램을 개발하고 실행하고자 할 때는 그에 필요한 지역자원에 대한 사전조사가 이루어져야 한다. 사전조사 없이 실행 과정에서 부족한 인적 물적자원을 구하는 경우, 원하는 자원을 주어진 시간 내에 획득하기 어렵다.

둘째, 지역사회 내에 이미 존재하는 자원봉사 조직이나 공동모금회 등을 적절하게 활용하는 방법이 요구된다. 개별 사회복지기관이나 단체에서 새롭게 자원을 개발하기 위하여 투자되는 시간과 노력에 비하면 제도적으로 조직화한 체계를 활용하는 기술이 실천가에게는 요구된다. 아울러 개별 사회복지시설이 이미 확보한 자원봉사자나 후원자를 설득하여 추가적인 자원을 끌어내는 방법도 유용할 수 있다.

셋째, 평소에 개별 복지기관이나 단체에서 필요로 하는 자원을 내용과 분야에 따라 분류하여 관리하는 방법이 있다. 인적자원은 크게 의료, 교육, 법률 등 전문지식을 필요로 하는 전문가 자원이다. 사전 교육이나 동기부여만으로 투입이 가능한 일반자원봉사자로 나누어 관리하고, 물적자원은 기업체와 물품 종류, 금액 정도, 지원기간, 지원 방법 등으로 세분하여 관리하면 적절한 자원 동원이 용이하게 사용될 수 있다.

넷째, 지역사회주민의 복지 욕구에 기반을 둔 자원개발이 요구된다. 지역사회자원은 거주 지역 내에 산재하고 있는 문제나 욕구 정도를 어느 정도 인식하고 있는 경우가 많다. 따라서 지역사회 내에 설치된 복지기관이나 단체에서는 평소에 지역사회 사정을 통해 욕구조사나 만족도 조사 등을 미리 조사해야 한다. 왜냐하면 자원봉사자나 후원자를 설득하고 프로그램을 홍보하기 위해서는 유용한 근거자료가 될 수 있기 때문이다.

다섯째, 일단 활용이 된 자원이라고 하더라도 사후관리가 요구된다. 예를 들면, 자원봉사자의 경우 자원봉사 시간과 활동을 관리망에 기록하고 활동과정을 격려한다. 물적자원을 기부한 후원자에게는 영수증 처리나 사용된 내용을 서류로 알려 주는 과정이 필요하다.

여섯째, 직접 방문이나 거리 홍보를 통한 자원개발 방법이 기본적인 방식이 되기는 하지만 홈페이지, ARS 등으로 상시적인 모금의 방법에도 초점을 맞추어야 한다. 특히, 최근에는 트위터(twitter)나 페이스북(facebook) 등의 SNS(social Networking Service)를 사용하고 있는 계층이 늘어나고 있기 때문에 새로운 미디어를 이용한 후원 개발에도 관심을 기울여야 한다.

4. 지역사회 조직화

지역사회 조직화는 다양한 개념이 혼용되고 있어, 지역사회 조직화의 개념을 먼저 알아본 후, 조직화 기술에 대해서 살펴보고자 한다.

1) 조직화의 개념

지역사회 조직화를 정의하려면 우선 문헌에서 언급하고 있는 지역사회 조직화와 관련된 개념을 인식해야 한다. 지역사회조직은 미국에서 1970년대까지 지역사회실천과 동일한 의미로 쓰인 개념이다. 그러다가 1980년대부터는 지역사회 실천의 다양한 모델이 나오게 되면서 지역사회조직이라는 개념 부분에서의 한계가 드러났고, 이보다 더 포괄적인 의미인 지역사회실천이나 지역사회개입이라는 용어를 사용하게 되었다(맹두열 · 심영미, 2011). 우리나라도 이에 영향을 받아 지역사회복지 실천과 지역사회 조직화를 동등한 차원의 개념으로 이해하여(김종일, 2003) 왔으나 이 장에서는 지역사회 조직화를 지역사회실천의 하위개념으로 간주하고자 한다(맹두열 · 심영미, 2011).

지역사회 조직화와 유사하게 쓰인 개념에는 지역사회주민조직화, 주민조직화, 커뮤니티빌딩(community building)이 있다. 우선 지역사회 조직화에 대한 정의를 살펴보면, 하드캐슬 등(2011)은 지역사회 조직화는 현재 상황을 변화시키기 위한 지역사회 내 사람들의 연계를 포함한다고 보았다. 그들은 지역사회 조직화라는 과정을 통해 이루어진 집단을 '지역사회조직으로' 간주하였다. 이러한 점에서 지역사회 조직화는 사회적 연계성(connectiveness)과 응집성(cohesion) 그리고 역량(capacity)을 보호하고 강화하기 위해 정의된 지리적 · 기능적 영역 내 사람들이 함께하는 활동(Hardcastle et al., 2011)으로 정의된다. 킹슬리 등(Kingsley et al., 1997)은 지역사회 조직화를 지역사회주민이 그들의 인식을 형성하고 공적 생활의 관심사를 새롭게 하며 광범위한 이슈와 관련된 그들의 권리를 위해 싸우도록 결집하는 것으로 보았다. 조셉과 오글트리(Joseph & Ogletree, 1996)는 지역사회 조직화를 중요한 지역사회 내적 · 외적 자원의 범위를 인식하고 만들기 위해 시도하는 장기적인(long-term) 관계성과 역량 만들기 과정으로 보았다. 여기에 중요한 것은 지역자원의 인식, 지역사회 맥락에 대한 정보수집, 지역사회의 대표와 시작 단계의 전임 파트너(full partners), 지역 리더의 개발과 훈련, 지역사회의 내적 및 외적 다양한 관심사 네트워크의 강화가 포함된다고 보았다. 노먼(Norman, 1998)은 지역사회 문제를 해결하는 실천활동으로 주민들은 이 과정에 참여함으로써, 잠재력 발휘와 공동체 의식을 고양하고 자신들이 직면한 문제를 해결하는 힘을 길러 나가는 것으로 보았다(한재랑, 2001 재인용). 루빈과 루빈(1986)은 사람들이 공유하는 문제를 위해 함께 투쟁하고 자신의 삶에 영향을 주는 결정에 대해 이야기할 힘을 길러 스스로 결정할 수 있게 이끄는 것이라고 정의하였다. 비클렌(Biklen, 1983)은 지역사회주민들의 욕구를 발굴하고 지역사회 문제로 이슈화, 지역사회문제와 욕구를 조직함으로써 주민들을 참여시키는 활동의 과정을(한재랑, 2001 재인용) 지역사회 조직화라고 언급하였다. 매티시치와 먼시(Mattessich & Monsey, 1997)는 자조하기 위해 지역사회 구성원을 불러 모으고 도구를 가진 그들을 지역사회 활동에 참여하게 하는 과정이라고 정의하였다.

국내 연구자들의 정의도 국외 연구자들과 크게 다르지는 않는다. 홍현미라(1998)는 지역사회 조직화란 주민들을 조직화하여 하나의 '세력' 또는 '조직'으로 고유하게 존재할 수 있게 하는 실천 방법이라고 정의하였다. 김종일(2005)은 지역사회복지의 실천

방법 가운데 하나로서 지역주민들을 조직화하여 지역사회 문제를 해결하는 과정이라고 하였다. 서울복지재단(2005)은 지역사회 조직화를 주민 조직화 및 교육 등을 통해 주민들의 노력과 역량을 결집하고, 주민참여를 통해 지역문제 해결과 주민공동체 의식을 형성하도록 유도·지원하는 사업영역이라고 하였다(맹두열·심영미, 2011; 재인용).

이러한 정의를 분석해 보면 조직화의 목적에 대해 공통적으로 주민의 힘을 기름, 문제해결, 사회적 인식 형성, 공동체 의식, 주민참여, 지역사회 자원 인식 및 조성을 언급하였다. 여기에서 우리는 지역사회 조직화가 주민의 임파워먼트와 문제해결에 초점을 두고 있다는 점을 확인할 수 있다. 대상의 측면에서는 지역사회의 문제나 지역사회 역량 및 자원을 지역사회 조직화의 대상이라고 보는 연구자가 대부분이었으나, 매티시치와 먼시, 홍현미라는 주민을 그 대상이라고 보았고 목적과 활동 형태에 따라 그 대상을 다르게 보는 연구자들도 있었다. 활동형태는 대부분 연구자가 주민들이 조직되는 것이라고 보았고 주민참여, 지역사회 관계성과 역량, 자원의 인식 및 강화, 교육을 언급하였다. 주체자에 관해서 언급한 연구자 대부분은 주민이 그 주체라고 보았다. 그리고 최옥채는 주민 조직화를 시작할 때는 지역사회 실천가이며 그 이후에는 주민이라고 보았으며, 마지막으로 대부분 연구자는 지역사회 조직화를 지역사회 실천의 한 방법이나 활동 과정으로 보았다.

여기서 주의 깊게 살펴볼 것은 이처럼 주민의 임파워먼트를 목적으로 삼는다고 하더라도 주민을 대상과 주체자 중 누구로 보느냐에 따라 관점의 차이를 가져올 수 있다는 것이다. 즉, 지역사회 조직화를 이끄는 주축을 전문가인 사회복지사로 보는가 혹은 주민으로 보는가에 따라 사회복지사가 힘을 부여하는 것이 될 수도 있고, 주민들이 스스로 힘을 모아 진행한다고 생각할 수 있다. 이 책에서는 최옥채의 견해에 동의하나 한 걸음 더 나아간 이마리아(2008)와 동일한 입장을 따른다. 처음에 주민의 임파워먼트와 문제해결이라는 목적을 위해 지역사회실천가로서 사회복지사가 지역사회 내 문제해결의 필요성을 지역사회주민에게 알려 준다. 그리고 주민들을 모으는 주창자(initiator)의 역할을 하나 궁극적으로는 지역사회 조직화의 목적인 문제해결을 위한 힘을 모으고 기르는 것의 주체는 주민이라는 것이다. 다시 말하면, 최옥채가 언급한 시기상의 주체에서 한 걸음 더 나아가 목적과 수단상의 주체의 개념을 주요하게 보는 것이다. 즉, 실천가는 목적을 위한 수단의 주체가 되는 것이고 주민들은 목적의 주체가 되는 것이다(이마리아, 2008). 지금까지의 논의를 정리하면 〈표 7-2〉와 같으며, 이를 종합하여 이 책에서는 지역사회 조직화를 다음과 같이 정의하고자 한다. 지역사회 조직화는 실천가가 지역사회 문제를 이슈화하고 주민들을 불러 모은다. 조직한 주민들이 회합을 통해 지역사회 자원을 동원하고 지역사회 활동에 참여함으로써, 지역사회 내 문제해결을 할 수 있는 역량을 인식하고 강화하기 위한 지역사회 실천의 한 영역이다.

〈표 7-2〉 **학자들의 정의**

학자	내용
Biklen(1983)	지역사회주민들의 욕구를 발굴하고 지역사회 문제로 이슈화, 지역사회문제와 욕구를 조직함으로써 주민들을 참여시키는 활동의 과정
Rubin & Rubin (1986)	사람들이 공유하는 문제를 위해 함께 투쟁하고 자신의 삶에 영향을 주는 결정에 대해 이야기할 힘을 길러 스스로 결정할 수 있게 이끄는 것
Joseph & Ogletree (1996)	지역사회 조직화를 중요한 지역사회 내적 · 외적 자원의 범위를 인식하고 만들기 위해 시도하는 장기적인(long-term) 관계성 및 역량 만들기 과정
Mattessich & Monsey(1997)	자조하기 위해 지역사회 구성원을 불러 모으고 도구를 가진 그들을 지역사회 활동에 참여하게 하는 과정
Kingsley et al. (1997)	지역사회 조직화를 지역사회주민이 그들의 인식을 형성하고 공적 생활의 관심사를 새롭게 하며 광범위한 이슈와 관련된 그들의 권리를 위해 싸우도록 결집하는 것
홍현미라(1998)	주민들을 조직화하여 하나의 '세력' 또는 '조직'으로 고유하게 존재할 수 있게 하는 실천방법
한재랑(2001)	지역사회 문제를 해결하는 실천 활동으로 주민들은 이 과정에 참여함으로써, 잠재력 발휘와 공동체 의식을 고양하고 자신들이 직면한 문제를 해결할 수 있는 힘을 길러 나가는 것, 지역주민들을 세력화하고 주민조직을 만들어 지역사회발전에 지속적으로 복무할 수 있도록 하는 것
최종혁 · 이연 (2001)	주민조직화라는 개념을 지역사회 조직화와 동일하게 사용하여 이를 생활의 장인 지역사회 내에서 지역사회의 자원을 동원하여 문제를 해결하고 생활의 질을 향상시키기 위하여 주민참여를 촉진시키기 위한 활동

학자	내용
최옥채(2001)	지역사회의 문제를 해결하거나 예방하기 위해 지역사회실천가가 합당한 지역사회주민들로 모임을 만들고, 이 모임이 회합을 통해 문제해결능력을 키워 나가는 지역사회실천의 한 부분
김종일(2005)	지역사회복지의 실천 방법 가운데 하나로서 지역주민들을 조직화하여 지역사회 문제를 해결하는 과정
서울복지재단(2005)	주민조직화 및 교육 등을 통해 주민들의 노력과 역량을 집결하고, 주민참여를 통해 지역문제 해결과 주민공동체 의식을 형성하도록 유도 · 지원하는 사업영역
Hardcastle et al.(2011)	현재 상황을 변화시키기 위한 지역사회 내 사람들의 연계를 포함한다고 봄. 그들은 지역사회 조직화라는 과정을 통해 이루어진 집단을 지역사회 조직으로 간주

2) 조직화 기술의 내용

조직화 기술은 클라이언트의 문제를 해결하는 데 필요한 인력이나 서비스를 규합하고 나아가 조직의 목표를 성취하도록 운영해 나가는 기술이다. 앞서 정의한 내용 중 실천가는, ① 지역사회 내 문제를 이슈화하고 주민들을 불러 모아(조직한 주민들의 회합을 통해), ② 지역사회자원을 동원하고 지역사회 활동에 참여함으로써(주민들이 스스로 힘을 길러), ③ 지역 내 문제해결을 하기 위한 지역사회 실천의 한 영역이라고 정의한 내용을 바탕으로 조직화의 기술은 조직형성, 문제해결, 지역사회 역량강화로 세분화하여 설명하고자 한다.

(1) 조직형성

조직화는 문제해결을 위한 지속적인 관계 형성을 바탕으로 한 체계인 조직이 형성된다는 강점을 갖고 있다. 조직화에서는 무엇보다 대인관계의 기술이 중요하며, 다른 사람이 말하는 것을 이해하고 중요한 쟁점을 파악하는 능력을 갖추는 것이(김태동 외, 2014) 우선되어야 한다. 루빈과 루빈(1986)은 지역사회 조직화가 장기적이고 지속적인 문제해결을 위해 조직형성을 목표로 한다고 언급하면서 조직은 공유된 목적과 목표를 가진 지속적인 활동체계라고 정의하였다. 알린스키(1983)는 지역사회주민 스스로가 주어진 문제들을 해결해 나가기 위해 조직을 만든다(홍현미라, 1998 재인용)고 하였고, 로렌스(Lawrence, 1998)는 지역사회 조직화의 목표로 조직건설을 설정하였다(한재랑, 2001 재인용).

이러한 조직형성이 갖는 중요성에 대해 루빈과 루빈(1986)은 어떤 문제에 대해 빠른 대응을 할 수 있고, 특정한 이슈에 대해 구체적인 승리를 얻어 내지 못한다고 하더라도 지역사회 활동을 통해 지역사회 내 행정 등의 의사결정 과정에 있어 차후라도 영향력을 미칠 수 있다고 하였다. 이처럼 지역사회 조직화를 통해 조직이 형성됨으로써 주민들이 지역사회에 자신의 권리를 주장하는 힘을 획득할 수 있다는 데 중요한 시사점이 된다. 몬드로스와 윌슨(Mondros & Wilson, 1994)은 풀뿌리 모델의 조직화에서 회원 선발, 지속적 회원 참여 및 심의과정이 포함된다고 언급하였고, 문홍빈(2000)은 임파워먼트를 위한 지역사회조직 사례 연구에서 몬드로스와 윌슨의 분석 틀을 바탕으로 지역사회 조직화에서 회원의 가입과 탈퇴, 회원으로서의 역할 규정, 지속적인 회원 활동을 포함시켜 지역사회 조직화 과정을 분석하였다.

(2) 문제해결

앞서 언급한 지역사회 조직화의 정의에서도 볼 수 있듯이 지역사회 조직화는 문제해결을 목적으로 삼는다. 비클렌(1983)은 지역사회 조직화가 지역사회주민들의 욕구를 발굴하고 지역사회 문제로 이슈화함으로써 주민들을 참여시키는 과정이라고 보았다. 이때 주민을 조직화하고 사회를 변화시키기 위해서는 특정한 조건들을 문제화시키고 이 문제를 다른 사람도 깨닫도록 전략을 선택하며, 그것을 극복하기 위한 계획을 만들어 내는 과정이 필요하다고 하였다(한재랑, 2001 재인용). 한재랑(2001)은 이러한 일련의 과정을 지역사회 조직화에 있어 문제를 해결해 가는 과정으로 정의할 수 있다고 언급하였다. 루빈과 루빈(1986)은 주민들이 겪고 있는 지역사회의 문제들을 집단으로 해결하는 것이며, 중요한 임무는 개인적인 문제를 공공의 문제로 전환하는 것으로 정의하였고, 알린스키는 조직화를 통해 힘을 발전시키고 이때 개인적인 이익에서 공동의 이익을 추구하는 새로운 경험을 갖게 된다고 하였다(홍현미라, 1998 재인용). 몬드로스와 윌슨(1994)은 풀뿌리모델의 조직화에서 이슈, 전략개발과 수행, 성과와 평가가 포함됨을 언급하였고, 문홍빈(2000)은 임파워먼트를 위한 지역사회조직 사례 연구에서 몬드로스와 윌슨의 분석 틀을 바탕으로 지역사회 조직화에 이슈의 발굴, 그에 대한 전략의 결정, 구체적인 전략 실천을 위한 자원 동원을 포함해 지역사회 조직화 과정을 분석하였다. 이 같은 내용은 전술하였던 문제의 해결과 같은 맥락에서 볼 수 있다.

(3) 지역사회 역량강화

지역사회 역량강화는 지역사회의 능력(community ability)을 향상할 수 있는 사회적 역량(social capacity)을 강화하는 것이라고 볼 수 있다. 사회적 역량에 대해 매티시치와 먼시(1997)는 지역사회 구성원이 효과적으로 서로 일할 수 있는 정도이고 이것은 구체적으로 강한 관계를 발전시키고 유지하는 정도, 문제를 해결하고 집단 의사결정을 하는 정도, 목표를 확인하고 일을 마치기 위해 효과적으로 협동하는 정도라고 하였다. 역량 만들기(capacity building)에 대한 연구자들의 견해를 살펴보면, 크리스텐슨과 로빈슨(Christenson & Robinson, 1989)은 역량 만들기는 합의하여 정의한 목표의 완수를 위해 그들의 자원을 조직하고 동원하는 주민의 능력(Mattessich & Monsey, 1997 재인용)이라 하였다. 메이어(Mayer, 1994)는 지역사회역량은 지역사회 강점을 발전시키고 문제를 다루기 위해 배치하는 혼합된 지역사회의 헌신, 자원, 기술의 영향이라고 언급하였다(Mattessich & Monsey, 1997 재인용). 루빈과 루빈(1986)은 역량은 증가하는 다양성과 복잡성의 문제를 성공적으로 처리할 수 있는 것이라고 표현하였고, 맥닐리(McNeely, 1996)는 역량 만들기는 리더십 기술, 집단 문제해결, 협력하는 방법, 지역사회 자산, 문제, 지역사회주민이 조직되고 참가하는 기회에 대한 실제적인 이해를 높이는 활동(Mattessich & Monsey, 1997 재인용)이라고 하였다. 따라서 지역사회가 가지고 있는 사회적 역량이란 지역사회주민들이 집단 의사결정 과정을 통해 강한 관계를 맺으며, 지역사회의 강점을 발전시켜 지역사회자원을 조직하고 동원하여 지역사회의 다양하고 복잡한 문제를 해결해 나가는 것(이마리아, 2007)이라고 할 수 있다.

사회적 역량을 지역사회 조직화 측면에서 살펴보면 다음과 같다. 코트렐(Cottrell, 1977)은 집단과 지역사회 수준에서 임파워먼트의 향상이 조직의 활동을 통해 지역사회 능력을 강화하는 것이라고 하였다. 그리고 효과적으로 문제를 해결하는 능력과 더 나아가 사회적 · 환경적 대응능력을 갖춤으로써 지역사회 역량을 강화한다고 하였다. 여기에서는 이미 살펴본 문제를 해결하는 능력을 제외하고 지역사회 능력 강화의 측면을 살펴보도록 하겠다. 코트렐(1977)이 언급한 지역사회 역량 강화 측면의 지역사회 역량으로는 투신과 전념을 강화하는 활동에 관계함, 지역사회 쟁점과 관심을 명료화함, 구성원의 지역사회 참여를 장려함(Mattaini et al., 1998; 이팔환 외 역, 2000 재인용)이 포함되는데 이들은 지역사회주민들이 공동체 의식을 가지고 지역사회 내의 변화를 추구하는 것으로 볼 수 있다. 즉, 지역사회 변화에 대한 책임감 함양과 그 변화를 위한 지역사회 활동에 참여하는 것으로 이는 한재랑(2001)이 언급한 사회변화에 대한 책임감 향상에 해당한다고 볼 수 있다.

한편, 로렌스(1998), 로스만(1974), 정외영(1998), 한재랑(2001)은 토착리더십 개발을 지역사회 조직화의 목표로 보았고 한재랑(2001)은 지역사회 역량강화 과정 가운데 지역사회 문제를 해결하기 위하여 적극적으로 참여하고 주민들을 이끌어 갈 수 있는 토착리더가 발굴된다고 언급하였다. 또한 간즈(Ganz, 2002), 린시컴(Linthicum, 2001), 스목(Smock, 2000), 미즈라히(Mizrahi, 1999)는 리더십 개발이 사회적 역량, 즉 지역사회 역량과 유사한 개념으로 사용되는 사회자본 구축에 유효하다고 언급하였다. 이들은 지역사회 조직화 방식의 사회자본 구축은 참여 전략보다는 조직화 전략을 사용하기 때문에 리더십 개발 기술이 사회관계를 재구조화하는 데 중요하다고 강조(홍현미라, 2005 재인용)하였기에 토착리더십 개발을 지역사회 역량강화에 포함하는 데 무리가 없다고 본다. 따라서 이 책에서는 지역사회의 역량강화를 토착지도력 개발과 사회변화에 대한 책임감 향상의 측면에서 살펴보고자 한다.

① 토착지도력 개발

토착지도력 개발은 조직화 과정을 통해 조직 내에서 구성원과 조직을 이끌어 나가는 지도자가 발굴되어 지도력을 발휘하는 것이다. 로렌스(1998), 정외영(1998), 한재랑(2001)은 지도력 개발을 지역사회 조직화의 목표로 보았다. 지역사회 조직화에 있어서는 다양한 주민의 참여를 유도하고, 지속적인 참여를 이끌어 내는 것이 중요한데 이는 지도력 훈련을 통해서 가능하다. 지도력을 개발하는 것은 생활의 장에서 지속적인 활동을 통해 축적될 수 있으므로(한국도시연구소, 2001) 오랜 기간을 두고 지역사회 조직화를 해 나가는 목적으로 볼 수 있다. 또한 주민자치조직을 활용한 지역사회조직사업을 분석한 최종혁과 이연(2001)의 연구결과에 따르면, 실패한 영구임대주택 지역의 지역사회 조직화 사업의 장애 변인은 민주적 토착지도자의 부재로 나타났지만, 지속적인 활동을 이어 가고 있는 주민조직은 리더십을 갖춘 지도자가 존재하였기에 그 같은 활동이 가능하였다. 이처럼 토착지도자 발굴은 지역사회의 지도력을 재생산하고 구축하는 전략으로 지역사회 문제해결을 위한 지속적인 자립 기반을 마련한다는 데 그 의의가 있다.

② 사회변화에 대한 책임감 향상

사회변화에 대한 책임감 향상은 지역사회 조직화 과정을 통해 구성원들이 사회정의에 대한 관심이 증가하고 사회변화를 추구하고자 하는 공동체 의식을 갖게 되는 것이다. 비클렌은 지역사회 조직화의 목적을 크게 정의, 자치, 사회변화의 추구라고 보았다. 정의란 지역의 모든 사람이 아무런 차별 없이 지역사회의 모든 자원에 접근할 수 있는 상태(주로 제도적인 정의)와 정의로운 시스템 안에서 공평하게 대접받는 상태, 그들 자신을 위한 사회적 조건을 만드는 상태를 의미한다. 주민들을 위한 사회적 조건을 만든다는 것은 이들이 지역사회로부터 주거와 의식, 의료지원, 교육 등의 혜택을 받을 수 있는 권리를 의미한다. 자치는 자신들의 미래를 스스로 결정할 수 있는 권리를 일컫는다. 사회변화의 추구는 앞서 설명한 정의와 자치를 지역사회와 나아가 전체 사회에 구현하고자 하는 것(Biklen, 1983: 한국도시연구소, 2001 재인용)을 말한다. 이러한 점은 지역사회 조직화가 개인의 변화를 넘어서서 거시적 차원에서 지역사회의 변화를 추구하는 지역사회 실천의 한 영역이라는 것을 나타낸다고 볼 수 있다. 김종해(1995)는 주민들의 참여 과정에서 주민의식이 향상된다고 하였다. 이때 주민의식이 향상된다는 것은 조직의 구성원끼리 역사적 경험의 공유라는 동질성을 기반으로 '우리'라는 공동체 의식을 형성하는 것이라고 볼 수 있다. 그는 주민의식을 구체화하여 지역주민 의식이라고 언급하기도 했는데 이는 사람들이 자신이 거주하는 지역사회에 대한 동일시나 소속감을 느끼는 태도로 정의할 수 있다고 하였다. 이러한 소속감은 지역사회의 문화, 가치, 규범 등을 수용하게 함으로써 지역사회 생활환경의 문제를 해결하기 위한 지역사회 행동에 참여를 증진하는 것이다(김종해, 1995). 이는 앞서 언급한 비클렌(1983)의 지역사회 조직화의 목적과 일맥상통한다고 볼 수 있다. 최종혁과 이연(2001)은 지역사회 조직화로 인해 조직구성원 간의 상호신뢰와 응집력이 생겨 지속적인 활동이 가능하였다고 언급하였다. 또한 최옥채(2005)는 지역사회 조직화가 주민의 자발적 참여와 적극적인 대응 활동과 깊은 연관이 있다고 언급하였다.

Chapter

08

지역사회보장계획

Chapter

08

지역사회보장계획

1. 지역사회보장계획의 개요

지역사회보장계획은 지역자원의 통합적 시행계획 수립과 지역주민의 참여를 유도하고, 지역의 사회복지 공급주체로서의 공공과 민간 간 협력하여 지역사회복지의 추진에 관한 사항을 종합적으로 정한 계획이다(보건복지부, 2018). 추진 목적은 지역주민 욕구, 자원 등 복지환경을 고려하여 지역사회의 다양한 주체들의 참여를 통해 사회보장 사업의 우선순위 등을 결정한다. 지역의 복지과제를 종합적 · 계획적으로 추진하기 위해 4년마다 수립하며, 해마다 연차별 시행계획을 세운다. 지역사회보장계획의 수립은 주민의 복지 욕구를 충족시키기 위한 서비스체계 확보와 자원 조달을 위한 수단이며, 동시에 지역의 문제에 대한 주민과 관계자의 학습과 활동을 조직화하는 과정이다.

참여정부의 지방분권 정책에 따라 중앙정부의 권한이 지방으로 이양되고 지방자치가 활성화되면서 지방의 자율성과 책임성이 강화되었다. 더 나아가 민간 복지 부문도 사회적 변화에 맞춰 중앙정부의 기획에 따라 지방정부가 정책을 집행하는 기존의 형태에서 벗어나 지역의 특성에 더 민감한 복지서비스에 대한 필요성이 제기되었다. 이러한 흐름에서 2003년 「사회복지사업법」 개정을 통해 2005년 7월 31일부터 시·도지사 또는 시·군·구 청장은 4년마다 지역사회복지계획과 연차별 시행계획을 수립하도록 의무화되었다. 지역사회복지계획은 지역사회복지서비스의 제공을 제도적으로 보장하여 안정적으로 공급할 수 있으며, 계획수립이나 실행 시에 주민참여를 통해 주민자치, 지방자치를 실현할 수 있고, 주민의 복지 욕구와 필요도가 계획에 직접 반영되어 실제적인 지역사회복지를 이룰 수 있다. 또한 지역사회복지계획을 수립, 실행, 평가하는 과정 가운데 민간이 공공영역과 대등한 관계로 상호 비판적인 협력을 할 수 있기에 지역사회복지계획이 필요하다. 이에 제1기 지역사회복지계획(2007~2010년)과 제2기 지역사회복지계획(2011~2014년), 제3기 지역사회보장계획(2015~2018년)은 완료되었고, 제4기(2019~2022) 지역사회보장계획은 시행하고 있으며, 현재 제5기 지역사회보장계획(2023~2026)을 수립하고 있다.

한편, 복지 사각지대가 존재하고 그로 인한 '송파 세 모녀 사건'과 같은 자살 등이 이슈화되면서 2014년 12월에 「사회보장급여의 이용·제공 및 수급권자 발굴에 관한 법률」 제정안이 통과되고 2015년 7월부터 시행되어 지역사회보장계획을 수립하도록 의무화되었다. '복지계획'에서 '보장계획'으로 명칭을 변경한 '지역사회보장계획'은 사회복지 영역의 확대와 동시에 지방자치단체의 책임성이 강화되었음을 의미한다(박은순·하태수, 2019). 「사회보장급여의 이용·제공 및 수급권자 발굴에 관한 법률」은 「사회보장기본법」에 따른 사회보장급여의 이용 및 제공에 관한 기준과 절차 등 기본적 사항을 규정하고 지원을 받지 못하는 지원 대상자를 발굴하여 지원함으로써 사회보장급여를 필요로 하는 사람에게 인간다운 생활을 할 권리를 최대한 보장한다. 이 법률은 사회보장급여가 공정하고 효과적으로 제공되도록 하며, 사회보장제도가 지역사회에서 통합적으로 시행될 수 있는 기반 구축을 목적으로 한다(전호승, 2016).

〈표 8-1〉 **지역사회보장계획 개요**

시기	내용
2003년	「사회복지사업법」 개정으로 2005년 7월 31일부터 시·군·구청장, 시·도지사는 4년마다 지역사회복지계획 및 연차별 시행계획을 수립하도록 의무화 함
2007~2010년	제1기 지역사회복지계획 시행
2011~2014년	제2기 지역사회복지계획 시행
2015~2018년	제3기 지역사회복지계획 시행 2015년 7월 「사회복지사업법」 제15조상의 '지역사회복지계획'이 삭제되고 신규 입법인 「사회보장급여 이용·제공 수급권자 발굴에 관한 법률」에서 '지역사회보장계획'으로 변경됨
2019~2022년	제4기 지역사회보장계획 시행
2023~2026년	제5기 지역사회보장계획 수립 및 시행 예정

TIP

'송파 세 모녀 사건' 복지 사각지대에 대한 논란과 법안 개정

서울 송파구에 거주하던 세 모녀가 생활고로 고생하다 2014년 2월 방안에서 번개탄을 피워 놓고 동반 자살한 사건이다. 지하 셋방에서 살던 세 모녀는 질병을 앓고 있는 것은 물론 수입도 없는 상태였으나, 국가와 자치단체가 구축한 어떤 사회보장체계의 도움도 받지 못했다. 이들은 2014년 2월 마지막 집세와 공과금 70만 원, 그리고 죄송하다는 내용의 유서를 남기고 자살했다.

이 사건 이후 복지 사각지대에 대한 논란과 법안 개정의 목소리가 높아졌으며, 결국 2014년 12월 송파 세 모녀법으로 불리는 「국민기초생활 보장법」 및 「긴급복지지원법」 개정안, 「사회보장급여의 이용·제공 및 수급권 발굴에 관한 법률」 제정 등 복지 사각지대 해소와 관련된 3개 법안이 국회를 통과했다. 이에 따라 「국민기초생활 보장법」 및 「긴급복지 지원법」, 「사회보장급여의 이용·제공 및 수급권 발굴에 관한 법률」이 2014년 12월 30일 개정·제정 6개월 뒤인 2015년 7월 1일부터 시행된다.

「사회보장급여의 이용·제공 및 수급권자 발굴에 관한 법률」의 주요 내용은 사회보장 지원을 받지 못하는 지원 대상자 발굴을 위한 근거를 마련해 정부가 단전·단수 가구 정보나 건강보험료 체납 가구 정보 등을 이용해 위기 가구를 발굴할 수 있도록 했다. 2015년 7월 1일부터 개정·제정된 법률의 시행에 따라 지역사회복지계획이 지역사회보장계획으로, 지역사회복지협의체는 지역사회보장협의체로 명칭이 변경되었다.

2. 지역사회보장계획 수립의 원칙

1) 지역사회복지계획 수립(제1기~제2기)

지역사회복지계획은 「사회복지사업법」 제15조 제4항에서 제시된 바와 같이 복지 수요의 측정 및 전망, 사회복지시설 및 재가복지의 장·단기 공급 대책, 인력·조직 및 재정 등의 복지자원의 조달 및 관리, 사회복지 전달체계, 사회복지 및 보건의료서비스의 연계 제공 방안, 지역사회복지에 관련된 통계의 수집 및 정리, 사회복지시설에 종사하는 사람의 처우 개선 사항, 기타사항 등을 포함하여 이루어진다. 지역사회복지계획 수립 시 지켜져야 하는 주요 원칙(보건복지부, 2014)은 다음과 같다.

첫째, 지역성은 지역 고유의 특성이 반영될 수 있는 사업계획을 수립해야 한다는 의미다. 지역사회복지계획은 지역 특성을 반영하고, 지역주민에게 필요한 복지서비스를 공급하기 위한 목적에서 수립한다. 지역의 문제를 이해하고 해결하는 방법으로 계획의 구성 및 내용이 작성되어 지역 특성에 따른 다양한 계획이 나오도록 한다. 이 경우에도 자체 사업과 국고보조사업은 통합적인 관점에서 지역의 특성을 반영한 집행계획과 지역에 적합한 추진체계 구성을 위해 노력하여야 한다. 지역의 문제를 해결하는 방법으로 필요하면 지역주민을 위한 자체 사업을 추가 개발할 수도 있다.

둘째, 과학성은 객관성을 확보할 수 있는 과학적 기초자료를 확보해야 한다는 의미이다. 지역사회복지계획의 궁극적 목적은 지역주민의 복지 욕구를 파악하여 이를 토대로 지역주민의 복지를 증진하는 데 있다. 따라서 계획의 출발점은 주민의 복지 욕구를 정확하게 파악하는 것이다. 주민의 욕구가 무엇인가에 대한 객관적 고려와 주어진 환경과 복지자원은 어떠한지에 대한 현황분석이 과학적으로 조사되는 것을 원칙으로 한다.

셋째, 일관성은 지역사회복지계획이 상위계획 및 유관 계획, 연차별 시행계획 등과 일관성이 확보되어야 함을 의미하며, 지역사회복지의 청사진 역할을 하는 중기계획이면서 동시에 실제 실천 가능한 계획이어야 한다. 이는 각 해당 연도별 시행계획 수립과 사업의 목표 달성 정도를 평가하면서 매년 사업의 타당성 및 적절성을 반영하여 사업의 연속성이 확보되어야 한다. 즉, 이전 지역사회복지계획 및 관련 사회보장에 관한 지역계획, 중앙정부 및 시 · 도 상위계획의 방향과 일관성이 확보된 계획이어야 한다.

넷째, 실천성은 실천 가능한 계획이 되기 위한 행 · 재정계획이 수반되어야 함을 말한다. 지역사회복지계획의 실현 가능성을 높이기 위하여 사업의 추진체계, 전달체계 정비, 인력 및 재정계획, 복지시설 및 서비스의 장 · 단기 수요와 공급 대책 등이 반드시 수반되어야 한다. 또한 인력 · 재원이나 복지시설 등의 복지자원 확보 방안 자체가 핵심과제가 될 수 있다. 즉, 실천을 위한 행 · 재정 계획이 갖추어진 계획이 되어야 한다.

2) 지역사회보장계획 수립(제3기 이후)

지역사회복지계획은 2015년부터 지역사회보장계획으로 변화 실행하게 되었다. 「사회보장급여법」에 근거한 법정 계획으로서, 시 · 도 및 시 · 군 · 구 단위로 사회보장 부문을 아울러 수립하는 종합계획이다. 「사회보장급여법」(「사회보장급여의 이용 · 제공 및 수급권자 발굴에 관한 법률」) 제35조에 의거하여 지자체장은 4년마다 계획을 수립하고, 매년 지역사회보장계획에 따라 '연차별 시행계획'을 수립하여야 한다. 지역사회보장계획은 시 · 군 · 구 계획, 시 · 도 계획 그리고 특별자치시 계획으로 나누어서 살펴볼 수 있다. 「사회보장급여의 이용 · 제공 및 수급권자 발굴에 관한 법률」 제35조 제2항에 따른 시 · 군 · 구 지역사회보장계획은 지역사회보장 수요의 측정과 목표 및 추진전략, 지역사회보장의 목표를 점검할 수 있는 지표(이하 '지역사회보장지표')의 설정 및 목표, 지역사회보장의 분야별 추진전략과 중점 추진사업 및 연계협력 방안, 지역사회보장 전달체계의 조직과 운영, 사회보장급여의 사각지대 발굴 및 지원 방안, 지역사회보장에 필요한 재원의 규모와 조달 방안, 지역사회보장에 관한 통계 수집 및 관리 방안, 그 밖의 대통령령으로 정하는 사항(국가법령정보센터, 2015)을 포함한다.

시 · 도 지역사회보장계획은 시 · 군 · 구의 사회보장이 균형적이고 효과적으로 추진될 수 있도록 지원하기 위한 목표 및 전략, 지역사회보장지표의 설정 및 목표, 시 · 군 · 구에서 사회보장급여가 효과적으로 이용 및 제공될 수 있는 기반 구축 방안, 시 · 군 · 구 사회보장급여 담당 인력의 양성 및 전문성 제고 방안, 지역사회보장에 관한 통계자료의 수집 및 관리 방안, 그 밖에 지역사회보장 추진에 필요한 사항을 주요 내용으로 한다(국가법령정보센터, 2015).

특별자치시 지역사회보장계획은 시 · 군 · 구 지역사회보장계획의 내용에 더하여 사회보장급여가 효과적으로 이용 및 제공될 수 있는 기반 구축 방안, 사회보장급여 담당 인력의 양성 및 전문성 제고, 그 밖에 지역사회보장 추진에 필요한 사항을 포함하여야 한다(「사회보장급여법」 제36조의 제3호).

〈표 8-2〉 **지역사회보장계획 관련 「사회복지사업법」과 「사회보장급여법」 비교**

구분	「사회복지사업법」	「사회보장급여법」
명칭	지역사회복지계획	지역사회보장계획
범위	사회복지 · 보건의료 위주	고용 · 주거 · 교육 · 문화 · 환경 등 사회보장 범주
내용	• 복지 수요의 측정과 전망 • 사회복지시설 및 재가복지 공급 대책 • 복지자원의 조달 및 관리/사회복지 전달체계 • 사회복지와 보건의료서비스 연계 제공 방안 • 지역사회복지에 관련된 통계 수집 • 사회복지시설 종사자의 처우 개선	• 지역사회보장 수요의 측정, 목표 및 추진전략 • 지역사회보장지표의 설정 및 목표 • 분야별 추진전략, 중점 추진사업 및 연계 · 협력사업 • 필요한 재원 규모와 조달 방안 • 지역사회보장 전달체계의 조직과 운영 • 발굴 및 지원 방안 • 지역사회보장에 관한 통계 수집 및 관리 방안

3. 지역사회보장계획과 주민참여

지역사회보장계획은 해당 시 · 군 · 구의 향후 4년간의 예상되는 상황과 특성을 중심으로 간결히 서술하고, 시 · 군 · 구의 현안 과제 해결을 위한 계획의 방향을 개괄적으로 소개한다. 또한 시 · 군 · 구 공통으로 지역사회보장계획은 통합성, 참여성, 협동성을 실현하기 위한 노력을 제시한다. 여기서 통합성이란 지역사회의 전체적 방향 및 목적에 부합되고 상위계획 및 관련 계획과 연계를 두며 계획을 수립하여야 함을 말한다. 협동성은 공공과 민간이 협력하여 지역의 최종 성과 목표를 달성하는 것에 초점을 두는 것을 의미한다. 참여성은 지역주민과 지역사업의 주체가 되는 당사자들의 참여 과정을 포함하여 사업을 기획하는 것에 초점을 두어야 함을 말한다. 특히 제3기 지역사회보장계획 수립에서 가장 중요한 측면은 참여성이다. 지역주민의 지역사회보장계획 수립의 참여방식은 선언적인 차원보다는 실제적인 적용 및 반영이 중요하다. 지역사회보장계획 수립과정에서 지역주민의 참여(보건복지부, 2014)는 세 가지 영역에서 가능하다.

첫째, 기획 및 지역사회복지조사 단계다. 지역주민의 욕구 파악 자체가 주민의 사업 참여 개념으로 실시되어야 하며, 사업의 주체 기능을 할 수 있는 기본적 상황을 제공하는 측면으로 욕구조사가 진행되어야 한다. 따라서 욕구조사는 설문조사와 더불어 시 · 도 또는 시 · 군 · 구 홈페이지 게시판 분석, 필요시 주요 대상에 대한 추가조사, FGI(Focus Group Interview) 등 다양한 방식으로 지역주민의 의견에 접근해 나간다.

둘째, 계획수립 단계다. 계획수립 과정에 지역주민이 직접 참여하는 것이 바람직하나 이것이 어려울 경우 다양한 방식을 활용할 수 있다. 예를 들면, 민간기관에서 진행하고 있는 사업(프로그램)실행 단계에서의 문제를 과정적 차원과 내용적 측면에서 분석해 보면, 여기에서 사업의 대상인 지역주민과 직접적으로 관련된 문제가 나온다. 이러한 문제는 사업수행 과정에서 나온 주민의 욕구로 파악할 수 있으며, 이러한 문제를 해결해 나가는 것은 지역주민의 욕구에 접근하는 것이고, 크게 보면 지역주민의 참여로 볼 수 있다. 이 밖에 다양한 방식으로 주민의 욕구에 접근하고 참여하는 방안을 지역적 특성에 따라 개발하여 활용해야 한다.

셋째, 심의 · 보고 단계다. 계획보고서가 일차 완성된 이후 공청회나 공고 등의 형태로 지역주민의 의견을 수렴하는 과정이다. 이는 제1기 때부터 계획수립의 필수 과정으로 반영되어 왔다. 주민참여가 공청회 등의 형태로만 가는 것은 형식적인 참여로 일부 목소리가 큰 단체나 집단의 의견이 부각 될 가능성이 있으므로 이를 고려하여 여러 방법으로 계획수립 초기 단계부터 주민참여와 의견수렴이 가능하도록 진행한다.

지역사회보장계획은 한정된 공공자원의 한계를 극복하고, 지역사회 내 민간협력과 주민참여가 강조되며, 지역복지 공동체 형성, 주민참여 민 · 관 거버넌스 활성화 등 다양하고 직접적인 민 · 관 협력 활동을 도모한다.

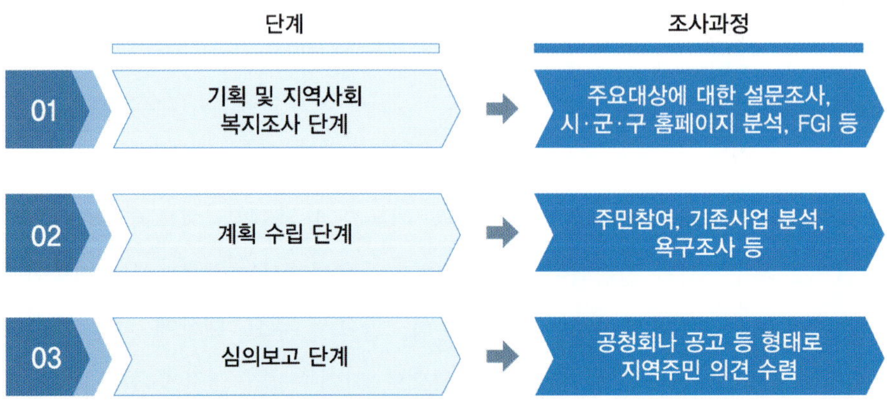

[그림 8-1] 단계별 지역주민 참여

4. 지역사회보장계획의 수립 및 시행절차

지역사회보장계획 수립 · 시행의 취지는 계획안을 통해 지자체 단위의 사회보장 수준과 변화 목표를 지역주민을 비롯한 모든 관계자가 확인하고, 지역에서 필요로 하는 복지를 창출하기 위하여 공공, 민간, 지역사회 주민이 함께하는 작업의 토대를 마련하는 데 있다. 이에 더하여 지자체의 특수성을 기초로 하되 국가정책의 보편적 방향을 반영하는 지역 정책을 설계하고, 계획안의 기본 틀을 공유함에 있다.

1) 수립단계 및 절차

「사회보장급여법」에 근거하여 지역사회보장계획 수립의 기본절차는 계획준비 단계, 지역분석 단계, 계획작성 단계, 의견수렴 단계, 계획심의 및 확정단계, 의회보고 및 제출 단계, 계획안 최종확정 단계로 이루어지고 있다.

(1) 계획준비 단계

계획준비 단계(계획수립을 위한 기획)는 시 · 군 · 구 지역사회보장계획의 수립을 위한 기획, 예산 확보 및 활용계획 등을 총괄하여, 계획수립을 준비한다. 계획수립의 전반적 기획은 시 · 도 사회보장위원회 또는 시 · 군 · 구 지역사회보장협의체와 담당 부서가 중심으로 이루어진다. 단, 사회보장 영역의 전문가나 이해관계자, 지역주민 등 지역사회 내 다양한 주체가 참여할 수 있는 계획수립을 위한 TF팀을 구성한다. TF팀은 계획수립을 주도하고 핵심적인 내용을 결정하며, 주민 의견을 수렴하거나 조율하는 일을 담당하게 된다. 또한 지방의회에 보고하는 등 계획에 대한 지역사회의 지지를 얻을 수 있는 활동을 수행한다. 계획수립단계에서 TF팀은 지역사회보장계획 수립을 위한 대표적인 추진체계로, 이것의 활성화 여부는 향후 사업 모니터링 TF, 계획 평가 TF의 활동에도 영향을 미칠 수 있기에 매우 중요하다.

(2) 지역분석 단계

지역분석 단계는 복지 수요와 공급 분석, 지자체에서 집중할 주요 사회보장 욕구 및 지역문제를 파악하는 것이기에 계획수립의 근거자료를 확보하는 과정이다. 지역사회가 가지고 있는 지역사회보장 자원의 인프라와 질, 지역주민의 사회보장 욕구 등을 조사·분석하여 지역사회의 전반적 사회보장 수준 및 문제를 진단하는 단계이다. 합리적인 지역사회보장계획 수립을 위해서는 문제의 원인 및 실태를 파악하는 지역분석 단계에 정확하고 객관적으로 접근할 필요가 있으며, 사회보장 영역의 지역단위 중장기 계획들(예: 지역보건계획 등)을 검토하는 것은 물론 기존 지역사회보장계획의 수립, 시행 절차 및 성과에 대한 철저한 검토와 진단이 필요하다.

지역분석을 위한 객관적 근거자료를 얻는 방법으로는 지역주민이 가지고 있는 욕구와 사회보장 서비스 인식 수준을 분석하는 '지역사회보장조사'와 서비스 공급량을 분석하는 '자원조사'가 있다. 이 과정은 전문성이 요구되는 과정이므로 보장 기관의 장은 필요시 사회보장에 관한 전문성과 인력, 장비를 갖춘 기관·법인·단체 등 민간 전문가집단에 해당 조사를 의뢰할 수 있다. 이때, 공공(관련 부서)은 지역사회보장조사의 원활한 진행을 위해 공문 발송 등 필요한 사항에 대해 협조하고 지원한다.

(3) 계획작성 단계

계획작성 단계는 각 지자체에서 수행할 구체적인 4개년도 지역사회보장계획안을 마련하는 단계이다. 지자체의 계획수립·실행 지원 연구계획 수립 TF팀은 지역분석을 통해 얻은 자료를 바탕으로 지역사회가 4개년 동안 사회보장 영역에서 가장 집중해야 할 정책적 목표와 추진전략들을 결정해야 한다.

특히, 추진전략의 성과를 높이기 위해 우선적으로 추진해야 할 사업들을 선정하며, 사업별로 대상자와 지원 내용, 예산 방안 마련, 사업모니터링 방안 등 구체적인 세부 사항들을 논의하여 결정해야 한다. 또한, 사회보장계획의 목표를 달성하고 지역주민의 사회보장 수준을 높이기 위해 부가적으로 필요한 재정 및 행정계획, 운영 점검 및 평가계획, 시 · 군 · 구 지원계획 방안 등 「사회보장급여법」 제36조에 명시된 지역사회보장계획의 내용을 모두 논의하고 구체적인 방안을 마련해야 한다.

(4) 의견수렴 단계

의견수렴 단계는 작성된 계획안의 지역성과 정당성을 확보하기 위해 지역주민 의견을 수렴하는 단계이다. 의견수렴은 계획안을 기획하고 마련하는 단계부터 지역주민 공청회, 전문가 간담회, 공모 등 다양한 방법으로 진행할 수 있다. 최종적으로 작성된 계획안은 법률에서 정하는 대로 지역사회보장 계획의 주요 내용을 20일 이상 공고하여 지역주민이나 이해관계자의 의견을 수렴해야 한다(「사회보장급여법」 제35조2).

(5) 계획심의 및 확정 단계

이 단계는 의견수렴을 거쳐 작성된 계획안을 심의하고 확정하는 단계이다. 시 · 군 · 구 및 시 · 도는 계획안을 지역사회보장협의체 및 사회보장 위원회에 제출하여 심의과정을 거쳐야 한다.

(6) 의회보고 및 제출 단계

이 단계는 심의가 끝난 계획안을 지방의회에 보고한 후, 시 · 도지사 및 보건복지부장관에게 제출하는 단계이다. 의회 보고는 향후 지역사회보장계획에 담긴 사업 및 행 · 재정 지원 계획과 관련하여 예산편성의 연계성을 제고하기 위한 것으로 의회 보고의 방식은 각 지자체에서 협의하여 결정할 수 있다.

(7) 계획안 최종확정 단계

계획안 최종확정 단계는 시 · 도지사 및 보건복지부 장관이 제출된 계획안을 최종으로 확정하는 단계이다. 시 · 군 · 구 및 시 · 도에서 제출된 계획안을 검토한 뒤, 시 · 도지사나 보건복지부 장관은 대통령령에 위반되는 사항이 있을 경우 조정을 권고할 수 있으며, 조정 권고 사항이 마무리되었으면 최종 계획안을 확정한다.

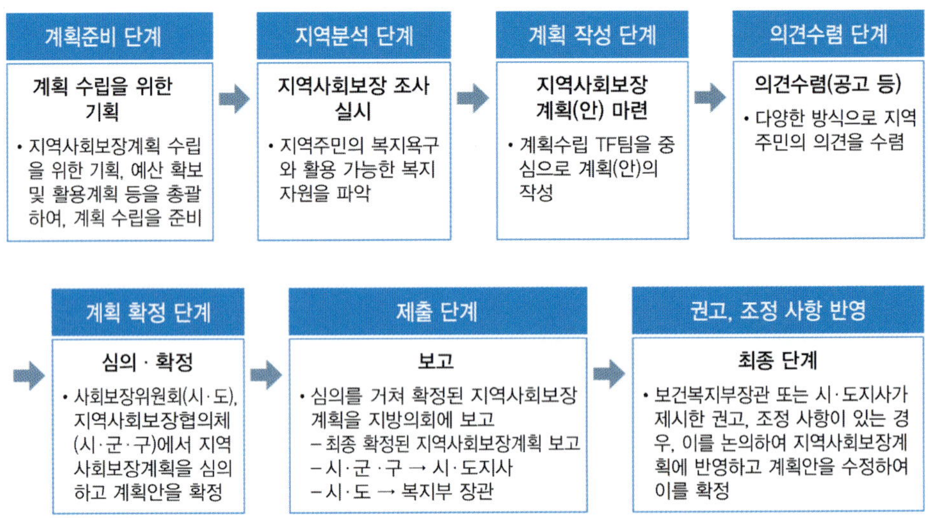

[그림 8-2] **지역사회보장계획 수립단계**

시 · 군 · 구 지역사회보장계획 수립 절차는 다음과 같다. 지역사회보장계획은 지역사회의 복지 욕구에 적합한 사업을 기획하여 추진하는 것이다. 따라서 시 · 군 · 구 차원에서 지역주민의 복지 욕구를 타당하게 분석하고, 이를 반영한 계획이 철저하게 이루어졌는지를 분석해야 한다. 지원계획은 시 · 군 · 구별로 작성할 수 있으며, 때에 따라 몇 개의 시 · 군 · 구를 묶어서 권역별로 지원계획을 수립하는 것도 가능하다. 지역사회보장계획 수립 절차를 도식화하면 [그림 8-3]과 같다.

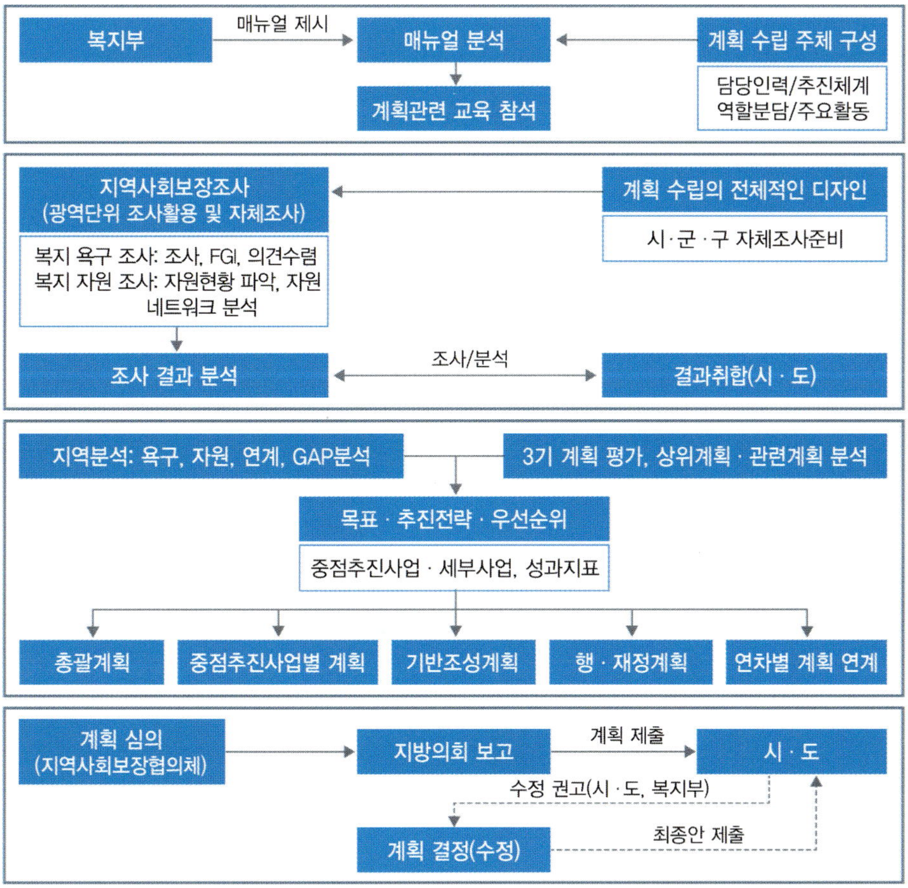

[그림 8-3] 시 · 군 · 구 지역사회보장계획 수립 절차

2) 지역사회보장계획 수립의 특징

(1) 제1기 지역사회복지계획(2007년~2010년)

제1기 지역사회복지계획의 수립은 지역사회에 기반한 복지계획이 태동한 것에 의의를 둘 수 있는데 방향은 지자체의 지역사회보장계획 수립 의무화와 사회복지사업 주체

로서의 지자체의 책임성과 경쟁력 강화라 할 수 있다. 지역 환경 및 특성에 따라 복지 수요를 전망하고 지역주민의 복지 욕구를 충족하기 위한 사업을 마련하도록 하였고, 지역사회 진단을 위해 욕구 조사와 자원조사를 실시하도록 제안하였다. 구체적인 조사 지침 없이 지역 자체적으로 조사 실시 여부를 결정하도록 지역사회복지 계획을 수립하였다는 특징이 있다.

하지만 제1기 지역사회복지계획 수립 · 시행에 한계점으로 지역 환경과 사회복지에 대한 연계성이 부족한 점과 지역사회복지계획 수립 이전까지 지역의 특수성이나 고유성을 고려하지 못하고, 지자체는 중앙에서 계획한 정책을 집행하는 집행대리인으로서 보편적 · 획일적인 복지정책을 집행한 점, 지자체의 역량이 부족하고 지역주민의 관심과 참여도가 낮은 점을 지적하였다.

(2) 제2기 지역사회복지계획(2011년~2014년)

제2기 지역사회복지계획은 민간 영역 역할의 비중이 커지고 조금 더 발전된 형태로 지자체에서 사회복지 영역의 종합계획으로 자리를 잡게 되면서(정홍원 외, 2013), 지역사회복지 종합계획으로서의 위상을 정립하였다고 할 수 있다. 민간 부문의 역할이 중요한 위치를 차지하며 민관협력기구로서 지역사회복지협의체가 계획수립의 주체로 부각되었다. 지역사회복지계획의 비전과 목표, 사업영역, 세부 사업을 제시하고 수요 공급의 격차와 관련된 문제를 분석하였다. 계획수립 내용을 서비스 대상자별로 구분하고, 부문별 사업계획을 제시하되 지역 역량을 집중적으로 투자하고자 하는 지역주력사업과 일반사업을 구분하여 작성한 점이 특징적이다.

제1기 계획과의 차별된 점은 원활한 사업수행을 위한 예산과 자원 확보를 위해 민간자원 활용 및 발굴을 시도하려는 노력이 시작되었고, 보다 체계적이고 과학적인 지역사회 진단을 위해 선택 가능한 다양한 조사 방식과 내용을 제시하도록 하였다는 점이다. 또한, 지역사회복지계획의 이행력 및 성과를 높이기 위해 평가계획을 제시하고 자체 평가 방식을 추진하고, 지역사회복지계획의 심의 절차를 강화하여 지자체장의 보고를 필수적으로 수행하도록 하였다.

하지만 지역사회복지계획에 대한 지자체 복지 관계자들의 인식 부족으로 계획수립의 내용 및 실천이 기존에 지자체에서 실시해 오던 사회복지사업을 영역별로 모아 놓은 행정 주도의 사회복지계획 수준에 그친 점(박태영, 2014)과 계획의 내용에 지역의 특성을 반영하지 못하여 사업 내용이 유사하고 구호성 계획이 대부분을 차지한 점이 제2기 지역사회복지계획의 한계점으로 지적되고 있다.

(3) 제3기 지역사회복지계획(2015년~2018년)

제3기 지역사회복지계획은 급변하는 복지환경에 대응하고 지역의 특수성을 반영하는 지자체 주도의 계획수립으로 자리매김하고, 지역사회보장계획을 수립하는 과정에서 민·관 파트너십의 중요성 및 주민참여에 대한 인식이 향상되었다고 평가하고 있다. 이전 계획과의 차별성은 정책의 우선순위를 정하고 그에 근거한 전략 목표를 설정하도록 설계함으로써 지역사회복지계획 수립과정에 단계화를 설정하고, 지역분석 조사 방법을 더 상세하게 파악하였다는 점이다. 그리고 체계적인 방식과 전문성 확보를 통해 욕구조사와 자원조사의 표준화를 시도하였다. 뿐만 아니라 지역의 특성을 고려하여 지자체만의 고유한 사회복지 비전과 계획을 수립하도록 인식의 전환을 시도하고 계획수립 TF 구성에 대한 지자체의 자율성을 강화하고 다양한 주체의 참여를 독려하였다. 특히 시·군·구 지역사회복지계획에 대한 검토와 지원 방안 마련을 위해 시·도별로 자체 지역사회복지계획 수립을 추진하도록 하였다는 점이 특징적이다.

한편 「사회보장급여법」의 제정·시행으로 인하여 제3기 계획의 2차 시행 연도인 2016년도의 연차별 시행계획에서부터 보건·복지 외에 사회보장 영역에 지역사회보장 지표 중 여건 지표와 핵심 지표 위주로 시범 적용하여 시행하였다. 그러나 제3기 지역사회복지계획은 계획수립 시 중점 추진사업의 모호성과 주민 욕구 파악을 위한 욕구조사와 관련하여 항목의 복잡성, 표본의 대표성 등의 문제로 조사의 당위성과 조사결과의 일반화에 한계가 존재하였음을 지적하고 있다.

(4) 제4기 지역사회보장계획(2019년~2022년)

제4기 지역사회보장계획 수립의 방향성은 지자체의 재량 영역 확대와 상향식 의사 반영 구조 강화였는데, 특히 사회보장 기본계획, 국정과제 등 중앙정부 정책 방향 및 기본 틀을 고려하되 지역 역량 및 여건을 고려한 주도적 계획수립이 부각되도록 하였다. 그리고 체계적이고 합리적인 성과관리 및 평가체계 마련을 통해 연차별 시행 결과에 따른 환류와 계획 구성의 간소화 및 합리화를 통해 계획의 실효성을 제고하도록 구성하였다. 이러한 방향성에 따라 제4기 지역사회보장계획은 지자체의 주도성 향상, 합리적 사회보장사업 운영 기반 마련, 국가 사회보장사업 운영의 효율화, 전국의 균형적 사회보장 추진을 기대하며 계획을 수립하였다.

제4기 지역사회보장계획에서는 계획 간의 연속성을 고려하여 제3기 계획의 기본 틀을 유지하되 계획 내용의 실효성, 구성의 논리적 연계성·체계성을 높일 수 있도록 매뉴얼을 개선하였다는 점이 특징적이다. 성과지표와 목표 수준의 설정을 자체 사업으로 제한하여 지자체에서 4년간 집중할 주요 사회보장 욕구와 사업에 더 집중하고, 지역의 추진전략과 목표 달성에서 유기적 관계를 갖도록 구성하였다(국고보조사업 제외). 특히 사회보장 영역의 부서 간 소통 및 참여 주체 간 협력적 실천을 강조하기 위해 사회보장 영역을 고려한 계획수립 및 실행 과정상 유관 부문과의 협력을 강화하는 데 중점을 두었다. 그리고 지역주민 욕구조사에 대한 지자체의 부담이 완화될 수 있도록 지원하고, 조사 결과(통계자료)의 정책 활용도를 제고하고, 평가 주기, 평가 방식 등에 대한 개선 방안을 모색함으로써 보다 체계적이고 과학적인 접근을 시도하였다.

〈표 8-3〉 **기수별 지역사회보장계획의 변화**

구분	주요 내용
법(제도)적 기반 구축	• 2003년 「사회복지사업법」 개정안에 지역사회복지계획 관련 법적 조항을 마련함으로써 지역복지 추진 기반 구축
제1기 계획 (2007–2010)	• 최초의 지역사회복지계획 수립 및 이행

구분	주요 내용
제2기 계획 (2011–2014)	• 지역사회복지협의체를 중심으로 지역사회복지계획을 수립, 이행하는 지자체 증가
제3기 계획 (2015–2018)	• 지역 주민이 참여하는 지역보장계획의 비전과 전략 수립 • 2015년 「사회보장급여법」 시행에 따른 지역사회보장계획의 확대 및 지표 활용
제4기 계획 (2019–2022)	• 지역 자체 사업 중심의 사회보장계획 수립 • 체계적인 평가체계 마련

출처: 강혜규 외(2018: 32).

5. 지역사회보장계획의 분석 및 평가

시·도지사 및 시장·군수·구청장은 지역사회보장에 관한 계획을 4년마다 수립하고, 매년 지역사회보장계획에 따라 연차별 시행계획을 수립하여야 한다(「사회보장급여법」 제35조 1).

이 경우, 「사회보장기본법」 제16조에 따른 사회보장에 관한 기본계획과 연계되도록 해야 한다. 시장·군수·구청장은 지역사회보장계획(연차별 시행계획을 포함) 수립 시 지역주민 등 이해관계인의 의견을 청취한 후 계획을 수립하며, 수립된 계획은 해당 시·군·구의 지역사회보장협의체 심의와 의회 보고를 거친 후 시·도지사에게 제출한다. 그리고 시·도지사는 제출받은 시·군·구의 지역사회보장계획을 지원하는 내용 등을 포함한 해당 광역시·도의 사회보장계획을 수립해야 한다. 이렇게 수립된 시·도(특별자치시·도 포함)의 지역사회보장계획은 시·도사회보장위원회의 심의와 의회의 보고를 거쳐 최종적으로 보건복지부 장관에게 제출하게 된다. 지역사회보장계획은 다음과 같은 내용을 포함하여야 한다.

1) 지역사회보장계획 내용

(1) 시 · 군 · 구 지역사회보장계획(「사회보장급여법」 제36조의1)

- 지역사회보장 수요의 측정, 목표 및 추진전략
- 지역사회보장의 목표를 점검할 수 있는 지표(지역사회보장지표)의 설정 및 목표
- 지역사회보장의 분야별 추진전략, 중점 추진사업 및 연계 · 협력 방안
- 지역사회보장 전달체계의 조직과 운영
- 사회보장급여의 사각지대 발굴 및 지원 방안
- 지역사회보장에 필요한 재원의 규모와 조달 방안
- 지역사회보장에 관련한 통계 수집 및 관리 방안
- 그 밖에 대통령령으로 정하는 사항

(2) 시 · 도 지역사회보장계획(「사회보장급여법」 제36조의2)

- 시 · 군 · 구의 사회보장이 균형적이고 효과적으로 추진될 수 있도록 지원하기 위한 목표 및 전략
- 지역사회보장지표의 설정 및 목표
- 시 · 군 · 구에서 사회보장급여가 효과적으로 이용 및 제공될 수 있는 기반 구축
- 시 · 군 · 구 사회보장급여 담당 인력의 양성 및 전문성 제고 방안
- 지역사회보장에 관한 통계자료의 수집 및 관리 방안
- 그 밖에 지역사회보장 추진에 필요한 사항

(3) 특별자치시 지역사회보장계획(「사회보장급여법」 제36조의3)

- 시 · 군 · 구 지역사회보장계획의 내용 포함
- 사회보장급여가 효과적으로 이용 및 제공될 수 있는 기반 구축 방안
- 사회보장급여 담당 인력의 양성 및 전문성 제고
- 그 밖에 지역사회보장 추진에 필요한 사항

시 · 도지사 또는 시장 · 군수 · 구청장은 지역사회보장계획을 시행(「사회보장급여법」 제37조) 할 때, 필요가 인정되면 사회보장 관련 민간 법인 · 단체 · 시설에 인력, 기술, 재정 등을 지원을 할 수 있고 사회보장의 환경 변화, 「사회보장기본법」 제16조에 따른 사회보장에 관한 기본계획의 변경 등이 있는 경우 지역사회보장계획을 변경할 수 있다. 변경 절차는 「사회보장급여법」 제35조를 준용, 시 · 군 · 구 지역사회보장협의체 및 시 · 도 사회보장위원회의 심의와 의회의 보고를 거치게 되어 있다.

보건복지부 장관은 시 · 도 지역사회보장계획 평가를, 시 · 도지사는 시 · 군 · 구 지역사회보장계획의 시행 결과를 각각 보건복지부령으로 정하는 바에 따라 평가할 수 있다. 시 · 도지사가 시 · 군 · 구 평가를 시행하였을 때 그 결과를 보건복지부 장관에게 제출하여야 하며, 보건복지부 장관은 이를 종합 · 검토하여 사회보장위원회에 보고해야 한다. 보건복지부 장관 또는 시 · 도지사는 필요한 경우 평가 결과를 반영하여 사회보장사업 수행에 필요한 비용을 지원 근거(「사회보장급여법」 제47조, 지방자치단체에 대한 지원)에 따라 지원할 수 있다.

2) 지역사회보장계획 수립 · 시행 · 평가 전체 추진 과정

지역사회보장계획은 지역사회에 등장하는 새로운 위험과 문제에 대응하기 위해 지속적인 모니터링과 사업수행에 대한 피드백이 필요하며, 중기계획의 대응적 역할을 위해 매년 본 계획에 근거해 연차별로 시행계획을 별도로 수립하고 시행 결과를 평가하도록 하는 순환구조를 갖도록 체계화되어 있다.

보건복지부 장관은 지역사회보장균형발전을 지원하기 위해 관련 법률사회보장급여의 이용 · 제공 및 수급권자 발굴에 관한 법률(「사회보장급여법」 제46조 및 동법 시행규칙 제10조, '15.7월 시행)에 근거하여 지역사회보장균형발전지원센터를 설치 · 운영하고 있다. 지자체의 주도적인 사회보장사업 운영기반 마련을 지원, 지역 간 사회보장 수준의 격차 완화를 통한 지자체 단위 사회보장사업의 내실화 도모를 목적으로 지역사회보장

균형발전지원센터를 한국보건사회연구원에 위탁운영하고 있다.

지역사회보장균형발전지원센터의 역할을 좀 더 구체적으로 살펴보면, 과학적 · 체계적 중앙-지방의 복지사업 운영 체계 마련 등을 위하여 지자체(시 · 도 및 시 · 군 · 구)의 사회보장 추진현황 분석, 지역사회보장계획(연차별 시행계획 포함)의 수립 · 이행 지원 및 평가, 시행 결과 평가, 지역사회보장조사 및 지역사회보장지표 등 사회보장에 필요한 통계자료의 수집 및 분석, 지역사회보장 전달체계 개선에 관한 사항, 지역사회보장 수급 분석 및 지역사회보장지표 개발 등의 업무를 수행한다.

지역사회보장계획은 모든 시 · 도 및 시 · 군 · 구가 각 지역의 사회보장 부문을 아울러 수립하는 법정 종합계획이기 때문에 이를 통해 지역 내 욕구 및 자원 점검, 사회보

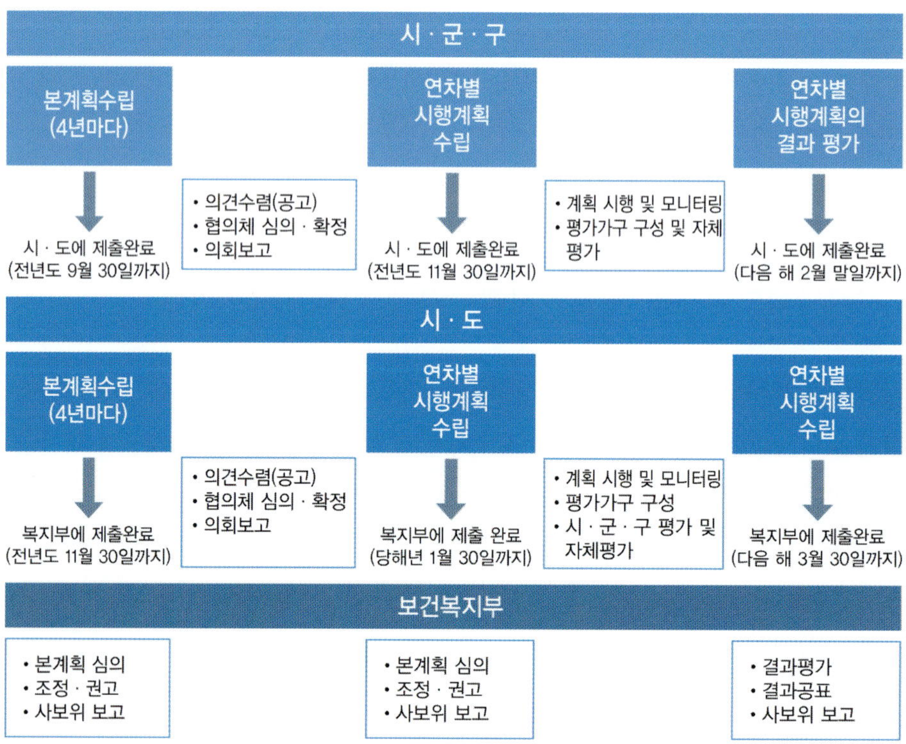

[그림 8-4] 지역사회보장계획 수립 · 시행 · 평가 추진과정

출처: 강혜규 외(2018: 38).

장 수준과 변화 목표 공유, 민 · 관 협력과 지역 주민 참여를 통해 지역사회보장 발전을 모색하는 기회를 얻게 된다. 지역사회보장계획 수립 · 시행 · 평가 추진과정은 [그림 8-4]에서 구체적으로 확인할 수 있는데, 계획의 '수립-시행-평가' 과정을 통해 더 체계적이고 논리적인 근거에 기반한 사업 추진이 가능하고, 특히 지역의 특수성과 지역 내 수요에 더 긴밀하게 대응하는 기반이 되는 것이다.

TIP

지역사회보장계획 우수사례

사례1: (전라남도) 지역의 고령화, 저출산 문제에 대응할 수 있는 사업을 민 · 관이 협력하여 기획하고, 추진한 사업 참고

순위	사업명	참여기관		기관별 역할	주요 사업 내용	사업 효과
1	홀로사는 "노인 안부 살피기" 사업	지자체	전남 시 · 군	• 사업계획 수립 및 총괄 • 고독사 지킴이단 모집 • 현장 확인(모니터링)	• 고독사 지킴이단이 2~3일에 한 번씩 직접 독거노인 가정 방문 • 우유 · 요구르트 · 두유 등을 전달하면서 안부 살피기 전개(건강 · 불편사항 등)	• 지역 주민이 지역사회보장 체계에 참여하여 사회적 안전망을 직접 만들어 가는 과정을 통해 참여자는 물론 주민 모두가 만족감이 매우 높은 복지행정으로 자리 잡음
		민간	고독사 지킴이단	• 독거노인 가정 방문 • 유제품 전달 · 안부 확인 • 이상 징후 발생 시 신고 • 만족도 조사 실시 등		
2	공공산후 조리원 설립 및 운영	지자체	전남 시 · 군	• 사업전반 관리 • 업무협약 총괄 등	• 공공산후조리원 신축 및 리모델링 지원 • 진료장비 지원, 운영비 지원, 전담인력(11명) 인건비 지원 • 국민기초생활수급자, 셋째 자녀 이상, 다문화가정 등 이용료 70% 지원 등	• 취약계층 출산 가정에 경제적 부담이 해소되는 실질적인 사회보장대책 제공 • 출산과 양육에 유리한 환경을 조성하고 산모 · 신생아의 건강 증진 확보 • 만족도 높은 출산정책 실천으로 "아이와 함께하는 건강가정 문화 확산" 기여
		민간	해남종합병원, 강진의료원, 완도대성병원, 나주빛바람병원	• 사업 안내 및 참여 • 병원비 27% 지원 • 만족도 조사 실시 등		
			생명보험 사회공헌재단	• 프로그램 지원 ※ 요가, 웃음치료 등		

출처: 보건복지부 · 보건사회연구원(2019).

사례2: (부산광역시 사상구) 구민 복지 체감도 향상을 위한 참여형 복지문화 형성 및 주민협력 지원체계 강화 노력 우수[우리마을 지킴이 '사상복지기동대' 운영]

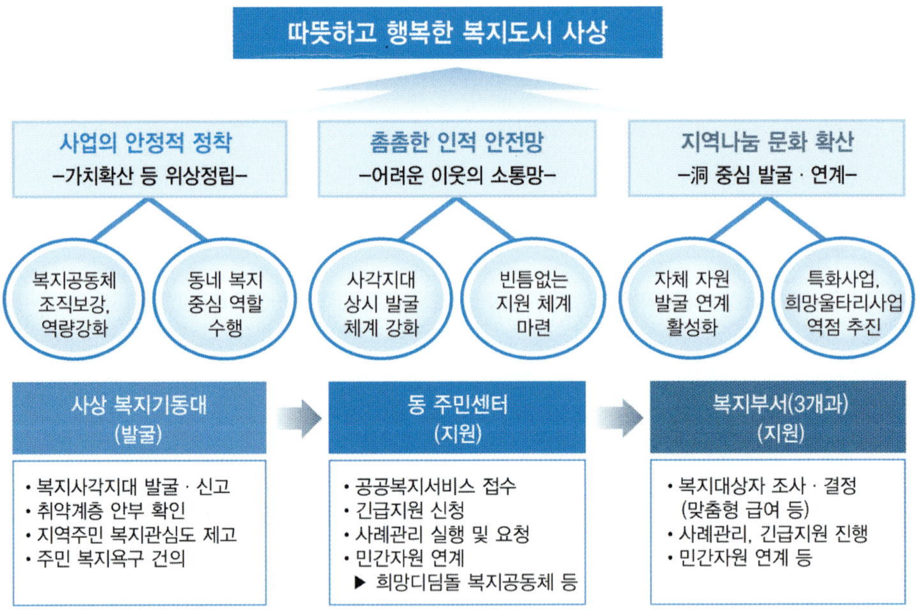

출처: 보건복지부 · 보건사회연구원(2019).

Chapter

09

지역사회복지교육

Chapter

09

지역사회복지교육

1. 지역사회복지교육의 개요

포플은 지역사회복지 실천모델을 여덟 가지로 유형화하였다. 그중 지역사회교육(community education)모델은 교육과 지역사회 간의 관계를 보다 밀접하고 동등한 관계로 방향을 설정하였다. 교육과정은 지역사회 구성원의 경험, 문화, 가치 등의 타당성과 지역주민의 제안과 지지, 주민 주체 형성을 도모하려는 노력이 요구되며 그 일환으로 지역사회 중심의 복지교육에 관한 역할이 무엇보다 강조되고 있다. 복지교육은 기본적으로 민주주의를 바탕으로 하는 시민교육이며 일반적으로 정상화(nomalization)이념을 토대로 지역사회 안에서 실천력을 익혀 가는 과정을 포함한다. 그것은 단순한 지식 전달이 아닌 전인적인 발달과 깊은 관련이 있다. 지역주민에 대한 기본적인 인권을 보호하고, 존중하기 위한 인권 감각 및 의식개발, 현행 사회복지제도의 이해, 생활자로서의 지식 · 경험에 기초한 문제파악, 문제해결을 위한 실천 의욕 고양과 실천방법 등의 측면에서 탐구가 이루어져야 한다.

따라서 복지교육은 다음과 같이 정의할 수 있다. ① 복지교육은 시민교육이며, 생활권 보장을 현실화하기 위한 교육이다. ② 복지교육은 인권에 입각한 자기교육 운동이다. ③ 정상화이념의 구현을 목표로 국민의 사회복지 문제에 대한 이해와 관심을 가지고, 문제해결을 위한 실천력을 키우는 교육 활동이다(박태영 · 채현탁, 2014).

2. 지역사회복지교육의 목적과 필요성

복지교육이 필요한 배경은 크게 다섯 가지로 정리할 수 있다.

첫째, 고령화 사회의 도래와 경제구조의 급격한 변화에 따른 고령화 문제는 지역사회주민이 참가를 통해 해결해야할 과제이다.

둘째, 장애인과 함께 살아가는 지역사회를 만들어야 한다. 장애를 가지고 있는 사람도 자신의 가치관에 따라 다양한 선택(일상생활에서)이 이루어지도록 물리적, 정신적인 환경을 조성해야 한다. 국제적으로는 유엔(United Nations)이 '1981년을 세계장애인의 해'로 지정하면서 모든 국가에게 장애인을 위한 복지사업과 기념행사를 추진하도록 하였다. 그후 장애인의 완전한 사회참여와 평등(fullparticipation and equality)이라는 주제로 국제적인 운동을 전개한다는 결의가 만장일치로 채택되었다. 이에 따라 장애인의 전면적인 사회참여, 다른 시민과 똑같은 생활조건의 개선을 평등하게 누릴 것을 지향한 것이다.

셋째, 아동 · 청소년 발달의 왜곡은 건강하게 기능하는 사회인으로의 성장을 저해한다. 유문무(2009)의 연구에 따르면, 아동 · 청소년들은 학교 교육의 왜곡으로 인해 사회유대감의 상실, 집단귀속 의식, 과업 성취감의 결여, 대인관계 및 자기표현 능력 부족, 생활기술 능력 부족 등이 나타나고 있다. 아동 · 청소년의 일상생활에 있어서 '사람을 사람답게 하는 기능'의 회복과 타인과의 교제 속에서 자신이 가진 세계에 대한 흥미와 존재 의식을 발견하며 성장할 수 있어야 한다. 따라서 아동 · 청소년이 다양한 사회복지 문제를 체험해 볼 수 있는 기회를 학교 교육과정의 일환으로, 그리고 학교 밖 활동에서도 전개되어야 한다.

넷째, 지역의 연대력 상실과 정치적 무관심에 대한 재고이다. 인간은 사회적 동물로 어떠한 경우에도 혼자 살아갈 수는 없다. 하지만 현대사회는 급격한 공업화, 도시화로 지역사회 귀속의식과 그 연대감을 상실시키고 교육격차, 정보격차, 아동양육 문제, 이혼율 증가 등 여러 가지 현상과 사회문제를 유발시키고 있다. 이러한 기능 상실은 자신의 지역사회를 어떻게 만들 것인가에 대해 전혀 관심을 나타내지 않으며, 다수의 무관심층을 만들어 내고 있다(유문무, 2009). 주민 스스로가 지역사회 만들기에 참여하는 것은 민주주의의 기본이며(유문무, 2009) 지역의 연대력, 교육력, 복지력의 회복과도 무관하지 않다. 이에, 지역사회 만들기에 자발적으로 참여하는 지역주민 활동을 어떻게 촉진할 것인가에 대한 방향 모색이 필요하다.

다섯째, 국제화 시대에 있어서 국경을 초월하는 연대의식에 대한 고려가 필요하다. 현대사회의 세계화와 세계 시민사회의 의미는 생산, 교환, 정보통신 등의 세계적 확산이 가져온 세계체제의 객관적 흐름이라 할 수 있다. 전략적 측면에서 보면 국제 사회에서 일류의 위치를 차지하기 위해 국가 경쟁력을 높이고 세계 무대에 능동적으로 참여해야 한다. 하지만, 규범적 측면에서 세계화의 의미는 새로운 인류 공동체 형성에의 길을 추구하는 과정에서 찾아볼 수 있다. 따라서 인류의 보편적인 가치인 난민문제, 인권문제, 평화문제, 환경문제 등과 같은 초국가적 쟁점에 대한 교육적 관심과 접근, 그리고 자신이 살고 있는 지역사회로부터 세계를 바라보는 판단력과 실천력이 오늘날 우리에게 필요한 것이다.

3. 지역사회복지교육의 실천방법

1) 복지교육 과정

복지교육의 과정은 사회복지서비스를 이용하는 사람들을 지역사회로부터 소외시키는 일이 없이 함께 생활하는 것이다. 더 나아가 실천활동을 통하여 인권에 대한 중요성을 깨달으면서 실천적 복지 활동을 몸으로 익히는 일련의 교육적 활동을 포함한다(유문무, 2009; 박태영 · 채현탁, 2014). 복지교육 과정은 총 5단계로 인식, 관심유지, 문제발견, 문제해결, 평가단계로 이루어진다.

(1) 인식 단계

인식 단계는 타인의 존재를 인식하고 그 생활을 이해하는 단계이다. 이 단계에서는 인간존중, 인권사상을 접하게 되는데 이러한 사상을 접하게 되면 삶의 의미를 인식하거나 사회 전반에 관심을 가지게 된다. 따라서 실천가는 지역주민들이 살고 있는 지역사회의 문화나 자원, 환경 등에 대하여 인식하는 활동을 추진해 볼 수 있다.

〈표 9-1〉 **인식 단계**

단계	내용
기본적 관점	자신과 타인의 존재를 인식하고 그 생활을 이해하기 (인간존중, 인권사상, 삶의 의미를 인식)
방문 · 교류활동	우리가 살고 있는 사회에는 어린이, 어른, 노인, 장애인 등 여러 부류의 사람들이 있으며, 이들은 다른 많은 사람과 관계를 형성하고 있음을 인식하기(사회, 인간 그리고 생활에 대한 이해)
지역사회활동	우리가 살고 있는 지역사회의 문화나 자원, 환경 등에 대하여 인식하기
구체적인 학습	영화 감상회, 비디오 감상회, 패널토론 학습회, 강연회 등을 통해 학습하기

(2) 관심유지 단계

관심유지는 생활을 인식하는 것에서 출발하여 타인이나 사회에 대한 관심을 가지게 된다. 이 단계는 지금까지 몰랐던 새로운 세계에 대하여 관심을 가짐으로써 사회복지에 대해 알게 되는 단계다. 실천가는 현재 지역사회가 어떤 상황에 있는가를 확인하는 활동을 통해 관심을 가지도록 한다.

〈표 9-2〉 **관심유지 단계**

단계	내용
기본적 관점	생활을 이해하고 나서 타인이나 사회에 대한 관심을 유지하기
방문 · 교류활동	특히 노인, 장애가 있는 사람들의 생활실태를 인식하고, 지역사회 안에서 어떠한 생활을 하고 있는가에 주목하기(사회복지에 대한 관심과 이해)
지역사회활동	현재 어떤 상황에 있는가를 확인하기
구체적인 학습	영화감상회, 자료 · 도서 조사, 관계기관 · 단체방문, 정보입수 등을 통해 학습하기

(3) 문제발견 단계

문제발견 단계는 관심유지 단계에서 더욱 심화되어야 한다. 이 단계에서는 문제를 발견하고 그 문제에 대해 생각하게 하는 단계다. 즉, 문제를 발견하고 인식하는 단계로 공생력을 육성하는 기초단계이기도 하다. 공생력은 복지과제를 공유화하여 주체적으로 해결하기 위해 실천력을 기르는 것이다. 따라서 실천 프로그램을 통하여 참가자 한 사람 한 사람이 자신의 언어로 과제를 이야기하고 자기 내부의 문제로 인식하며, 자기 생활을 통하여 행동하는 것이 요구된다. 지역사회에서 우선 해결되어야 할 문제가 무엇인가를 생각하게 하고, 이러한 문제의식을 발전시켜 과제해결의 실천력을 기르도록 하는 것이 중요하다. 특히, 여러 가지 문제를 문제로써 정리하고 끝내는 것이 아니라, 그러한 문제가 자기 자신의 생활과 어떻게 관계가 있는가를 생각하게 한다. 그리고 자신의 문제로 파악하며 그 해결에 임하고자 하는 자세를 기르는 것이 절실히 요구된다. 그러기 위해서는 과제의 공유화가 필요하며 중요하다고 할 수 있다.

〈표 9-3〉 문제발견 단계

단계	내용
기본적 관점	관심 속에서 문제를 발견하고, 그 문제를 고려하기
방문 · 교류활동	지역사회 안에서 사회복지시설에서의 생활실태를 이해하고, 그곳에서의 문제는 무엇이며, 무엇을 할 수 있는지를 생각하기(문제의 발견과 인식)
지역사회활동	우선적으로 해결되어야 할 것이 무엇인가를 생각하기
구체적인 학습	토론의 장 개설, 자원봉사활동 입문, 강습회 등을 통해 학습하기

(4) 문제해결 활동 단계

문제해결 활동은 문제해결 방법을 인식하고, 해결을 위해 학습 및 실천하는 단계다. 이 단계는 체험학습이나 체험활동을 통해 학습하고 실천하기에 가장 적합하다. 다른 활동으로는 지역사회의 자연환경 실태를 조사하여 그 해결방법을 생각할 수 있다. 따라서 다양한 지역사회의 문제해결을 위한 활동이 추진될 수 있으며, 학습이나 활동경험의 표현을 통해 심화시키려는 노력도 필요하다. 실제로 자신들의 학습성과 또는 그 과정을 제삼자에게 전하는 작업이나 체험은 자신의 학습에 도움이 된다. 이때 학습을 참가자만으로 완결하지 않고, 자기 생각이나 사상을 밖으로 표현하는 기회를 만듦으로써 학습의 깊이와 넓이가 생긴다.

〈표 9-4〉 문제해결 활동 단계

단계	내용
기본적 관점	문제해결을 위한 방법을 인식하고, 해결을 위한 활동을 실천하기(학습과 실천)
방문 · 교류 활동	사회복지시설을 견학하거나 방문하고, 사회복지시설의 역할 · 기능 · 생활을 이해하며, 또한 자신들이 할 수 있는 활동을 실시하기
지역사회활동	지역사회의 자연환경 실태를 조사하거나, 그 해결방법을 생각하기 지역사회의 노인과 장애인 등의 문제해결을 위한 보조활동 진행하기
구체적인 학습	방문과 교류를 통해 학습하기

(5) 평가 단계

평가는 자신들이 실시하였던 활동을 반성하는 단계다. 자신들이 살고 있는 지역사회에서의 역할 이해가 제대로 되었는가를 평가하는 다양한 활동이 추진될 수 있다.

〈표 9-5〉 **평가 단계**

단계	내용
기본적 관점	자신들이 실천한 활동을 반성하기(활동의 평가와 새로운 활동의 전개)
방문 · 교류활동	사회복지시설의 역할을 얼마나 이해했는지, 방문이나 교류활동을 통해 서로를 얼마나 이해했는지, 장애인와의 교류를 통해 얼마나 친해졌는지 등에 대해 평가하기
지역사회활동	자신들이 살고 있는 지역사회에서의 역할 이해가 제대로 되었는가를 평가하기
구체적인 학습	설문조사, 자료조사, 감상문, 체험발표, 평가회 등을 통해 학습하기

2) 복지교육의 내용

복지교육은 지역주민의 구체적인 생활의식이나 생활실태 속에서 선택하여 학습하게 되는데 그 가운데 노인이나 장애인을 비롯한 생활주체와 권리주체로서의 지역주민과의 관계를 중시한다. 또한, 모든 지역주민이 생애에 걸쳐 풍요롭게 살 수 있는 자립과 연대의 마을 만들기를 진척시키고자 하는 공동활동(유문무, 2009), 인간관계의 체험을 통해 자기 각성이나 자기변혁을 촉구한다.

복지교육 내용에는 학습자 설정과 이해, 학습욕구와 학습필요 파악, 학습목표 설정, 학습주제 설정, 학습내용 선정, 학습방법 선정, 학습자료 선정, 학습욕구 선정, 지도자 · 원조자 활용, 학습시간 · 장소 등 선정, 재원확보 확립, 재원운용 확립, 평가관점 설정과 환경조성, 홍보 · 계발 활동 설정 등의 과정을 거친다. 이러한 과정에서 특히 실천내용으로서 어떠한 주제나 과제를 다룰 것인가(과제성), 그 주제나 과제를 다루는 관점과 시각을 어디에 둘 것인가(방향성), 몇 개 되는 주제나 과제 중에서 어느 것을 선정할 것인가(선택성)를 충분히 고려하여 풍부하고 매력적인 교육이 될 수 있도록 유의해야 한다(박태영 · 채현탁, 2014: 206). 복지교육 내용에 있어, 실천을 깊이 있게 추진하기 위해서는 다음과 같은 사항을 고려해야 한다.

(1) 목적과 목표를 공유

프로그램의 목적과 목표를 명확하게 해야 한다. 프로그램은 언제, 어디서, 누가, 무엇을 할 것인가에 관한 '보이는 프로그램'과 그 프로그램에 내포되어 있는 목적, 목표 혹은 가치와 배경에 관한 '보이지 않는 프로그램'의 두 가지 측면으로 구성될 수 있다. 이에, '보이지 않는 프로그램'에 대해서는 프로그램에 관여하는 모든 사람이 공통적인 이해와 풍요롭게 창조하는 것이 요구된다.

(2) 대상자 이해에서 주체형성 시점으로 바꿈

우리 사회는 장애인, 노인을 보호해야 하는 대상으로만 인식한다. 하지만 이 장에서는 장애인이나 노인을 보호의 대상만으로 이해하는 것이 아니라 사회통합이라는 관점에서 그 존재를 전달해야 한다. 즉, '나'의 문제와 '너'의 문제를 '우리'의 문제로 인식할 수 있는 힘을 키우는 것이다.

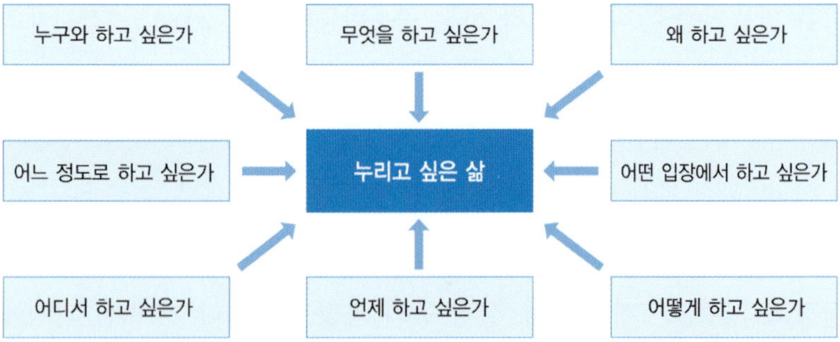

[그림 9-1] 지역사회 구성원이 누리고 싶은 삶: 무엇을 하고 싶은가

출처: 김창엽(2021).

(3) 반성과 배움의 공유를 소중하게 여김

학교 장면에서의 복지교육은 사전학습을 중시하는 경향이 있다. 그리고 체험활동 후의 반성은 충분하게 공유되지 않고 감상문만으로 끝나 버리는 경우가 많다. 사전학습과 사후학습을 동시에 중요시할 필요가 있으며, 이것은 지역사회 장면의 복지교육 실천에서도 중요하게 고려되어야 한다.

(4) 자원봉사활동과 커뮤니티서비스(지역공헌) 체험활동을 구별

학교 교육에서 학급이나 전체단위 활동은 자원봉사활동이 아님에도 불구하고 자원봉사활동으로 인식되고 있다. 영국 등의 시민교육에서는 아동기부터 지역사회 일원으로 책무성에 대한 커뮤니티서비스 체험을 학습하도록 한다. 이때에는 자원봉사활동과 용어를 구별하여 사용하고 있다. 책무로서의 활동은 커뮤니티서비스 체험활동이고, 체험을 거듭하여 얻은 결과로서 자발적 또는 자율적인 자원봉사활동이 이루어지고 있다.

(5) 지역복지실천에서의 배움을 소중하게 여김

복지교육은 전문적인 지식이나 기술을 배우는 것이 아니라 생활 속에서 복지과제를 발견하고 그것을 공유 및 해결하는 과정이다. 예를 들면, 주민참가에 의한 지역복지계획을 수립하는 과정은 그 자체가 실천이라 정의할 수 있다. 지역에서 학습한 것을 지역에 환원하는 학습 혹은 문제를 발견하고, 해결형 학습을 전개하는 것이 바로 지역복지 추진으로 이어진다.

(6) 수동적인 복지시설에서 능동적인 복지시설로 바꾸기

사회복지시설은 복지교육을 전개하는 데 있어서 다양한 기능을 충족시키는 곳이다. 사회복지시설이 지역복지의 추진 거점으로 발전하기 위해서는 복지교육은 중요한 역할을 담당한다. 따라서 이용자의 생활 지원 업무로 바쁘지만, 복지교육에 있어서 수동적이기보다 정상화 이념의 구현이라는 사명을 잊지 말아야 할 것이다.

(7) 복지교육을 수행하는 사회복지기관의 역할을 기획 및 코디네이터로 바꾸기

지역을 기반으로 한 복지교육 추진에는 무엇보다도 사회복지기관의 역할이 중요하다. 특히 복지교육사업의 체계화, 교재 개발, 핸드북 작성, 복지교육 추진자 양성, 복지교육 NGO 조직화 등 기획과 코디네이터 역할이 크게 요구될 것이다. 향후 지역 전체 복지교육을 전개하기 위해서는 사회복지기관이 협동 실천의 추진주체로서 복지교육의 기획 및 코디네이터 역할을 수행해야 한다. 이러한 역할은 결과적으로 지역복지 실천으로 연결된다는 것을 인식할 필요가 있다.

(8) 재원 창출

복지교육 추진에는 재원이 필요하다. 어릴 때부터의 풍부한 복지체험, 즉 복지교육을 추진하는 것은 장래의 지역복지에 대한 투자다. 지역의 공동모금을 활용하거나 기업, 시민들로부터의 기부에 의한 복지교육 펀드를 창설하는 것과 같이, 복지교육 재원 확보를 위한 다양한 방안을 강구해야 할 것이다.

(9) 협동을 실천으로 전개

복지교육의 질을 높이기 위해서는 프로그램의 기획단계부터 평가단계까지 가능한 많은 사람에 의한 협동을 실천으로 전개해야 한다. 협동을 실천으로 전개하는 과정은 함께 학습하고, 복지과제를 공유화하고, 함께 살아가는 생활능력을 육성하는 과정이다. 여기에는 정상화 이념이 구현화된 상태에서의 관계성을 목표로 한다. 관계성 목표에는 복지과제와 자신, 다른 사람과 자신, 지역사회와 자신이라는 세 가지 요소를 지닌다. 즉, 과제를 파악하고, 과제를 공유화하며, 과제를 함께 해결할 수 있는 관계성을 구축하는 것이 지역사회복지교육에서 요구된다고 할 수 있다. 이 과정들은 학습관계 조성이며, 이를 이루기 위해 학습관계 조성을 지원하거나 지도할 수 있는 기법이 요구된다.

3) 지역사회 장면에서의 복지교육

지역사회현장에서 행해지는 복지교육은 다음과 같은 요건이 요구된다. ① 대상자는 지역사회에서 생활을 영위하는 모든 사람을 포함한다. ② 지역사회에서의 사회복지과제는 바로 복지교육의 주제 자료가 되며, 이 과제를 서로가 '공유화'하는 것이 중요하다. ③ 지역사회의 지역사회자원, 사회복지 및 교육에 관련하는 기관이나 사회복지시설은 물론 지역주민의 조직(지역주민자치회, 반상회)의 활용도 포함해야 한다. ④ 지역사회복지교육을 추진하는 방법으로, 지역주민 서로가 학습하는 관계를 구축해 가는 '협동실천'기법이 요구된다. ⑤ 지역사회의 특성(역사, 문화, 산업 등)을 각 지역사회의 개별성에 맞게 추진해야 한다. ⑥ 이 가운데서도 특히 지역주민들이 지역사회의 사회복지과제에 대하여 문제를 공유하고, 문제해결을 위해 함께 배우고 작업하는 활동을 전개하려는 노력이 보다 적극적으로 요구된다(박태영 · 채현탁, 2014).

4. 지역사회복지교육의 실천사례

(1) 국내외 나눔교육

국외에서는 일찍부터 나눔교육의 중요성을 자각하여 나눔 교육프로그램을 개발하고 그 효과성을 검증하였다. 캘리포니아 오클랜드에서는 초등학생을 대상으로 Child

Development Project(CDP)를 개발하여 실시하였다. 그 결과, 이 프로그램에 참여한 아동들은 상대적으로 친사회적 행동을 더 보이고 갈등해소, 사회적 문제해결 기술, 민주적인 가치 등이 더 잘 나타났다(Battististich et al., 1991). 이 프로그램은 주요 내용으로 협동능력, 인성개발, 사회이해 등을 강조하였고, 교실, 학교, 가정환경에서의 체계적 변화를 통해 아동이 사회적 · 도덕적 개발을 향상하기 위한 내용으로 개입하였다. 나눔교육을 실천하는 미국의 대표적인 기관인 'Learning to Give'의 경우, 학교, 기업, 재단, 비영리 단체, 대학, 정부와의 협력을 통해 프로그램을 운영하고 있다. 특히, 학교 교사와 함께 개발한 교과과정을 통해 아동 · 청소년에게 기부와 봉사의 의미를 가르치고 실천을 유도한다. 이 프로그램은 인지적 측면, 기술적 측면, 실천적 측면으로 나누어 개발되었는데, 인지적 측면은 민주주의 가치와 자선, 비영리 기구에 관한 내용을 포함하고 있으며, 기술적 측면은 협동과 계획, 토론, 문제해결 등의 나눔 활동 시 필요한 기술을 포함하고 있다. 실천적 측면은 교과 과정에서 배운 지식과 기술을 지역사회 봉사 프로그램에서 활용할 수 있도록 한다.

우리나라의 경우, 아름다운재단에서 외국의 박애주의를 근간으로 한 기부 활동으로 나눔교육을 국내에 도입하였다. 그리고 나눔교육 캠페인을 실시하고, 현직 초등학교 교사를 중심으로 연구회를 조직하여 나눔 캠프와 나눔 교사 연수를 실시하고 있다. 유니세프 한국위원회에서는 나눔을 실천하는 통합교육 프로그램을 개발하고 실천할 수 있도록 시범교실을 운영하고 있다.

(2) 나눔교육 내용

나눔교육의 내용 구성 원리는 다음과 같다. ① 자존감이 높은 사람일수록 다른 사람에게 관심을 둔다. ② 다른 사람의 입장이 되어 경험하고 느끼는 공감은 이타적 행동의 심리적 자원이 된다. ③ 인적 차원에서 습득한 내용은 실제 경험할 때 학습효과가 증대된다.

구체적인 나눔교육의 내용을 살펴보면, 비욜호브(Bjorhovde, 2002)는 나눔교육의 교육과정에 사실적 개념, 동기부여적 개념, 절차적 개념, 개인발달적 개념을 포함시켰다. 권선희(2006)는 아름다운재단의 나눔교육 지도계획안을 바탕으로 나눔의 정의와 방법 이해하기, 나눔의 역사와 문화 알기, 나눔의 필요성과 나눔의 대상 연구하기, 나눔 사례 알아보기, 나눔에 참여하기 등으로 구성하였다. 이러한 연구의 인지, 기술, 실천적 측면으로 제시된 내용을 바탕으로 사회복지공동모금회(2008)는 개념이해, 자기이해, 타인이해, 실천하기 등으로 내용을 구성하였다.

아름다운재단은 나눔교육을 2005년에 시작하였는데, 초기 나눔교육은 가정과 학교를 통해 자아존중감, 리더십 향상 등 개인에 초점을 맞춘 인지 중심의 교육이었다. 하지만, 2015년 나눔교육반디는 개인적 차원의 나눔에서 사회적, 구조적 변화를 염두에 둔 청소년 시민교육, 사회참여 나눔활동으로 설계하고 실행하였다(장지은 외, 2018). 국내 기관들이 수행하는 나눔교육의 목표는 배려와 소통을 배우는 것에서부터 나눔을 실천할 동기부여, 생애주기적 실천을 통해 지구공동체를 위한 참여와 책임 등의 의식을 높이는 것까지 폭넓게 묘사되고 있다(이민영 · 윤민화, 2022).

(3) 나눔교육의 범위 및 방향

국외에서는 학교 교육과정에 나눔교육이 포함되어 학년별로 그 특성에 맞는 교육과정이 개발 · 적용되고 있다. 반면, 우리나라에서 기존에 이루어졌던 나눔교육은 비영리 민간단체를 통해 실행됨에 따라 나눔교육을 담당하는 비영리단체에 대한 정보를 소유하고 있는 사람들로만 나눔교육의 대상이 되었다.

이러한 한계를 극복하기 위해 학교 교육과정을 통해 나눔교육을 실시하게 되면 보다 효율적으로 나눔 문화를 확산할 수 있다. 따라서 학교에서의 나눔교육의 범위와 방향은 다음과 같다. ① 나눔활동이 사회자체를 변화시키는 것까지 포함하는 개념이라는 점에서 볼 때, 나눔의 개념은 누군가를 돕는 행위에만 제한되지 않고 일상적으로 이미 하는 나눔 경험을 발견하고, 이를 생활화하는 데 초점을 두어야 한다. ② 일상생활에서 주변 사람들에게 도움을 주는 행동을 생활화하고 이를 통해 성취감을 경험함으로써 학생의 발달을 촉진하는 것에 초점을 두어야 한다. ③ 나눔의 개념을 시민의식과 관련지어 학생이 공동체 안에서 자신의 역할과 다른 사람과의 상호작용의 중요성을 경험하도록 한다. 이러한 경험을 통해 미래 사회와 국가를 구성하는 시민이 되도록 나눔교육이 이루어져야 한다.

(4) 해외 비영리단체 청소년 나눔교육 사례

한국의 나눔교육은 인성교육, 기부참여, 모금활동 등으로 수행되지만, 미국을 비롯한 서구사회에서 사용하는 청소년 나눔교육(Youth Philanthropy)은 청소년 모금, 배분 활동을 포함한 지역사회와 비영리기관에 기여하는 시민교육 및 사회참여 활동이다(아름다운재단, 2018). 〈표 9-6〉은 해외 청소년 나눔교육 사례이며 〈표 9-7〉은 국내의 청소년 나눔교육 사례이다.

〈표 9-6〉 **해외 비영리단체 청소년 나눔교육 사례**

구분	프로그램 정보
청소년 나눔교육 Youth Philanthropy Initiative Scotland(YPI)	• YPI는 지역 청년들에게 자선 활동에 대한 의식과 지역사회 발전에 대한 생각을 심어 주는 데 힘쓰는 프로그램이다. 이 프로그램에 참여하는 각 학교는 연간 3000파운드의 YPI 기금을 지역 단체에 기부하는 것을 목표로 하고 있다. S2-S6학년(12세~18세)의 학생들로 이루어져 있고, 더 책임감 있게 사회에 참여하는 다음 세대를 만들기 위한 것을 목표로 하고 있다. • 웹사이트: http://ypiscotland.org.uk/ • 위치: 스코틀랜드
기부확산자: 유대인 지역재단 청소년 나눔 프로그램	• 이 프로그램은 2006년 설립되었으며 지역 내 유대인 커뮤니티와 뜻깊고 장기적인 계를 형성하는 것을 목표로 두고 있다. 유대인 명절에 받는 선물을 기부하여 필요한 시민에게 기부하는 등 청소년/청년들이 다른 청소년들, 장애우를 위한 기금을 만드는 활동을 한다. 전략적 필란트로피스트, 사회 활동가, 지역 리더로 성장하기 위해 참여하는 프로그램들은 교육적인 세미나들뿐만 아니라 현장에서 직접 경험해 볼 기회도 제공한다. 모든 프로그램은 고등학생 청소년 리더들이 유스 필란트로피 이사로서 진행한다.

구분	프로그램 정보
Amplifier Giving: Jewish Community Foundation Youth Philanthropy Program	• 웹사이트: http://www.amplifiergiving.org/organization/625/jewish-community-foundation-youth-philanthropy-program • 위치: 미국 아리조나주 스코츠데일
프린스 조지 지역재단: 청소년 나눔교육 Prince George Community Foundation: Youth in Philanthrop	• 캐나다에서 이루어지는 YIP프로그램은 사회에 대해 관심이 많고 변화를 창출하기 위해 노력하는 청소년들을 돕는다. YIP는 자기가 살고 있는 도시를 더 활성화하고 비영리(charity)가 어떤 일을 해야 하는지에 대해 청소년들이 내는 의견을 키우는 데 도움을 준다. YIP의 목표는 청소년들이 본인들의 지역사회에 참여하도록 하고, 청년들에게 나눔에 대한 정신을 강화하고, 청년들이 리더로서 성장할 기회를 제공하고, 청소년들을 주위 공동체 및 사회와 세계에 연결하고, 사회 공동체에서 청년들이 주장을 내세울 수 있는 기회를 제공한다. • 웹사이트: http://pgcf.ca/youth/youth-in-philanthropy • 지역: 캐나다
리더쉽 톨레도 Leadership Toledo: Youth Programs	• 리더쉽 톨레도에는 Youth Leadership Toledo, Students in Action (SIA), YiPEE(Youth in Philanthropy Encouraging Excellence) 세 개의 프로그램이 있다. Youth Leadership Toledo는 50명의 고등학교 1학년 학생들이 학교와 지역사회에서 리더십 능력을 직접 체험해 보는 기회가 주어진다. 다양한 활동 후 학생들은 직접 지역사회 발전을 위한 자원활동을 선택하여 진행하게 된다. 이 프로그램의 목적은 젊은 세대의 사람들을 더 효과적인 리더로 키우고, 지역사회에 참여하는 것을 격려하기 위함이다. SIA는 41개의 지역 고등학교 학생들이 학교 밖에서 자원봉사활동을 하고 그러한 활동에 참여하지 않던 또래 학생들에게 자원봉사 활동을 소개하게 된다. SIA 프로그램을 통해 그동안 지역에서 자원봉사 활동을 하지 않던 학생들은 특별한 활동을 할 기회를 얻게 됨과 더불어 Youth Jefferson Award라는 미국 내 가장 인정받는 봉사상을 받을 기회가 제공된다. YiPEE는 톨레도지역재단의 지원을 받아 실행되는 이 프로그램의 목적은 평생 필요한 리더십, 자선활동, 봉사활동에 대해 교육을 해 주게 된다. 고등학교 2, 3학년 동안 학생들은 앞으로 청년들이 마주할 문제에 대해 알아보고, 필요한 곳에 자금을 지원해 주는 등의 활동을 하게 된다. • 웹사이트: http://www.leadershiptoledo.org/youth- programs-1 • 지역: 미국 오하이오주 톨레도

출처: 아름다운재단(2017) 재구성.

〈표 9-7〉 국내 나눔교육 기관별 프로그램 현황

기관명	프로그램명	프로그램 정보	지역 · 사이트
공릉청소년 문화정보센터	시작된변화	• 참여방법: 그룹별(4~7)개별 신청, 연속지원 우선 • 키워드: 지역사회참여, 실천과 변화, 마을, 더불어 살아가기, 삶의 주인, 마을의 구성원 되기, 민주시민 • 활동: 동네돌아보기, 변화계획 세우기-실천하기-성찰하고 퍼뜨리기(지원금 25만 원)	서울 노원구 www.gycenter.or.kr
미래교실 네트워크	사최수프 (사상최대수업 프로젝트)	• 참여방법: 교사 신청 동아리 또는 수업 • 키워드: 문제해결, 사회참여프로그램, 협력적 문제 해결능력 • 활동: 프로젝트별 문제해결을 위한 실천활동	전국 www.futureclassnet.org
부천송내동 청소년문화의 집	청소년팀 프로젝트 나비효과	• 참여방법: 사이트에 신청서 작성하여 제출 • 키워드: 민주시민역량강화, 청소년자치, 청소년 주체성, 팀프로젝트, 공동체, 사회참여활동 • 활동: 팀프로젝트별로 캠페인 활동, 정책제안 형태 등 다양한 활동, 사전설명회→청소년사회참여사전교육→활동계획보고회→팀별프로젝트 진행→팀프로젝트 활동보고회	경기 부천 www.sndyouth.or.kr
월드비전	세계시민교육	• 참여방법: 온라인모집, 유아, 초, 중, 고 • 키워드: 세계시민교육, 인성, 아동인권, 환경, SDGs, 평화, 세계시민총회, 재능강사 • 활동: 세계시민학교, 교원연수, 재능나눔 전문강사 양성, 세계시민총회	전국 www.worldvision.or.kr/
청소년 교육문화 공동체 반딧불이	청소년인권 기획단	• 참여방법: 홈페이지, 학교 공문/포스터 홍보(3월) • 키워드: 인권, 주체성, 스스로의 삶, 인권감수성, 청소년 자립 • 활동: 인권캠페인, 뒷담회 등 모임을 기획, 정책워크숍, 인권캠페인, 설문조사, 정책제안	대구 www.bandi1318.org
하자센터	생각하는 청개구리	• 참여방법: 놀이터(청소년, 청년), 창의클래스(학교, 학급단위) • 키워드: 놀이활동가, 참여디자인 프로젝트, 어린이 시민 민주적 의사결정 과정 • 활동: 놀이제안, 관찰기록, 놀이제작, 공간디자인	서울 http://haja.net/

출처: 아름다운재단(2017) 재구성.

5. 공동체 시민교육

시민교육은 시민, 즉 공동체를 대상으로 하는 교육으로 교육 대상 범위에 따라 프로그램 내용이 달라지게 된다. 시민교육은 세계 여러 지역에서 다양한 형태로 등장 또는 발전하고 있다. 이러한 이유로 교육 대상과 교육 주제, 교육 형태를 하나의 의미로 명확히 규정하기는 어렵다. 시민교육은 공적인 영역에서 이루어지는 교육으로 한정되지 않으며, 교육의 형태로 이루어지는 것만도 아니다.

인간적인 삶을 영위할 수 있도록 여러 나라에서 이루어지고 있는 시민교육은 시민들의 시야를 넓혀 주어 정상적인 인간으로서의 삶의 가치관을 정립할 수 있는 교육, 국민들로 하여금 미래 삶을 인간답게 영위하기 위한 삶의 오리엔테이션을 주는 교육, 국가의 책임과 의무를 국민들에게 이해시키는 교육, 문화사조현상을 극복하는 교육, 국제적인 안목을 가지고 자주적인 삶을 영위하는 교육, 이론과 실천이 병행하는 교육, 현대사회의 위기를 극복하는 교육 등이 있다(김종두 · 박종호, 2019). 시민교육을 넓은 의미로 확장해 보면 자신이 속해 있는 사회 공동체의 활동 공간인 직장, 지역사회, 국가, 지구촌 전체의 시민으로서 정치, 사회, 문화, 생태 등의 영역에서 각자의 역할을 다하고, 그때그때 해야 하는 의사결정에 참여할 수 있도록 필요한 자질을 길러 주는 것까지 확장된다.

1) 시민성

시민은 의무, 권리, 참정권 등에서 일정한 법적 지위를 가지고 있고, 시민성을 가지고 있는 존재로 규정할 수 있다(김창엽, 2021). 시민성은 주어지는 것이 아니라 역동적으로, 지속적으로, 변증법적으로 생성되고 이루어지는 것이다. 이러한 맥락에서 시민의 자격은 법적 지위의 확보를 의미한다. 시민은 국가에 대해 병역 의무, 납세 의무

등 특정한 의무를 가져야 하는 법적 소속성이 있다. 시민은 국가와 지역사회에 대한 국세와 지방세의 납세의무를 가지면서, 동시에 국가와 지역사회로부터 보호를 받아야 할 개인적 권리 및 참정권을 가지게 된다. 그리고 인간으로서의 품성, 인간화를 위한 사회구조와 작동원리의 간파와 문제해결을 위한 실천, 더불어 살기 위한 학습과 실천의 유기적 결합을 의미하는 시민성을 가지고 있어야 한다. 이러한 시민의 개념은 [그림 9-2]와 같이 정리할 수 있다.

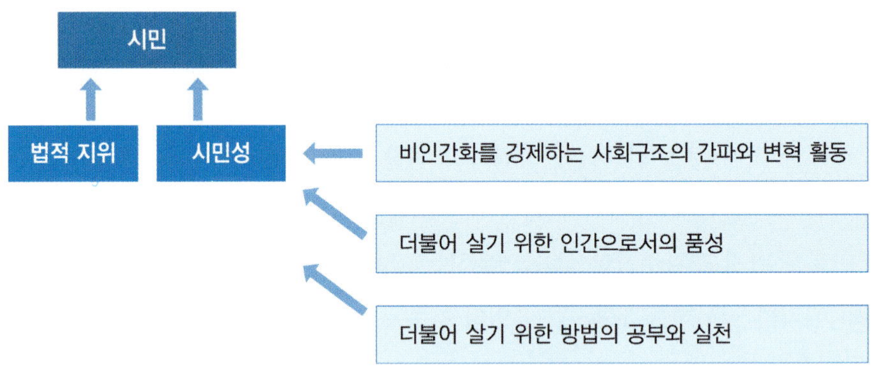

[그림 9-2] 시민의 개념

결국 더불어 사는 것, 인간을 인간답게 존재하게 하는 것, 이것은 시민성이 더불어 사는 인간으로서의 품성, 인간을 비인간화시키는 요인을 간파하고 이를 극복하는 실천이다. 이는 더불어 사는 모습을 구체적으로 꿈꾸고 이를 현실화하는 방법 모색과 실천이 유기적으로 결합된 것을 의미한다. 시민성은 선천적으로 타고나는 것이 아니라, 사회구성원으로서 다양한 참여와 경험을 통해 습득되어야 한다. 구성원 스스로 지역사회의 문제를 찾아 해결하기 위해 참여할 때 형성될 수 있는 것이다.

2) 선진국의 시민교육

역사적인 측면에서 고찰해 보면 아테네의 시민교육의 성격과 영국의 시민교육, 미국의 개인 자질 향상을 위한 교육, 프랑스의 시민적 권리 자각 교육, 독일의 이상주의적 개인 도덕과 국민으로서의 권리와 의무에 관한 교육 등이 시민교육의 특성으로 간주된다. 그리고 시민교육은 18세기 전후의 영국, 프랑스, 독일의 계몽사상과 계몽운동과 같이 시민교육의 근본적인 핵심을 나타낸 것이라고 볼 수 있는 국민 계몽 교육의 측면에서도 이해되어야 한다. 하지만 결정적인 시민교육의 실현은 의무교육 제도가 시작된 시기부터이다. 시민들에게 자국의 역사를 이해하고 공동체를 위하여 책임감을 인식할 수 있도록 하는 것이며 시민들이 삶의 도움을 어떻게 받을 수 있는지에 대한 방법과 길을 스스로 찾도록 교육의 중점을 두었다(김종두 · 박종호, 2019).

영국은 오랜 민주주의의 역사와 함께 시민교육이 이루어졌다. 19세기 초에는 훌륭한 국가 시민이었고, 2000년 이후에는 좋은 시민 또는 적극적인 시민을 넘어서 세계시민 의식까지 강조되고 있다. 이러한 변화는 시대에 변화와 흐름에 관련이 있음을 알 수 있다. 시민교육 내용도 민주주의에 대한 기초지식은 물론 정치에 대한 적극적 참여와 비판적 안목을 길러 주려고 노력하고 있다. 시민교육 전담기구는 교육부가 총괄하여 시민교육의 전반을 관장하고 있으며, 중간 매개조직인 시민교육협회와 각 단체의 목적과 지향에 따라 활동하는 시민단체로 구성되어 있다. 지자체 주도 모델이자 협동조합형 모델로 운영되고 있다.

미국의 경우는 시민교육의 목적이 초기에는 자유시민을 육성하는 데 초점을 맞추었다. 최근에는 유능한 시민의 양성을 목표로 민주시민의 자질을 함양하는 데 주안점을 두고 있다. 시민교육의 내용은 유능한 시민의 양성을 위해 민주사회에서 시민으로의 지위를 수행하는 데 필요한 지식, 기능, 태도에 대한 것이며, 좋은 시민의 양성을 위한 시민의 자질 · 지식 · 기술과 시민성 향상에 중점을 두고 있다. 학교 내 시민교육은 연방과 주 교육위원회가 전국사회교육협회와 협력하여 시민교육을 진행하고 있으며 학교 밖 시민교육은 다양한 조직에서 이루어지고 있다.

독일의 시민교육은 세계대전 시기 동안은 국민의 민족의식 제고, 나치의 국가사회주의 이데올로기 전파에 집중하였지만, 2차 세계대전 패전 이후 집단적 반성과 시민의식, 주권자로서 올바른 판단과 권리행사 정치교육에 목적을 두었다. 민주시민 교육의 기본 형태는 정부주도 및 지원이 기본적인 토대가 되는 모델이나 실질적으로 민 · 관 공조시스템으로 운영되었다. 이처럼 선진국의 시민교육은 유능하고 적극적인 시민을 육성하는 데 초점을 맞추고 있으며, 교육을 담당하는 기구의 정치적 중립성을 매우 강조하고 있다는 것을 확인할 수 있다.

3) 우리나라 시민교육 실태

한국의 시민교육은 1945년 이후 비(非)문해자 교육으로 시작되었다. 현재의 시민교육은 가정교육, 사회교육, 성인교육, 청소년교육, 노인교육의 형태로서 평생교육적인 차원에서 이해될 수 있다. 시민교육의 내용은 건전한 미래사회 형성을 위하여 새로운 방향 제시를 하는 것으로서 현실문제를 해결할 수 있는 능력을 길러 현실 전환을 시킬 수 있도록 하는 것에 중점을 두고 있다(김종두 · 박종호, 2019). 민주시민 교육에 대한 중요성을 인식하고 있지만, 아직 정부 차원에서의 통합된 교육이 이루어지고 있지 않다. 행정부 차원에서 민주시민 교육 정책을 교육부의 학교 정책실로 업무분장을 하고 있고, 공교육 외에 기타 민주시민 교육에 관련된 유관법률이 통일부 「통일교육 지원법」, 법무부 「법교육지원법」, 기획재정부 「경제교육지원법」, 환경부 「환경교육 진흥법」, 교육부 「평생교육법」 등 여러 부서에서 진행되고 있지만 각 부서의 정책을 이해시키기 위한 국민교육에 머물러 있는 실정이다. 반면 시민단체가 주도하는 민주시민 교육은 흥사단, YMCA, 경제정의실천시민연합 등 다양한 단체들이 독자적인 프로그램을 운영해 오고 있다. 공교육을 포함하여 국가 및 지방자치단체, 정당, 학계, 언론, 시민사회단체 등 다양한 기관이나 단체에서 민주시민 교육을 추진하고 있다. 그러나 현재 중앙정부가 민주시민 교육에 적극적이지 않은 상황이며, 지방자치단체가 선도적으로 민주시민교육조례를 제정 · 공포하였고, 교육청 차원에서 학교 민주시민 교육 진흥조례를 제정 · 공포하였다. 이같이 법적 근거가 미약하고, 통일된 추진 기구가 부재한 실정이다.

4) 시민교육 계획 시 고려사항

지역사회 시민교육을 계획하기 위해 〈표 9-8〉과 같은 시민교육의 내용에 대한 이해와 실천적 교육계획에 대한 구성이 필요하다.

〈표 9-8〉 지역사회 시민교육의 구성내용

구분		내용
주체	누가	시민단체
대상	누구를	지역사회 구성원
목적	왜	시민으로 되도록 지원
내용	무엇을	• 시민성 • 시민성 발휘 방법
방법	어떻게	• 다양한 시민교육 훈련방법 • 구조화된 교육프로그램 • 비구조화된 교육프로그램 • 내용과 방법에 따라 탄력적으로 교육
시기	언제	• 구조화된 교육프로그램의 경우 규정된 시간과 시기 • 비구조화된 교육프로그램의 경우 내용과 방법에 따라 탄력적으로 교육 • 지역사회 갈등과 문제해결을 위한 활동 시기
장소	어디서	• 내용과 방법에 적합하도록 융통성 있게 장소 선정 • 이론교육 장소 • 지역사회 문제와 갈등 발생 지점
수준	어느 정도	• 시민성 인식 • 문제해결방법 도출

출처: 김창엽(2021).

Chapter

10

지역사회복지운동

Chapter

10

지역사회복지운동

사회복지운동은 사회복지에 있어 국가개입의 최소화와 더불어 민간자원의 동원과 시민참여를 극대화하여 지역사회주민의 복지 욕구를 해결하려는 노력이다. 1990년대 이후 시민사회의 확장으로 지역사회복지운동은 새롭게 조명받고 있으며, 다양한 활동을 전개하고 있다. 지방자치제의 정착으로 지역사회의 중요성이 대두되고, 지역사회의 생활영역 문제가 중심 이슈로 부각되었다. 특히 지역사회에서 사회적 약자에 대한 관심과 권리보장 문제가 지역 현안으로 대두되면서 이에 대한 조직적이고 목적 지향적인 대응으로서 지역사회복지운동이 활성화되고 있다.

1. 지역사회복지운동의 개념

지역사회복지라는 용어에 운동이란 말을 덧붙인 이유는 지역사회복지란 단어 안에 역동성의 의미인 운동으로서의 속성을 가지고 있기 때문이다. 운동은 미래에 대한 목표를 이루고자 하는 행위, 나아가는 전략적인 과정이다. 운동의 의미와 지역사회복지의 의미를 합성하게 된다면, 지역사회 주민의 조직화란 전략을 통해 문제해결 능력의 강화라는 목표를 지니고 있으며, 목표에 부합하는 구체적인 행동으로 나아가는 과정을 의미한다. 이것은 주민의 공동체 형성을 통한 지역사회의 삶의 질을 끊임없이 향상해 나가려는 주체적인 노력이라고 할 수 있다(김태동 외, 2016; 박현식 외, 2018).

사회복지운동이 지역성과 별로 상관없는 전국 규모의 복지향상 운동이라는 특징이 있다면, 지역사회복지운동은 지역사회주민의 복지와 관련된 주민참여형 복지운동이라는 특징을 갖는 지역사회복지 발전을 목표로 하는 사회 운동적 노력이라고 말할 수 있다. 즉, 목표로서의 지역사회복지 발전과 이를 달성하기 위한 수단적 노력으로서 사회운동의 조합을 의미한다. 지역사회복지운동은 지역사회 문제해결과 지역사회주민의 욕구 충족을 위한 지역사회의 변화를 향한 조직적이고 집합적인 활동이다. 여기서 사회변화는 불평등한 사회구조의 구체적인 변화를 의미한다.

따라서 지역사회복지운동은 사회구성원의 삶의 질을 높이기 위한 목적의식을 가진 조직적인 집합적 활동이며, 사회복지수요자뿐만 아니라 사회복지실무자나 전문가, 넓게는 지역사회주민들이 주체적인 참여와 행동을 통하여 사회복지의 목표 달성을 위해 의도적으로 추진해 가는 지역사회복지 실천이라 할 수 있다. 주민참여는 사회운동과 시민운동 방식으로 이루어지는 비제도적 성격을 띠게 되며, 지역사회의 사회복지 이슈를 중심으로 단기간에 추진된다.

우리나라의 경우 1970년대부터 일어난 도시빈민지역 철거반대운동을 시작으로 1997년 IMF의 경제적 · 사회적 위기 상황으로 인한 대량실업, 빈곤범람, 노숙인 폭증, 결식, 가족 및 지역사회 해체 등 사회복지 문제가 심각해지고 사회안전망의 중요성이 복지문제 이슈로 떠올랐다. 이러한 시대 상황으로 인해 주민의 문제해결 역량을 강화하여 그들의 당면문제를 자주적인 힘을 통해 해결해야 하는 상황에 직면하게 되었고, 시민운동세력 및 주민조직들이 실업극복운동 및 사회복지활동에 적극적으로 개입하였다.

2. 지역사회복지운동의 의의

지역사회복지운동의 의의는 기본적으로 주민참여의 필요성을 바탕으로 하여 주민의 주체적이고 능동적인 참여에 의한 운동의 전개를 가져오게 된 것이다(오정수 · 류진석, 2012). 지역사회복지운동의 의의를 정리해 보면 다음과 같다.

첫째, 지역사회복지운동은 지역사회주민의 주체성과 역량을 강화하고, 지역사회의 변화를 주도하는 조직운동이다. 지역사회복지운동은 지역사회의 문제해결 주체로서 지역사회의 역할을 강조하고 지역공동체성을 함양시킴으로써 지역사회의 역량을 강화하는 데 있으며, 지역사회주민의 의식화와 주체적인 참여 확대 그리고 지역사회주민 간 연대의식을 높이는 지역사회의 민주적 실천과정을 의미한다.

둘째, 지역사회복지운동은 주민참여의 활성화를 통해 복지권리의식과 시민의식을 배양하는 사회권 확립운동이다. 지역사회복지운동이 추구하는 목표는 지역사회주민의 복지권리를 확보하고 시민의식을 고취시킴으로써 지역사회의 통합을 추진하는 데 있으며, 특히 사회적 약자의 생존권 보장에 초점을 두고 있어 사회권의 확립과 밀접히 관련되어 있다.

셋째, 지역사회복지운동의 주된 관심사는 지역사회주민의 삶의 질과 관련된 운동으로서 의미를 가지고 있다. 지역사회복지운동은 지역공동체운동으로서의 속성을 지닌 것이기 때문에 단순히 복지적 욕구뿐만 아니라 지역사회 전반의 삶의 질을 높이는 생활 운동이며, 주민 운동이라 할 수 있다.

넷째, 지역사회복지운동은 지역사회의 다양한 자원 활용 및 관련 조직 간의 유기적인 협력이 이루어지는 동원 운동이다(허현희 · 손인서, 2020). 지역사회복지운동의 조직화 방식 및 활동 내용은 주민참여 외에 지역사회의 다양한 자원 활용을 통해 문제해결을 도모하고 있다. 또한 지역사회복지운동은 지역사회 관련 조직 간의 연대와 협력이 이루어지며, 지방자치단체에 대항적인 활동으로 구체화되거나 협력관계를 구축하면서 활동이 전개되기도 한다.

3. 지역사회복지운동의 원칙

지역사회복지운동은 지역사회 구성원의 삶의 질을 높이기 위한 목적의식을 지닌 조직적인 집합적 활동으로 공공과 민간 기관이 협동하고 조직화하여 생존환경을 개선하는 사회적 방법을 의미한다. 지역사회 차원에서 이루어지는 지역사회복지운동이 사회변혁을 위한 시민운동으로써 지켜야 할 원칙을 정리해 보면 다음과 같다(고수현, 2014).

첫째, 지역사회복지제도의 운영과 관리 등의 사회복지행정에 지역사회주민의 참여가 제도적으로 가능하도록 해야 한다. 지역사회주민이 사회복지제도의 틀 속에 위치하는 것은 당연하다.

둘째, 지역사회복지가 지역사회와 민간의 역량을 중시하는 이념이 있더라도 지역사회복지 예산은 원칙적으로 국가책임으로 조달되어야 한다. 사회복지는 원래 국가책임이며 이를 보장하는 예산이 지원되지 않을 경우는 지역 간의 사회복지부담의 차이가 발생하며 결과적으로 사회복지의 통일성이 훼손될 수 있다.

셋째, 국가복지가 공공부조 대상자를 중심으로 최저생활을 보장하는 선택적인 복지에 치중하는 데 비하여 지역사회복지는 사회복지서비스 대상자를 비롯한 지역사회주민 다수를 위한 보편적인 복지시책에 관심을 가진 운동이어야 한다.

4. 지역사회복지운동의 유형

지역사회복지운동은 지역사회복지 문제 또는 주민의 욕구 충족이라는 기준에 근거해 크게 두 가지로 분류할 수 있다. 하나는 지역사회를 중심으로 하는 사회복지운동, 즉 지역사회주민의 복지와 관련된 주민운동이고, 다른 하나는 직접적인 지역성과 관련성이 약하더라도 사회적 이슈 차원에서 사회복지문제를 운동의 쟁점으로 설정하고 있는 이슈 중심의 지역사회복지운동이다. 그러나 이러한 구분은 규범적이며, 운동이라는 것은 지속적으로 변모해 나가는 것이기 때문에 실제로는 상호 결합된 형태로 나타날 수도 있다.

1) 지역사회 중심의 주민운동

주민운동은 지역사회 내에 생활근거지가 있는 지역주민들이 주체가 되어 일상생활 상의 요구와 문제의 궁극적 해결을 위하여 전개하는 대중운동으로 정의되고 있다. 이러한 정의에서 몇 가지 중요한 요소를 발견할 수 있다. ① 주민운동은 주민의 생활근거지로서 지역사회를 기반으로 하고 있다는 것이다. ② 운동 주체로서 지역주민을 설정하고 있다. ③ 지역사회 문제의 해결을 위한 목적 지향적이다. ④ 주민운동은 지역사회 운동의 일환이라는 것이다.

2) 문제 또는 이슈 중심의 시민운동

문제 또는 이슈 중심(issue-based)의 사회복지운동은 지역사회를 근거로 하기보다는 특정 사회복지 문제나 사회복지와 관련된 이슈를 중심으로 시민운동 차원에서 접근하는 사회복지운동이라 할 수 있다. 이러한 유형의 사회복지운동은 1990년대에 들어와서 운동의 주체와 활동 범위가 확대·발전되기 시작하였다. 예를 들면, '경제정의실천시민연합'이나 '참여민주사회와 인권을 위한 시민연대'와 같은 시민운동단체들이 사회복지운동에 조직적으로 참여하기 시작하였으며, 장애인, 노인, 산재 노동자 등 대상자 중심의 운동, 부문별 복지 대상자들의 주체적인 투쟁 또한 활성화되었다.

또 다른 특징은 운동의 내용이 사회복지 부문별 요구 운동에서 복지예산 확대 등 정책지향의 근본적 개혁을 요구함과 동시에 사회복지 정책과 복지권, 건강권에 대한 대응들과 관련된 복지 입법들을 개정하거나 복지 입법들의 실현을 구체적으로 요구하고 있다는 점이다. 다양한 분야에서 시민운동과 사회복지계의 협력 형태를 통해 복지 이슈의 제기와 대안 마련을 위한 다양한 연계 활동도 구체화되고 있고 지역단위를 중심으로 직접적으로 복지 문제의 제기와 대안 마련 조례제정운동 등 지역사회복지운동 단체들의 활동영역 또한 확장되고 있다.

5. 지역사회복지운동의 주체

지역사회복지운동은 누가 하는가? 지역사회복지 문제를 해결하는 주체는 당연히 지역사회주민이어야 하지만, 실제 운동을 주도하는 관점에서 보면 지역사회활동가, 사회복지전문가, 사회복지실무자, 지역사회복지 이용자와 지역사회주민을 기반으로 한다 (이인제, 2002).

1) 지역사회활동가

현실적으로 대부분의 지역사회복지운동단체의 실천활동은 지역사회활동가들의 지도력에 의존하고 있다. 지역사회활동가들은 사회복지의 전문성이 상대적으로 떨어질지 모르지만, 실천현장의 경험에 기초하여 실제적으로 지역사회복지운동을 주도하는 경우가 많다. 그렇지만 지역사회복지 실천활동을 주도하는 지역사회활동가의 수가 얼마 되지 않아 그들의 전문성을 보완 강화할 필요가 있다.

2) 사회복지전문가

사회복지를 이론적으로 연구하는 사회복지전문가들이 지역복지실천에 앞장서는 것은 어떻게 보면 당연한 일이다. 현재 우리나라는 상당수의 사회복지전문가가 직간접적으로 지역사회복지 실천활동을 수행하고 있다. 이들은 시민사회운동단체에 참여하는 방식으로 사회복지운동을 주도할 수도 있고, 그 외에 사회복지학회, 사회복지협의회, 사회복지사협회 등과 같은 단체들을 통하여 운동에 참여하기도 한다(윤영진, 2006). 그러나 문제는 사회복지전문가들이 운동의 주된 동력이 될 수 있는가 하는 점이다. 아직은 미약한 우리의 실천 현장 속에서 그들의 역할이 상당한 부분을 차지하고 있지만, 사회복지전문가들이 지역사회복지 실천의 일차적 주체가 될 수는 없을 것이다. 다만 사회복지전문가는 사회활동의 전문성 측면에서 보완하거나 촉진하는 역할을 수행하거나 지역사회활동가와 함께 지역사회복지운동을 주도하여 정부 정책에 대해 시민의 목소리를 담아 논리적이고 설득력 있는 정책 생산을 할 수 있기에 중요한 역할임을 알 수 있다.

3) 사회복지실무자

사회복지를 이해하고 실천하는 것을 과업으로 삼고 있는 사회복지실무자는 지역사회복지운동의 중요한 주체가 될 수 있다. 이는 사회복지실무자 정체성에 따라 다양한 운동으로 분화되어 전개되었다. 클라이언트를 옹호하고 대변하는 일, 이슈를 제기하고 정책을 제안하는 일 등이다. 그러나 개인에 따라 차이가 있지만, 사회복지실무자들이 지역사회복지운동에 적극적으로 동참하지 못하고 있다. 가장 큰 이유는 조직환경의 요인 때문이다. 그렇기 때문에 사회복지실무자의 지역사회복지운동에 대한 개인적인 인식의 전환과 함께 지역사회복지운동에 적극적으로 참여하도록 돕는 조직환경의 마련이 시급하다. 이에 정부의 재정 지원이나 간섭을 받지 않고 지역사회복지에 대한 관심을 가지고 대변해 주는 시민사회단체와 공동으로 이슈를 발굴하고 문제를 제기하는 것이 바람직하다. 이를 위해 사회복지 종사자의 자체적인 역량강화와 더불어 시민사회운동과 기타 운동세력들과의 협력이 필수적이다(박지영 외, 2013).

4) 지역사회주민과 사회복지이용자

지역주민들이 지역사회복지운동의 주체가 되어야 한다는 것은 당연하다. 최근에는 지역사회주민, 즉 이용자들은 자신의 권리의식 고양 등으로 사회복지운동의 주체로서 점차 활동을 하고 있다. 그러나 일반 지역주민들은 복지에 대한 관심이 부족하므로 지역사회복지운동 조직이 주민들의 주체적 참여를 이끌어 내야 한다. 지역사회복지 실천 활동의 궁극적 지향은 지역주민들의 주체적 참여에 달려 있다고 해도 과언이 아니므로, 지역주민들을 실천 활동에 참여시킴으로써 지역문제 해결의 주체로 전환시켜야 할 것이다. 또한 사회복지이용자들이 단순한 대상이 아닌 주체가 됨으로써 그들의 역량을 강화할 수 있으며, 지역사회복지 실천에 중요한 역할을 수행할 수 있다.

6. 지역사회복지운동과 주민참여

1) 주민참여의 개념

주민참여는 지역사회복지운동의 활성화와 지역사회주민의 복지 실현을 위한 핵심요소로, 주민참여에 대한 개념 정의는 학자에 따라 다양하다. 커닝햄(Cunningham, 1972)은 주민참여를 '지역사회의 일반 주민이 그 지역사회의 일반적 사항과 관련된 결정에 대하여 권력을 행사하는 과정'이라고 정의하였고, 헌팅턴(Huntington)은 '정부의 정책 결정에 영향을 미치려고 의도하는 일반 주민의 행위'라고 정의하였다(고경훈 · 김보은, 2012 재인용). 또한 스텐버그(Stenberg)는 '주민참여란 단순히 정보를 획득하는 것에서부터 정보와 권고를 제시하고 정책 결정에 참여하며 또한 통제를 가하는 데까지 포함된다'라고 주장하였다. 이를 종합해 볼 때 주민참여란 '참여의 주체는 주민이고, 공식적인 정부의 정책 또는 계획의 작성, 결정, 집행에 관여하는 행위이며, 주민의 욕구나 열망이 정책이나 계획에 반영되도록 하기 위한 적극적 노력이다'라고 정의할 수 있다.

지역사회복지운동을 효과적으로 추진하기 위해서는 주민의 적극적인 참여와 유도가 중요하다. 주민의 이해와 참여 없이는 바람직한 성과를 거둘 수 없다. 그 이유는 복지의 대상자와 수혜자 모두가 주민이며, 어떠한 지역사회 프로그램이라도 주민들의 정서적 공감이 필요하고, 지역주민의 경제적 활동과 직접 관련 있는 지역사회 문제를 다루기 때문이다. 따라서 주민참여는 지역사회주민의 의사에 따라 정책과 계획을 결정 · 집행함으로써 민주성을 확보할 수 있는 수단이다. 주민들이 스스로의 복지에 영향을 미치는 사항에 대해 적극적인 참여를 통해 보다 높은 수준의 사회복지서비스를 정부로부터 제공받고자 하는 적극적 노력이다(윤동성, 1999; 송혜림 · 김소영, 2006). 또한 주민의 선호나 열망에 바탕을 두고 정책을 입안 · 결정함으로써 주민의 지지기반을 공고히 하며, 행정의 능률성을 확보할 수 있다는 측면에서 그 필요성을 이해할 수 있다(송혜림 · 김소영, 2006).

2) 주민참여의 과정

주민참여는 계획 또는 정책 결정 과정에 미치는 영향과 효과의 정도에 따라 실질적인 효과가 있는 강력한 형태의 참여로부터 형식적이고 명목적인 효과만이 있는 참여에 이르기까지 다양한 모습의 참여 단계를 상정할 수 있다. 〈표 10-1〉에서 보는 바와 같이 안스타인(Arnstein, 1969)은 참여의 구조를 그 특성과 내용에 따라 8단계로 제시하고 참여의 효과, 즉 권력분배의 정도라는 측면에서 8단계를 3개의 범주로 나누어 제시하였다.

〈표 10-1〉 안스타인의 주민참여 단계와 권력분배 정도

단계			권력분배 정도
8	주민통제 (citizen control)	주민 스스로 입안하고, 결정에서 집행 그리고 평가단계까지 주민이 통제하는 단계	주민권력 (degree of citizen power)
7	권한위임 (delegated power)	주민들이 특정한 계획에 관해서 우월한 결정권을 행사하고 집행단계에 있어서도 강력한 권한을 행사함	
6	협동관계 (partnership)	행정기관이 최종결정권을 가지고 있지만 주민들이 필요한 경우 그들의 주장을 협상으로 유도할 수 있음	
5	회유 (placation)	각종 위원회 등을 통해 주민의 참여 범위가 확대되지만 최종적인 판단은 행정기관이 한다는 점에서 제한적임	형식적 참여 (degree of tokenism)
4	상담 (consultation)	공청회나 집회 등의 방법으로 행정에 참여하기를 유도하고 있으나 형식적인 단계에 그침	
3	정보제공 (informing)	행정이 주민에게 일방적으로 정보를 제공하며 환류는 잘 일어나지 않음	
2	대책치료 (therapy)	주민의 욕구불만을 일정한 사업에 분출시켜서 치료하는 단계로서 행정의 일방적인 지도에 그침	비참여 (non-participation)
1	여론조작 (manipulation)	행정과 주민이 서로 간의 관계를 확인한다는 것에서 의의를 찾을 수 있으며, 공무원이 일방적으로 교육, 설득시키고 주민은 단순히 참석	

첫 번째 범주는 효과가 최저인 비참여(non-participation) 상태로 권력분배는 이루어지지 않으며, 주민을 의사결정에 참여시키지도 않고 참여의 형식을 흉내 내는 조작과 형식적인 참여를 인정하지만 실질적인 효과가 없는 치료(therapy)의 2단계가 여기에 속한다.

두 번째 범주인 제3단계의 정보제공, 제4단계의 상담, 제5단계의 회유는 가장 많이 사용되고 있는 참여의 형태다. 주민은 정보를 제공받고 상담을 받으며 회유를 통해 참여가 이루어지고 있으나, 주민의 영향력은 매우 미약한 형식적 참여(degree of tokenism)에 해당하며 이 범주에서는 권력의 분배가 아주 미약한 정도로 이루어진다.

세 번째 범주인 협동관계(partnership), 권한위임(delegated power), 주민통제(citizen control)는 기존의 권력관계의 변화와 권력의 재분배가 가능한 단계로, 의사결정에 있어 주민이 주도권을 획득하는 주민권력(degree of citizen power)의 범주다(유성용, 2008). 그러므로 실질적인 권력 배분이 이루어지기 위해서는 협동관계 이상의 참여단계가 되어야 가능하다.

3) 주민참여의 효과

주민참여의 긍정적인 측면은, ① 지방정부의 의사결정의 효율성을 제고시켜 준다. 지역주민이 선호하고 요구하는 사항을 정책결정자에게 효과적으로 알려 주어 지방정부의 한정된 자원을 효과적으로 할당, 투입하는 데 기여할 수 있다. ② 지방행정에 있어서의 불평등을 완화시켜 준다. 지방정부는 유지와 존속을 위해 '분배'보다는 '성장'에 중점을 두므로 서비스 또는 재원 배분의 재정력이 취약한 지방의 경우 한정된 재원을 개발 사업에 치중하여 투입하게 되는데, 이때 주민참여는 지방정부로 하여금 형평을 추구하도록 압박을 가하여 불평등을 완화시킬 수 있다. ③ 지방정부와 공공기관 간의 갈등을 중재 또는 해결해 준다. 주민투표, 주민발의, 주민소환과 같은 주민참여의 제도적 방안을 통하여 주민이 중립적인 입장에서 지방정부기관 간 갈등의 직접 해결을 도모할 수 있다.

반면 주민참여의 부정적인 측면을 살펴보면, ① 행정비용이 증가한다. 정보제공, 공청회 개최, 주민투표 실시 등에 따른 추가적인 비용이 소요된다. ② 계획 입안이나 집행에 있어 시간상의 지연 가능성이 높다. 계획사업의 전문적 측면을 적절히 판단할 수 있는 능력이 부족한 일반 주민을 이해시키기 어렵고, 주민들의 추가 요구에 따라 계획이 지연될 수 있다. ③ 주민들 간의 갈등을 유발할 수 있다. 주민들은 시각이 편협하고 국지적인 경우가 많아 자신이 살고 있는 지역과 지역사회 전체에 대한 이해에 있어 충돌이 일어난다. ④ 참여자들의 대표성 여부에 문제가 될 수 있다. 주민참여에 능동적인 사람들의 숫자나 각각 선호하는 바가 해당 지역주민 전체의 의사를 반영하는지에 대한 문제가 제기될 수 있다.

7. 시민사회운동

우리가 살고 있는 사회는 크게 국가, 시장, 시민사회로 나눌 수 있다. 시민사회는 국가와 시장 사이에서 다양한 결사체가 여론을 형성하고 문화생활을 하며, 사회의식이 형성되는 곳이다. 각종 결사체는 서로 갈등하고 대결하기도 하며, 협력하고 연대하기도 한다. 때로는 국가와 시장을 견제하기도 하고, 때로는 국가 및 시장과 협력해 각종 서비스를 생산하기도 한다. 시민사회는 인권, 환경, 평화, 문화 등과 같은 탈물질적인 가치를 옹호하거나 사회적 약자의 이익을 대변하기도 한다. 이러한 시민사회에서 시민운동이 일어나는데 시민운동은 개인으로서의 시민에 의해 이루어지거나 조직으로서의 시민단체에 의해 이루어진다. 시민운동을 하는 조직은 시민단체, 시민사회단체, 민간단체, NGO(비정부기구), NPO(비영리기구), CSO(시민사회단체), VO(자원활동조직) 등의 다양한 이름으로 불리고 있다.

시민운동의 기본 성격은 크게 네 가지 정도로 이야기할 수 있다. ① 초계급적 · 개량적이다. 시민운동은 특정 계급의 이익을 중시하는 것이 아니라, 시민적인 문제를 이슈로 삼고 초계급적 · 시민적 주체성을 가진 '시민'들이 주체로 나서며, 목표나 방법 면에서는 개량적 · 합법적 성격을 지니는 운동이다. ② 합법적인 방법을 지향한다. 시민운동은 주로 합법적인 방법을 통해 국가 권력을 비판, 감시하고 문제해결과 권익을 요구하는 활동을 벌이며, 국가권력 자체나 사회체제 자체를 부인하지 않는 개량적인 성격을 지닌다. ③ 시민권의 요구 및 확대를 추구한다. 시민운동은 초계급적 · 시민적 주체성을 가진 시민들이 국가 권력을 상대로 시민권, 즉 시민적 권리를 요구 · 확대하는 운동이다. ④ 공공성을 지향한다. 시민운동은 정부나 기업의 지원이나 간섭에 구속되지 않고 철저하게 참가자들의 자율에 의해 움직이는 운동이다. 또한 이 운동은 특정 집단이나 계급의 이해관계를 떠나 사회적 공공선을 실현하기 위한 운동이라는 점에서 자신들의 이해관계에 의해 조직되고 행동하는 이익집단과는 엄격하게 구분된다.

사례

사례1 – 밥과 연탄, 대한민국을 품다

'밥과 연탄, 대한민국을 품다'는 '밥상'과 '연탄'을 중심으로 한 지역복지운동을 볼 수 있는 사례이다. 밥상공동체 연탄은행은 실제로 관 주도적인 공공적 사회복지서비스 체제에 종속되지 않고 민간의 자원과 역량을 최대로 이끌어 내어 공공의 손길이 미치지 못하는 사각지대를 적극적으로 발굴하여 자원을 연계하며 동시에 전문적인 서비스 개입실천을 수행해 왔다. 밥상공동체 연탄은행이 지난 20년간 걸어온 발자취와 지역복지운동 차원에서 크게 4단계로 구분하여 살펴보고자 한다.

1단계(초기 지역복지운동)

초기단계에서는 거창한 사업목표를 정하기보다는 할 수 있는 수준과 범위 내에서 작게 시작하는 방식을 적용하여 자원봉사자, 후원자, 무료급식 장소, 함께할 조직, 급식 운영, 홍보 내용 등을 준비하였다. 일반 시민들과 영세 노인, 사회적 약자 등이 쉽게 접근할 수 있는 매체가 생활정보지나 유선방송임을 알고 무료로 밥상공동체 사업과 활동내용 등을 의뢰하여 시작하였다. 더 나아가 지방자치단체, 공공기관, 앞선 활동가들, 사회복지학과 교수, 지역인사 등을 적극적으로 찾아 밥상공동체의 지역복지운동에 대해 자문을 구하고 협조와 협력을 요청하였다. 우선 운영위원회는 교인대표, 이웃교회 봉사자들 대표, 공공기관, 지역인사 등으로 구성하여 지역사회중심의 시민운동으로 확대하였다. 지역복지운동 초기에는 자원봉사자들이 급식, 설거지, 운전, 푸드뱅크 등을 담당하고 원주시는 공공근로사업으로 도우미를 지원해주어 업무 집중도가 필요한 상담, 사무, 전화 등의 일을 맡겼다. 원주천 쌍다리에서 무료급식을 하며 대외적으로 펼친 첫 사업은 '사랑의 쌀 한 되 모으기' 운동이었다. 무료급식사업은 전적으로 한희식품 후원으로 하고 있었지만 언젠가는 자립해야 하기에 '사랑의 쌀 한 되 모으기' 운동을 통해 자립할 수 있는 기반이 되었다.

2단계(공동체 세우기)
2001년 비영리민간단체 등록 이후 밥상공동체도 어느 정도 자리를 잡고 성장하였다. 밥상공동체는 원주에서 시작되었지만, 사업과 활동 등은 전국적으로 확대되었으며 많은 영향과 도전의 사례가 되고 있었다. 하지만, 좋은 일이든 무슨 일이든 그 어떤 지역복지운동이라 해도 때로는 혹독한 대가를 치를 수 있음을 체득하였다. 이러한 과정 속에 얻은 경험도 많고 배우기도 하였다. 일처리, 재무, 대인관계, 용서와 관용, 권력의 속성 등 그중에서도 제일 힘든 것은 '용서와 이해'였다. 이러한 성장통을 겪고 나서 가난한 사람들이 주인이 되는 '그들이 주인되는 공동체 세우기' 운동을 준비하여 진행하게 되었다. 그것이 행복센터였다.
3단계(공동체가 주체가 되어)
밥상공동체 연탄은행은 해를 거듭할수록 사업과 프로그램이 강화되고 열매를 맺어 갔다. 무엇보다 사회적 약자와 소외계층을 위한 사업으로 강화되어 갔다. 또한 한반도를 넘어 해외로까지 밥상공동체 연탄은행 활동의 지평이 점차 확대되었다. 모두가 기대와 설렘으로 '만원'감동 행복센터 신축이 잘 되기를 고대하였다. 만 원 이상은 접수하지 않자 놀랍게도 밥상공동체와 연탄은행을 찾는 이용자들은 가족, 친지, 아는 분들까지 독려하여 참여하였고, 심지어 자신의 이름을 다른 이름으로 바꿔 가며 만원감동에 참여하였다. 하나의 사례를 소개하면, 혼자 생활하는 어르신은 밥상공동체 신나는 빈민은행에서 주거보증금으로 백만 원을 대출받아 방을 얻으시고 생활은 정부보조금으로 하고 계시는데 그 어르신은 자신의 이름을 이귀, 삼귀, 사귀 이렇게 바꿔 가며 '삼십이귀', 32만 원까지 후원을 하신 것으로 나타났다. 이러한 감격스러운 과정으로 만원감동 행복센터를 신축하게 되었다.
4단계(분석과정)
밥상공동체 연탄은행 지역복지운동의 약점으로는 가장 먼저 재단의 핵심 재원인 기업후원 금액이 절대적인 비중을 차지하고 있다는 사실이다. 이는 시행하는 사업 중, 재단의 주력 사업인 연탄지원사업의 시행에 가장 많은 금액이 후원으로 들어오고 있으며 동시에 지출되고 있음을 말해 준다. 둘째, 지역복지운동의 비중이 재정적인 차원에서도 크다는 것은 그만큼 밥상공동체 연탄은행 지역복지운동이 활발하게 진행되어 왔다는 것을 반등하고 있지만 결과적으로 연탄 사용 인구의 급감과 향후 공공사회복지 전달체계의 확장 등이 현실화되었을 때를 예상한다면 새로운 지역복지운동 아이템 개발이 그 무엇보다도 시급한 현안임을 제시해 준다. 셋째, 체계적인 업무 매뉴얼에 기초한 조직적이며 구체적인 사업 관리운영시스템이 마련될 필요가 있음을 시사하였다. 재단의 지역복지운동들은 거의 대부분 민간자원 개발로 진행하다보니 기존의 방식대로 운영해 오는 관성이 잔존하고 있음을 발견하였다. 따라서 모든 밥상공동체 연탄은행 지역복지운동이 체계적인 관리운영 시스템을 확립하여 효과적이며 효율적으로 권리 중심적인 성과지향 사회복지 조직으로 발전해 나가야 함을 제시하였다.

Chapter

11

공공영역

Chapter

11 공공영역

1. 공공복지실천의 전달체계

1) 공공복지실천의 개념

루돌프 스멘트(Rudolf Smend)는 공공성을 세 가지 요소로 정의하였다. 공공성은 사회를 이루는 시민, 공공복리, 의사소통(공개성)이다. 공공성은 자유롭고 평등하고 공개적인 의사소통의 절차를 통하여 공공복지를 추구하는 속성을 말한다(조한상, 2009; 최인석, 2019). 공공복지실천은 「헌법」 제34조에 근거하여 국가가 모든 국민에게 정신적이고 물질적인 삶을 보장하여 인간다운 생활을 영위하게 하는 것이다.

공공복지실천에서 갖추고 있는 조건은 서비스의 공급 및 실천주체가 정부라는 점, 운영재원은 조세에 의한 정부 재정으로 충당한다는 점, 서비스의 수급자격은 엄격히 규정되어 있지만, 일정한 조건에 해당되면 차별 없이 서비스를 제공한다는 점이다. 공공복지역할은 민간복지와 비교해 상대적으로 사회적 약자에 대한 보장의 보편성을 실현할 수 있으며, 법적 제도적 형태에 의해 적용대상을 포괄할 수 있는 강제성과 서비스 전달이 용이하고 사회 연대성을 증진할 수 있다. 공공복지실천 주체는 보건복지부, 고용노동부, 안전행정부, 지방정부 등이며, 사회보험, 공공부조, 사회복지서비스 등을 수혜자에게 전달하는 체계로 이루어진다. 지역사회복지서비스의 실천주체는 지방자치단체이고, 사회복지 전담 공무원에 의해 법적 규정에 따른 사회복지업무를 수행하고 있으며, 지역사회 구성원의 욕구 충족과 문제 상황에 대처하기 위한 전문 서비스 제공 및 연계 활동을 특징으로 한다.

2) 지역사회복지의 공공복지실천

(1) 주민생활지원서비스

① 추진배경

사회복지사무소 시범사업은 인력과 재정지원이 이루어지지 못해 실패하게 되고, 새로운 지역 공공복지 전달체계에 대한 논의를 통해 2006년 7월부터 시 · 군 · 구 단위에 주민생활지원국이라는 새로운 복지행정 조직개편이 시범적으로 이루어졌다. 1단계에는 자치구 및 일반 시의 일부 동 지역, 2007년 1월에는 자치구 및 일반 시의 모든 동 지역, 2007년 7월부터 복합도시 및 군의 모든 읍 · 면 지역 등 단계적으로 확대하여 주민생활지원서비스의 전달체계를 구축하였다.

주민생활지원서비스는 주민의 다양한 복지수요를 반영하여 폭넓은 서비스를 제공한다. 8대(복지, 보건, 주거, 고용, 평생교육, 생활체육, 문화, 여가) 서비스 전반에 대한 통합적인 연계시스템과 종합적인 정보제공체계를 구축하였다. 주민편의의 증진, 찾아가는 서비스 실현, 서비스 접근성 및 신뢰성을 높이기 위해 시 · 군 · 구에 전담부서를 설치하고, 읍 · 면 · 동에 주민생활지원담당을 설치하는 행정조직 체계를 갖추었다.

주민생활지원서비스 전달체계의 개편 배경은 지역복지 환경의 변화와 기존 전달체계의 한계, 복지환경 변화 및 복지 수요에 대한 대응, 지방자치단체의 자율성 및 책임성 강화, 지역사회 자원 활용을 통한 서비스 연계체계 구축, 복지업무의 질적 개선 등이다. 2006년 7월부터 복지서비스 전달체계가 주민생활지원서비스 제공 방식으로 단계적인 개편을 시작하였다. 53개 시 · 군 · 구를 시작으로 2007년 1월부터는 전국의 시 · 자치구로 확대되면서 전국으로 확대되었다.

② 추진내용

주민생활지원서비스는 지역주민 삶의 질 향상을 위한 서비스 충족에 목표가 있으며, 이를 위해 주민생활지원서비스를 강화하기 위한 조직개편, 복지행정인력의 의식 및 행태 변화, 서비스 연계를 위한 민관협력체계의 조성 및 지역자원의 역량 강화에 주안점을 두고 있다. 시 · 군 · 구 본청은 복지기획, 통합조사, 서비스 연계, 급여지급, 긴급지원 등의 업무에 집중시키고, 읍 · 면 · 동은 주민생활지원서비스 관련 기능을 강화하는 방향으로 개편하였고, 읍 · 면 · 동의 일반행정 및 민원업무, 사회복지업무 일부를 시 · 군 · 구에 이관하였으며 이에 따른 여유 전문인력을 시 · 군 · 구의 전담부서로 이동 배치하였다. 읍 · 면 · 동에 사회복지직과 행정직 간 합리적인 업무 분담을 통한 협업적 업무체계를 구축하여 주민생활지원서비스를 제공하는 방향으로 조직개편을 추진하였으며, 그 의의는 다음과 같다.

첫째, 전달체계 개편을 통해서 지방행정조직에 주민생활지원국을 만들어 8대 서비스 분야를 총괄하게 하였다. 그리고 그 기능 강화를 위해 주무 부서인 주민생활지원과에 종합기획, 통합조사, 서비스 연계팀을 신설하여 서비스 조정과 통합을 할 수 있었고 읍 · 면 · 동 사무소엔 주민생활지원담당을 두어 주민생활지원 업무 기능을 강화했다. 특히, 민원인의 인권을 보호하기 위해서 읍 · 면 · 동 사무실에 상담실을 별도로 설치하여 복지서비스를 제공한다.

둘째, 그동안 주민들이 정부나 지방자치단체, 민간부문에서 제공하는 서비스에 대한 정보를 얻을 수 없는 어려움을 반영하여 공공부문과 민간부문에서 제공하는 다양한 서비스를 통합하여 보다 주민들이 쉽게 정보에 접근하고 신청하여 통합서비스를 받을 수 있도록 통합전산망을 구축하였다. 이 통합전산망이 구축됨으로 공공단체나 서비스 제공단체를 일일이 찾아다니지 않고 온라인에서 서비스 신청 · 연계가 가능해졌다.

셋째, 중앙부처 서비스 조정이다. 그동안 각 부처가 사업을 확장하면서 시 · 군 · 구 현장에서 보게 되면 유사하거나 서비스 대상이 중복된다는 비난과 비판의 소리가 있었다. 이 문제를 해결하기 위해서 각 부처가 제공하고 있는 주민생활서비스를 조정하였다. 중앙부처 서비스 조정은 유사, 중복성 있는 사업들을 무조건 통합하여 없애는 것이 아니라 수혜자인 주민들 입장에서 철저하게 전달체계를 조정 · 개편하는 것이다.

넷째, 민관협력체계 구축이다. 주민들의 다양한 욕구와 요구에 기반한 주민참여형 복지서비스 전달체계를 구현하기 위해선 서비스를 제공하는 민간과 공공 간에 긴밀한 협조 · 협력이 이루어져야 한다. 민간은 우선 서비스를 제공하는 민간단체들의 자원을 조사하여 민간네트워크를 구축하여야 한다.

(2) 읍 · 면 · 동 복지허브화 사업

읍 · 면 · 동 복지허브화는 복지수요에 대처하기 위하여 읍 · 면 · 동을 복지서비스의 허브로 운용하는 복지허브화 정책이다. 허브(hub)는 중심이 되는 곳이며, 지역단위에서 복지사업을 수행하는 데 있어, 읍 · 면 · 동이 중심이 됨을 의미한다(김이배, 2016 재인용). 기존의 방문민원 대응중심에서 벗어나 선제적으로 사각지대를 발굴하고, 대상자에게 필요한 서비스를 맞춤형으로, 민 · 관 연계를 통한 종합적인 복지서비스를 제공하고자 개편한 사업이다. 복지허브화 사업은 서비스 제공에서 공공의 역할뿐만 아니라 민 · 관협력을 통한 사각지대 발굴, 통합 사례관리, 복지자원 발굴 등이 강조되었고, 복지사업과 복지예산의 증가에도 불구하고 상존하는 복지 사각지대를 해소하고 복합적이고 다양화된 국민의 복지 욕구에 맞추어 복지 체감도와 삶의 질을 증진시킨다. 이러한 취지에 2016년 12월까지 1,094개소(31.3%)로 확대했으며, 2017년에는 2,246개소(64%)까지 확대하였다.

세부적인 추진내용을 살펴보면, ① 복지허브화 사업은 맞춤형 복지 전담팀을 구성하였다. 맞춤형 복지 전담팀은 맞춤형 복지팀장을 포함하여 3명 이상으로 구성하는 것을 원칙으로 한다. 맞춤형 복지팀의 담당할 역할은 복지 사각지대 발굴, 찾아가는 복지상담, 통합사례관리 등을 주된 업무로 설정하였다. 읍·면·동 복지허브화 추진계획에 따르면, 맞춤형 서비스를 통해 수요자의 복지체감도를 증진시키고, 전문성을 강화한 업무 여건을 마련한다. ② 시·구·군의 복지인력 전문성 강화를 위해 '전문직위제'를 활성화하였다. 전문직위제는 전문성 및 연속성이 필요한 직무를 선별하여 같은 직무에 3년 이상 근무하도록 한 것이다. ③ 읍·면·동에 있는 지역사회보장협의체, 복지통(이)장 등 주민조직을 적극적으로 활용토록 하였다(김이배, 2016).

(3) 주민자치센터

① 주민자치센터의 기능

주민자치센터는 주민들이 스스로 대표를 선출하고 자치조직을 만들어 운영되고 있다. 주민자치센터는 30명 이내의 주민대표로 구성되어 있으며 주민자치센터의 운영에 관한 심의, 결정단체인 주민자치위원회와 각 분야의 자원봉사자를 중심으로 활동하는 주민자치조직 활동의 장이다. 주민자치센터는 읍·면·동 사무소, 동주민센터 및 읍·면·동 행정복지센터 단위로 주민의 삶의 질을 높이기 위해 설치된 각종 문화, 복지, 교육, 편익 시설과 프로그램을 총칭하는 개념으로 지역주민의 적극적인 참여를 통해 주민자치 활동의 장, 지역공동체 형성의 구심적 역할을 수행한다(류영아·김필두, 2010).

주민자치회는 풀뿌리자치의 활성화와 민주적 참여의식 고양을 위해 읍·면·동에 해당 행정구역의 주민으로 구성되어, 주민의 자치활동 강화에 관한 사항을 수행하는 주민자치 조직이다(주민자치회의 설치, 제27조). 주민자치회는 주민총회의 개최, 마을계획의 수립, 마을 축제의 개최, 마을 소식지의 발간 등 주민화합 및 발전을 위한 업무 등을 수행하고, 읍·면·동장이 위탁하는 사무를 처리한다. 읍·면·동 사무 중 주민생활과 밀접한 사항에 대한 건의를 수립하고, 주민자치를 위하여 필요한 업무를 진행한다. 주민자치회는 회장 1명, 부회장 2명을 포함하여 10명 이상 50명 이하의 위원으로 구성한다.

〈표 11-1〉 **주민자치회의 기능**

구분	주민자치회	주민자치위원회
위상	주민자치 협의 및 실행기구	읍 · 면 · 동장의 자문기구
구성	10명~50명 이내	30명 이내
기능	• (주민자치사무) 주민총회, 마을계획 수립, 마을축제, 마을소식지 발간 등 • (협의 및 자문사무) 소규모 주민숙원사업, 읍 · 면 · 동 예산협의회 관련 사무, 읍 · 면 · 동의 일부 행정사무 등 협의 및 자문 • (수탁사무) 노인대학 운영, 자전거 순찰대 운영, 주민자치센터 운영 등 시에서 위탁하는 사무 추진	• 주민자치사무 • 주민자치센터 프로그램운영 등(문화복지 · 편익기능 수행)
위촉권자	시장	읍 · 면 · 동장

② 주민 주도 마을복지계획 수립 및 실행

주민 주도 마을복지계획 수립은 읍 · 면 · 동 단위에서 공공서비스의 기획, 생산, 전달과정 등에서 주민이 주체적으로 지역의 과제를 확인하고 해결할 수 있도록 한다. 주민 주도 마을복지계획은 읍 · 면 · 동 단위에서 이웃을 돌보고, 주민복지학교 등 자체적으로 해결 가능한 소규모 의제에 대해 계획하고 수립 및 실행하는 과정이다.

마을복지계획에서는 주민참여가 필수적이며, 주민참여를 통해 마을복지계획을 수립하고, 읍 · 면 · 동 지역사회보장협의체 등과 협업하여 실행할 수 있다. 읍 · 면 · 동 마을복지계획 수립 및 실행과정은 기획(마을복지 계획기획), 참여자 모집 및 교육(주민참여방안모색, 주민교육 등), 지역사회조사(주민욕구조사), 계획수립(마을복지 계획수립), 계획확정 및 공유(선포식 및 주민에게 공유), 실행(읍 · 면 · 동 실행) 순으로 진행된다. 이 단계에서 제일 중요한 부분은 주민참여 모집 및 교육 시행 등 실질적 주민참여방안을 필수적으로 반영하여 계획을 실행해야 하는 것이다.

기획	참여자 모집 및 교육	지역사회조사 (주민욕구조사)	계획수립	계획 확정 및 공유	실행
읍·면·동 마을복지 계획 기획 * 계획 수립 시 주민참여 로드맵 수립	• 지역주민참여 방안모색 (주민교육 등) • 읍·면·동 민관협의체위원 교육 (복지, 보건, 마을 등 전반적인 분야 교육 등)	• 읍·면·동 주민 간담회 등을 통해 지역문제 또는 자원을 조사하여 현황을 파악	읍·면·동 마을복지 계획 수립 (주제, 필요성, 실태, 내용, 방법, 예산확보, 기대효과 등)	계획 선포식 및 주민 공유	읍·면·동 실행 시·군·구 지역사회보장 계획 반영 주민자치회 자치계획과 연계가능

[그림 11-1] 읍 · 면 · 동 마을복지계획 수립 및 실행과정(예시)

출처: 2020년 주민자치형 공공서비스 구축사업 찾아가는 보건복지서비스 매뉴얼.

(4) 희망복지지원단

① 역할

희망복지지원단은 복합적 욕구를 가진 대상자에게 통합사례관리를 제공하고, 지역 내 자원 및 방문형 서비스 사업 등을 총괄 관리함으로써 지역단위 통합서비스 제공의 중추적 역할을 수행하는 전담 조직이다(보건복지부, 2021). 따라서 민관협력을 통해 지역단위 통합적 서비스 체계를 구축하고 운영함으로써 찾아가는 보건 · 복지서비스가 제공되고, 지역주민의 복지 체감도도 향상시킨다. 특히, 기초생활보장수급자 및 차상위 계층 등 빈곤층의 탈빈곤과 빈곤 예방을 주요 목표로 하되, 전체 지역주민의 다양한 복지 수요에도 능동적으로 대응(보건복지부, 2021)할 수 있는 능력이 요구된다.

② 주요 업무

- 통합사례관리

희망복지지원단의 주요 업무는 통합사례관리이다. 통합사례관리는 지역 내 공공 · 민간자원에 대한 체계적인 관리 · 지원체계를 토대로 복합적이고 다양한 욕구를 가진 대상자에게 복지 · 보건 · 고용 · 주거 · 교육 · 신용 · 법률 등 필요한 서비스를 통합적으로 연계 · 제공하고, 이를 지속해서 상담 · 모니터링을 해 나가는 사업이다(보건복지부, 2021). 따라서 지역주민의 다양한 욕구에 맞춤형 서비스를 연계하고 제공함으로써 지역주민의 삶을 안정적으로 지원하고 복지제도의 효과성 및 효율성 향상에 이바지하고자 한다.

통합사례관리의 절차 과정은 대상자 발굴, 초기상담, 대상자 접수, 욕구 및 위기도 조사, 사례 회의, 대상자 구분 및 선정, 서비스 제공계획 수립, 서비스 제공 및 점검, 종결, 사후관리(읍 · 면 · 동) 총 10단계로 구성되어 있으며, 희망복지지원단은 읍 · 면 · 동에서 초기상담 후 의뢰된 사례관리 가구에 대해 대상자 접수부터 종결까지의 사례관리를 수행한다.

• 자원관리

위기가구의 복합적 욕구에 능동적으로 대응하기 위해서는 공공자원뿐만 아니라 지역사회 민간자원을 적극적으로 개발하고 체계적인 관리가 필요하다. 희망복지지원단은 통합사례관리 사업 대상 가구가 필요로 하는 각종 정보, 상담, 건강, 교육, 일자리, 주거 등의 자원을 전략적으로 발굴하고 관리함으로써 지역단위의 찾아가는 보건 · 복지서비스 제공체계를 적극적으로 지원한다(보건복지부, 2021).

자원관리 주요 사업은 지역사회 공식 · 비공식 자원 발굴 및 관리를 총괄하며, 자원조사 및 자원개발을 통해 희망복지지원단 및 동 통합사례관리를 지원한다. 더 나아가 나눔 문화 활성화 등 지역사회 자원개발을 기획하고 실천하며, 시 · 군 · 구 내 읍 · 면 · 동 간 자원 불균형을 해소하기 위해 노력한다.

• 지역보호체계 운영

지역보호체계 운영의 목적은 지역 내 보호가 필요한 대상자에 대한 민관협력 토대의 상시 보호체계 구축을 통한 지역복지 증진이다. 이를 위해 공공부문 사례관리 사업 간 연계 · 협력체계를 보다 강화하고, 주민조직 기능을 활성화하여 민관협력의 보호 네트워크 활성화한다. 또한 주민참여 활성화를 통한 지역 공동체문화 조성과 지역문제 해결을 위한 주민들의 적극적인 참여를 도모하고, 지역 공동체문화 조성을 통한 연대의식을 강화한다. 즉 지역보호체계는 지역 내 보호가 필요한 대상자에 대해 민관협력을 기초로 지역단위 보호망을 구축 및 운영하는 것을 의미한다. 지역보호체계의 주요 내용은 다음과 같다.

첫째, 지역 내 공공부문 사례관리 사업 간 연계 및 협력체계를 마련한다. 예를 들면, 읍·면·동 찾아가는 보건복지팀과 시·군·구 희망복지지원단에서 이루어지는 통합사례관리, 노인맞춤돌봄서비스, 드림스타트(취약계층 아동통합서비스), 아동보호전담요원, 방문건강관리서비스(장애인은 지역사회 중심 재활사업), 의료급여사례관리, 자활사례관리, 중독사례관리(중독관리통합지원), 정신건강 사례관리 사업 간 연계·협력체계를 구축한다.

둘째, 지역단위 방문형 서비스 사업 간 현황 공유 및 연계·협력체계를 마련한다. 특히, 방문형 서비스를 공공(시·군·구)에서 직접 수행하는 읍·면·동 주민센터(복지담당공무원)와 보건소(방문건강간호사) 간의 협력체계를 구축한다.

셋째, 지역복지 활성화 방안 마련 등 지역복지 컨트롤타워로서의 역할을 강화한다. 특히, 지역 특성에 따른 복지 문제에 대응하기 위한 지역 차원의 활성화 방안을 모색하고, 중·장기적인 지역복지 추진전략을 수립한다.

넷째, 공공기반(시·군·구, 읍·면·동)의 복지전달체계 확충과 주민의 자발적 참여를 통한 인적 안전망(명예 사회복지공무원)을 구성하여, 경제적·관계적 빈곤문제 해소를 위한 지역 공동체 기반을 형성한다.

다섯째, 읍·면·동 지역사회보장협의체를 중심으로 주민 참여를 통한 인적 안전망을 확대하고, 상시 발굴 체계를 확산한다.

• 업무 수행체계

희망복지지원단 업무 수행체계는 대상자 발굴, 통합사례관리 시행, 자원관리 등으로 구성되어 있다. 대상자 발굴은 읍·면·동 주민센터와 시·군·구 각 부서, 지역주민 및 관련 기관에서 발굴된 대상자에 대해 읍 · 면 · 동 주민센터에서 초기상담 시행 후 사례관리대상자를 의뢰한다. 의뢰된 대상자에게 통합사례관리를 시행하며, 지역 내 서비스 제공기관과의 연계 및 협력을 통하여 대상자의 다양한 욕구를 충족시키는 맞춤형 서비스를 제공한다. 대상자별 서비스 제공계획을 수립하여 통합적 서비스를 제공한다. 제공한 후 점검 및 사후관리를 한다.

업무 수행은 희망복지지원단이 중심적으로 수행하되, 읍 · 면 · 동 주민센터, 지역사회복지협의체, 지역 내 관련 기관과의 연계 및 협력을 적극적으로 추진하여 진행한다. [그림 11-2]는 희망복지지원단 업무 수행 체계도이다.

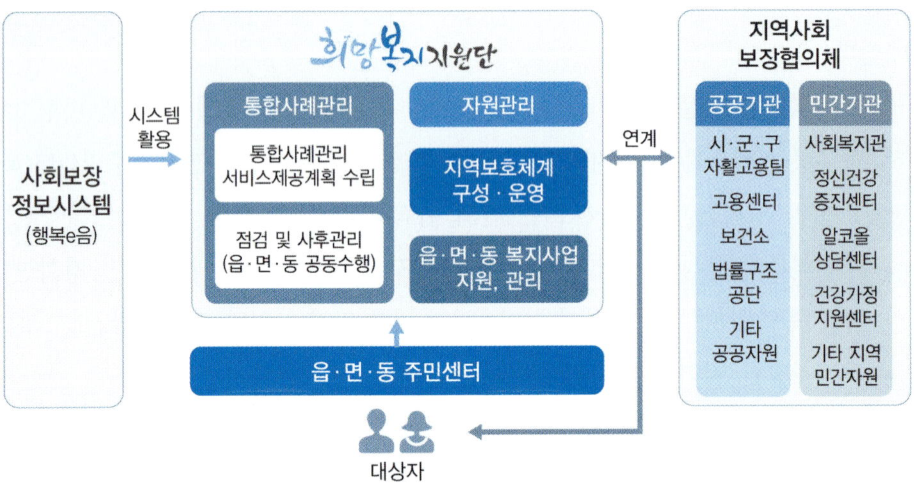

[그림 11-2] 희망복지지원단 업무 수행 체계도

출처: 사회보장정보원 희망복지지원단(https://www.hopeletter.or.kr//1512/sub_sp2.htm).

2. 지역사회서비스 투자사업

1) 지역사회서비스 투자사업의 의의

사회서비스는 「사회보장기본법」 제3조 제4항에 의거하여, 국가 · 지방자치단체 및 민간부문의 도움이 필요한 모든 국민에게 복지 · 보건의료 · 교육 · 고용 · 주거 · 문화 · 환경 등 분야에서 인간다운 생활을 보장한다. 그리고 상담 · 재활 · 돌봄 · 정보의 제공, 관련 시설의 이용, 역량 개발, 사회참여 지원 등을 통하여 국민의 삶이 향상되도록 지원하는 제도이다(보건복지부, 2022). 일반적인 의미에서 개인 또는 사회 전체의 복지증진 및 삶의 질 향상을 위해 사회적으로 제공되는 서비스를 의미한다(박서연 외, 2017).

사회서비스 투자의 필요성은 사회서비스 확충을 통한 사회안전망 강화와 사회통합이다. 사실, 사회변화에 따라 수요의 증가와 변화가 있으며, 높은 인건비 비중, 부가가치 창출의 어려움, 이용자의 낮은 구매력 등으로 인해 공공부문 역할 강화와 함께 민간시장 및 산업 육성이 필요하다(보건복지부, 2022). 정부에서는 다양한 서비스 사업을 추진하고 있으며, 이 중 지역사회서비스 투자사업은 지방자치단체가 자신의 수요와 여건에 맞게 사회서비스 사업을 직접 기획하고 운영한다는 점에서 다른 사업과는 구별된다.

지역사회서비스 투자사업은 지금까지 중앙정부가 전국을 대상으로 일괄 시행해 오던 국가 주도형, 공급자 주도형 서비스에서 탈피하여, 지자체가 지역 특성 및 주민수요에 맞는 사회서비스를 발굴하고 기획하는 사업이다(박세경, 2016). 지역별, 가구별로 다양한 특성과 수용에 부합하는 차별적인 서비스를 지방자치단체가 주도적으로 발굴, 집행함으로써 지역주민이 체감하고 만족하는 사회서비스를 제공하는 것이다. 다양한 투자 중 인적 자본형성, 건강투자, 고령화 근로 촉진 등 사회 투자적 성격의 사업을 지원하여, 미래의 성장동력을 확보하고 사회경제적 자립기반을 확충한다.

2) 지역사회서비스 투자사업의 목적 및 수행방식

보건복지부(2022)가 제시한 지역사회서비스 투자사업의 목적과 수행방식을 살펴보고자 한다. 먼저 사업의 목적은 두가지 측면에서 제시하고 있다. ① 지역 맞춤형 사회서비스 개발을 통한 복지 사각지대 해소이다. 지방자치단체는 지역별, 가구별로 다양한 특성과 수요에 부합하는 차별적인 서비스(mass customized services)를 지자체가 주도적으로 발굴하고 집행함으로써 지역주민 스스로가 체감하고 만족하는 사회서비스를 제공하는 것이 목적이 된다. ② 사회서비스 시장 활성화 및 일자리 창출이다. 서비스 시장 형성 가능성이 높은 분야를 발굴하여 수요자의 구매력을 보전함으로써 지속 가능한 사회서비스 시장 형성 및 일자리 창출을 도모하는 것이다.

수행방식은 사회서비스 이용권(전자바우처)을 활용한 수요자 중심으로 이루어진다. 따라서 서비스 수요자에 대해 바우처를 지원하고, 원하는 서비스 제공기관을 선택하도록 함으로써 공급자 주도 방식에서 탈피하여 새로운 접근으로 사회서비스 시장 창출과 지역의 자율성과 책임성을 강조하는 포괄 보조방식이다(김동희, 2020; 보건복지부, 2022). 뿐만 아니라, 지역사회서비스의 개발과 심사, 관리, 점검 기능을 지자체에 부여하여 지역 맞춤형 사회서비스를 개발하고 촉진하여 재정 효율성을 높인다.

3) 지역사회서비스 투자사업의 추진체계

추진체계는 보건복지부(2022)에서 제시한 지역사회서비스 투자사업 안내를 참고하여 정리하였다.

(1) 전담팀 구성 운영

우선, 시 · 도는 지역사회서비스 투자사업을 전담하여 시행할 수 있는 전담팀(계)을 구성한다. 그리고 시 · 도 개발 사업의 경우 해당 시 · 도가 지침서를 작성하고 제공기관을 지정하며, 홍보 등을 수행한다. 그후 대상자를 선정하고 관리하는 모든 절차는 시 · 군 · 구청장이 담당한다. 시 · 군 · 구는 담당 부서 내 사업 전담 인력을 배치한다. 예로, 시 · 군 · 구 공동개발 사업의 경우 주관 지자체가 사업 지침, 제공기관 지정 등을 총괄한다. 단, 주관 지자체가 없는 경우 해당 지방자치단체 간 협의로 주관 지자체를 별도 지정하거나 지자체 조합 형태나 별도 사업단 형태의 운용도 가능할 수 있다. 더 나아가 지역 여건상 전담팀(계) 구성 또는 사업 전담 인력 배치가 어려운 경우의 시 · 도는 복지정책과(또는 사회복지과, 복지 청소년과 사회장애인복지과), 시 · 군 · 구는 사회복지과(또는 주민 생활지원과)에서 사업 시행 및 예산확보 등 업무를 총괄 수행하되, 필요하면 대상자별 담당 부서에서 사업 시행도 가능하다.

(2) 지역사회서비스지원단

지역사회서비스 투자사업은 시 · 도별로 지역사회서비스지원단을 선정하여 사회서비스 종사자 교육과 훈련, 제공기관 컨설팅, 지역 맞춤형 사회서비스 기획 · 발굴, 지역 사회서비스 홍보, 제공기관 현장 점검들을 지원한다. 지역사회서비스지원단은 시 · 도지사가 지정하여 운영하며, 지정 및 관리주체 또한 시 · 도지사이다. 설치기관은 지방자치단체 연구기관, 시 · 도 산하 복지재단, 사회서비스원 등 지역 내 지원단 기능에 대한 수행 역량이 있고 시 · 도지사가 인정하는 기관에 설치할 수 있다. 시 · 도는 지원단의 운영계획 및 인력 규모 등이 합리적으로 운영될 수 있도록 관리한다.

〈표 11-2〉 **지역사회서비스 투자사업 추진체계**

추진체계	기능
보건복지부	• 사업 기본계획 수립, 지침작성 총괄 • 시 · 도 성과평가 추진 총괄 • 시 · 도 서비스 심사 및 승인 · 감독 · 평가
사회보장정보원	• 시 · 군 · 구 예탁금 관리 • 바우처 비용 지급 및 정산 • 사업 모니터링 실시 및 통계관리
시 · 도	• 바우처사업 총괄 관리 • 예산조정 및 집행관리 • 시 · 도 서비스 기획 및 발굴 • 시 · 도별 지역사회서비스 투자사업 안내 지침 수립 • 시 · 군 · 구 서비스 심사 및 승인 · 감독 · 평가 • 시 · 도 사회서비스 심의위원회 운영 • 시 · 도 성과관리 • 시 · 군 · 구 자체평가 체계 구축 및 실시 • 시 · 도 내 서비스 제공기관 현장 점검 총괄
지역사회서비스 중앙지원단 (한국보건복지인력개발원)	• 지역사회서비스지원단 총괄 · 지원 • 사회서비스 관련 교육 및 전문 인재 양성 • 사회서비스 컨설팅 지원 • 사회서비스 발전을 위한 조사 · 연구 · 개발 • 지역 간 사회서비스사업 연계 · 협력체계 구축 • 사회서비스 인식개선 홍보
지역사회서비스지원단	• 지역사회서비스 제공인력 교육 및 관리 • 사회서비스 제공기관 컨설팅 • 지역사회서비스 발굴 · 기획 지원 • 민 · 관 네트워크 구축 • 제공기관 현장 점검 지원 • 지역사회서비스 정보 제공 및 홍보 지원
시 · 군 · 구	• 시 · 군 · 구 지역사회서비스 관리 및 시행 • 지역사회서비스 예산집행 분석 및 예탁금 집행 • 서비스 이용자 선정 및 관리 • 지역사회서비스 제공기관 등록 · 관리 • 지역개발 서비스 홍보 • 서비스 제공기관 지도 · 감독

출처: 보건복지부(2022).

4) 지역사회서비스 투자사업의 신청 및 선정과정

(1) 서비스 대상

본사업의 대상자는 이용하고자 하는 서비스 내용을 확인하고 서비스를 신청하되, 서비스 대상자 선정기준은 일반(욕구)기준과 소득 기준으로 본다. 일반(욕구)기준은 해당 서비스별로 지방자치단체장이 정한 서비스 이용기준을 충족하는 자이며, 행복e음에 관련 내용을 입력한다. 소득 기준은 전국기준 중위소득 120% 이하 원칙을 적용하되, 장애인 · 노인, 아동 · 청소년 대상 사업 등은 다르게 적용한다. 또한, 서비스별 특성에 따른 주요 수요 계층 등은 지역의 사회서비스 시장화 정도와 지자체의 예산 상황 등을 종합적으로 고려하여 시 · 도 또는 시 · 군 · 구에서 소득 기준을 확대할 수 있도록 하였다. 단, 이용자의 본인부담금을 별도로 부담하도록 한다. 그 이유는 서비스가 필요한 사람의 이용을 유도하기 위한 것으로, 사업별로 차이는 있지만 최소 10% 이상의 본인부담금을 책정한다.

(2) 우선 순위

대상자(이용자)는 소득 욕구 조사 후 우선 순위에 따라 선정한다. 우선순위는 서비스별 특성에 따른 주요 수요 계층, 지역의 사회서비스 시장화 정도, 지자체의 예산 상황 등을 종합적으로 고려하여 시 · 도 또는 시 · 군 · 구에서 결정한다.

5) 지역사회서비스 투자사업에 대한 성과

지역사회서비스 투자사업의 성과를 정리해보면, ① 사회서비스 부문의 유효 수요를 창출하고 지역단위로 지방자치 단체의 자율성과 책임성을 바탕으로 일군의 사회서비스 제도를 확충해 가는 경로로서 분권 지향적 지역복지 체제를 견인하고 있다는 긍정적 평가를 받고 있다(박세경, 2016). ② 기초생활보장수급자 또는 차상위 계층에 한정되었던 서비스 이용계층을 중산층 이상으로 확대하여 보편적 서비스의 틀을 마련하였다. ③ 사회서비스 공급 수단의 일환으로 전자바우처를 채택함으로 사회서비스 수요자의 서비스 선택권을 강화하고, 서비스 이용금액의 일부를 자기 부담분으로 납부하여 복지 수급자에서 서비스 구매자, 능동적 참여 주체로 변화시켰다. ④ 상대적으로 취약한 우리나라 사회서비스 부문 고용 비중을 증대할 수 있도록 안정적 일자리를 창출한 성과를 가져왔다.

Chapter

12

지역사회보장협의체와 사회복지협의회

Chapter

12 지역사회보장협의체와 사회복지협의회

1. 지역사회보장협의체

1) 지역사회보장협의체 개요

(1) 추진 배경

우리나라는 지방자치제도 도입 이후 중앙부처의 권한을 축소하고 지방의 자율성과 책임성을 강화하기 위해 지방분권을 추진해 왔다. 지방분권은 단순히 정부기능을 중앙에서 지방정부로 이관한 것이 아니라 과거 중앙부처의 기획을 집행하던 차원에서 벗어나, 지역사회 중심의 사회복지계획 수립 및 운영에 있었다. 이에 필요한 지역 내 네트워크 구축, 자원연계, 발굴 기능이 중요한 지자체의 과제로 제시되었다. 기존 「사회복지사업법」은 서비스 이용 절차와 운영에 한정된 한계를 극복하기 위하여 「사회보장급여 이용 및 제공, 수급권자 발굴에 관한 법률」을 제정하였다. 이 법률로 중앙부처와 유기적 연계를 통한 지역단위의 종합적 사회보장, 지역 간 사회보장의 균형발전을 위한 지원체계가 마련된 것이다(황명주 · 김형수, 2019).

지역사회보장협의체는, ① 지방분권과 사회복지 전달체계의 근원적 변화, ② 지역사회보장 환경의 특성을 반영한 연계 및 조직화 필요성, ③ 지역사회 공동체 기능 회복과 사회적 자본 증대의 절실성, ④ 정보통신기술의 발전에 따른 새로운 사회 조직화의 가능성을 위하여 조직되었다.

사실, 민간부문과 공공부문으로 이루어진 사회보장급여(서비스) 제공 기반(infrastructure)은 각기 다른 운영방식과 조직체계 아래에서 운영되고 있어 조직체계를 물리적으로 통합하기에 어려움이 있었다. 이러한 문제점이 복지 사각지대의 원인 중 하나일 수도 있다고 판단하여, 민 · 관 협력관계를 지역단위에서 어떻게 구축해 나갈 것인지를 모색하게 되었다. 그 해법은 개별 사회보장급여(서비스) 제공기관의 자율성과 탄력성을 보장하면서 복지 사각지대를 해결하려는 방법으로 지역문제를 지역주민 스스로가 해결해나가는 것이다. 주민 간 신뢰와 협동심 배양, 건전한 지역 풍토 조성, 주민의 자긍심 고취, 지역의 자생력 촉진 등 지역사회 공동체 기능을 회복하여 주민의 삶의 질을 개선할 뿐만 아니라 사회적 소외와 배제를 방지하고 사회적 비용을 절감하도록 하였다.

(2) 법적 근거

지역사회의 민간과 공공의 보건 · 복지 분야에 대한 연계와 협력체계를 강화하기 위해 기존에 시 · 군 · 구 자치 단위로 구성되어 있던 지역사회복지협의체 대신 지역사회보장협의체를 구성하도록 「사회보장급여의 이용 · 제공 및 수급권자 발굴에 관한 법률」이 제정되어 2015년 7월 1일 시행되었다. 지역사회보장협의체 관련 내용은 이 법률 제41조에 명시되었고, 제1항부터 제6항으로 구성되어 있다. 이 법률 시행으로 지역사회복지협의체는 '지역사회보장협의체'로 명칭이 변경되었고, 지역사회복지는 '지역사회보장'으로, 지역사회복지서비스는 '지역사회보장서비스'로 각각 명칭이 변경되었다.

(3) 운영의 목적

지역사회보장협의체 구성, 운영의 목적은 민주적 의사소통 구조 확립, 사회복지서비스의 연계체계구축, 지역사회 내 복지자원 발굴 및 서비스 제공기관 간 연계·협력으로 지역복지 자원의 효율적 활용체계 조성에서 찾을 수 있다. 구체적 내용은 다음과 같다(보건복지부, 2015).

첫째, 지역사회 내 복지 문제를 해결하기 위한 민주적 의사소통 구조를 확립하는 것이다. 지역사회보장 계획, 수립, 집행, 평가 등 지역사회보장 증진을 위한 과정에 민간의 참여 및 협력 기반을 마련함으로써 국민 중심의 맞춤형 복지구현에 기여하는 것이다. 특히 수급권자에게 필요한 급여(서비스)를 제공하는 기관의 대표 또는 실무자들의 복지문제 해결 의지가 지역사회에서 활발하게 논의될 수 있는 상향식 의사소통 구조를 확립하는 데 그 목적이 있다(김종건 외, 2020).

둘째, 수요자 중심의 통합적 사회보장급여 제공의 기반을 마련하는 것이다. 이는 보건의료와 사회복지 위주의 서비스 제공에서 벗어나 고용·주거·교육·문화·환경 관련 서비스 제공자 간의 연계망(network)을 구성하여 수요자의 다양하고 복합적인 욕구에 따라 필요한 서비스를 any-stop, one-stop으로 제공하였다.

셋째, 지역사회 내 복지자원 발굴 및 서비스 제공기관 간 연계, 협력으로 지역복지자원의 효율적 활용체계를 조성하는 것이다. 지역사회의 다양하고 잠재적인 복지자원을 발굴하고 필요한 복지자원의 확충을 위해 노력하며, 서비스 제공기관 간 연계, 협력을 통해 지역사회 복지자원 및 수급권자에 대한 정보 등을 공유함으로써 자원 제공의 중복과 누락을 방지하는 데 그 목적이 있다.

(4) 운영원칙

지역사회보장협의체 운영원칙은 지역성, 참여성, 협력성, 통합성, 연대성, 예방성으로 나누어 볼 수 있으며, 구체적 내용은 다음과 같다(보건복지부, 2015).

첫째, 지역성은 지역사회보장협의체가 일반적으로 모든 지역에서 수행하는 보편적인 업무와 지역의 특성, 문화 등을 반영한 지역 핵심(고유) 사업을 수행해야 하는 것을 말한다.

둘째, 참여성은 네트워크 조직을 표방하는 지역사회보장협의체가 관변단체로의 외형을 가지지 않고, 본연의 비전을 달성하기 위해서는 법적 장치나 규제보다는 민간과 공공의 적극적이고 자발적인 참여가 선행되어야 함을 말한다. 특히 지역사회보장협의체의 참여성 확보는 지역사회 내 다양한 분야의 대표성을 가진 사회보장과 관련된 서비스를 제공하는 관계기관, 법인, 단체, 시설 등의 참여가 전제되어야 한다.

셋째, 협력성은 지역사회보장협의체가 민관협력 기구로서 네트워크형 조직 구조를 통해 당면한 지역사회 복지문제 등의 현안을 해결해 가는 과정에서 요구된다. 지역사회보장계획의 수립, 집행, 평가를 위한 협의적 의사결정, 상생적 조직관계, 지역사회 공동체, 사회적 자본 등을 주요 개념으로 두고, 네트워크를 바탕으로 민주적이고 합리적인 방법으로 운영함을 의미한다(김우중, 2013).

넷째, 통합성은 지역사회 내 복지자원 발굴 및 유기적인 연계와 협력을 통하여 지역주민의 다양하고 복잡한 욕구에 부응하는 서비스를 통합적으로 제공함을 의미한다. 이는 종전의 보건의료와 사회복지 위주의 서비스 제공에서 벗어나 고용, 주거, 교육, 문화, 환경 관련 서비스 제공자 간의 연계망(network)을 통하여 지역주민의 다양하고 복합적 욕구에 필요한 서비스를 통합적으로 제공하는 것이다.

다섯째, 연대성은 자체적으로 해결이 곤란한 복지문제는 지역주민 간 연대를 형성하거나 인근 지역과 협조를 통하여 복지자원을 공유함으로써 자원을 효율적으로 활용하고 복지문제를 해결하는 것이다.

여섯째, 예방성은 지역사회보장조사와 지역사회보장계획을 수립하여 지역주민의 복합적인 복지 문제를 조기에 발견하여 예방할 수 있도록 노력하고자 함이다.

2) 지역사회보장협의체의 구성

지역사회보장협의체는 「사회보장급여의 이용 · 제공 및 수급권자 발굴에 관한 법률」 제41조(지역사회보장협의체)에 근거하여 대표협의체, 실무협의체, 실무분과, 읍 · 면 · 동 지역사회보장협의체로 구성되어 있다.

(1) 대표협의체

대표협의체는 대표성, 포괄성, 민주성의 원칙에 따라 위원을 구성해야 한다. 인원은 위원장을 포함하여 10인 이상에서 40인 이내로 구성하며, 해당 지역사회의 사회보장 관련 공공부문 대표, 민간부문 대표, 수급권자(이용자) 대표, 기타 연계 영역과 실무협의체 위원장 등으로 구성되어야 한다. 특히 시장 · 군수 · 구청장은 「사회보장급여의 이용 · 제공 및 수급권자 발굴에 관한 법률」 제40조 제4항에 따라 위원 임명 또는 위촉 전에 반드시 결격사유 해당 유무를 조회하고 확인하여야 한다. 대표협의체 위원장은 해당 지방자치단체장이 당연직 공동위원장이 되고, 민간부문의 공동위원장을 선출하여 민 · 관이 공동위원장 체제로 운영된다. 대표협의체 위원의 임기는 2년으로 하며 연임할 수 있고, 공무원인 위원의 임기는 그 재직 기간으로 한다.

지역의 사회보장을 증진하고 사회보장과 관련된 서비스를 제공하는 관계 기관 · 법인 · 단체 · 시설과 연계 · 협력을 강화하기 위하여 시 · 군 · 구별로 대표협의체를 설치한다. 대표협의체는 지역사회보장계획에 관한 전반적인 사항에 대해 심의 · 협의 · 건의하며 지역사회복지 부문에서 시 · 군 · 구 자치단체장에게 자문 기능을 수행한다. 대표협의체의 주요 기능과 역할은 다음과 같다. ① 시 · 군 · 구의 지역사회보장계획 수립 · 시행 및 평가에 관한 사항, ② 시 · 군 · 구의 지역사회보장조사 및 지역사회보장지표에 관한 사항, ③ 시 · 군 · 구의 사회보장급여 제공에 관한 사항, ④ 시 · 군 · 구의 사회보장 추진에 관한 사항, ⑤ 읍 · 면 · 동 단위 지역사회보장협의체의 구성 및 운영에 관한 사항, ⑥ 그 밖에 위원장이 필요하다고 인정하는 사항이다.

(2) 실무협의체

실무협의체는 지역사회보장협의체의 업무를 효율적으로 수행하기 위한 목적으로 구성한다. 실무협의체의 위원은 포괄성, 전문성의 원칙에 근거하여 지역사회 기반으로 활동하면서, 지역사회보장 증진에 관심이 많은 각 영역의 종사자 중에서 민주적 절차 · 방법으로 선출하며, 위원장 1명을 포함하여 10명 이상 40명 이하의 위원으로 구성한다. 실무협의체 위원장은 위원 중에서 선출하며, 위원장의 임기는 2년으로 연임할 수 있다. 특히 위원장은 대표협의체의 위원을 겸임하여 대표협의체와 실무협의체 사이의 원활한 의사소통 체계 확립의 중추적인 역할을 수행한다. 실무협의체 위원의 임기는 대표협의체와 동일하게 2년으로 연임할 수 있으며, 공무원인 위원의 임기는 그 재직 기간으로 한다.

협의체 업무를 효율적으로 수행하기 위하여 설치된 실무협의체의 주요 기능과 역할은 다음과 같다. ① 지역 내 공동사업개발 및 건의, ② 지역사회서비스 제공 및 연계 협력에 관한 협의, ③ 대표협의체 심의(건의)안건 사전 검토, ④ 실무분과에서 발의된 이슈에 대한 논의, ⑤ 실무분과 간 역할조정 및 협력 도모, ⑥ 그 밖에 위원장이 필요하다고 인정하는 사항이다.

(3) 실무분과

실무분과는 별도의 원칙 없이 공공기관, 민간서비스기관, 기타 관련분야 영역의 위원으로 이루어진다. 공공기관 실무분과 위원은 사회복지 및 보건 · 고용 · 교육 · 주거 · 문화 등 관련 분야의 업무를 담당하는 실무담당 공무원이고, 민간서비스기관 실무분과 위원은 사회복지사업을 행하는 기관 단체 중 지역의 욕구를 대변하는 서비스 공급자와 지역의 복지에 관심이 있는 사람의 경우, 기존 실무분과 위원의 추천과 합의에 의해 해당 실무분과 위원이 될 수 있다. 기타 통합서비스 제공을 위해 연계가 필요한 경우 보건 · 고용 · 교육 · 주거 · 문화 · 관광 · 체육 등에 관련된 기관의 실무자 및 전문가 등으로 구성한다(이재완 · 김승용, 2012).

지역특성 및 여건 등에 따라 대상별, 지역별, 기능별 등 다양한 형태로 구성 가능하며, 실무분과의 구체적인 기능과 역할은, ① 공동사업의 수행, ② 대상자별 사례 회의, ③ 서비스 제공 및 연계, ④ 서비스 제공을 위하여 필요한 사항으로 정리할 수 있다.

(4) 읍 · 면 · 동 지역사회보장협의체 구성

읍 · 면 · 동 지역사회보장협의체는 지역사회의 읍 · 면 · 동 단위를 기반으로 활동한다. 위원 구성은 지역사회보장 증진에 관련된 분야의 종사자 중에서 민주적 절차 · 방법으로 선출하며, 위원장 1명을 포함하여 10명 이상으로, 대도시 · 중소도시 · 농어촌 등 지역사회 여건 및 사회보장 환경을 고려하여 지자체별로 위원 수를 탄력적으로 구성할 수 있다. 공공부문위원은 당연직 위원으로 읍 · 면 · 동장과 사회복지 및 보건의료 등 사회보장 분야 담당 공무원을 위원으로 임명한다. 민간부문 위원은 지역의 사회보장 활동을 수행하거나 서비스를 제공하는 기관 · 법인 · 단체 · 시설의 실무자 중에서 읍 · 면 · 동장의 추천으로 전체 위원의 2/3 범위 내에서 시장 · 군수 · 구청장이 위촉한다. 특히 민간부분 위원은 실무협의체 또는 실무분과 위원으로도 활동할 수 있다.

읍 · 면 · 동 지역사회보장협의체의 주요기능과 역할은 관할지역 내 사회보장대상자 발굴, 민간 사회보장자원 발굴 · 연계, 지역보호체계 운영, 지역특화 사회보장사업 추진이다. 그러나 시 · 군 · 구 지역사회보장협의체 기능 중 대표 및 실무협의체, 읍 · 면 · 동 단위 협의체 간 적절한 역할분담을 고려하여, 시 · 군 · 구 조례 등을 통하여 그 기능과 역할을 구분할 필요성이 있다.

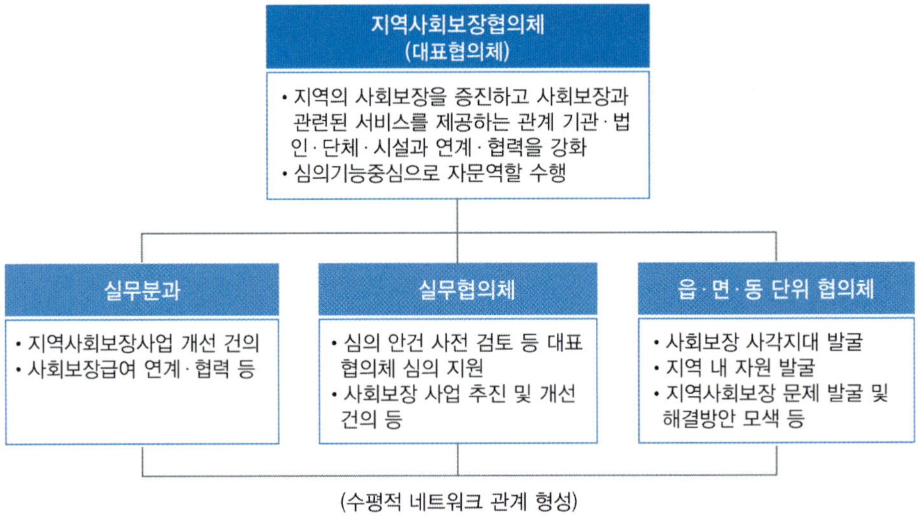

[그림 12-1] **지역사회복지협의체 구성**

3) 지역사회보장협의체 기능

지역사회보장협의체의 기능에 관하여 보건복지부 지역사회보장협의체 운영지침에서는 지역 주체 간 협의적 의사결정 기능, 네트워크 연계 및 조직화 기능, 통합서비스 기능의 세 가지를 제시하였다. ① 협치(governance) 기능은 지역복지의 주요 사항을 민간과 공공이 협의하여 의사결정 · 심의하고 개선이 필요한 사항을 시장 · 군수에게 건의하는 것을 의미한다. ② 연계(network) 기능은 사회보장과 관련된 서비스를 제공하는 관계 기관 · 법인 · 단체 · 시설과 연계 · 협력을 강화한다. 즉, 지역사회의 인적 · 물적 자원을 연계하고 조직화하는 것을 말한다. ③ 통합서비스 기능은 지역사회보장협의체 내에서 각 분과 간 통합 및 조정 역할을 수행하고 지역주민의 욕구를 반영한 통합적 서비스 제공체계의 지원을 의미한다. 또한 통합서비스 제공을 위해 기존의 보건복지뿐만 아니라 고용 · 주거 · 교육 · 문화 · 환경 등 다양한 영역과 연계하여 통합서비스를 제공한다.

2. 사회복지협의회

1) 사회복지협의회 개요

사회복지협의회는 주민의 복지를 증진시키는 것을 목적으로 하는 민간 자주적 조직이다. 사회복지서비스 기관들이 효과적인 서비스를 제공하기 위해 상호 연락, 협의 및 조정, 지역사회에 관한 계획 수립, 주민 참여 유도, 자원 등을 동원하는 중간조직의 성격을 갖는다. 사회복지협의회는 「사회복지사업법」 제33조와 「사회복지사업법」 시행령 제12조의 규정에 따라, 비영리 공익 법인이다. 그리고 2003년부터는 시 · 군 · 구의 지역사회복지협의회도 「사회복지사업법」의 적용을 받아 법정 단체가 되었으며, 현재는 대다수 시 · 군 · 구에 설치되었다.

민간 자주적 조직의 성격과 관련하여 사회복지협의회는 주민 욕구기본의 원칙, 주민 활동 주체의 원칙, 민간성의 원칙, 공사협동의 원칙, 전문성의 원칙을 갖는다. ① 주민 욕구기본의 원칙은 광범위한 주민의 생활실태, 복지과제 등을 파악하고 그 욕구에 입각한 활동을 수행하는 것이다. ② 주민 활동 주체의 원칙은 주민의 지역복지에 대한 관심을 높이고 자주적인 대응을 기초로 한 활동이다. ③ 민간성의 원칙은 민간 조직으로서의 특성을 살려서 주민 욕구, 지역의 복지에 대응하는 개척성, 적응성, 유연성을 발휘해야 하는 활동 원칙이다. ④ 공사협동의 원칙은 공사의 사회복지 및 보건, 의료, 교육, 노동 등의 관계기관, 단체, 주민 등의 협력과 역할 분담에 따른 계획적이고 종합적인 활동이다. ⑤ 전문성의 원칙은 지역복지의 추진 조직으로서 조직화, 조사, 계획 등에 관련하여 전문성을 취하는 활동을 수행하는 것이다.

2) 사회복지협의회의 변천과정

우리나라 사회복지협의회 시초는 1952년 2월에 구호 활동을 전개했던 민간사회사업

기관들의 단체인 '한국사회사업연합회'이다. 이후 1954년 12월 '사단법인 한국사회사업연합회'로 개명되었고 1959년 7월 국제사회복지협의회(ICSW)에 가입하였다. 가입한 후 1961년 6월에는 16개의 사회복지단체를 병합하여 '사단법인 한국사회복지사업연합회'로 명칭을 변경하였다. 그 후 1970년 5월 22일에는 「사회복지사업법」 제33조 시행령 제12조에 의거하여 현재의 명칭인 사회복지법인 '한국사회복지협의회'가 되었다. 1983년 5월에 「사회복지사업법」 전문이 개정되었고, '한국사회복지협의회'명칭도 유지되었다. 12월에는 12개소의 지방사회복지협의회가 조직되었고, 그 후 1998년 12월에는 '시 · 도 사회복지협의회'가 독립법인으로 설립되었다. 2003년 7월 30일에는 「사회복지사업법」 개정으로 시 · 군 · 구 사회복지협의회가 법정 단체화되었다. 이러한 역사적 변천에도 불구하고 사회복지협의회의 사업 내용과 역할은 지역사회복지에 뚜렷한 영향을 미치지 못하고 있는 것이 오늘날의 현실이다.

3) 사회복지협의회의 역할

사회복지협의회는 민간사회복지기관 중 유일한 기타 공공기관으로서, 보건복지부의 주요 복지정책에 대한 시행 위탁기관으로 정부의 사회복지사업을 뒷받침하는 조사연구, 교육훈련, 사회복지 조성 등의 고유목적사업 등 공공사회복지 증진 업무를 효과적으로 수행하는 역할을 한다. 또한, 민간사회복지기관으로서의 특성을 살려, 사회복지시설 · 기관 · 단체 상호 간의 이슈 및 여론, 사회복지 동향 및 흐름에 대한 사회복지계의 입장을 대변하고 여론을 일원화하여 협의 및 조정 창구로서의 역할을 수행하며 사회복지 조성을 위한 각종 민간자원 활용 및 연계, 사회서비스사업을 효과적으로 수행한다.

사회복지협의회가 갖는 기능은 정부와의 관계, 회원 및 관련 단체와의 관계, 지역사회와의 관계, 국제기구와의 관계로 나뉜다. ① 정부와의 관계는 정부가 사회보장제도를 확립하고 추진할 수 있도록 전문적인 도움을 제공하고, 정부가 사회복지시책을 펴 나가는 데 있어서 개선을 요구하는 건의 등의 역할을 한다. ② 회원 및 관련 단체와의 관계는 사회복지사업기관들이 효과적으로 서비스를 제공할 수 있도록 그들의 업무 간에 연락, 협력, 조정의 역할과 필요한 사회복지서비스를 개발, 육성하고 이에 따른 지도를 하는 등의 역할을 수행한다. ③ 지역사회와의 관계는 지역사회복지를 증진시키기 위해 국민들의 적극적인 관심과 참여를 촉진하고, 지역사회주민들의 협동정신을 배양한다. 또한 지역사회의 복지활동에 참여할 지도자를 발굴하고 훈련하며, 지역사회개발에 관한 계획을 수립하고 이를 실천하는 데 따른 지식과 기술을 제공하고 지도를 하는 등의 역할을 한다. ④ 국제기구와의 관계에서는 국제사회복지협의회(International Council of Social Welfare: ICSW)의 회원기관으로서 사회복지 분야에 관한 국가 간의 지식과 기술을 교류하는 기능을 수행한다.

4) 사회복지협의회의 주요 사업

한국사회복지협의회는 「사회복지사업법」 제33조 제1항 4호에서 '대통령령으로 정하는 사회복지사업'과 동법 시행령 제12조에 의거하여, 비영리 공익법인으로서 민간사회복지증진을 위한 사업을 수행하고 있다. 구체적인 사업내용은 다음과 같다.

첫째, 사회복지에 관한 조사 · 연구 및 정책 사업이다. 이 사업은 사회복지 문제에 대한 이해와 현상 파악을 위하여 전문적인 조사 · 연구를 실시하고, 사회복지현안 문제에 대한 정책대안을 개발하기 위해 2005년부터는 '사회복지연구원'을 운영하고 있다.

둘째, 사회복지에 관한 교육훈련 사업이다. 교육훈련 사업은 민간 사회복지교육센터로서의 기능 및 역할 확대, 능동적인 선진 사회복지전문가 육성, 수요자 중심의 교육서비스를 실현한다.

셋째, 사회복지에 관한 학술 도입과 국제사회복지단체와의 교류사업이다. 교류사업은 국제사회복지협의회(ICSW) 회원국으로 1954년부터 매년 세계사회복지대회 참가 및 각종 세미나, 국제회의 등을 통해 세계 선진복지국가들과 국제교류를 추진하고 있다.

넷째, 푸드뱅크 사업이다. 이 사업은 푸드뱅크 운영에 관한 전국 공통적인 기본 사업

안내를 마련하여 푸드뱅크의 효율적인 운영을 도모하고, 세부 업무처리사항을 정함으로써 식품기부 나눔 문화 정착을 통한 우리 사회 결식문제 완화에 조직 및 체계적 추진 체계를 구축하였다.

다섯째, 사회복지에 관한 계몽 및 출판홍보 사업이다. 사회복지 관련소식과 정보를 전달하고, 시민들의 사회복지에 대한 이해를 넓히기 위해 복지타임즈, 복지저널, 계간 사회복지, 사회복지법전, 단행본, 사회복지 윤리강령 등의 출판홍보 업무를 수행한다.

여섯째, 사회복지포털서비스인 복지넷 운영 사업이다. 사회복지 및 자원봉사 관련 각종 복지정보를 종합적 · 체계적으로 정보화하고 이를 국민에게 신속하게 무료로 서비스를 제공한다.

일곱째, 국가복지정보센터는 사회복지시설을 위한 통합관리시스템 구축 및 확대, 관련 시스템과의 연계체계 구축, 운영의 안정성 및 전문성 제고를 통해 시설운영의 투명성, 효율성 향상, 각종 보고 절차 간소화 등 행정비용 절감, 복지부–지방자치단체–시설 간 정책 네트워크 구성 등의 효과를 가져온다.

여덟째, 자원봉사인증 사업은 「사회복지사업법」 제9조, 동법시행령 제25조 제2항과 사회복지봉사활동 인증관리규정(2001. 11. 보건복지부 승인)에 근거한 자원봉사인증제도로 한국사회복지협의회와 시 · 도 사회복지협의회가 주관하고 보건복지부와 지방자치단체가 주체가 된다. 사업의 운영체계를 보면 한국사회복지협의회의 '사회복지정보센터'가 총괄 운영하고 시 · 도 사회복지협의회의 사회복지정보센터가 시 · 도 지역 인증관리 사업을 총괄한다.

아홉째, 새생명지원센터는 소아암, 백혈병으로 투병 중인 저소득가정 어린이의 진료비를 지원하여 경제적인 이유로 인한 생명 포기나 치료중단을 예방하기 위해 운영한다.

열째, 사회공헌정보센터는 사회공헌과 관련된 다양한 자료 수집 및 개발, 정보 관리 시스템 구축을 통해 종합적인 정보를 제공하고, 사회공헌의 자발적 참여 여건을 조성하며 대국민 홍보활동을 통해 올바른 사회공헌 문화를 주도한다.

Chapter

13

사회복지관과 지역자활센터

Chapter

13

사회복지관과 지역자활센터

1. 사회복지관

1) 사회복지관 정의

사회복지관의 기원은 1880년대 영국과 미국에서 실시한 인보관운동(settlement movement)이다. 영국과 미국에서는 산업화와 도시화가 진행되면서 도시지역의 각종 복지와 관련된 문제를 해결하고자 하였다. 특히, 빈민지역에 기반을 두고 빈민들과 함께 생활하면서 빈민에 대한 실태조사, 직업훈련, 빈민구제 활동 및 열악한 환경 개선 운동 등을 실시하였다. 한국에서 사회복지관이 법적인 근거를 갖게 된 것은 1980년대이다. 사회복지관(community welfare center)은 「사회복지사업법」 제34조에 근거를 둔 이용시설이다. 이용시설로서의 역할은 지역사회의 충족되지 않은 욕구와 문제를 발견하여 주민에게 필요한 서비스를 제공하는 것이다. 이러한 정의는 주민의 복지증진과 삶의 질 향상을 위해 실천의 핵심 주체로 사회복지관이 가지는 정체성이다. 사회복지관은 그 정체성에 걸맞도록 지역사회의 특성과 지역주민의 요구를 반영한 사업 수행,

그리고 지역주민의 주체적 참여를 통해 만들어 가는 지역복지의 핵심이다(최선희, 2020).

사회복지관이 갖추어야 할 조건은 지역사회 내에서 일정한 시설과 전문인력이며, 이를 갖추고 지역사회의 인적자원과 물적자원을 동원하여 종합적인 사회복지사업을 수행해야 한다. 여기서 사회복지관은 시설과 전문인력을 갖추고 더 나아가 지역사회복지 문제를 예방하고 해결하기 위해 지역주민의 참여와 협력을 이끌어 낼 수 있어야 한다.

2) 사회복지관 특성

지역사회 내에서 사회복지관의 역할과 기능, 지역사회 내의 다양한 시설 유형 중에서 사회복지관만이 확보한 차별성과 사회복지관의 특성을 정리해 보면 다음과 같다(황철수 외, 2013; 최주환, 2014). ① 사회복지관은 그 지역사회의 발전과 개선에 관심을 가지고 계속적으로 노력하는 기관이다. ② 사회복지 활동을 좀 더 체계적이고 계획적으로 추진해 나가는 기관을 의미한다. ③ 지역사회의 충족되지 않는 욕구와 문제를 발견하여 주민들에게 필요한 서비스를 제공하는 대표적인 직접서비스 기관이다. ④ 사회복지관은 일정한 지역에 자리를 잡고 있으며, 전문인력을 통해 주민의 복지수요와 종합적인 사회복지사업을 수행하는 기관이다. ⑤ 사회복지관은 지역의 가족 및 가족 구성원에게 관심을 가지고, 지역의 특정한 연령이나 계층과는 상관없이 서비스를 전달하는 체계이다. 따라서 지역주민들의 통합과 연대, 공통적인 관심사에 개입하며, 연구·시범적인 사업을 수행한다는 공통적인 특성을 갖고 있다. ⑥ 특정한 계층의 사람만이 이용하는 시설이 아니라 다양한 계층이 한 공간에서 어우러짐으로써 서비스의 중복을 예방하면서도 세대 간, 계층 간 연계 사업이 용이하다. ⑦ 복지사각지대 대상자를 발굴하여 그들을 위한 서비스를 기획하여 제공해 왔으며 그러한 과정에서 지역사회의 다양한 단위와 협의하고 조정하여 서비스의 질적 수준을 강화하고 있다. ⑧

사회복지관은 지역주민이면 누구나 프로그램을 이용하고 사업의 주체가 될 수 있으며, 지역주민들에게 친화적이어서 사회적 낙인이 상대적으로 낮은 사회적 통합공간이 되고 있다.

3) 사회복지관 기능

사회복지관의 기능에 대해서 여러 학자가 정의하고 있는데, 우선 딜릭(Dillick, 1959)이 제시한 지역사회복지관의 주요 기능은 다음과 같다. ① 근린 지역의 다양한 욕구를 충족시키기 위하여 통합된 서비스를 제공한다. ② 서비스의 중복과 누락을 방지하기 위해 서비스 간의 조정을 꾀한다. ③ 지역주민들이 문제해결을 위하여 공동의 노력을 할 수 있는 집단을 구성한다. ④ 주민집단이 사회적 목표를 수정하고 새로운 목표를 만들어 낼 수 있도록 한다(오충순 외, 2010). 딜릭은 이러한 기능을 수행하는 데 있어, 가장 중요한 부분은 지역활동에 주민을 참여시키는 것이라고 하였다. 주민을 참여시켜 그들이 처해 있는 환경이 변화할 수 있도록 근본적인 기능을 수행함을 제시하였다.

다음으로 미국 인보관협회가 제시하고 있는 지역사회복지관의 기능은 다음과 같다. ① 관료화와 형식에 구애받지 않고 지역주민과 인간적인 측면에서 개별적인 접촉을 유지하고 발전시킨다. ② 새로운 이주민을 포함하여 지역주민의 근린 의식을 함양시키고 민주적인 시민의식을 고취시킨다. ③ 지역사회의 원조를 필요로 하는 지역주민에게 서비스를 제공한다. ④ 생활문제를 해결하기 위하여 새로운 지식과 기술을 응용하고 실험한다. ⑤ 지역주민을 위한 직접적인 문화 활동을 전개하거나 간접적인 문화 활동을 촉진한다. ⑥ 도시계획과 관련하여 지역사회개발사업을 기획하고 실천한다.

마지막으로 오정수와 류진석(2012)은 사회복지관의 주요 기능을 다음과 같이 설명하고 있다. ① 종합적인 서비스 제공(직접서비스 제공) 기능이다. 일반적(발달적) 욕구 충족을 위한 서비스 제공, 문제가 있는 개인과 가족에 서비스 제공, 기타 의뢰 및 정보

제공 등이 포함된다. ② 지역사회 문제해결 및 지역사회조직 기능이다. 지역사회주민의 연대감 조성, 지역사회자원 동원, 타 기관과의 연대 · 협력, 특정 집단의 이익 대변, 사회행동 등이 포함된다. 이러한 사회복지관의 역할과 기능에 대해서는 사회복지관이 위치하고 있는 지역적 특성에 따라 상대적인 우선순위를 두어 사업이 진행되기도 한다. 이와 같은 지역사회복지관의 주요 기능을 종합해 보면, 지역특성에 맞는 종합적인 서비스 제공, 지역사회의 변화와 발전을 위한 목표설정과 공동의 노력, 지역사회 문제해결을 위한 연대와 협력 그리고 주민참여의 중요성을 강조하고 있다.

4) 사회복지관 운영원칙

사회복지관의 운영원칙에 관련하여 김윤재와 금유현(2013)이 제시한 내용을 토대로 정리하고자 한다. 사회복지관에서 실행하는 사회복지사업은 인도주의와 서비스를 필요로 하는 자의 존엄 유지를 전제로 하기에 지역성, 전문성, 책임성, 자율성, 통합성, 자원활용, 중립성, 투명성의 원칙에 따라 수행됨을 강조하고 있다.

첫째, 지역성의 원칙은 지역사회의 특성과 지역주민의 문제나 욕구를 신속하게 파악하고 사업계획 수립 시 반영하여 지역사회의 문제를 해결해야 한다는 것이다. 이에 따라 서비스를 제공하여야 하며, 지역주민의 적극적 참여를 유도하여 주민의 능동적 역할과 책임 의식을 조장하여야 한다.

둘째, 전문성의 원칙은 다양한 지역사회문제에 대처하기 위해 일반적 프로그램과 특정한 문제를 해결할 수 있는 전문적인 프로그램이 병행되어야 한다는 것이다. 전문적인 프로그램이 병행되려면 지식과 기술을 보유한 전문인력이 이 사업을 수행해야 하며, 전문인력에 대한 지속적인 재교육 등을 통해 전문성을 증진해야 한다.

셋째, 책임성의 원칙은 서비스 이용자의 욕구를 충족하고 지역사회문제를 해결함에 있어 효과성을 극대화하기 위한 최선의 노력을 기울여야 한다는 것이다.

넷째, 자율성의 원칙은 다양한 복지서비스를 효율적으로 제공하기 위하여 사회복지관의 능력과 전문성이 최대한 발휘될 수 있도록 자율적으로 운영하여야 한다는 것이다.

다섯째, 통합성의 원칙은 사업을 수행하면서 지역 내 공공 및 민간 복지기관 간에 연계성과 통합성을 강화하여 지역사회복지 체계를 효율적으로 운영해야 한다는 것이다.

여섯째, 자원 활용의 원칙은 주민 욕구의 다양성에 따라 다양한 인력과 재원을 필요로 하므로 지역사회 내의 복지자원을 최대한 동원 및 활용하여야 한다는 것이다.

일곱째, 중립성의 원칙은 정치활동, 영리활동, 특정 종교활동 등으로 이용되지 않게 중립성이 유지되어야 한다는 것이다.

마지막으로는 투명성의 원칙이다. 투명성의 원칙은 자원을 효율적으로 이용하고 운영과정의 투명성을 유지하여야 한다는 것이다.

5) 사회복지관 역사

(1) 태동기(1906~1944년)

1906년 미국의 감리교 선교사인 메리 놀즈(Mary Knowles)는 원산에 반열방을 설치하여 여성을 위한 계몽사업 등 인보관 운동을 시작하였으며 이는 우리나라 사회복지관 사업의 태동이 되었다. 1921년에는 서울에 태화여자관을 설립하였는데 이것이 최초의 인보관이다. 이후 개성 · 춘천 · 공주 등지에 여자관을 설립하여 여성 계몽 및 교육 · 육아법 · 어린이 건강 등의 프로그램을 실시하였고, 1926년 원산에 보혜여자관을 설립하고 여성을 위한 야학을 운영하며 영어 · 재봉 · 요리 등을 가르쳤다. 1930년대에는 조선총독부에서 서울의 종로 · 왕십리 · 영등포 등지에 인보관을 설치하여 직업보도, 구호사업 등을 실시하였다.

(2) 형성기(1945~1982년)

1956년 이화여자대학교가 대학 부설 이화사회복지관을 설립하여 지역주민들을 위한 복지서비스 제공과 학생실습의 장으로 활용하였다. 한국전쟁 이후 캐나다유니태리안 봉사회(The Unitarian Service Committee of Canada: 이하 USC한국지회)가 활동하였는데 우리나라가 1952년 한국전쟁으로 인하여 UN에 원조물자를 요청한 것이 계기가 되어 사업을 시작하게 되었다. 그들은 육아 시설 지원사업(7개소), 극빈 세대 구호사업, 수복지구 중고등학교 장학금 지급, 의료사업 등을 전개하였다.

사회사업학을 전공한 사회사업가들이 USC한국지회에 근무하는 숫자가 점차 증가하기 시작했다. 따라서 이들은 구호사업을 보다 효과적으로 지원하기를 바라면서 여러 가지 방안을 검토하게 된다. 그동안 USC한국지회의 직원들은 케이스워크의 방법이론이나 그룹워크의 방법론을 활용하여 구호사업을 지원해 왔지만, 보다 효과적으로 지역사회조직의 방법을 활용할 수 있는 커뮤니티센터의 필요성을 갖게 되었다(김범수, 2012).

1962년에는 한국 노르웨이협회가 건축비를 지원하고, USC한국지회에서는 사무용품과 시설비를 그리고 목포시에서도 일부 재정적인 지원을 하여 목포 아동결핵병원을 건립했다. 이어 병원에 의료사회사업가를 채용한 것이 사회복지관 사업이 독립하게 된 계기가 되어, 1964년 우리나라 최초의 사회복지관인 목포사회복지관이 설립되었다. 이 복지관은 USC한국지회에서 후원금을 내고 목포시에서 대지를 제공하여 증축되었다. USC한국지회에서는 목포사회복지관을 시작으로 인천(1965) · 경기도 이천(1966) · 서울 영등포(1968)에 사회복지관을 설립하였다. 그 이후로 성심여자대학교(1971)와 중앙대학교(1975)가 사회복지관을 설립하였고, 선명회(1974), 기독교 아동복지회(1975)도 사회복지관을 설립하였다. 이에 우리나라는 1975년에 국제사회복지관 연합회의 회원국으로 가입하였으며, 1976년에는 22개 사회복지관을 회원으로 하여 한국사회복지관 연합회가 설립되었다.

1970년대의 사회복지관은 지역 특성에 맞는 사업을 채택하여 운영되었다. 사회복지관의 설치 형태에 따라 대도시형, 중소도시형, 농어촌형으로 구분해서 시범사업도 전개되었다. 그러나 1970년대 중반부터 외국원조기관이 철수하면서 사회복지관이 자립을 모색할 때 사회복지관 사업이 「사회복지사업법」에 규정되지 않아 정부로부터의 사업비 보조에 어려움이 있어 복지관 발전이 지체되었다.

(3) 확대기(1983~1999년)

1983년 「사회복지사업법」 개정으로 사회복지사업을 이 법의 항목으로 두어 사회복지관 운영에 대하여 공식적으로 국고보조를 받게 되었다. 1986년 사회복지관 운영 국고보조 사업지침이 수립되었고, 1989년부터 「주택건설촉진법」 등에 의해 저소득층을 위한 영구임대아파트를 건립하면서 영구임대아파트 단지 내에 일정 규모의 사회복지관 건립을 의무화하는 등의 정책으로 1980년에 24개였던 사회복지관은 획기적으로 증가하였다. 1989년에는 사회복지관 설치 운영 규정이 제정되어 구체적인 사회복지관 운영에 기여하였고, 사회복지법인 한국사회복지관협회도 설립되었다.

1990년대에 들어와서 종합사회복지관의 설립이 증가하고 민간사회복지 분야의 중심 전달체계로 발전되어 갔으며 재가복지봉사센터의 설치가 이루어짐으로써 사회복지관의 기능이 강화되었다. 1992년은 우리나라 재가복지사업의 원년으로 지역 재가복지서비스 대상자들에게 가사, 간병, 의료, 결연 등 서비스를 제공하였다. IMF 이후에는 노숙인 자립 지원을 위한 노숙인 쉼터를 설치 · 운영해 1999년 166개소가 운영되었다.

(4) 정착기(2000년~현재)

2000년대는 지역사회복지시설 평가가 이루어지기 시작했고, 사회복지관은 이를 발전의 계기로 삼아 조직과 인력을 정비하고 프로그램의 수행과정을 체계화 · 전문화시키고 지역 특성에 맞는 새로운 사업을 추구하게 된 성숙과 발전의 단계라고 볼 수 있다. 사회복지사들의 영역은 아동, 노인, 장애인, 여성 등의 다양한 분야로 다각적인 확대가 이루어졌으며, 사회복지사의 역할의 중요성이 점차 대두되기 시작했다. 1990년대의 6개 분야 31개 단위사업에서 2000년대에는 재가 복지사업과 IMF 실직가정 및 노숙자 자립 지원사업이 중추적인 사업으로 자리매김하게 되어 지역주민은 물론 지역복지사업 실천에 크게 기여하게 되었다(양성관 외, 2013). 2004년에는 기존의 사회복지관 설치 운영 규정을 폐지하고 「사회복지사업법」 시행규칙 내에 사회복지관의 설치기준 조항을 신설하여 법적 지위를 강화하였고, 2012년에는 「사회복지사업법」을 개정하여(2012. 8. 5. 시행) 사회복지관의 설치 등 규정을 신설하였다.

정부의 재정 분권화로 인해 2005년부터 사회복지관 사업도 지방이양 사업으로 국고보조사업에서 분권교부세로 재정지원 방법이 변경되었다. 이로 인해 사회복지관 운영을 위한 보조금을 확보하기 위해 지역 내 사회복지시설들과 경쟁해야 하는 부담을 갖게 되었다. 이에 정부 보조금뿐만 아니라 다양한 후원자 확보, 지역 특성과 주민 욕구에 맞는 사회복지서비스 개발, 각종 사회복지프로그램 지원을 위한 프로포절 공모 참가를 통해 사회복지관 운영 수입의 다원화를 꾀하고 있다(김범수, 2012).

6) 사회복지관 사업대상

사회복지관의 제반 사업은 저소득 취약계층과 지역주민에 대한 실질적인 사회복지서비스가 이루어질 수 있도록 각 사업을 유기적으로 연계하여 실시하여야 한다(김성천 · 김영주, 2006). 사회복지관 사업은 사회복지서비스 욕구를 가지고 있는 모든 지역주민을 대상으로 사회복지서비스를 실시하되, ① 「국민기초생활 보장법」에 따른 수급자나 차상위계층, ② 장애인, 노인, 한부모가정 및 다문화가정, ③ 직업 및 취업 지원이 필요한 자, ④ 보호와 교육이 필요한 유아 · 아동과 청소년, ⑤ 그 밖에 사회복지관의 사회복지서비스를 우선 제공할 필요가 있다고 인정되는 지역주민에게 우선 제공하도록 하고 있다(김희수, 2019).

7) 사회복지관 사업내용

사회복지관에서는 저소득 취약계층과 지역주민에 대한 실질적인 사회복지서비스가 이루어질 수 있도록 각 사업을 유기적으로 연계하여 실시하여야 하며, 지역사회의 특성과 지역주민의 복지 욕구에 대한 조사 결과를 바탕으로 사업내용을 자율적으로 결정하되 각 사업내용 중에서 해당 사회복지관의 실정에 적합한 프로그램을 선정하여 수행한다(보건복지부, 2020; 임해원 외, 2022).

(1) 사례관리 기능

사례관리의 기능은 현재의 파편화되고 분절화된 지역사회복지서비스의 제한점을 극복하고 보다 통합적인 서비스 전달체계로 나아가기 위해 지역사회 내 민 · 관을 아우르는 서비스네트워크 구축 및 다양한 지역주민의 복지 욕구를 연결시켜 맞춤형 서비스를 제공하는 것이다(김윤재 · 금유현, 2013). 사회복지관에서 사례관리는 지역 내 보호가 필요한 대상자 및 위기 개입대상자를 발굴하여 개입계획을 수립하고 지역 내 민간 및 공공의 가용자원과 서비스 연계를 통해 개입이 이루어진다.

(2) 서비스 제공 기능

서비스 제공 기능은 클라이언트에게 직접적인 전문서비스가 제공되는 기능이다. 서비스 제공기능에는 가족기능 강화, 지역사회보호, 교육문화, 자활지원 등이다.

첫째, 가족기능 강화는 가족원 간의 의사소통을 원활히 하고 각자의 역할을 수행함으로써 이상적인 가족관계를 유지함과 동시에 가족의 능력을 개발 · 강화하는 서비스 제공을 통해 이루어진다. 사업으로는 가족관계 증진사업과 사회구조 변화로 부족한 가족기능, 특히 부모의 역할을 보완하기 위하여 주로 아동 · 청소년을 대상으로 실시되는 가족기능 보완사업이 있다. 가정 내에 문제가 발생한 가족에 대한 진단 · 치료 · 사회복귀 지원을 위한 가정문제 해결 · 치료사업과 부양가족을 대상으로 가족원의 부양

부담을 줄여 주고 관련 정보를 공유하는 부양가족 지원사업, 그리고 다문화가정, 북한 이탈주민 등 지역 내 이용자 특성을 반영한 사업 등으로 구성되어 있다(송현애, 2016).

둘째, 지역사회보호는 지역사회에 거주하는 요보호 대상자들을 위한 지역사회보호 서비스를 지원한다. 독거노인이나 소년 · 소녀 가장 등 부양가족이 없는 요보호 대상자들을 위한 비물질적인 지원서비스, 노인이나 결식아동 등을 위한 식사 제공 서비스, 노인, 장애인, 저소득층 등 재가복지사업 대상자들을 위한 보건 · 의료관련 서비스와 경제적으로 어려운 지역사회주민들을 대상으로 생활에 필요한 현금 및 물품 등을 지원하고 있다(김인, 2013). 그리고 독립적인 생활 능력이 떨어지는 요보호 대상자들이 시설이 아닌 지역사회에 거주하기 위해 필요한 기초적인 일상생활 지원서비스, 독립적인 생활이 불가능한 노인이나 장애인 또는 일시적인 보호가 필요한 실직자 · 노숙자 등을 위한 보호서비스, 가정에서 보호를 요하는 장애인, 노인, 소년 · 소녀 가장, 한부모 가족 등 가족기능이 취약한 저소득 소외계층과 국가유공자, 지역사회 내에서 재가복지봉사서비스를 원하는 사람에게 다양한 서비스 제공하고 있다(이민홍 외, 2015).

셋째, 교육문화 사업은 아동 · 청소년을 대상으로 가정에서 학습하기 곤란하거나 경제적 이유 등으로 학습지도 및 각종 기능 교육이 필요한 경우와 기능습득을 목적으로 하는 성인사회교육을 지원하고 있다. 그리고 노인을 대상으로 제공되는 각종 사회교육, 취미교실, 일반 주민을 위한 여가 · 오락프로그램, 문화 소외집단을 위한 문화프로그램, 그 밖에 각종 지역 문화행사사업으로 구성되어 있다.

넷째, 자활 지원 등 기타 사업은 저소득층의 자립 능력을 배양하고, 가계 소득에 기여할 수 있는 직업기능훈련 및 취업 지원, 근로의욕 및 동기가 낮은 주민의 취업 욕구 증대와 재취업을 위한 심리 · 사회적인 지원프로그램 제공 그리고 그 밖의 지역사회의 특성을 반영한 특화사업이 지원되고 있다.

(3) 지역조직화 기능

지역조직화 기능에는 복지네트워크 구축, 주민조직화, 자원개발 및 관리로 설명하고

자 한다(「사회복지사업법」 시행규칙, 2014). 첫째, 복지네트워크 구축이다. 지역 내 복지기관·시설들과 네트워크를 구축함으로써 복지서비스 공급의 효율성을 제고하고, 사회복지관이 지역복지의 중심의 역할을 강화하는 사업으로 지역사회연계사업, 지역욕구조사, 실습지도 등의 사업이다.

둘째, 주민조직화 기능이다. 주민이 지역사회 문제에 스스로 참여하고 공동체 의식을 갖도록 주민조직의 육성을 지원하고, 이러한 주민협력 강화에 필요한 주민 의식을 높이기 위한 교육을 시행하는 사업으로서 주민복지증진사업, 주민 조직화 사업, 주민교육 등의 사업이다.

셋째, 자원개발 및 관리기능이다. 이 기능은 지역주민의 다양한 욕구 충족 및 문제해결을 위해 필요한 인력, 재원 등을 발굴하여 연계 및 지원하는 사업으로서 자원봉사자 개발·관리, 후원자 개발·관리 등의 사업이다(문혜진·임세희, 2017).

2. 지역자활센터

1) 자활사업의 의의

2000년 「국민기초생활 보장법」의 시행을 통해 근로 빈곤층에 대한 자활사업을 제도화하였다. 자활사업은 탈빈곤을 위한 사회복지정책으로 과거의 일방적인 급여제공 방식 중심의 빈곤 프로그램과는 달리, 지역사회 차원에서 공동으로 문제해결을 모색하고, 자활의지를 고취시킴으로써 지역사회로의 통합과 사회적 연대를 강화하는 사업이다. 자활사업이 지역사회복지에서 강조되는 이유는 자활사업의 성공을 위해서는 지역사회에 기반을 두어야 하기 때문이다. 저소득층의 자활을 위해서 지역사회가 강조되는 이유는 지역사회가 바로 빈곤과 실업이 존재하면서도 사회적 연대가 실현되는 구체적 공간이고, 자활을 통하여 지역사회에 유용한 서비스 제공 및 공공재가 공급되기 때문이다. 이러한 자활사업이 지역사회복지 실천으로서 가지는 의의는 다음과 같다.

첫째, 자활사업은 지역사회복지 실천을 제도화하는 데 기여하고 있다. 현 자활사업의 뿌리는 빈민 지역에서 시작된 협동조합 형태의 생산공동체 운동에서 찾을 수 있는데, 이러한 안정적 소득확보 및 빈곤탈출을 위한 노력의 일환으로 시작된 생산자협동조합은 빈곤지역의 주민들을 조직하고 스스로의 노력과 참여, 협동을 촉진하는 매개체 역할을 하였다.

둘째, 자활사업은 지역사회의 자원을 동원하는 것에 역점을 두고 있다. 즉, 자활사업은 저소득층의 빈곤 문제를 해결하기 위해 지역자활센터를 통해 지역사회에 있는 물적·인적 자원을 활용한다.

셋째, 자활사업은 지역사회 조직화를 통하여 지역사회의 역량강화와 변화를 가져올 수 있다. 자활사업은 개인과 지역사회의 역량을 강화하고 소득 양극화를 해결함으로써 지역공동체 형성과 삶의 질을 향상시킬 수 있는 지역사회조직사업이라 할 수 있다.

자활사업의 목적은 근로능력자의 기초생활을 보장하는 국민기초생활보장제도를 도입하면서 근로역량 배양 및 일자리 제공을 통해 탈빈곤 지원을 하는 것이다. 그리고 자활사업을 통해 근로능력이 있는 저소득층이 자활할 수 있도록 자활능력을 배양하고 기능습득을 지원하며 근로기회를 제공하는 것이다. 이때 조건부 생계급여제도는 자활사업 참여를 조건으로 생계비를 지급받도록 하여 국가의 보호에 안주하는 도덕적 해이를 방지하는 제도적 장치이다(보건복지부·중앙자활센터, 2014).

(1) 자활사업의 역사

한국에서 '자활'이라는 말이 처음으로 정책영역에 등장한 것은 1990년대부터다. 1980년대까지의 고도성장이 마무리되면서 빈곤층 밀집지역에서는 불안정 근로로 인해 빈곤에서 벗어나기 어려운 문제가 현실의 과제로 다가오게 되었다. 이에 1990년대에 들어서면서 삶의 현장에서 겪는 모순들을 해결하는 차원에서 생산공동체 운동이 시작되었고, 이후 이들 빈민지역 생산공동체 운동은 정부 정책으로 수용되었다.

자활사업은 1996년 정부에 의해 제도화되어 5개의 자활지원센터로 시작되었다. 그러나 시범사업에 착수한 지 얼마 되지 않아 IMF 외환위기를 맞아 근로 능력이 있는데도 빈곤이 만연하는 문제가 시급한 사회적 이슈로 부각되면서, 자활지원사업은 새로운 국면을 맞게 되었다. 즉, 특별취로사업, 공공근로사업 등 사회적 근로가 확대되는 한편, 자활지원과 관련된 다양한 개념이 검토되기 시작하였다. 보호된 고용, 보호된 시장, 사회적기업, 자활지원은행(마이크로 크레딧) 등이 논의되었고, 자활지원센터도 단계적으로 늘어나게 되었다(보건사회연구원, 2010).

1998년에 45개 시민단체가 모여 '「국민기초생활 보장법」 제정 추진연대회의'를 구성하였다. 이는 빈곤의 책임을 개인과 가족에게 돌리는 잔여적 · 시혜적 차원에 머물고 있어 대상의 포괄성, 급여의 적절성, 대상자 간의 형평성, 제도의 효율성과 생산성이라는 측면에서 문제를 가지는 「생활보호법」의 한계와 IMF 외환위기라는 시대적 상황 속에서 이루어졌으며, 법제정 청원을 계기로 1999년 9월 「국민기초생활 보장법」이 제정되어, 2000년 10월부터 시행하게 되었다. 「국민기초생활 보장법」에서 정한 '자활사업'은 단순 보호가 아닌 국가책임을 강화하는 종합적 빈곤대책으로서, 수급권자의 권리성을 부각하고 빈곤에 대한 사회적 책임을 강조했다는 점에서 도입에 큰 의미가 있다(중앙자활센터 홈페이지, 2015). 한편, 다른 시각에서는 2000년에 기초생활보장제도가 도입되면서 자활지원사업이 자발성 측면에서 변화된 것으로 보았다. 종전까지 자활지원사업은 기존 공공부조제도(생활보호제도)에 대한 보완적 성격으로, 참여자들의 자발성에 기초하고 있었다면, 기초생활보장제도에 포함된 자활지원사업은 기본적으로 '근로능력이 있으나 충분한 근로활동에 참여하고 있지 않은 경우'에 대한 조건 이행의 방법으로 성격이 변화된 것이다. 그러나 이러한 자활지원사업의 성격변화 과정에서 근로능력 판정과 조건부과 방식, 자활지원사업 전달체계 등이 논란이 되었고, 곧이어 최저생계비를 지급하는 기초생활보장제도에 조건부과를 하는 것이 타당한가 하는 문제로 쟁점이 확장되었다. 이후 자활사업은 그 활로를 모색하는 과정에서 논의되었던 사회적 일자리, 사회적 기업, 마이크로 크레딧 등이 별도의 프로그램으로 더욱 확대되었다. 또한 마이크로 크레딧 사업은 '미소금융' 등으로 확대되면서 우리 사회의 중요한 저소득층 자활지원 인프라로 자리매김하게 되었다.

이에 자활지원사업의 역사는 크게 주민운동시기(~1995년), 시범사업과 외환위기 시기(1996~2000년), 기초생활보장제도 도입 이후의 자활지원사업(2000년 이후)으로 나누어 볼 수 있다. 주민운동시기는 우리나라 자활지원사업의 원형이 갖춰진 때로, 외환위기와 함께 자활지원사업의 개념, 사업방식 등이 다양한 방식으로 정착되어 갔다. 2000년대의 자활지원사업은 기초생활보장제도가 도입되고 안착하는 데 있어 안전장치 역할을 했다는 점, 빈곤층의 심리적 · 사회적 안정에 기여했다는 점, 우리 사회에 '사회적 경제'의 개념과 정책을 확산시키는 데 중요한 촉발제 역할을 했다는 점에서 큰 의미를 가질 수 있다(보건사회연구원, 2010). 현재의 지역자활센터의 모체라고 할 수 있는 자활지원센터의 자활지원사업 전개 과정은 [그림 13-1]과 같다.

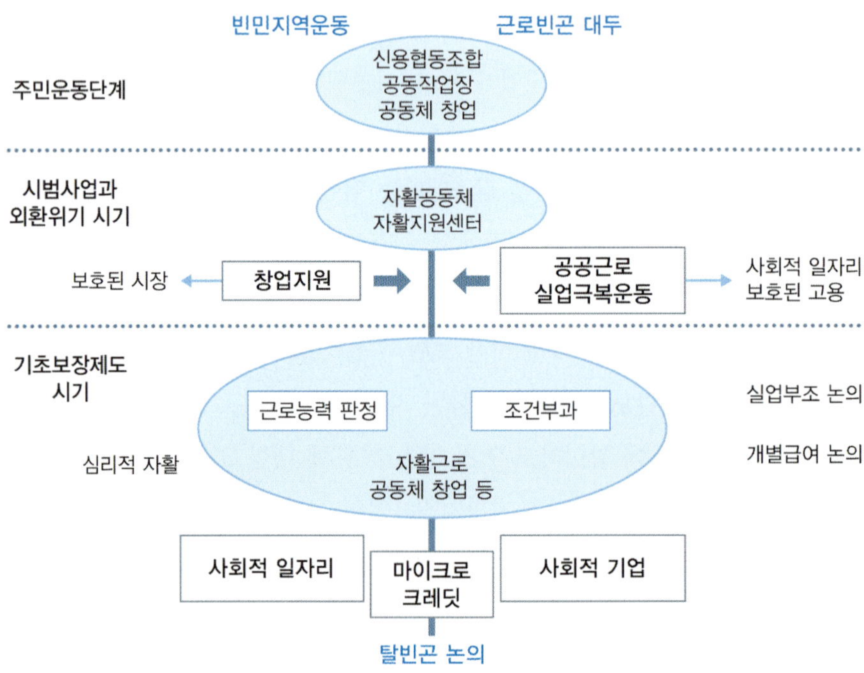

[그림 13-1] **자활지원사업 전개과정 흐름도**

출처: 노대명 · 이소정 · 김수현 · 유태균 · 이선우 · 손기철(2010: 24).

(2) 자활사업의 대상자 선정

자활사업의 대상자 선정은 「국민기초생활 보장법」 제9조 제5항과 「국민기초생활 보장법 시행령」 제3조의 제2조, 제7조, 제8조에 의거한다. 주요 대상자는 조건부수급자, 자활급여특례자, 차상위계층이며, 이 중 조건부수급자는 의무참여 대상자이고, 조건부수급자와 자활급여특례자는 우선순위 대상자다. 이에 수급권자가 자활사업에 참여하기 위한 사전조치로서 근로능력의 유무를 판정하고, 근로능력이 있는 수급자에 대하여 조건부과 및 유예를 결정하며, 확인조사 등 필요한 조치가 이루어진다.

자활사업의 수급자 기준은 다음과 같다. ① 조건부수급자는 자활사업 참여를 조건으로 생계급여를 지급받는 수급자이다. ② 자활급여특례자는 수급자가 자활근로, 자활공동체, 성과관리형 자활시범사업 등에 참가하여 발생한 소득으로 인하여 소득인정액이 선정기준을 초과한 자이며, ③ 일반수급자는 참여 희망자(근로무능력자도 희망 시 참여 가능)이다. ④ 특례수급가구의 가구원은 의료급여특례, 교육급여특례 가구의 근로능력이 있는 가구원 중 자활사업 참여를 희망하는 자이다. ⑤ 차상위자는 근로능력이 있고, 소득인정액이 최저생계비의 120% 이하인 자(한국 국적의 미성년 자녀를 양육하고 있는 국적 미취득의 결혼이민자 포함)이다. ⑥ 근로능력이 있는 시설수급자는 기초생활보장 시설수급자 및 일반시설생활자(기초생활보장 비수급)이다.

자활사업 대상자	=	① 조건부수급자	+	② 자활급여특례자	+	③ 일반수급자 ④ 급여특례가구원 ⑤ 차상위자 ⑥ 시설수급자

* 의무참여: ①, 희망참여: ②~⑥, 수급자: ① ② ③

[그림 13-2] **자활사업 대상자**

(3) 자활사업의 내용

자활사업은 보건복지부 지원사업과 고용노동부 지원사업으로 구분되어 있다. 보건복지부 지원사업의 경우 지역자활센터를 비롯하여, 지방자치단체, 사회복지관, 민간단체, 시설, 업체 등이 참여하며 자활공동체, 자활근로사업, 사회적응 프로그램, 창업지원 등을 실시한다. 고용노동부 지원사업의 경우 고용지원센터를 비롯하여 직업훈련기관과 민간위탁기관에서 자활사업 대상자에게 직업적응훈련, 자활직업훈련, 자활취업촉진사업, 창업지원 등을 실시한다.

① 자활공동체사업

자활공동체는 2인 이상의 수급자 또는 저소득층이 상호 협력하여, 조합 또는 공동사업자의 형태로 탈빈곤을 위한 자활사업을 운영하는 업체를 말하며(손능수, 2005), 자활공동체사업은 수급자 등 저소득계층의 자활공동체사업 참여를 통한 탈빈곤을 목적으로 하고 있다.

자활공동체에 대한 지원기간을 살펴보면 보장기관은 지원 대상 자활공동체로 결정한 날로부터 2년 동안 직접 또는 지역자활센터를 통해 지원을 할 수 있다(단, 보장기관이 필요하다고 인정하는 경우 3년까지 지원가능). 자활공동체의 성립(인정)요건을 살펴보면 구성원 중 기초생활보장 수급자가 1/3 이상이어야 하며, 조합 또는 부가가치세법상의 2인 이상의 사업자로 설립되어야 한다(박호영 외, 2011). 또한 모든 구성원에 대해 자활근로임금 이상의 수익금 배분이 가능하여야 한다.

② 자활근로사업

자활근로사업은 「국민기초생활 보장법」에 의한 저소득층에게 자활을 위한 근로의 기회를 제공하여 자활기반을 조성하는 사업이다. 저소득층의 자활촉진을 위하여 공동체 창업 등을 위한 기초능력 배양에 중점을 두고 있다. 특히 간병, 집수리, 청소, 폐자원재활용, 음식물재활용사업의 5대 전국표준화 사업을 중점사업으로 추진하되, 영농, 도시락, 세차, 환경정비 등 지역실정에 맞는 특화된 사업을 적극 개발하여 추진한다(김선화 외, 2010). 자활근로사업은 참여자의 자활 능력과 사업유형에 따라 시장진입형, 인턴형, 사회적 일자리형, 근로유지형 자활근로사업, 사회적응 프로그램으로 구분한다.

첫째, 시장진입형 자활근로사업은 투입예산의 20% 이상 수익금이 발생하고, 일정 기간 내에 자활공동체 창업을 통한 시장진입을 지향하는 사업을 말한다. 간병, 집수리, 청소, 폐자원재활용, 음식물재활용사업의 전국표준화사업을 중점으로 추진하되, 지역 실정에 맞는 특화된 사업(자활기업, 자활공동체 등)을 적극적으로 개발하여 추진한다.

둘째, 인턴형 자활근로사업은 일반 기업체에서 자활사업 대상자가 자활인턴 사원으로 근로하면서 기술 · 경력을 쌓은 후 취업을 통한 자활을 도모하는 취업 유도형 자활근로사업이다.

셋째, 사회적 일자리형 자활근로사업은 지역을 기반으로 한 고용정책 수단으로 정부의 재정과 민간의 자원을 결합하여 취업취약 계층 등에게 사회적 일자리를 제공하는 사업을 말한다. 사업의 수익성은 떨어지나 사회적으로 유용한 일자리 제공으로 참여자의 자활능력개발과 의지를 고취하여 향후 시장진입을 준비하는 사업으로 사업단형과 도우미형이 있다(박찬용, 2012).

넷째, 근로유지형 자활근로사업은 현재 근로능력 및 자활의지를 유지하면서 향후 상위 자활사업 참여를 준비하는 형태를 말한다. 근로능력은 있으나 근로의욕이 낮은 수급자에게 사회적응프로그램 운영기관을 통하여 전문적인 상담 및 치료 등 사회적응에 필요한 서비스를 제공하여 자활의욕을 회복시키려는 목적으로 사회적응프로그램을 지원하고 있다(노영희, 2015). 사례관리, 집단프로그램, 근로의욕 고취 및 사회적응 교육, 지역연계활동 등을 주요내용으로 한다.

2) 지역자활센터의 현황

지역자활센터는 근로 능력이 있는 저소득층에게 집중적 · 체계적인 자활지원 서비스를 제공함으로써 자활의욕 고취 및 자립능력 향상을 지원하고 기초수급자 및 차상위 계층의 자활촉진에 필요한 사업을 수행하는 핵심 인프라로서의 역할을 수행하는 자활사업 실시기관을 말한다(보건복지부, 2020).

지역자활센터는 1996년 정부 시범사업 당시에는 '자활지원센터'로, 2000년 국민기초생활 보장제도 시행 이후 2006년까지는 '자활후견기관'으로 불렸으며, 2006년 12월 「국민기초생활 보장법」 개정으로 '지역자활센터'로 명칭이 변경되었다. 지역자활센터의 주요 사업은 자활의욕 고취를 위한 교육, 자활을 위한 정보 제공·상담·직업교육 및 취업 알선, 생업을 위한 자금융자 알선, 자영업 창업지원 및 기술·경영지도, 자활공동체의 설립·운영지원, 사회서비스 지원사업(장애인, 산모, 신생아, 노인돌보미 바우처사업 등 사회서비스사업 위탁수행), 기타 자활을 위한 각종 사업을 포함하고 있다.

현재 전국적으로 16개 시도별 지부에 250개소의 지역자활센터가 설치·운영 중에 있으며 운영주체(법인) 유형은 사회복지법인이 36%로 가장 많으며 사단법인과 재단법인 순으로 비율이 높다.

Chapter

14

사회복지공동모금회와 자원봉사센터

Chapter

14

사회복지공동모금회와 자원봉사센터

1. 사회복지공동모금회

1) 사회복지공동모금회 개요

공동모금은 미국, 영국, 일본 등 전 세계 47개 국가에서 시행 중인 선진적 민간 모금 사회복지지원 체계이다. 모두를 위한 모금(one campaign for all)을 통해 모금기관 간의 지나친 경쟁을 막고, 법이 보장하는 제도적인 틀에서 민간재원을 효율적으로 활용하는 제도이다. 개별 모금에 비해 합리적이고 형평성 있는 배분이 가능하며, 모금과 배분결과를 공개하기 때문에 운영상의 투명성이 보장되는 제도로 평가받고 있다.

우리나라의 모금 및 배분 전문기관은 사회복지공동모금회이다. 나눔문화 확산(공동모금)을 통해 아동 · 청소년, 장애인, 노인, 여성 · 가족, 지역사회 등 도움이 필요한 곳에 따뜻한 나눔의 마음을 전해 행복공동체를 만들어 가고 있다. 우리나라는 산발적 공동모금의 투명성 확보를 위해 1951년 「기부금품모집금지법」이 제정되었다. 사회복지

기관에서 후원금을 모금하는 것이나 기관에서 모금캠페인을 벌이는 일이 규제된 것이다. 그러다가 1970년 「사회복지사업법」에 사회복지공동모금회를 설립할 수 있도록 규정됨으로써 이듬해 한국사회복지공동모금회를 설립하게 되었다. 1972년 1차 캠페인을 시도하여 모금 활동을 시작하였으나, 목적 달성에는 실패하였다. 이후 꾸준한 관심으로 1997년에 「사회복지공동모금회법」이 제정되었고, 1999년부터는 법이 보장하는 제도적인 틀 안에서 민간자원을 동원할 수 있게 되었다.

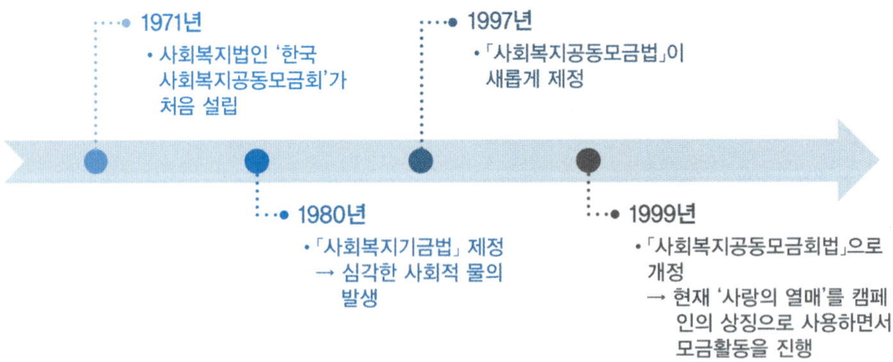

[그림 14-1] **사회복지공동모금회 설립 및 발전 과정**

2) 사회복지공동모금회의 기능

(1) 모금을 통한 사회복지자금의 조성

사회복지자금의 조성은 조직적이고 체계적이며 일원화된 모금 활동을 통해 모금의 효율성을 확보하여 모금액을 증대할 수 있다. 이로써 기관들은 복지 재원 분배의 기회를 제공받아 전반적인 서비스 수준을 향상시켰다.

(2) 국민의 상부상조 정신 고양

지역사회 내 공동체 의식 확산과 함께 나눔에 대한 공감대 형성으로 지역사회 내 문제를 주민 스스로 해결하는 데 크게 기여한다. 공동모금 활동으로 모금된 기금은 배분 계획에 따라 배분되기에 지역주민들에게 여러 가지 서비스와 기회를 제공하는 데 쓰인다. 따라서 공동모금 활동은 이타주의, 인도주의, 사회적 연대 의식이 표출되며, 이를 통해 지역사회를 강화하는 기능을 수행한다.

(3) 민주시민의 권리와 책임수행의 기능

공동모금은 민주시민의 권리와 책임을 수행하도록 돕는다. 나눔 활동의 자유가 모든 사람에게 주어진다는 점을 고려할 때, 나눔 활동은 타인을 위한 자기희생이 아닌 민주시민으로서 누리는 권리의 행사라 할 수 있다. 이를 통해 사회복지 발전을 위한 정부와 민간의 동반자 관계를 형성하고, 궁극적으로 사회복지의 지평을 확대하여 정부 부문과 민간 부문이 상호보완적인 역할을 수행할 수 있다.

3) 사회복지공동모금회의 현황

(1) 사회복지공동모금회의 조직

사회복지공동모금회는 중앙본부 산하의 광역시·도별 지회로 구성된다. 중앙사회복지공동모금회는 [그림 14-2]와 같이 회장을 대표로 사무총장 산하 6개 부서로 구성되어 있다. 중앙사회복지공동모금회의 조직구조에 제시되어 있는 이사회, 분과실행위원회, 사무국 등의 역할을 제시하면 다음과 같다(사회복지공동모금회, 2000; 박용순·송진영, 2012 재인용).

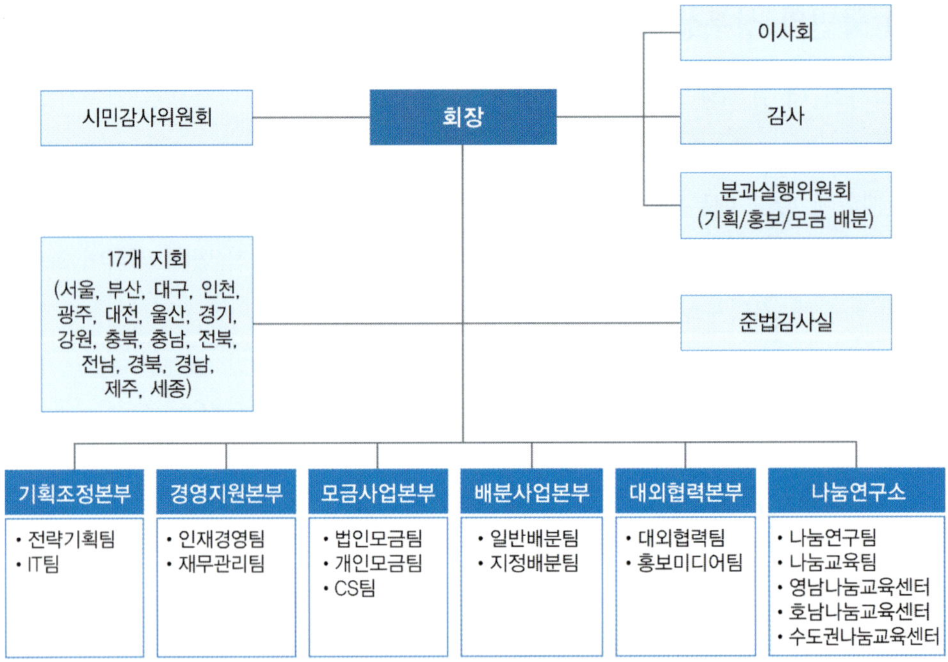

[그림 14-2] **사회복지공동모금회 조직도**

지역사회복지공동모금회는 지역사회의 특성에 따라 사업이 추진되고 있다. 지역사회복지공동모금회의 조직구조는 회장, 사무국장, 실무담당자 등으로 구성되어 있고, 사무국에 협조하는 운영위원회는 기획 홍보분과 실행위원회, 모금분과 실행위원회, 배분분과 실행위원회 등으로 이루어져 있다. 각 분과위원회는 학계, 종교계, 언론계, 경제계 등 지역사회를 대표하는 각계각층의 전문가들로 구성되어 있으며, 지역사회복지공동모금회의 주요 사업을 계획, 심의, 평가하는 역할을 담당하고 있다(박용순 · 송진영, 2012).

(2) 사회복지공동모금회의 모금사업

모금사업은 모금대상에 따라 개별형, 기업중심형, 단체형, 특별형으로 사업을 진행한다. 모금 시기에 따라 연말연시 집중형과 연중 모금형으로 사업이 나뉘는데, 연중 모금형에는 월급 자동 공제 모금, 사업장 중심의 모금, 행사장 중심의 모금, 가정방문 모금 등이 있다.

① 아너소사이어티

아너소사이어티는 2007년 12월 사회복지공동모금회에서 설립하였다. 이 단체는 사회 지도층의 특별한 나눔 실천이라고 할 수 있는 한국형 노블레스 오블리주의 실천 방법이다. 특히, 지역사회의 발전과 나눔문화의 확산에 앞장서는 개인 고액기부자 클럽이기도 한다. 목적은 사회문제에 대한 관심과 이해를 바탕으로 참여와 지원을 통해 사회공동체가 당면한 사회문제를 해결하고자 한다. 사회지도층의 고액기부는 사회의 모범이 되어 개인들의 기부를 이끌어 내는 견인차 역할을 한다고 볼 수 있다. 개인(익명 가능)이 1억 이상 기부하거나 기부를 정할 수(최장 약정기간 5년)있으며, 기부금 상담에서 기부금 쓰임새 협의, 사용결과 보고, 사후관리까지 참여할 수 있다. 기부(giving)뿐만 아니라 봉사와 만남, 교류와 같은 활동이 전개되어 나눔문화의 활성화를 꾀하고, 모금관리 설명회에 아너소사이어티 회원을 직접 참가시킴으로써 배분 사업의 결과와 과정에 투명성을 보장한다.

② 계획기부

계획기부는 기부자에 의해 형태, 규모, 목적 등이 신중하게 고려된다. 기부자와 수혜자의 지속적인 관리와 관계 형성을 통한 가장 발달된 형태의 기부라고 할 수 있다. 우리나라의 계획기부의 등장 배경은 부유층의 증대, 안정적인 신노년층 등장, 부의 이전(상속)에 대한 인식변화, 기부문화의 확산이다. 계획기부는 모범적 기부로서의 기부문화를 선도하고 민간재원 총량의 증가, 시민의 자발적 사회문제 해결과 같은 사회적 효용성을 가지고 있다. 계획기부의 종류로는 유산기부, 기부자 조언 기금, 기부연금, 기부신탁 등이 있다.

③ 착한가게

착한가게는 중소규모의 자영업에 종사하며, 매출액 일부를 나눔을 통해 실천하는 세상의 모든 가게를 말한다. 매장을 경영하는 자영업자 또는 중소기업, 프랜차이즈, 학원, 병원 등 어떠한 가게도 참여할 수 있다. 참여방법은 정기 계좌이체를 통해 나눔에 손쉽게 참여할 수 있고, 정기적인 관리 또한 받을 수 있다.

④ 행복주식거래소

행복주식거래소는 도움이 필요한 개인과 사회복지 기관 및 단체의 사업을 기부자가 선택하여 기부할 수 있는 나눔 전문 사이트다.

⑤ 나눔 문화를 위한 프로그램과 모금사업

프로그램과 모금사업은 직장인 나눔 캠페인, 행복한 연금나눔 캠페인, 포인트나눔, 이벤트나눔, 모바일나눔, 방송나눔, 물품나눔 등이 있다.

⑥ 기업사회공헌(Corporate Social Responsibility: CSR)

기업의 사회책임 활동 및 사회공헌 활동은 공공정책의 사각지대를 메우기도 하며 사회복지공동모금회는 이러한 기업활동과 파트너 관계로 활동한다. 기부방법은 직접 기부, 임직원 참여를 통한 직장기부캠페인, 기업물품기부, 기업의 상품 판매를 통한 기부(공익연계마케팅: CRM) 등으로 구분된다.

⑦ 나눔봉사단

나눔봉사단은 사회의 양극화 심화에 따른 계층 간 갈등 해결을 통해 사회공동체 발전을 이루기 위한 목적으로 사회복지공동모금회에서 발족한 새로운 개념의 봉사조직이다. 나눔봉사단은 모금 전문 봉사단으로서 단순 복지 수요 대상자에 대한 노력 봉사에서 시작하여 모금활동, 배분활동, 문화활동, 지원활동 등 포괄적인 나눔 봉사활동을 전개하고 있다.

(3) 사회복지공동모금회 배분사업

공동모금회의 지원사업 대상은 크게 아동 · 청소년, 장애인, 노인, 다문화, 지역사회, 기타로 나뉜다. 지원대상은 사회복지사업 또는 기타 사회복지 활동을 하는 법인 · 기관 · 단체 및 시설(개인 신고시설 포함)이나 사회복지서비스를 필요로 하는 개인이다. 심사기준은 크게 기관평가, 사업평가, 기타 평가의 세 가지로 나뉜다. 기관평가는 신뢰성, 사업수행 능력, 사업평가는 적합성, 실현 가능성, 투입 요소 적절성, 투입 비용을 기준으로 한다. 기타평가는 홍보 노력, 지역자원 활용, 자구 계획이 심사기준이 된다. 심사과정은 예비심사, 서류심사, 면접심사, 현장심사 순으로 이루어진다.

사업종류는 크게 신청사업, 기획사업, 긴급지원사업, 지정기탁사업으로 나뉜다. 신청사업은 자유주제 공모 형태로 복지사업을 신청받아 지원하는 사업이다. 기획사업은 모금회가 정하는 주제에 따라 지원하는 사업 또는 지원 대상자로부터 제안받은 내용 중에서 선정하여 지원하는 시범적이고 전문적인 사업을 말한다. 긴급지원사업은 재난구호, 긴급구호, 저소득층 응급 지원 등 긴급히 지원하는 사업이다. 지정기탁사업은 기부자가 기부 금품의 지원지역 · 지원대상자 또는 사용용도를 지정한 경우 그 지정 목적에 따라 지원하는 사업을 일컫는다.

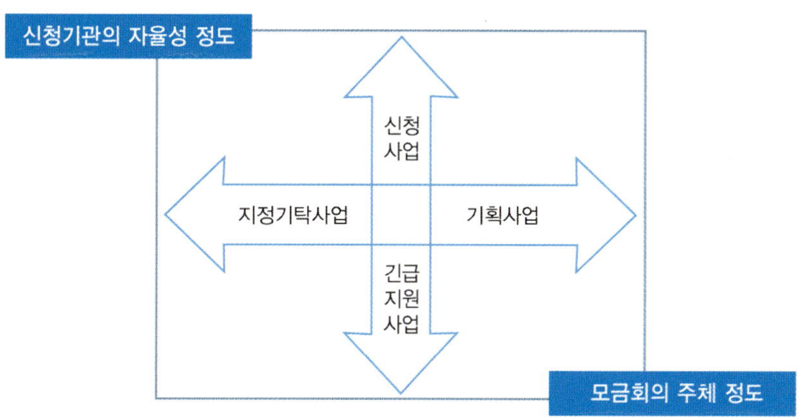

[그림 14-3] 사회복지공동모금회 사업종류

(4) 사회복지공동모금회의 예산과 투명성

공동모금회의 예산은 지역공동모금회의 성금 전액과 중앙모금회의 성금 일부 그리고 지역 보조금 1억으로 구성되고, 성금의 10%는 운영비로 쓰인다. 공동모금회는 모금된 자원을 올바르게 배분할 책임을 담보하여 운영되기에 여러 가지 제도적 장치를 통해 투명성을 확보한다. ① 시민감시로 신뢰도를 증진시킨다. 시민감시위원회 도입, 사이버 신문고 운영, 온라인 경영공시 확대, 기부정보 확인시스템, 청렴도 평가기준 및 청렴 컨설팅 실시, 윤리헌장 · 윤리강령 제정(박치성 · 조성환, 2011)과 같은 시민들의 참여로 신뢰도를 높이고 있다. ② 조직체계를 쇄신하고 자정능력을 강화한다. 즉시 퇴출제(원스트라이크 아웃) 도입, 징계부가금제 도입, 상시감사체계 구축, 내부공익 신고제도 활성화, 클린카드 전면 확대, 권역별 통합방안 마련, 통합정보관리시스템 운영으로 조직 내부에서 투명성을 확보하고자 노력한다. ③ 전면적 인적 쇄신을 꾀한다. 공동모금회는 지회장 재신임, 복지부 감사 결과에 따른 징계 조치, 채용 관련 인사관리 규정 개정을 통해 전반적인 인적 쇄신을 단행한다.

2. 자원봉사센터

1) 자원봉사

(1) 정의

자원봉사라는 단어는 흔히 사용되고 있지만, 그 의미를 내포한 행위와 활동은 이미 오랜 역사를 지니고 있다. 자원봉사는 볼런티어(volunteer)의 라틴어인 voluntas(자유의지)라는 단어에서 유래되었다. 우리나라 「자원봉사활동 기본법」 제3조에서는 자원봉사

활동을 개인 또는 단체가 지역사회 · 국가 및 인류를 위해 대가 없이 자발적으로 시간과 노력을 제공하는 행위로 정의하고 있다.

(2) 자원봉사의 발전 과정

우리나라 자원봉사활동의 발전과정을 연대 순으로 나누어 살펴보면 다음과 같다(구재관 외, 2012).

① 1960년대까지의 자원봉사활동

우리나라의 전통적인 봉사활동은 자발적으로 상부상조하는 두레와 농촌에서 노동력을 교환하는 품앗이 활동이 시작이라고 할 수 있다. 또한 신라시대부터 성행된 계(契) 조직, 지역주민들의 덕화(德化)와 교화(敎化)를 목적으로 하는 자치적 협동조직인 향약(鄕約)도 전통적인 자선봉사활동이라고 볼 수 있다.

우리나라 사회봉사 활동이 시작된 시기는 근대화가 시작될 무렵이었다. 기독교적인 사상과 개화사상을 받아 YMCA, YWCA, 적십자 활동이 시작되었고, 일부 지식층과 학생을 중심으로 브나로드 운동을 전개하여 농촌계몽을 펼쳤다. 광복 후 미군정기 시대를 지나 6 · 25전쟁 후 외원기관이 들어오면서 외국에 나가 모금활동을 전개하고 자원봉사를 실시하는 활동이 서서히 나타나기 시작했으며, 1960년대에 들어 대학생을 중심으로 농촌봉사 활동이 전개되었다.

② 1970~1990년대까지의 자원봉사활동

한국사회복지협의회는 1978년에 사회봉사센터를 부설로 설립하였다. 그리고 자원봉사자를 직접 모집하여 교육하고 훈련하였다. 더 나아가 자원봉사자가 필요한 기관에 배치하는 사업을 통해 자원봉사자 프로그램이 좀 더 다양화되기 시작했다. 자원봉사활동에 대한 일반인들의 관심이 본격적으로 증가하기 시작한 것은 1980년대이다. 1984년에는 자원봉사 인력은행(한국여성개발원)이 설치됐고, 1988년 '88서울올림픽 자원봉사자'를 모집하여 활용한 것이 국민들에게 자원봉사라는 용어를 널리 홍보할 수 있는 계기가 되었다.

자원봉사활동이 양적으로 현저하게 늘어나기 시작한 것은 1990년대 중반부터이다. 1994년에는 한국자원봉사단체협의회가 설립되어 사회복지계 자원봉사 관련 단체와 일반 자원봉사단체들이 연계하여 자원봉사활동에 관한 정보를 협의 · 조정하는 활동을 하게 되었다. 1996년 7월 9일 내무부(현 행정안전부)에서 지역종합자원봉사센터 설치 · 운영 지침의 전달로 자치구는 자원봉사 관련 조례안을 만들어 운영하게 되었다. 이 시기 우리 사회에 자원봉사활동에 대한 일반 국민의 인식을 높이는 데 크게 기여한 사업은 1994년 중앙일보에서 시작한 자원봉사 캠페인이다. 이 캠페인은 1995년에 교육부(현 교육과학기술부)에서 실시한 5 · 31 교육개혁 조치와 함께 중 · 고교생들을 자원봉사활동에 의무적으로 참여시킴으로써 자원봉사라는 씨앗을 심는 계기가 되었다. 그 후 각 시 · 도에 청소년자원봉사센터와 시 · 군 · 구의 종합자원봉사센터가 설립되면서 자원봉사활동을 통하여 민 · 관이 상호 파트너십을 유지하는 관계가 되었다(우태식 · 김창래, 2015).

③ 2000년대 이후의 자원봉사활동

2003년 6월 은행회관(서울 명동)에서 99개의 NGO 및 자원봉사단체들이 모여 한국자원봉사협의회를 창립하였다. 이후 자원봉사활동에 관한 구심적인 역할을 할 수 있는 한국자원봉사단체협의회가 설립되었고, 2005년 「자원봉사활동 기본법」이 제정되면서, 지방자치단체별로 자원봉사활동 지원조례가 제정됨으로써 자원봉사활동이 더욱 체계적으로 발전하게 되었다. 또한 2000년대에 들어서면서 전국 230개소 시 · 군 · 구의 기초자치단체에 자원봉사센터가 설립 · 운영되었다. 우리나라의 자원봉사활동은 크게 두 개의 축을 중심으로 발전하였는데, 앞에서 언급한 한국자원봉사단체협의회와 행정안전부 산하의 조직인 한국자원봉사센터협회 활동이다. 1년 365일 동안 자원봉사활동을 하자는 취지에서 1365 번호로 전화하면 누구나 자원봉사활동에 참여할 수 있다. 이 활동은 「사회복지사업법」 제9조에 의거하여 사회복지 봉사활동 인증관리사업을 중심으로 자원봉사활동을 전개하고 있다.

2) 자원봉사센터

(1) 자원봉사센터의 정의

「자원봉사활동 기본법」 제3조에 따르면, 자원봉사센터는 자원봉사활동의 개발 · 장려 · 연계 · 협력 등의 사업을 수행하기 위한 법령과 조례 등에 의하여 설치된 기관 · 법인 · 단체 등을 말한다. 자원봉사를 활성화시키기 위해서는 자원봉사자를 발굴하고, 훈련해 배치 · 관리 감독하는 조직이 필요하다. 자원봉사자를 관리하는 과정에서 이를 적절히 통합 · 적용하고 효과적으로 활용하기 위한 조직으로 자원봉사의 전문화 및 체계화, 활성화에 기여할 수 있다. 자원봉사센터는 자원봉사 전문인력의 모집 · 교육 · 배치 및 관리를 담당하므로 수요처와 봉사자 간의 관계를 능동적으로 유지하는 매개체 역할을 할 뿐 아니라 자원봉사의 전문화와 체계화를 꾀함으로써 지역사회의 자원봉사를 활성화시킬 수 있다.

(2) 자원봉사센터의 현황

우리나라의 자원봉사센터는 대도시를 중심으로 설치되었다. 1994년 말 행정자치부(현 행정안전부)가 주무 부처가 되었지만, 업무 성격에 따라 행정안전부, 보건복지부, 여성가족부는 각각 서로 다른 명칭으로 자원봉사센터를 부처 특성에 맞게 운영하고 있다.

- 행정안전부의 자원봉사센터

행정안전부는 1996년부터 자원봉사센터를 설치하고 운영해 왔다. 자원봉사센터는 「자원봉사활동 기본법」 및 지방자치단체 조례에 따라 각 지역 자원봉사자의 수요와 공급을 조정하기 위한 목적으로 현재 전국에 약 245개의 센터가 설치되어 있다. 2020년 기준 자원봉사센터 운영형태는 직영 117개소, 법인 91개소, 위탁 37개소이다(자원봉사센터 현황, 2021).

지역 자원봉사센터의 컨트롤타워 기능을 수행하는 한국중앙자원봉사센터는 「자원봉사활동 기본법」에 따라 설치된 것으로 민간에 위탁하여 운영되었다. 이에 따라 지역 자원봉사센터와의 네트워크 구축 등의 허브기능을 수행하며 시 · 도 및 시 · 군 · 구 자원봉사센터의 전문성 보완 및 운영지원을 뒷받침하는 등 자원봉사활동 활성화를 도모하는 역할을 수행하고 있다.

- 보건복지부의 사회복지정보센터

보건복지부는 사회복지정보센터라는 명칭으로 자원봉사센터를 설치 · 운영하고 있다. 우선 한국사회복지협의회 부설로 1978년 5개 지역에서 사회봉사안내소를 설치했고 1991년 가정봉사원사업 정착을 위한 기초사업을 지역복지봉사센터로 명칭을 변경해 진행했다. 1994년에는 자원봉사정보안내센터로 명칭을 변경해 전국 시 · 도에 16개의 센터를 두었다. 그리고 2001년에 사회복지정보센터로 명칭과 기능이 변경 및 전환되어 자원봉사분야 이외에 사회복지분야의 통합된 정보제공 기능을 담당하면서 같은 해 11월부터 사회복지자원봉사 인증관리사업을 시작하였다.

사회복지자원봉사 인증관리사업은 보건복지부가 주최하고 한국사회복지협의회와 시 · 도 사회복지협의회가 주관하고 있으며 자원봉사 활동 실적을 정확하게 관리하고, 사회복지 자원봉사의 활성화를 촉진시킨다. 사회복지협의회에서는 인증관리센터 지정을 비롯하여 인증관리요원의 교육과 위촉을 통해 VMS의 사용을 돕고 지속적인 관리가 유지될 수 있도록 한다(사회복지협의회, 2022).

- 여성가족부 청소년활동진흥센터

문화관광부는 1995년 5월 31일 교육개혁안에 의해 초 · 중 · 고등학교 학생들의 자원봉사활동이 의무화됨에 따라 청소년의 인성과 덕성 및 공동체 의식의 함양을 목적으로 청소년자원봉사센터를 설립했다. 1개의 중앙센터와 16개의 센터가 설립되었고 주로 청소년자원봉사 활동을 장려 · 감독해 왔으나, 2006년 「청소년활동 진흥법」 제7조에 의거하여 청소년활동진흥센터로 명칭이 변경되면서 기능 또한 개편되었다. 청소년활동

진흥센터는 청소년활동 진흥법 제7조, 8조, 9조에 의거하여 설치 · 운영된 기관이며, 현재는 여성가족부 한국청소년활동진흥원의 산하기관으로 있다.

여성가족부에서 운영되는 두볼(dovol)시스템은 전국 16개 시 · 도 청소년활동진흥센터에서 운영되고 있다. 두볼은 Do Volunteer(자원봉사하다)의 약자로 청소년들이 쉽고 편리하게 봉사활동 정보를 검색하고 신청할 수 있으며, 자원봉사 실적 확인과 확인서까지 출력할 수 있다. 이 사업은 원스톱으로 진행할 수 있는 청소년 특화 봉사활동 서비스이다. 참여대상은 초등학생, 중학생, 고등학생, 대학생, 일반인 개인이나 동아리 봉사활동을 하고자 하는 모든 사람을 대상으로 한다. 청소년자원봉사 DOVOL은 나이스(NEIS, 교육부)전송과 봉사활동 확인서, 이력확인서 발급, 1365자원봉사포털 연계, 청소년자원봉사자 상해보험 지원서비스 운영, 병무청 군 모집병 1차 서류심사 시 사회봉사 가산점 인정, 우수활동 청소년 또는 동아리 시상 등의 장점을 지니고 있다(한국청소년진흥원 홈페이지 참조).

① 자원봉사센터의 행정 전달체계

우리나라 자원봉사센터는 행정안전부를 중심으로 「자원봉사활동 기본법」 및 동법 시행령을 제정하였다. 특히, 자원봉사와 관련된 기본계획 수립 및 자원봉사센터에 관한 운영지침을 수립하고자 중앙자원봉사센터를 두고, 시 · 도 자치단체 및 시 · 군 · 구 지역 단체의 자원봉사센터를 지원하고 있다. 중앙자원봉사센터는 특별시 · 광역시 · 도 및 시 · 군 · 자치구 등 248개소 지역자원봉사센터의 조직적인 활동을 통해 범사회적인 자원봉사활동을 확산시키고, 보다 효율적으로 지역 자원봉사센터의 업무지원 및 관련 사업을 육성하여 민주시민의 공동체 의식 배양과 공익증진에 기여함이 목적이었다. 이를 위해 센터 관리자에 대한 교육훈련, 지역 자원봉사와 관련한 프로그램의 개발 · 보급 등을 시행하고 있으며, 지역 자원봉사센터 및 자원봉사 단체 등과 협력하여 정보교류 및 관련 정책을 지원하고 있다. 또한 자원봉사통합포털시스템 홈페이지(www.1365.go.kr)를 운영하여 자원봉사에 관한 정보검색과 자원봉사 신청 및 신청 확인을 할 수 있는 시스템을 구축하고 있다.

광역자원봉사센터는 중앙자원봉사센터를 중심으로 특별시 · 광역시 · 도 지역의 기관 · 단체들과 상시 협력체계를 구축하여 자원봉사 관리자 및 지도자의 교육과 훈련을 실시하고 있다. 시 · 군 · 자치구의 기초자원봉사센터는 시 · 군 · 자치구 지역의 기관 · 단체들과의 상시 협력체계를 구축하여 자원봉사자의 모집과 교육, 홍보, 자원봉사자 배치, 자원봉사 프로그램의 개발 및 보급, 시범운영 그리고 시 · 군 · 자치구 지역의 자원봉사 진흥에 기여할 수 있는 사업 등을 진행하고 있다.

(3) 자원봉사센터의 활성화 방안

자원봉사센터가 지역사회 안에서 지역사회의 변화와 발전을 위한 비전을 제시할 수 있는 기관이 되기 위해서는 자원봉사관리자의 전문성을 높여야 한다. 중앙부처별로 운영되는 자원봉사센터 간에 네트워크 강화가 필요하며, 지역사회의 욕구를 조사하여 주민의 복지욕구와 지역사회가 처한 나름대로의 문제에 대한 해결방안을 제시하는 등 다각적인 노력을 기울여야 한다.

① 민간중심 운영체계로의 개선

자원봉사가 민간중심의 운동임에도 불구하고 지방자치단체에 의한 직영이 계속 증가하고 있는 현상은 시민 영역에 대한 정부의 과도한 개입을 유발하여 자발성에 근거한 시민의 참여를 저해할 수 있다. 자원봉사에 대한 정부의 개입으로 자원봉사가 정치적 목적으로 악용될 소지가 있고, 센터가 행정기관으로 보일 가능성도 있다. 자원봉사활동에 대한 본질을 지속적으로 유지하기 위해서는 정부에 의한 직영체제를 탈피하고 전문성을 가진 민간의 참여를 확대해야 한다.

② 자원봉사센터 내 기존 인력의 재교육과 전문인력의 배치

자원봉사센터의 활성화를 위해서는 자원봉사활동을 조정하고 관리할 수 있는 전문인력의 배치가 무엇보다 중요하다. 지방자치단체가 직영하고 있는 자원봉사센터의 경우, 공무원을 배치하여 자원봉사활동을 전문적으로 운영하지 못하고 일반행정 수준에서 다루고 있다. 센터 내 전문인력의 부재는 자원봉사활동에 참여하는 봉사자에 대한 심리사회적 지지체계의 부재로 이어질 수 있다. 따라서 센터 내에 기존 인력을 대상으로 자원봉사 관련 전문교육과 훈련을 실시하고, 잘 훈련된 전문인력을 채용하도록 제도화하는 일도 병행해야 한다.

③ 지역사회의 특성을 반영한 프로그램의 개발

자원봉사센터에서 실시되고 있는 프로그램이 지역사회의 특성과 욕구를 반영하지 못하고 일반적인 프로그램 위주로 진행되는 한계를 극복하지 못하고 있다. 따라서 지역사회 특성을 파악하고 분석하여 이를 자원봉사활동에 반영하고, 지역사회 문화로 계승·발전하기 위해 노력하여야 한다.

자원봉사센터가 지역사회 내에서 발생하는 사회문제를 효과적으로 해결하고 지역주민들의 적극적인 참여를 유도하기 위해서는 지역사회와 관련 있는 자원봉사활동 프로그램 및 목적에 맞는 분야별 자원봉사단을 자체적으로 개발하는 능력을 신장시켜야 할 것이다. 또한 센터는 다양한 계층의 자원봉사자가 활동하기를 원하는 수요처를 확보하고 있어야 한다. 이러한 욕구를 센터가 충족시킬 수 있을 때 지역사회에서 자원봉사활동의 중심기관으로 자리 잡을 수 있을 것이다.

Chapter

15

사회적경제와 스마트시티

Chapter

15

사회적경제와 스마트시티

1. 사회적경제

1) 사회적경제의 개요

사회적 경제는 이윤의 극대화가 최고의 가치인 시장경제와 달리 사람의 가치를 우위에 두는 경제활동이다. 사회 구성원 간의 협력을 바탕으로 재화와 용역의 생산과 판매를 통해 사회적 가치를 창출하는 민간분야의 모든 경제적 활동으로 기존 사회서비스 개선, 취약계층 일자리 창출, 지역공동체 상생 등 다양한 사회적 가치 실현을 추구한다. 경쟁 중심에서 벗어나 협력과 연대를 지향하며 우리 사회가 마주한 불평등 문제를 풀어 가는 데 중요한 역할을 한다(관계부처 합동, 2020; 이창대 · 노용숙, 2020 재인용).

사회적 경제는 1800년대 초 유럽과 미국에서 협동조합, 사회적기업, 상호부조조합, 커뮤니티비즈니스 등의 형태로 등장했다. 우리나라는 1920년대 농민협동조합과 도시빈곤층들의 두레조합의 형태로 등장하였고, 이후 1960년대 시작된 신협운동, 1980년대 생협운동, 1997년 외환위기 이후 구조화된 실업문제, 고용불안, 심화되는 빈부격차, 쇠락하는 지역의 문제 등을 해결하기 위하여 시작된 자활기업, 사회적기업, 마을기업, 협동조합 등 사회적 경제의 역할이 점점 중요해지고 있다. 이러한 가운데 사회적 경제는 시장경제의 효율성을 살리면서 양질의 일자리를 창출하고, 실업 · 빈곤 등 경제 · 사회 문제를 극복하고 양극화를 완화할 수 있는 새로운 해결책으로 주목받고 있다. 유럽 등 선진국은 오랜 시민사회의 전통을 기반으로 적극적인 사회적 경제 정책을 추진해 고용 · 복지 등 경제의 중요한 축으로 만들어 공공부문과 시장경제 부문을 보완하고 있다.

2009년 EU는 사회적 경제 개념 인식 · 법적조치 권고 등 48개 항목의 '사회적 경제에 관한 결의문'을 채택했다. 영국, 프랑스, 이탈리아, 캐나다의 퀘벡주 등에서는 사회적 경제 관련 법률을 제정하고 직접적이고 간접적인 지원제도를 통해 다양한 형태로서의 사회적 경제 기업 활동을 보장하고 있다. 영국, 이탈리아, 미국 등에서는 민간투자로 공공사업을 시행한 후 사회적 성과를 달성했을 때 약정에 따른 투자금 회수와 수익상환을 보장하는 사회성과 채권을 비롯한 사회투자기금, 사회적 금융기관 등 사회적 금융 육성을 통해 금융 접근성을 높여 자생력을 높이고 있다.

2) 사회적경제의 종류

사회적 경제의 주요 주체와 역할은 마을기업, 사회적협동조합, 사회적기업 등이다. 이 장에서는 사회적 경제의 주요 주체와 역할을 살펴보고자 한다.

(1) 마을기업

마을기업은 지역주민이 각종 지역자원을 활용한 수익사업을 통해 공동의 지역문제를 해결하고, 소득 및 일자리를 창출하여 지역공동체 이익을 효과적으로 실현하기 위해 설립 운영하는 마을 단위의 기업이다(행정안전부, 2021 재인용). 마을기업을 통해 지역주민 또는 단체가 해당 지역의 인력, 향토 문화, 자연 자원 등 각종 자원을 활용하여 생활환경을 개선하고, 지역공동체를 활성화하여(「도시재생 활성화 및 지원에 관한 특별법」, 2017; 이용탁 외, 2018) 지역주민의 삶의 질을 향상하는 데 목적이 있다.

〈표 15-1〉 **마을기업 용어 정의**

구 분	정 의
지역주민	동일한 생활권에서 공동의 목표와 가치를 가지고 실제 상호교류하는 공동체의 구성원
지역자원	지역에 존재하는 유·무형의 인적·물적자원
지역문제	지역 내 충족되지 못한 필요(요구) 사항이나, 지역주민 삶의 질 향상을 위해 필요한 사항
지역공동체 이익	마을기업의 이익뿐만 아니라 이해관계자 또는 지역사회 전체가 얻게 되는 편익의 총합
마을	지리적으로 타 지역과 구분되거나 일상적 생활을 공유하는 범위 내에서 상호관계나 정서적 공감대가 형성되어 있는 곳

출처: 행정안전부(2021).

마을기업은 「도시재생 활성화 및 지원에 관한 특별법」에 근거하였으며, 공동체성, 공공성, 지역성, 기업성의 네 가지 운영원칙을 고려하여 설립·운영하여야 한다. ① 공동체성은 기업의 구성·운영에 있어 공동체를 중심으로 자발적 참여, 민주적 운영, 상호신뢰를 바탕으로 공동체 회복 및 사회통합에 이바지해야 한다는 것이다. 여기서 사회통합은 시장경제의 문제로 야기된 양극화 및 사회적 배제를 결속력, 연대감, 관용, 상호교류 등을 기반으로 사회적 참여 및 공동체 확대를 통해 극복하여 통합하는 과정을 의미한다. ② 공공성은 호혜와 협력을 기반으로 지역 내에서 다양한 공헌 및 상생을 위한 활동을 통해 공익적 및 공공적 가치를 창출하여야 한다는 것이다. ③ 지역성은 지역을 근거로 활동하는 사람들이 주도하여 지역문제를 해결하기 위한 사업계획을 수립하고 지역 내에서 생산·소비·교환·분배가 이루어지는 선순환구조를 통해 지역 활성화에 기여해야 한다는 것이다. ④ 기업성은 시장경쟁력이 있는 사업계획을 수립하고 안정적인 매출 및 수익을 통해 지속 가능성을 확보함으로써 지역경제 활성화를 위해 노력하여야 한다는 것이다.

마을기업은 사업 성격에 따라 지역자원 활용형, 사회서비스 제공형, 마을 관리형으로 구분되며 청년들이 주도하여 설립·운영하는 청년마을기업이 있다. ① 지역자원 활용형은 지역자원을 활용하여 재화·서비스를 생산·판매하는 기업으로 지역특산물 가공, 관광·체험, 지역 먹거리 유통(로컬푸드) 등을 예로 들 수 있다. ② 사회서비스 제공형은 지역주민을 대상으로 교육·복지 등을 제공하는 기업으로 노인돌봄 및 서로 돌봄, 공동육아, 방과후학교, 주거복지 등이 있다. ③ 마을 관리형은 마을자산 운영, 지역재생 등 마을 공동의 이익이나 마을 발전을 위한 사업을 수행하는 기업이나 다른 마을기업을 지원하는 기업이며, 마을주차장 운영, 도시재생사업 수행, 마을기업 컨설팅 등이 해당된다. ④ 청년마을기업의 추진 배경은 마을기업에 젊고 유능한 청년자원을 보강하여 생산성을 높이고 청년 일자리 창출에 기여하기 위해 청년마을기업을 발굴·육성하기 위함이다. 청년들이 주도하여 설립·운영하는 마을기업으로 "청년"이란 「청년기본법」 제3조 1호에 근거하여 19세 이상 34세 이하인 사람을 말한다. 청년마을기업의 회원 관련 요건은 최소 5인 이상으로 회원(출자자)의 50% 이상이 청년이고, 50% 이상의 지역주민으로 구성하되, 청년비율은 시·군·구의 청년인구비율에 따라 차등 완화(30~50%)한다. 청년비율은 청년마을기업으로 지정된 날부터 1년간 유지하는 기업에 한하여 청년마을기업 지원 혜택(자부담 10% 등)이 적용된다(행정안전부, 2021).

(2) 협동조합

협동조합은 「협동조합기본법」에 따라 설립된 법인을 말하며 영리법인인 협동조합과 비영리법인인 사회적 협동조합으로 구분된다. 「협동조합기본법」 제2조 제1호에 의하면, 협동조합은 재화 또는 용역의 구매·생산·판매·제공 등을 협동으로 영위함으로써 조합원의 권익을 향상하고 지역사회에 공헌하고자 하는 사업조직이다. 협동조합의 기본원칙은 최대봉사, 자발성, 공동성, 민주성, 사회적 이윤 추구성이다. 조합을 자발적으로 결성하여 공동으로 소유하고 민주적으로 운영함을 원칙으로 한다. 또한, 조합원 모두는 업무수행 시 최대한 봉사하여야 하고, 투기를 목적으로 하는 행위와 일부

조합원 등의 이익만을 목적으로 하는 업무와 사업을 해서는 안 된다(장종익, 2019).

비영리법인인 사회적협동조합은 지역주민들의 권익, 복리증진과 관련된 사업을 수행하거나 취약계층에게 사회서비스 또는 일자리를 제공하는 등 영리를 목적으로 하지 않는 협동조합을 말한다(「협동조합기본법」 제2조 제2호). 일반협동조합에 비해 공익적인 가치와 목적이 중요시되는 협동조합의 한 형태이다. 일반협동조합은 조합원들의 수익배분에 중점을 두는 반면, 사회적 협동조합은 취약계층에게 일자리 제공 또는 복지증진에 중점을 두는 비영리법인이다. 협동조합과 사회적협동조합을 비교하여 〈표 15-2〉에 제시하였다.

〈표 15-2〉 일반협동조합과 사회적협동조합 비교

	일반협동조합	사회적협동조합
설립	시도지사에게 신고	기획재정부(관계부처) 인가
사업	금융 및 보험업을 제외한 업종 및 분야의 제한 없음	반드시 공익사업 40% 이상 수행 지역사회 대상 주민 권익 증진 취약계층 사회서비스 및 일자리 제공 국가 및 지방자치단체 위탁사업 그 밖의 공익증진 사업
	「협동조합기본법」 제45조1항 사업 반드시 포함	
법정적립금	잉여금의 10/100 이상을 자기자본의 3배가 될 때까지 적립 의무	잉여금의 30/100 이상을 자기자본의 3배가 될 때까지 적립해야 함
배당	배당 가능(이용실적에 따른 배당)	배당 금지
청산	정관에 따라 잔여재산 처리	비영리법인이나 국고 혹은 상위 사회적협동조합 등에 귀속

① 협동조합의 설립절차

협동조합을 설립하려는 경우에는 5인 이상의 조합원 자격을 가진 자가 발기인(발기인은 협동조합의 뜻을 같이하고, 설립을 주도하는 사람)이 되어 정관(협동조합의 조직형태, 운영방법, 사업활동 등에 관한 기본적인 사항을 규정하는 자치법규)을 작성하고 창립총회의 의결(이한우, 2019)을 거친 후 기획재정부장관에게 인가를 받아야 한다. 창립총회의 의사는 창립총회 개최 전까지 발기인에게 설립동의서를 제출한 자의 과반수 3분의 2 이상(출석과 출석자)의 찬성으로 의결한다.

	일반협동조합	사회적협동조합
1	발기인 모집 (5인 이상)	발기인 모집 (5인 이상)
2	정관 작성 (목적, 명칭, 사업 등 포함)	정관 작성 (목적, 명칭, 사업 등 포함)
3	설립동의자 모집	설립동의자 모집 (5인 이상, 서로 다른 이해관계자 2인 이상 포함) ※보건의료사회적협동조합은 500인 이상
4	창립총회 (설립동의자 과반수 출석, 2/3 이상 찬성)	창립총회 의결 (설립동의자 과반수 출석, 2/3 이상 찬성)
5	설립신고 (발기인 → 시 · 도지사)	설립인가 (중앙부처의 장)
6	사무인수인계 (발기인 → 이사장)	사무인수인계 (발기인 → 이사장)
7	출자금 납입 (조합원 → 이사장)	출자금 납입 (조합원 → 이사장)
8	설립등기 (관할등기소)	설립등기 (관할등기소)
9	협동조합 (법인격부여)	사회적 협동조합 (법인격부여)

[그림 15-1] **협동조합의 설립절차**

출처: KNU기업경영연구소(협동조합).

② 협동조합 7대원칙

협동조합 7대 원칙은 다음과 같다. 제1원칙은 자발적이고 개방적인 조합원 제도이다. 협동조합은 자발적이며 모든 사람에게 성적 · 사회적 · 인종적 · 정치적 · 종교적 차별 없이 열려 있는 조직이다. 제2원칙은 조합원에 의한 민주적 관리이다. 조합원들은 정책수립과 의사결정에 활발하게 참여하고 선출된 임원들은 조합원에게 책임을 갖고 봉사한다. 특히, 조합원마다 동등한 투표권을 가지며, 협동조합연합회도 민주적인 방식으로 조직하고 운영된다. 제3원칙은 조합원의 경제적 참여와 협동조합의 자본은 공정하게 조성되고 민주적으로 통제된다는 것이다. 특히, 자본금의 일부는 조합의 공동재산이며, 출자배당이 있는 경우에 조합원은 출자액에 따라 제한된 배당금을 받는다. 잉여금은 협동조합의 발전을 위해 일부분 배당하지 않고 보유금으로 정리, 사업이용실적에 비례한 편익 제공, 여타 협동조합 활동 지원 등에 배분된다. 제4원칙은 자율과 독립이다. 협동조합이 다른 조직과 약정을 맺거나 외부에서 자본을 조달할 때 조합원에 의한 민주적 관리가 보장되고, 협동조합의 자율성이 유지되어야 한다. 제5원칙은 조합원, 선출된 임원, 경영자, 직원들에게 교육과 훈련을 제공하며, 젊은 세대와 여론지도층에게 협동의 본질과 장점에 대한 정보를 제공한다는 것이다. 제6원칙은 협동조합 간 협동한다는 것이다. 국내 · 국외에서 공동으로 협력사업을 전개함으로써 협동조합 운동의 힘을 강화하고, 조합원에게 효과적으로 봉사한다. 마지막 원칙은 지역사회에 기여한다는 것이다. 조합원의 동의를 토대로 조합이 속한 지역사회의 지속 가능한 발전을 위해 노력한다.

③ 협동조합의 효과

협동조합의 효과는 크게 경제주체별 효과, 경제적 효과, 사회적 효과로 구분할 수 있다. 경제주체별 효과는 소비자의 편익 증가, 생산자의 안정적 수익보장, 근로자의 고용불안정 해결 등 각 경제 주체의 만족도 증가이다. 경제적 효과는 소액, 소규모 창업 활성화를 통한 일자리 확대, 생산자, 소비자 직거래를 통한 유통구조 개선으로 물가 안정, 협동조합 간 협력을 통한 경제 안정화 등이다. 사회적 효과는 취약계층에게 사회서비스와 일자리를 제공하여 기존의 복지시스템 보완, 주민들이 모여 자신들의 근린서비스, 복지서비스를 마련하는 등 민간 차원의 맞춤형 복지서비스 제공이다.

(3) 사회적기업

사회적기업은 영리기업과 비영리기업의 중간 형태로, 사회적 목적을 우선적으로 추구하면서 재화서비스의 생산 · 판매 등 영업활동을 수행하는 기업(조직)을 말한다(김양건, 2019). 사회적기업은 「사회적기업 육성법」에 설립 근거를 두고 있으며, 「사회적기업 육성법」에서는 취약계층에게 사회서비스나 일자리를 제공해 지역주민의 삶의 질을 높이는 등의 사회적 목적을 추구하면서 재화와 서비스의 생산 · 판매 등 영업활동을 하는 기업으로서 고용노동부 장관의 인증을 받은 기관으로 정의하고 있다. 영리기업이 주주나 소유자를 위해 이윤을 추구하는 것과는 달리, 사회적기업은 사회서비스를 제공하고 취약계층에게 일자리를 창출하는 등 사회적 목적을 조직의 주된 목적으로 추구한다는 점에서 차이가 있다(최영출, 2015 재인용).

사회적기업의 등장 배경은 외환위기 이후 짧은 기간 동안 공공근로, 자활 등 정부 재정지원에 의한 일자리가 확대되었으나, 안정적인 일자리로 연결되지 못함에 따라 정부 재정지원의 효과성과 관련한 논란이 지속적으로 제기되었기 때문이다(김진숙, 2018). 2000년대에 들어와서는 고용 없는 성장의 구조화, 사회서비스 수요의 증가 등에 대한 대안으로 유럽의 사회적기업 제도 도입과 관련한 논의가 본격화되었다. 비영리법인 · 단체 등 제 3섹터를 활용한 안정적인 일자리 창출 및 양질의 사회서비스 제공모델로서 사회적기업 도입 논의가 구체화되면서 사회적기업이 설립되었다. 사회적기업이라는 용어는 1994년 킹보두인재단(King Baudouin Foundation)의 보고서에서 "실업 상태에 있는 소외집단을 노동시장에 복귀시키기 위해 시장과 비시장 자원을 모두 활용하는 모든 시도"라는 뜻으로 처음 사용되었다. OECD는 사회적기업을 "기업의 전략에 따라 조직을 운영하면서 공익을 추구하고, 이윤 극대화가 아닌 특정한 경제적 · 사회적 목적을 추구하며 사회적 소외 및 실업문제와 관련한 혁신적 해결방안"이라고 하였다(OECD, 1999).

사회적기업의 특성은 다음과 같다. ① 기업지향성을 가지는데, 이는 제품의 생산 및 서비스의 시장판매, 시장에서의 경쟁을 지향한다. ② 사회적 목적을 추구하는데, 이는 일자리 창출, 훈련, 지역서비스 제공 등과 같은 명백한 사회적 목적을 가진다는 것을 의미한다. ③ 사회적 소유의 성격을 가지는데, 이는 소유구조가 이해당사자들의 참여에 기반을 두는 자율적 조직으로서, 이익은 이해당사자 집단에 분배되거나 지역사회를 위해서 사용된다는 것을 의미한다.

① 사회적기업의 유형

사회적기업은 하나의 개념으로 정의 내리기가 어렵고, 어떻게 분류하느냐에 따라 그 유형은 다양하게 나타난다. 한국의 사회적기업의 경우 예산은 주로 정부의 복지예산과 기업의 사회공헌활동 예산에 대한 의존도가 높은 실정이다. 성격 구분으로는 크게 국가지원 중심 또는 시장 중심 유형으로 구분되며, 국가지원 중심 유형은 다시 정부의존형과 자립지향형으로 구분되고, 시장중심 유형은 다시 비영리기관과 영리기관으로 구분된다.

〈표 15-3〉 **한국 사회적기업의 유형 분류**

<table>
<tr><th>성격 1</th><th>성격 2</th><th>유형 분류</th><th>세부 설명</th></tr>
<tr><td rowspan="11">국가
↕
사회적
경제
↕
시장</td><td rowspan="5">정부의존
↕
자립지향</td><td rowspan="3">공공지원형
일자리 사업</td><td>장애인 보호작업장/노인생산공동체</td></tr>
<tr><td>복지부 자활근로사업단</td></tr>
<tr><td>노동부 사회적일자리 사업</td></tr>
<tr><td rowspan="2">공공지원형
사회적기업</td><td>자활공동체</td></tr>
<tr><td>노동부 사회적기업</td></tr>
<tr><td></td><td>민간 지원기관</td><td>대안 금융기관</td></tr>
<tr><td rowspan="5">비영리
↕
영리</td><td rowspan="5">사회적
경제조직</td><td>시민단체(서비스 공급형)</td></tr>
<tr><td>노동자 협동조합</td></tr>
<tr><td>생활협동조합</td></tr>
<tr><td>농협/수협/산림조합</td></tr>
<tr><td>신협/새마을금고</td></tr>
</table>

출처: 노대명(2008).

사회적기업의 유형은 일자리 제공형, 사회서비스 제공형, 지역사회 공헌형, 혼합형, 창의혁신형으로 나누어 볼 수 있다(한국사회적기업진흥원, 2021).

첫째, 일자리 제공형이다. 일자리 제공형은 조직의 주된 목적이 취약계층에게 일자리를 제공하는 방식이다. 일자리 제공형의 사례를 소개하고자 한다. 첫 번째 사례는 한빛예술단이다. 한빛예술단에서는 음악 및 예술 분야의 시각장애인 전문인력 일자리 창출 사업, 문화콘텐츠 개발 등의 사업을 하고 있다. 한빛예술단은 시각장애인 연주단의 전문적인 연주를 통하여 장애인 공연 예술을 발전시키고 장애인 예술 인재를 발굴 및 양성한다. 또한 시각장애인 연주단의 다양한 공연을 통하여 일반인들의 장애인 인식개선을 도모하고, 취약계층에게 지속적인 일자리나 사회서비스를 제공하여 삶의 질 향상에 기여한다. 그리고 지역사회와의 연대활동에 적극 참여함으로써 지역주민들이 경제적 안정과 자립 기반 및 문화선진국으로서의 발돋움에 목적을 둔다(배귀희 · 전성태, 2015). 두 번째 사례는 뉴시니어라이프이다. 뉴시니어라이프는 대전지역 주민들이 협동조합 형태로 의료기관을 공동으로 소유하고, 의료인과 협동해 운영에 참여하고 이용하는 주민 자치 의료기관이다. 일반적인 의사와 환자의 관계를 넘어, 서로가 서로의 사정을 속속들이 아는 이웃이 되어 자신의 건강은 물론 공동체의 건강을 지키기 위해 조직됐다. 조합원들이 함께 즐길 수 있는 기체조, 산행, 요가, 마라톤과 같은 건강 소모임을 운영하고 있고, 독거노인, 철거민, 노숙인을 위한 무료진료 활동, 시민 대상 건강검진, 거동이 불편한 노인들을 위한 왕진 서비스 등 사회공헌에도 힘을 쏟고 있다(한국사회적기업진흥원).

둘째, 사회서비스 제공형이다. 사회서비스 제공형은 조직의 주된 목적이 취약계층에게 사회서비스를 제공하는 방식이다. 사회서비스 제공형의 유형에서는 배귀희와 전성태(2015)가 제시한 사례를 중심으로 요약하고자 한다. 첫번째 사례는 사회적협동조합 휴먼케어이다. 휴먼케어는 노인과 장애인의 이해와 요구를 우선 배려하면서도 직원의 근무 여건 개선을 위해 노력하는 조정자 역할을 수행하여 지역사회 내 정직하고 질 좋은 사회서비스를 제공하는 기업이다. 주요사업은 요양기관, 복지욕구사업, 장애인 활동보조지원사업이다. 두번째 사례는 충남교육연구소이다. 충남교육연구소는 농촌의 교사, 지역주민, 지역사회, 지역학교가 교육을 필요로 하는 곳에 교육 인력을 배치하고 그 인력을 적절한 형태의 교육 프로그램과 연계하는 시스템을 구성한다. 또한 교육의 질을 높이기 위해 다양한 교육전문가집단의 네트워크를 구축하는 작업을 하고 있다.

셋째, 지역사회 공헌형이다. 지역사회 공헌형은 조직의 주된 목적이 지역사회에 공헌하는 방식이다. 사례로는, 홍성유기농영농조합법인이 있다. 홍성유기농영농조합법인은 풀무학교와 친환경 농산물을 중심으로 형성해 온 홍성지역의 많은 시설 기반과 인적 기반 등을 통해 친환경 농산물 소포장 및 도농교류사업을 추진함으로써 친환경 농산물의 품질을 높였다. 한편, 농촌여성인력의 생산가공활동 참여를 통한 일자리 창출과 가정경제의 활성화를 도모하고, 도농 간의 교류를 통한 생산 소비자 공동체를 구현한다(배귀희 · 전성태, 2015). 두번째 사례는 자이엔트다. 충남 천안 동남구에 위치한 자이엔트(G.I.ANT: Glocal Innovative Ant)는 대학생 시절 수도권과의 문화 격차 해소를 위한 활동을 하던 대표자가 설립하였다. 아산 시조 수리부엉이를 모티브로 한 EDM 페스티벌인 '아울페스티벌', 복고컨셉의 원도심 활성화 프로젝트 '디스코아케이드' 등의 사업을 펼치며 문화 소외지역민들에게는 문화 향유의 기회를 제공하고, 문화예술인에게는 참여기회를 제공하는 등 지역경제 활성화에 기여하고 있다. 주요 사업은 대중문화예술기획, 이벤트 대행이다.

넷째, 혼합형이다. 혼합형은 조직의 주된 목적이 취약계층 일자리 제공과 사회서비스 제공 혼합 방식이다. 사례로는, 오가니제이션요리가 있다. 이 회사는 청소년, 여성 결혼이민자, 경력단절여성 등 희망을 가진 사람들이 더불어 성장하는 공동체 회사이다. 전문성을 강화하고 경쟁력을 갖춘 외식문화 회사로의 지속적인 성장을 목표로 하고 있으며 더불어 다음 세대를 위한 청소년 요리사 인재 양성에도 힘쓰고 있다. 주요 사업은 케이터링, 레스토랑, 하모니식당, 카페, 교육이다. 두 번째 사례는 유한회사의 행복도시락이다. 행복도시락은 결식 이웃에게 무료 도시락을 만들어 배달하고 취약계층에게는 조리와 배송 등의 과정에 참여하게 하여 일자리를 제공한다. 주요 사업은 결식이웃 무료급식, 도시락사업, 김치 제조업 등이다.

다섯째, 창의혁신형이다. 창의혁신형은 사업의 특성상 사회적 목적의 실현 여부를 계량화할 수 없는 경우로서, 도시재생, 친환경, 공정무역 등 국내외 사회문제를 일반 영리기업과 차별화된 방법으로 해결하는 것을 조직의 주된 목적으로 한다. 사례로는 아름다운가게가 있다. 아름다운 가게는 물건의 재사용과 순환을 통해 우리 사회의 생태적/친환경적 변화를 추구하고, 나눔을 통해 도움의 손길이 필요한 우리의 이웃들과 단체들의 공익활동을 지원하는 시민단체이다. 아름다운가게 매장은 단순히 물건을 사고파는 곳이 아닌 수익배분을 통한 나눔, 지역주민들의 기증을 통한 물품의 순환을 실천하는 지역공동체의 중심으로서 그 역할을 다하고 있다. 주요 사업은 재사용 나눔가게, 공익캠페인, 자선 · 나눔 사업, 공정무역, 국제지원 모금사업이다(선일석 · 권재현, 2017). 두 번째 사례는 노리단이다. ㈜노리단은 버려진 것을 새롭게 살린다는 취지로 시작되었다. 노리단은 혁신적인 공연, 창의교육, 커뮤니티 디자인 사업과 미디어아트 통합브랜드 'dalog'로 사회 각 분야와 네트워킹을 통해 국내뿐 아니라 일본, 홍콩, 미국, 런던 등 글로벌 커뮤니티를 만나며 삶의 활력을 디자인하는 문화예술 기업이다. 주요 사업은 공연사업, 교육사업, 디자인사업, 네트워크 사업이다(선일석 · 권재현, 2017). 마지막 사례는 셰어하우스이다. 셰어하우스우주주식회사는 청년 주거 문제 해결에 앞서는 사회적기업이다. 특히, 청년들이 저렴한 비용으로 집을 공유할 수 있는 셰어하우스를 운영하며 청년 주거난 문제 해결에 앞장서고 있다. 주거 공유뿐만 아니라 다양한 부가서비스(커뮤니티와 네트워킹 이벤트, 여가와 레저 할인 서비스, 의식주 전반에 걸친 여러 가지 편의)를 제공함으로써 양질의 문화와 폭넓은 교류가 있는 따뜻하고 행복한 집을 추구한다. 주요 사업은 주거용 건물 임대이다.

2. 스마트시티

1) 스마트시티에 대한 정의

최근 디지털화 시대를 맞아 시대에 맞게 새로운 지역 정책에 대한 논의가 진행되고 있다. 도시 및 지역 정책 분야에서는 스마트시티(smart city)가 대표적이다. 스마트시티를 네이버 지식백과에서는 '첨단 정보통신기술(ICT)을 이용해 도시 생활 속에서 유발되는 교통문제, 환경문제, 주거문제, 시설 비효율 등을 해결하여 시민들이 편리하고 쾌적한 삶을 누릴 수 있도록 한 똑똑한 도시'로 정의하고 있다(김운한 · 김정규, 2021). 스마트시티가 전 세계적으로 새로운 도시 모델로서 주목받고 있지만, 개념에 대해서는 각 나라별로 다양한 정의가 존재하고 있다. 우리나라 「스마트 도시법」에서는 스마트시티를 건설 · 정보통신기술을 융 · 복합하여 건설된 도시기반시설을 바탕으로 도시의 삶의 질과 경쟁력 향상을 위해 다양한 서비스를 제공하는 지속 가능한 도시로 정의하고 있다(안용준 외, 2018). 싱가포르에서 스마트시티는 기술에 기반하여 사람들이 의미 있고 성취된 삶을 살 수 있으며, 더 나아가 모두에게 흥미로운 기회를 제공하는 것이라고 제시하고 있다. 싱가포르는 2014년부터 '스마트 국가'라는 목표를 가지고, 도시 전체를 '디지털트윈모델'로 만들었고, 그중 하나가 3D로 구현한 플랫폼이다. 플랫폼을 중심으로 도시의 각종 데이터를 수집 · 관리하고 서비스한다. 영국의 경우 스마트시티는 시민참여, 사회기반시설, 사회자본, 디지털 기술의 증가로 살기에 적합하고 탄력적이며, 도전에 대응할 수 있는 도시이다(최천운, 2021). 단, 하나의 완성된 도시가 아닌 과정으로서의 도시라고 정의하고 있다. 스페인은 스마트 프로젝트의 본산이다. 도시 내 현재 200여 개가 넘는 스마트 관련 프로젝트들이 진행되고 있으며, 스페인은 스마트도시를 주민들의 삶과 질에 연결하여 제시한다. 즉, 삶의 질과 접근성을 지속가능한 경제, 사회, 환경 개발을 위해 정보통신기술(ICT)을 적용한 도시 전체의 비전으로 정의하고 있다(국토교통부, 2022).

2) 스마트시티 추진 배경

인구의 도시 집중화는 전 세계적 추세이다. 2015년 UN보고서에 따르면, 2050년 도시 인구가 전체 인구의 70%에 이를 것이라고 예측하였다. 국가별로는 한국 82.5%, 일본 93.5%, 미국 81.6%, 영국 82.6%에 이를 것으로 예측하였다. 서울과 같은 인구 천만 이상의 메가시티가 기하급수적으로 증가할 것으로 전망된다. 스마트시티 추진이유 중 하나는 도시화에 따른 자원고갈, 환경오염, 교통 혼란, 에너지 부족 등 각종 도시문제가 전 세계적으로 점차 심각해지고 있기 때문이다. 따라서 도시문제를 해소하기 위해 기존 도시들은 도로, 경찰력, 발전소 확대 등 도시 구성요소의 양적 팽창을 도모하며, 도시문제에 대한 물리적 대응을 해 왔지만, 기존의 문제해결 방식으로는 현재 대도시들이 가진 문제들을 해결하는 데에 한계가 있다. 이에, 전 세계는 도시문제의 새로운 해결 대안으로 스마트시티에 주목하고 있고, 제4차 산업혁명 기술이 도입된 스마트시티는 다양한 도시문제들에 맞서 능동적이고 선제 대응이 가능하므로 적극 추진하고 있다.

최근 우리나라도 스마트 기술을 바탕으로 세계적 수준의 스마트시티를 조성하는 것을 목표로 하고 있다. 우리나라를 비롯한 전 세계적으로 스마트시티가 주목받는 근본적인 이유는 도시문제 해결에 대한 청사진을 제시하고 문제를 해결할 수 있는 능력 때문이라고 할 수 있다(김경훈, 2019). 우리나라 스마트시티 사업은 U-CITY(유비쿼터스 도시)라는 이름으로 시작되었다. U-CITY 사업은 2000년대 초반 화성 동탄, 파주 운정, 대전 도안, 인천 송도 등 신도시를 중심으로 공공 주도하에 시작되었고, 유비쿼터스 도시를 효율적으로 건설하고 관리하기 위해 2008년 「유비쿼터스도시의 건설 등에 관한 법률」이 제정되었다. 하지만, 오늘날 스마트시티의 개념은 더는 공공 주도 신도시 개발 사업이 아니라 신도시뿐만 아니라 기존 도시도 효율적으로 관리하고 개선하기 위한 핵심 수단이자 모든 도시가 지향하는 공통 목표가 되었다(최천운, 2021). 그리고 공공은 민간이 지속해서 발전하고 새로운 기술들이 안착하여 도시가 발전할 수 있도록 다양한 정책을 지원하는 역할을 하고 있다(국토교통부, 2019). 국토교통부는 스마트시티를 도시

문제 해결을 위한 개별기술과 서비스 등 도시 기반과 공간구조, 도시계획, 도시 운영 등이 종합적으로 융합된 도시로 발전시킬 계획이다. 특히, 지역거점 스마트시티 조성은 지자체가 주도하고, 기업과 지역주민의 참여로 이루어진다.

스마트시티 추진현황은 [그림 15-2]와 같다. 초기에는 특별시, 광역시 등이 신도시와 택지개발 사업을 토대로 스마트 인프라 구축 사업을 접목하여 추진하였다. 하지만 최근 들어 도시문제를 해결하기 위한 수단으로 복합기술을 활용하여 스마트시티 정책을 추진하는 지자체가 증가하는 추세이다. 국토교통부 제3차 스마트도시 종합계획안에 따르면 전국 78개 지자체가 스마트도시과 · 팀 등 전담 조직을 확보 중인 것으로 나타났다. 최근 정부 지원 사업을 추진하는 지자체는 총 67곳으로 나타났다.

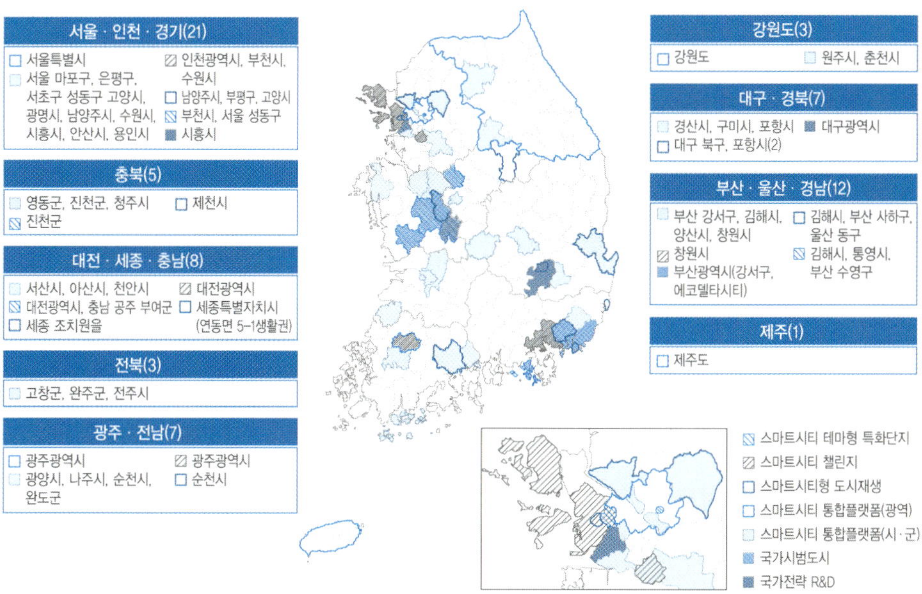

[그림 15-2] **스마트시티 추진현황**

출처: 국토교통부(2019).

따라서 스마트시티가 교육이나 환경 등 각종 문제해결의 대안임을 방증하듯, 전 세계적으로 추진되는 스마트시티의 제약 없는 수용을 위해서는 지자체의 밀착형 서비스 발굴, 데이터 표준화, 데이터 거버넌스 및 리더십이 수반되어야 한다.

3) 스마트시티 구축을 통한 시민 활용

최근 EU 집행위원회는 스마트시티 및 커뮤니티의 성공요인을 분석하였다. 300여 개 국가를 분석한 결과, 주요 성공 요인으로는 시민 및 커뮤니티 참여의 확대이다. 따라서 스마트시티 설계 및 운영에 있어, 민간의 참여를 확대하는 거버넌스 등을 강조한 것이다. 단순히 기술을 활용하여 도시의 효율성을 높이는 것이 아니라 스마트도시를 만들어 가는 과정에 시민들이 참여하고, 함께 협력할 수 있는 거버넌스 체계를 구축하는 것을 핵심요소로 본 것이다. 이러한 시민참여형 스마트시티 거버넌스의 목적은 지역사회 내 다양한 사회문제를 발굴하고, 공동의 해결과정을 통해 도시민의 삶의 질을 증진시키는 것이라고 할 수 있을 것이다(김상민, 2021 재인용).

그렇다면 지속 가능한 스마트시티는 무엇일까? 현재 스마트시티의 흐름은 기술에 기반하지만 기술 혁신에 초점을 두고 있는 것이 아니라, 사람의 역할이 중심이 되는 개념으로 전환되고 있다(김상민, 2021). 즉, 스마트시티의 핵심 주체라 할 수 있는 시민의 '역할'과 '참여'가 강조되는 경향성이 뚜렷하게 나타난다. 이에, 시민주도형 스마트시티 구축, 지속 가능한 스마트시티로 성장하기 위해서는 시민의 참여와 배려가 필요하며, 시민의 기술이 필요하다. 시민 기술은 특정한 사회문제를 해결할 수 있도록 기획된 기술이며, 사람 중심의 열린 도시 또는 시민주도형(citizen-Driven)의 스마트시티가 지속 가능함을 실천할 수 있어야 한다. 도시는 시민이 살아가고 시민들이 만들어 낸 곳으로 기술이 가득하지만, 행복한 시민이 없다면, 더는 도시로서 역할도 어렵기 때문이다. 사람과 기술이 상생하며 더 나은 미래로 나아가기 위해서는 정부뿐만 아니라 기업과 시민사회의 고민이 요구된다. 그러나 국내 스마트시티 정책추진동향을 살펴보면, 시민

참여를 통한 문제의 공동해결이라는 혁신적 측면을 강조하고 있지만, 실제 정책 추진 실태는 여전히 중앙정부 중심의 인프라 구축에 초점을 두고 있다는 한계점이 있다(김상민, 2021). 따라서 스마트시티가 제대로 정착하려면 관 위주, 기술 위주가 아니라 철저히 사람이 주축이 되어 상상력과 창의력을 결합함으로써 시민들의 편익, 행복, 삶의 질을 극대화하는 방향으로 구축되어야 한다(대전세종연구원, 2018).

시민참여형 지역사회 문제해결에 초점을 두고 스마트시티 정책을 추진하고 있는 부천시의 경우 원도심 지역 도시문제 해결을 위해 주민 및 민간기업의 참여를 강조하고 있는 사례로 주민이 만들고, 주민이 누리는 주민 주도의 스마트시티 구축을 실현하였다는 점에서 살펴볼 만 하다. 부천시는 2019년 스마트시티 챌린지 사업을 통해 스마트시티 정책을 추진하기 시작하였고, 사람중심, 시민참여, 지역사회 문제해결에 초점을 맞춘 정책을 추진하고 있다는 점에서 다른 지역과 차별성을 지니고 있다. 2019년 국토부에서는 스마트시티 챌린지 실증사업을 위해 예비사업 대상지로 경기도 부천시 삼정동 상살미마을지역을 선정하였다. 이 지역은 2009년 주택재개발정비구역으로 지정되었으나, 주민 간 찬성과 반대의 갈등이 이어져, 2018년 정비구역 지정이 해제되었고, 이 기간 동안 도시기반시설 정비가 제대로 이루어지지 않아 낙후도가 심각한 지역이다. 특히 불법주차, 무단 쓰레기 투기, 긴급차량 통행 및 보행의 불편이 심각하였고, 주차공간 부족 문제가 가장 심각한 문제로 나타났다. 이에 부천시는 지역주민과 민간기업 상생형 비즈니스 모델확립을 예비사업의 주요 목표로 설정하여, 주차장 공유 활성화 및 모빌리티 이용 확대, 원도심 맞춤형 마을기업 설립과 지속가능한 사회적 경제 모델 정립을 위해 사업을 추진하였다. 모든 서비스는 블록체인 시스템을 통해 투명하게 운영 및 관리하며, 지역주민들이 참여하는 마을기업을 설립하여 마을기업이 공유서비스 운영에 직접 참여하는(김상민, 2021) 시민참여형 스마트시티를 구축하였다.

최근에는 사회혁신, 시민참여, 공동체 복원이라는 키워드가 주요과제로 제시되면서 지자체는 예산을 별도로 투입해 리빙랩 프로젝트를 추진하고 있다. 리빙랩(Living Lab)은 살아 있는 실험실, 생활연구실 등 일상생활의 실험실이란 의미이다. 연구자가 연구실 안에서만 진행하는 연구가 아닌 시민이 직접 참여해 함께 문제를 해결해 나가고 결과물을 만드는 개방형 실험실을 의미한다. 리빙랩은 지역문제를 지역의 상황에 기반하여 지역 주민들이 주체가 되어 해결해야 할 문제라는 점과 시민들이 존재하는 곳이 연구실 또는 연구대상이라는 점에서 의의를 가진다. 결국, 스마트시티 구축은 시민이 주체가 되어 지역 및 사회문제를 직접 발굴하며 도시의 변화를 시민이 이끌고 가치를 확산함으로써 지속 가능한 사회혁신 전환도시를 만들어야 함을 시사한다.

사례

1. 코펜하겐시의 스마트도시

■ **코펜하겐시 스마트도시 정의**

코펜하겐은 인구 증가와 인프라에 대한 부담이 가중됨에도 불구하고 도시를 더 깨끗하고 건강하게 만들고 더 잘 운영하기 위해, 스마트도시 기술을 삶의 질, 경제 성장 및 활기 차고 책임감 있고 대담한 도시 개발을 촉진하는 수단으로 정의하였다.

■ **배경**

코펜하겐은 1970년대 제조업이 붕괴되면서, 시의 재정은 갈수록 악화되었고, 대규모 토목 공사를 주도할 만한 여력이 부족하였다. 이에 따른 대안으로 대규모 토건사업 없이 도시의 환경을 개선하여 시민의 삶의 질을 끌어올릴 수 있는 민관협력에 기반을 둔 도시재생 사업을 중심으로 도시계획을 수립한 사례이다. 코펜하겐시는 도시재생사업에 공공자산을 민간 기업의 경영 방식처럼 운용하여 수익을 창출하였고, 수익금은 다시 코펜하겐을 재건하는 데 활용하는 등 코펜하겐 모델이 탄생한 계기가 되었다. 코펜하겐시는 공공자산의 가치를 시장 기준에 맞춰 정확히 평가하고, 이를 지자체나 기관이 공동 소유하기도 하는데, 복잡한 이해관계를 사전에 조율해 ARC와 같은 공기업을 독립적으로 운영함으로써 공동의 이익을 추구할 기틀을 마련하는 등 세계에서 가장 모범적인 민관협력 모델을 가지고 있다는 평가를 받고 있다.

코펜하겐은 위기의 상황을 돌파하기 위한 민관협력 기반 도시재생 모델 구축 과정을 경험 삼아 도시의 성장을 위해서는 지속가능성이 중요하다는 결론을 도출하고 2025년 탄소중립도시를 선언하여 추진 중에 있다.

■ **코펜하겐시 스마트도시의 추구원칙**

- 스마트도시는 견고한 기반으로 지속 가능성, 성장 및 삶의 질 향상 목표
- 스마트도시는 혁신적인 파트너십과 기술 개발이 필요
- 스마트도시는 시민을 위한 지능적이고 자원 최적화된 에너지, 효율적인 솔루션을 만들기 위해 도시 내에서 생성된 데이터를 활용함
- 스마트도시는 모든 도시 서비스에 걸친 혁신적인 솔루션을 가지고 있으며 도시, 시민, 사용자, 기업

및 지식 기관이 새롭고 스마트한 도시 솔루션을 만드는 데 적극적으로 참여함
- 스마트도시는 기술 테스트를 위한 테스트 베드 역할을 함
- 스마트도시는 기업과 고도로 숙련된 인력을 유치함

출처: 이승하(2021).

2. 스페인 바르셀로나

■ **스마트시티 구축의 배경**

바로셀로나는 1980년대 섬유공업단지에서 스마트도시로의 탈바꿈을 시도한 대표적인 사례로 알려진 도시이다. 바르셀로나는 환경오염의 주범인 디젤차를 몰아내고 도로 위에 공동체의 꽃을 피우는 시민에 의한, 시민을 위한 스마트시티를 조성하였다. 스페인 바르셀로나는 '스마트시티' 과제 추진현황으로 '스마트워터그리드' 인프라 구축을 적극 추진하고 있다. 바르셀로나는 유럽의 물 부족 도시로 유명하지만, 동시에 유럽에서 스마트시티 과제를 가장 활발히 진행하고 있는 도시로도 유명하다.

■ **바르셀로나 스마트시티 정책의 특징**

세계에서 가장 스마트한 도시 구현을 목표로 시민체감형 위주의 스마트시티 정책을 수립하고, 민주주의적 가치와 시민을 중심에 둔 상향식 추진방식을 강조하고 있다. 특히, 민간기업 및 지자체가 기술을 독점하는 방식이 아닌, 시민이 주체가 되는 스마트시티라는 지향성에서 비롯된 특징을 가지고 있다.

■ **바르셀로나 전체 슬로건**

- 도시사람
- 시민들의 복지와 삶의 질 개선
- 경제적 진전

■ **바르셀로나 도시를 위한 기술의 목표**

- 보다 효율적이고 지속가능한 도시 이동성
- 환경적 지속가능성
- 기업친화적이고 매력적인 수도
- 통합과 사회적 결속
- 사람들과 소통 및 가까워지기
- 지식, 창의성 그리고 혁신
- 투명성과 민주적 문화
- 문화, 교육, 건강관리에 대한 보편적 접근

출처: 김상민(2021).

참고 문헌

감정기, 백종만, 김찬우(2005). **지역사회복지론: 이론 · 기술 · 현장.** 경기: 나남.

감정기, 백종만, 김찬우(2011). **지역사회복지론: 이론 · 기술 · 현장.** 경기: 나남.

감정기, 최원규, 진재문(2002). **사회복지의 역사.** 경기: 나남.

강대구, 김경남, 김민수, 이웅, 변규식(2006). 최근 귀농실태와 지원대책방안 연구. 농림부.

강명구, 김지현(2011). 이론과 현실 사이에서: 브르디외 이론의 적용과 변용, 혹은 생성. **언론과 사회, 19**(4), 87-133.

강제상, 김예승, 이영안(2013). 맞춤형 복지서비스 희망복지지원단 정책사례. 서울: 안전행정부 중앙공무원교육원.

강철희(2006). 나눔의 사회화 전략-나눔문화 구축을 위한 대안 논의. 사회복지공동모금회 주제 발표자료.

강철희, 김미옥, 이종은, 이경은(2007). 나눔교육을 통한 아동의 변화연구: Multiple Convergence Model. **한국사회복지학, 59**(4), 5-34.

강철희, 정무성(2007). **지역사회복지론.** 경기: 공동체.

강철희, 정무성(2012). **지역사회복지실천론.** 경기: 나남.

강철희, 최재성, 한동우, 구지윤, 강은나, 정병오, 이지미, 유재윤, 안성호(2010). 한국 공동모금제도의 사회적 성과와 발전과제. 사회복지공동모금회 나눔문화연구소 연구보고서, 1-429.

강혜규, 김보영, 주은수, 채현탁, 이지영, 김태은, 이정은, 김진희(2018). **지역사회보장계획의 이해-지자체의 제4기 계획 수립 · 실행 지원 연구.** 세종: 한국보건사회연구원.

고경훈, 김보은(2012). 지방자치 발전을 위한 주민참여 활성화 연구. **한국정부학회, 24**(2), 323-342.

고수현(2014). **지역사회복지론.** 경기: 양서원.

고수현(2015). **지역사회복지론.** 경기: 양서원.

관계부처 합동(2020). 사회서비스분야 사회적경제 활성화 방안. 정책자료.

구재관, 권향임, 박정임, 박주현, 심의보(2012). **자원봉사론.** 경기: 양서원.

구현주(2021). **공동체이론과 현실공동체.** 경기: 북인더갭.

국가균형발전위원회(2004). **세계의 지역혁신체제.** 서울: 한울.

국토교통부(2019). 제3차 스마트도시종합계획 2019~2023.

권선희(2006). 나눔교육이 아동의 친사회성에 미치는 효과. 중앙대학교 사회개발대학원 석사학위논문.

금오종합사회복지관(2014). 2014년 사업보고서, 주민리더십아카데미 사업보고.

기획재정부(2017). 시사경제용어사전.

김경훈(2019). 스마시티의 동향과 추진 방향. 기획시리즈.

김광희(2015). **지역사회복지론.** 경기: 공동체.

김교성, 김종건, 안현미, 김성욱(2008). 우리나라 사회복지 자원 총량 추계에 관한 연구. **한국사회복지학회, 59**(4), 319-346.

김기남(2003). 사회복지전달체계 개편 방향과 사회복지사무소 시범사업 계획. **복지동향, 62**, 41-43.

김기홍(2012). 마을개발 경험에 관한 유형별 에스노그래피 사회자본을 중심으로. **사회혁신연구, 3**(1), 43-76.

김동일(2008). 나눔교육 지도지침 및 교재 개발. 사회복지공동모금회 나눔문화연구소 연구보고서, 2, 1-72.

김동희(2020). 지역사회서비스투자사업 이용자 모니터링 연구. **인문사회21, 11**(5), 27-41.

김만호(2016). 지역사회복지론. 경기: 양성원.
김미숙(2007). '아동투자정책' 현황과 효과성 검토. 복지동향, 104, 45-48.
김범수(2012). 지역사회복지론. 경기: 학현사.
김범수, 신원우(2014). 지역사회복지론(제3판). 경기: 공동체.
김범수, 신원우(2016). 지역사회복지론(제4판). 경기: 공동체.
김병성(1996). 교육연구방법. 서울: 학지사.
김상민(2021). 시민중심 스마트시티 혁신을 위한 지방정부 전략: 부천시와 바르셀로나 사례를 중심으로. 도시행정학보, 34(3), 1-39.
김석준(2000), 뉴거버넌스 연구. 서울: 대영문화사.
김선배, 정준호, 송우경(2003). OECD 국가의 지역발전정책 동향과 사례. 서울: 산업연구원.
김선화, 방진희, 이근희(2010). 사회서비스 전달체계 변화에 따른 사회적 일자리 창출 효과 비교. 한국보건사회연구원, 30(2), 312-357.
김성천, 김영주(2006). 영구임대주택 관리정책에서 사회복지관과 관리사무소의 주거복지 업무연계에 관한 연구. 한국사회복지정책학회, 27, 225-250.
김세진(2015). 월간 이웃과 인정: 복지관 사회사업이야기(www.coolwelfave.org).
김승훈(2010). 사회복지발달사. 서울: 나눔의 집.
김양건(2019). 고령자 정책의 효과성 논의: 노인일자리 사업 중심으로. 한국의정연구회, 14(1), 111-136.
김영남, 김찬선(2015). 지역사회 사회안전망 구축과 지역사회결속 및 지방자치단체 신뢰의 관계. 한국 경호경비학회지, 42(42), 7-36.
김용득(2018). 탈시설과 지역사회중심 복지서비스 구축, 어떻게 할 것인가: 자립과 상호의존을 융합하는 커뮤니티케어. 보건사회연구, 38(3), 492-520.
김용하(2006). 사회복지공동모금회법. 국가기록원 국정분야별 검색(사회복지)(http://www.archives.go.kr).
김우중(2013). 거버넌스로서의 지역사회복지협의체 참여성 평가. 한국사회복지행정학회, 15(1), 1-30.
김운한, 김정규(2021). 도시명소화 전략으로서 미디어스트리트 조성에 관한 연구: 근거이론의 적용. ㈜에스비에스, 19(3), 85-123.
김윤재, 금유현(2013). 지역사회복지관의 기능전환에 따른 정체성 확립방안 연구. 한국벤처창업학회, 8(1), 205-222.
김이배(2016). 읍면동 복지허브화의 특징과 쟁점. 사회정책연합 공동학술대회.
김인(2013). 사회서비스 전달에 있어서 지방정부 보조금 지원방식, 법인 거버넌스구조 및 시설운영상의 특성이 서비스 질에 미치는 영향. 서울행정학회, 24(3), 1-31.
김인설(2013). 사회자본 증진을 위한 촉매로서의 예술: 예술기반 실행연구(Art-vased Action Research)사례와 문화정책적 함의. 한국문화관광연구원, 27(2), 120-143.
김종건, 배은석, 손지현, 이미리(2020). 동 지역사회보장협의체 활성화를 위한 사회복지사 참여과정에 관한 연구: 부산광역시 민간주도형 지역사회보장협의체 활성화 지원사업의 매니저 활동을 중심으로. 동의대학교 지방자치연구소, 37(2), 115-138.
김종두, 박종호(2019). 시민교육과 사회자본. 한국에듀테인먼트학회, 1(2), 17-36.
김종일(2003). 지역사회복지론. 서울: 학현사.
김종일(2004). 지역사회복지론. 서울: 현학사.
김종일(2005). 지역사회복지론. 서울: 현학사.
김종일(2006). 지역사회복지론. 서울: 청목출판사.
김종일(2014). 지역사회복지론(개정 신판). 서울: 청목출판사.
김종해(1995). 도시지역 지역사회행동의 주민참여요인에 대한 연구: 부천시 조례 제정 운동을 중심으로. 서울대학교 대학원 박사학위논문.
김준목(2006). 자원봉사활동기본법 시행과 자원봉사 발전방향. 대구자원봉사포럼.
김진숙(2018). 사회적 기업을 위한 EU권과의 국제 기술협력에 관한 연구: FP 8차 EFESELLS를 중심으로. 공주대학교 KNU 기업경영연구소, 9(4), 19-34.
김창엽(2021). 지역사회 시민교육론. 경기도: 공동체
김태동, 박주현, 안우상, 장갑수, 정미현, 최덕경, 최연옥(2016). 지역사회복지론. 창지사.
김태동, 성순아, 황희연(2014). 도시재생사업의 주민만족도에 대한 창원과 청주 사례 비교분석. 한국환경정책학회, 22(2), 153-181.
김태준, 설규주, 조영하, 이기홍, 한승희, 김정민, 박정애(2011). 세계 청소년의 시민의식과 우리나라 시민교육의 시사점. 한국HRD연구, 6(2), 25-41.
김해시종합사회복지관(2010). 아동의 친사회적 행동 향상을 위한 나눔교육 프로그램의 효과성연구 사업보고서.
김현종, 홍순구, 최형림, 김두환, 김종원, 임성배(2017). Co-creation기반 지역혁신 모델을 위한 플랫폼 설계. 춘계통합학술대회.
김현호, 양승연, 김영일, 박길남, 이규태, 이영희, 전대성, 최병태(2020). 사회복지실천. 경기: 양서원.
김홍주(2013). 조선 향촌규약에 나타난 마을공동체 운영 특성: 고현향약을 중심으로. 국토연구원, 79(79), 77-89.
김희수(2019). 커뮤니티케어 추진기관으로서의 사회복지관 발전방향 모색: 일본 지역포괄지원센터와의 비교를 중심으로. 한국지역사회복지학회, 68, 99-129.
노대명(2008). 한국의 사회적기업과 사회서비스. 보건복지포럼, 138, 62-85.
노대명, 이소정, 김수현, 유태균, 이선우, 손기철(2010). 자활정책에 대한 평가 및 발전방향 연구 보고서.
노영희(2015). 한국의 사회적경제DB 구축을 위한 메타데이터 개발에 관한 연구. 사회과학연구, 26(3), 267-311.
대전세종연구원(2018). 세종 스마트시티 국가시범도시 백서.
류석진, 조희정, 김용복(2020). 지역재생관점의 로컬 커먼즈 구현 가능성 연구: 로컬 자원과 자산화 사례를 중심으로. 현대정치연구, 13(2), 43-76.
류영아, 김필두(2010). 주민자치센터의 활성화에 대한 인식 조사. 한국국정관리학회, 20(3), 115-137.
류지선, 백정원, 김숙남(2015). 지역사회 생애 말기 돌봄에 있어서 사회복지 개입의 필요성 탐색. 보건과 사회과학, 40, 79-110.
맹두열, 심영미(2011). 지역사회조직사업의 활성화 방안연구: 고양시 지역사회복지관을 중심으로. 한국지방행정학회, 8(2), 197-214.
문혜진, 임세희(2017). 사회복지관 주민조직화 사업 영향 요인: 서울 지역 종합사회복지관을 중심으로. 한국사회복지행정학, 19(4), 105-132.
문홍빈(2000). 임파워먼트를 위한 지역사회조직 사례연구-광명 YMCA 생활협동운동을 중심으로. 도시연구, 6, 131-147.
민소영, 신재은(2017). 사회복지관의 주민조직화 직무 개발-경기도 사회복지관을 중심으로. 한국지역사회복지학회, 60, 1-28.
박균열(2005). 대북 인도적 지원에 따른 진단과 통일정책을 위한 시사점. 한국윤리학회, 1(58), 313-341.
박병일(1998). 성공적인 귀농을 위한 연구: 귀농사례 중심으로. 중앙대학교 대학원 석사학위논문.
박서연, 유태균, 마츠다이쿠노, 민혁기(2017). 전자바우처 사회서비스 사업의 현황과 개선방안. 사회과학논총, 20(1), 149-162.
박세경(2016). 지역사회서비스 투자사업의 성과와 과제. 보건복지포럼, 237, 45-60.
박시현, 박문호, 엄진영, 임지은, 임경수, 임형백, 장준철(2017). 마을공동체 활성화를 통한 농가소득 증대방안. 한국농촌경제연구원.

박용순, 송진영(2012). **지역사회복지론**(2판). 서울: 학지사.

박은서(1998). 불량주택재개발지역 지역사회 주민조직 활성화방안-삼양・정릉지역을 중심으로. 서강대학교 수도자대학원 석사학위논문.

박은순, 하태수(2019). 지역사회보장계획 시행결과에 따른 포상의 영향요인 분석. **충북연구원**, **30**(1), 17-41.

박은영(2005). 지역사회조직화를 통한 방임아동 예방 및 보호 프로그램 개발에 관한 연구. 제12회 한국복지재단 직원연구논문집, 100-194.

박정훈(2019). **사회복지사 1급 한번에 합격하기**. 서울: 크라운.

박찬용(2012). 국민기초생활보장제도의 근로유인 효과 제고를 위한 정책과제. **국가안보전략연구원**, 172, 39-66.

박철수(2008). 아파트 공적 냉소와 사적 정열이 지배하는 사회. (이종수 편). **한국사회와 공동체**. 서울: 다산 출판사.

박치성, 조성환(2011). 비영리 공동모금재단 책임성에 관한 시론적 연구: 공동모금재단 책임성 모형개발과 공동모금회/대한적십자사 사례비교를 중심으로. **현대사회와 행정**, **21**(3), 169-199.

박태영(1998). 초중고에서의 실천핸드북-학교의 복지교육. 대구광역시사회복지협의회.

박태영(2014). 한일지역복지계획의 비교 연구. **한국지역사회복지학**, **49**, 161-185.

박태영, 채현탁(2014). **지역사회복지론**(제3판). 경기: 정민사.

박현식, 김준경, 구재관, 박지현, 정지웅(2018). **지역사회복지론**. 경기: 양서원.

박홍영, 장우진, 이나경(2011). 충북지역이 사회적 경제조직 운영에 관한 조사 연구. **한국정책개발학회**, **11**(1), 37-67.

방아골종합사회복지관 연구기획팀(2010). **신명나는 지역복지 만들기**. 서울: 인간과 복지.

배귀희, 전성태(2015). 사회적문제해결형 사회적기업 가능성에 관한 탐색적 연구: 경기도 사회적기업 종사자들의 인식을 중심으로. **한국거버넌스학회**, **22**(3), 407-434.

배화숙(2008). 사회복지서비스에서 바우처제도 도입의미와 과제. **사회복지정책**, 31, 319-342.

보건복지부(2014). **제3기 지역사회복지계획 수립 매뉴얼**. 세종: 보건복지부, 한국보건사회연구원, 한국보건복지인력개발원.

보건복지부(2015). 지역사회보장협의체 운영 매뉴얼.

보건복지부(2020). 2020년도 사회복지관 사업안내.

보건복지부(2021). 2020년도 지역사회서비스 투자사업 안내.

보건복지부(2021). 희망복지지원단 업무안내.

보건복지부(2022). 2022년 지역사회서비스 투자사업 안내.

보건복지부 사회서비스전자바우처(2015). 전자바우처 사업현황 및 성과(http://www.socialservice.or.kr).

보건복지부, 보건사회연구원(2019). 지역사회균형발전지원센터 위탁운영 결과보고서.

보건복지부, 중앙자활센터(2014). 희망꽃 피는 자활사업.

보건복지부, 한국보건사회연구원(2018). 제4기('19~'22) 지역사회보장계획 수립 안내.

보건사회연구원(2010). 자활정책에 대한 평가 및 발전방향. 보건사회연구원 연구보고서.

사회복지공동모금회(2008). 나눔교육지도지침 및 교재개발 보고서.

서상철(2003). **지역사회복지론**. 서울: 홍익재.

서애정, 이선화(2020). 시설보호 장애청소년의 자립생활 준비행태가 탈시설 욕구에 미치는 영향. **장애인복지연구**, **11**(1), 19-48.

서영숙, 진관훈(2016). 사회적 자본이 기부지속성 미치는 영향에 관한 연구. **한국지역사회복지학**, 57, 111-138.

서울복지재단(2005a). 사회복지관 사업 매뉴얼-총론.

서울복지재단(2005b). 지역사회조직화 실천방법-사회복지 프로그램 매뉴얼 개발 연구.

서현선(2005). Philanthropy Education to Children of NGOs to Promote Civil Society: Case Studies and Implications. 경희대학교 대학원 석사학위논문.

석재은, 임정기, 노혜진, 이성학(2015). 사회복지공동모금회의 노인복지영역 배분 과제에 대한 전문가 인식. **한국사회복지조사연구, 46**, 105-131.

선일석, 권재현(2017). 물류 분야 사회적기업 활성화 방안에 대한 연구. **기업경영연구소, 8**(4), 57-72.

선학종합사회복지관(2014). 2014년 사업보고서.

소진광(2007). 지역사회 거버넌스와 한국의 새마을운동. **한국지방자치학회보, 59**(3), 93-112.

소진광, 김선희(2010). **새마을운동을 통한 마을 공간구조 개편 연구**. 경기: 국토연구원.

손능수(2005). 국민기초생활보장 자활사업의 효과성 평가: 대구광역시 자활후견기관의 자활사업을 중심으로. **한국정부학회, 17**(3), 729-760.

송현애(2016). 우리나라 가족교육 전문인력의 양성과 관리방안을 위한 기초연구. **가정과 삶의 질 학회, 34**(2), 51-64.

송혜림, 김소영(2006). 건강가정지원센터 활성화를 위한 지역사회 자원개발의 가능성: 주민조직화를 중심으로. **가족자원경영과 정책, 10**(2), 1-18.

신윤철, 김동섭, 배성의, 유준상(1998). 귀농자의 귀농동기 및 배경특성 분석. 공주대학교 산업개발연구소 산업개발연구, 59-70.

아름다운재단(2017). 청소년 나눔교육: 해외사례(http://www.beautifulfund.org).

아름다운재단(2018). 필란트로피는 무엇인가?(https://beautifulfund.org/57973/).

안용준 외(2018) 시민참여 기반의 스마트시티 모델 정립(pp.33-34, p.54). 대전세종연구원, 기획연구.

양성관, 주익수, 박상진, 김동환, 김주성(2013). **지역사회복지론**. 경기: 정민사.

엄미선, 전동일(2009). 사회복지 옹호특성척도의 타당화 연구. **한국지역사회복지학회, 31**, 191-212.

엄태영(2020). **지역사회복지론**(제2판). 서울: 신정.

오정수(2000). 영국의 공공사회복지실천-변화와 쟁점-. 한국사회복지학회 춘계학술대회 자료집, 113-130.

오정수, 류진석(2009). **지역사회복지론**. 서울: 학지사.

오정수, 류진석(2012). **지역사회복지론**(4판). 서울: 학지사.

오정수, 류진석(2014). **지역사회복지론**. 서울: 학지사.

오충순, 성기옥, 최소연(2010). 사회복지관의 부설기관 운영과 사회복지관 기능제고와의 관계연구. **한국비영리학회, 9**(1), 101-135.

우태식, 김창래(2015). 자원봉사활동의 유래를 통한 행정체계의 발전방향에 대한 고찰. **행정사학지, 37**(37), 103-137.

원석조(2008). **사회복지발달사**. 경기: 공동체.

유동철, 홍재봉(2016). **실천가를 위한 지역사회복지론**. 서울: 양서원.

유문무(2009). 홀리스틱교육에 기초한 복지교육의 방향 모색. **한국홀리스틱융합교육학회, 13**(1), 1-17.

유성용(2005). 공영 택지개발사업에서의 주민참여에 관한 고찰. **국토연구원, 4**, 125-144.

유한욱(2006). **재정효율성 제고를 위한 시장원리활용방안: 바우처제도를 중심으로**. 서울: 한국개발연구원.

윤동성(1999). 지역주민과 지역사회복지와의 관계. 제1회 한국지역사회복지대회 자료집.

윤영진(2006). 사회복지예산운동의 전개과정과 과제. **한국사회과학연구, 25**(2), 95-118.

윤윤규, 이재호(2004). **지역산업육성과 지역혁신체제 구축에 관한 연구**. 서울: 한국개발연구원.

이경민, 이철우(2008). 성서산업단지 활성화 정책의 거버넌스 특성과 평가. **한국지역지리학회지, 13**(5), 509-525.

이경은(2006). 아동의 친사회적 행동 향상을 위한 나눔교육 프로그램의 적용 및 효과성 연구. 연세대학교 사회복지대학원 석사학위논문.

이공래(2000). **기술혁신이론 개관**. 서울: 과학기술정책연구원.

이동하(1998). 귀농자의 농촌적응과 관련변인. 서울대학교 대학원 석사학위논문.

이마리아(2007). 사회복지관의 지역사회조직화에 영향을 미치는 변인에 관한 연구. 서울여자대학교 일반대학원 석사학위논문.

이마리아(2008). 지역사회조직화에 영향을 미치는 변인에 관한 연구-사회복지관을 중심으로. **사회복지실천**, 7, 57-84.

이마리아, 이경은(2015). 지역사회복지계획과 주민참여 수행 경험에 관한 질적 연구. **지역사회연구**, 23(1), 55-75.

이명진, 최유정, 이상수(2014). 1인 가구의 현황과 사회적 함의에 관한 탐색적 연구. **국민대학교 사회과학연구소**, 27(1), 229-253.

이미숙(2017). 한국 마을 단위 사회적 자본의 형성: 1970년대 새마을 운동의 경험. **농촌지도학회**, 24(3), 199-209.

이민영, 윤민화(2022). 지역사회 참여기반 청소년 나눔교육 프로그램 평가연구: 청소년의 시각을 중심으로. **한국청소년학회**, 29(5), 55-85.

이민형(2005). **지역혁신시스템 구축을 위한 지역혁신사업의 효과성 제고방안**. 서울: 과학기술정책연구원.

이민홍, 이재정, 서보경(2015). 노인돌봄을 위한 재가복지서비스의 전달체계 개선 연구: Aging in Place 지원체계 수립을 중심으로. **한국장기요양학회**, 3(1), 29-56.

이병준(2001). 지역 인적자원개발의 모델과 방향-산업, 고용, 교육, 문화의 통합적 관점에서. **지방교육경영학회**, 6(1), 1-16.

이소영, 오은주, 이희연(2012). **지역쇠퇴분석 및 재생방안**. 서울: 한국지방행정연구원.

이송희, 이병화, 김혜인(2019). 장애인 탈시설화 정책의 주요 쟁점과 과제: 서울시를 중심으로. **한국보건복지학회**, 21(4), 69-86.

이수경, 오미옥(2012). 사회서비스 공급체계 공공성의 쟁점과 개선방안 모색. **한국자치행정학회**, 26(3), 385-405.

이승하(2021). 스마트도시 해외사례: 코펜하겐(Copenhagen) 연구보고서.

이용탁, 정강원, 최영근, 권주형(2018). 사회적 경제조직의 현황 분석: 충남 · 대전 · 세종 지역을 중심으로. **기업경영리뷰**, 9(2), 39-59.

이은주(2017). 사회생태이론에 근거한 노인주거시설정책 분석 연구. **한국사회조사연구소**, 18(2), 115-140.

이인제(2002). 지역복지실천의 의미와 주체. **비판사회정책**, 11, 205-233.

이재곤(2011). 관광 축제가 지역민의 태도와 관광개발 지지에 미치는 영향. **동북아 관광학회**, 7(4), 209-228.

이재완, 김승용(2012). 지역사회복지협의체에 대한 비판적 검토. **비판사회정책**, 34(7), 195-236.

이재호(2006). 사회복지과 학생의 현장실습을 통한 지역사회복지의 주체적 참여방안 연구. **대한경영정복학회**, 18, 163-182.

이정민, 이만형, 홍성호(2016). 근접성 없는 공동체의 사례연구: 충북 괴산 탑골 만화방을 대상으로. **한국지역지리학회**, 22(3), 655-665.

이종성(2006). **델파이 방법**. 서울: 교육과학사.

이종수(2016). **한국사회와 공동체**. 서울: 다산출판사.

이종은(2006). 아동의 친사회적 발달에 관한 연구. **진리논단**, 12, 387-401.

이진홍, 권호근(2015). 통일후 남북한 주택정책의 발전 방향: 독일의 경우를 중심으로. **부동산학보**, 60(60), 155-166.

이창대, 노용숙(2020). 사회적경제 기업의 특성과 사회적 성과간의 관계에 관한 연구: 사회적가치지표(SVI)측정을 중심으로. **사단법인 사회적기업학회**, 13(3), 3-41.

이한우(2019). 협동조합기본법에 따라 설립된 협동조합의 등록면허세 과세완화 방안. **국회예산정책처**, 8(1), 123-148.

이현송, 강혜규(1997). 시범보건복지사무소의 운영평가 및 개선방안. 한국보건사회연구원 보고서.

임해원, 전민자, 김은정(2022). 종합사회복지관의 공간개선 요구사항 분석 및 디자인 방향 연구. **한국실내디자인학회**, 31(2), 71-80.

장익현, 주성돈(2018). 재난관리 연구영역 확대에 관한 탐색적 논의: 사회자본이론 적용을 중심으로. **한국행정연구원**, 27(1), 73-99.

장재홍(2003). 국가균형발전을 위한 지역혁신체계 사례 연구: 해외 주요 사례를 중심으로. 산업연구원 연구보고서.

장재홍(2005). 지역혁신정책과 지역균형발전 간의 관계분석 및 정책 대응. 산업연구원 연구보고서.

장종익(2019). 비즈니스 측면에서의 협동조합 정체성에 관한 연구. **한국협동조합학회**, 37(3), 67-83.

장지은, 최윤주, 박은솔(2018). 청소년 사회적경제 교육에서 성인기 준비를 위한 '나눔 학습'의 특징에 관한 고찰. **한국성인계속교육학회**, 9(3), 107-139.

전호성(2016). 일본의 '사회보장' 개념분석을 통한 우리나라 사회보장체계 재구축 방안 연구. **한국일본문화학회**, 69, 315-332.

정무성(1997). 지역사회복지 실천모델에 관한 이론적 고찰. 한국사회복지학회 1997년도 추계학술대회, 34-35.

정외영(1998). 지역사회조직사업 활성화 방안에 관한 연구. 가톨릭대학교 사회복지대학원 석사학위논문.

정재승(2018). 세종 스마트시티 기본구상안 발표자료.

정홍원, 김보영, 이준영, 엄태영, 이소영, 이영범, 최영준, 안효금(2013). **제3기 지역사회복지계획 수립 지원 연구**. 서울: 보건복지부, 한국보건사회연구원.

조석주(2013). **새마을운동 재조명을 통한 마을공동체 활성화 방안**. 서울: 한국지방행정연구원.

조추용(2013). 노인의 우울과 사회적 지지가 자살생각에 미치는 영향: 생태체계적 관점 중심으로. **한국통합사례관리학회**, 8, 1-21.

조한상(2009). **공공성이란 무엇인가**. 서울: 책세상

지규옥(2015). 지역사회복지 실천모델로서의 협동조합운동. **한국사회복지정책학회**, 42(1), 187-210.

지은구(2003). **사회복지경제학연구: 복지경제학비판**. 서울: 청목출판사.

지은구, 조성숙(2010). **지역사회복지론**. 서울: 학지사.

진관훈(2013). 사회적 자본이 지역사회 복지거버넌스에 미치는 영향에 관한 연구. **한국지역사회복지학회**, 203-222.

진선하(2005). 사회복지관 지역사회조직사업 현황 및 활성화 방안에 관한 연구. 위덕대학교 사회복지대학원 석사학위논문.

채현탁(2014). 지역사회복지 거버넌스를 위한 지방정부의 대응전략에 관한 연구. 한국지역사회복지학회 춘계학술대회 자료집, 131-153.

채현탁(2016). 읍면동 복지허브화 추진내용 분석에 관한 연구. **한국지역사회복지학**, 58, 141-171.

최균, 장영신(2013). 지역복지 네트워크 모델 비교. **한국지역사회복지학**, 45, 211-228.

최길수, 정영윤, 방정희(2014). 지역단위의 사회적자본 측정에 관한 연구 대전시의 사례를 중심으로. 연구보고서.

최병두(2000). 공동체이론의 전개과정과 도시 공동체 운동. **도시연구**, 6, 32-50.

최선희(2020). **지역사회복지론**. 경기: 지식공동체.

최성재, 남기민(2002). **사회복지행정론**. 경기: 나남.

최순옥, 위성남, 김일영(2017). **마을활동가 기본교육**. 서울: 서울시마을공동체종합지원센터.

최영국(2006). 지역사회와 주민이 주도하는 살기 좋은 지역만들기를 위한 기본지침서. 연구보고서.

최영출(2015). 사회적 기업 지원 활성화를 위한 주요 쟁점의 도출: 정부, 광주, 전남지역의 지역언론 기사 내용을 중심으로. **한국자치행정학회**, 29(1), 1-20.

최옥채(2000). 사회복지실천 클라이언트로서 지역사회유형-사회복지관중심 지역사회를 중심으로. 한국사회복지학회 추계학술대회 자료집, 321-337.

최옥채(2001a). **지역사회실천론**. 서울: 아시아미디어리서치.

최옥채(2001b). 지역사회주민 조직화 모형에 관한 소고-접촉전략과 접촉방법을 중심으로. 한국사회복지학회 추계학술대회 자료집, 274-286.

최옥채(2003). 사회복지사의 지역사회실천 경험에 관한 연구: 사회복지관을 중심으로. **한국사회복지학**, 52, 301-324.

최옥채(2004). 조직화 기술에 의한 사회복지기관의 후원회 조직화 방안. 한국사회복지학회 추계학술대회 자료집.

최옥채(2005). **사회복지사를 위한 조직화 기술**. 경기: 학현사.

최윤지, 고순철(2020). 지역사회 만족도 영향요인: 도시와 농촌비교. **한국농촌지도학회**, 27(4), 199-210.

최인규(2016). 지역사회 노인보호체계의 연계모형에 관한 연구: 노인장기요양보험을 중심으로. **한국융합학회**, 7(6), 259-266.

최인석(2019). 공공복지와 민간복지 역할 생각할 때. 복지데일리, 오피니언 칼럼 (http://www.welfare-d.kr/news/articleView.html?idxno=10113).

최일섭, 류진석(2003). **지역사회복지론**. 서울: 서울대학교 출판부.

최일섭, 이현주(2006). **지역사회복지론**(제2판). 서울: 서울대학교 출판부.

최종석, 윤종인, 김종배(2020). 디지털 지역혁신 활성화를 위한 법제도 개선 방안 연구. **한국IT정책경영학회**, 12(6), 2199-2206.

최종혁(2002). 도시영구임대주택지역의 주민조직화 활성화방안-지역주민대표자의 리더십 강화프로그램 사례연구. **한국사회복지학**, 51, 257-286.

최종혁, 이연(2001). 지역사회복지 증진을 위한 주민조직화에 관한 요인-영주임대아파트지역을 중심으로. 한국사회복지학회 춘계 학술대회 자료집, 584-605.

최천운(2021). 코로나19 이후 부동산법제도 개선방안. **한국부동산법학회**, 25(3), 23-44.

한국도시연구소(2001). **현장에서 배우는 주민조직방법론**. 서울: 한국도시연구소.

한국사회적기업진흥원(2021). 2021년 한국사회적기업진흥원 홍보책자. 연차보고서.

한국주민운동정보교육원(2010). **주민운동의 힘, 조직화-CO 방법론**. 서울: 제정구기념사업회.

한국지방행정연구원(2006). 분권교부세의 운영실태와 개선방안.

한국지역자활센터협회(2022). 자활사업 프로그램(http://www. jahwal.or.kr).

한덕연(2015). 복지요결-사회사업 원론(원고를 welfare.or.kr에서 공유).

한세억(2017). 창조성기반 지역혁신시스템의 가능성과 실천. **융합사회와 공공정책**, 10(4), 58-88.

한세억(2018). 창조적 지역 혁신과 지역정보화: 지역의 성장과 혁신을 위한 '지역혁신모델' 절실. **지역정보화**, 112, 50-52.

한재랑(2001). 지역사회조직화(community Organizing)의 실천사례에 관한 연구-관악사회복지의 네트워크과 소집단 활동을 중심으로. 서강대학교 공공정책대학원 석사학위논문.

함철호(2020). **한국지역사회복지론**. 서울: 학지사.

행정안전부(2017). 지역공동체 활성화 우수사례집. 연구보고서.

행정안전부(2021). 2021 마을기업 육성사업시행지침.

허현희, 손인서(2020). 지역기반 주민참여 건강사업의 사례 비교 연구: 지역 맥락에 따른 연합체계 형성과 다부문 협력의 차이. **보건사회연구**, 40(1), 271-296.

현외성(2001). **한국사회복지법제론**. 경기: 양서원.

홍선미(2004). 사회복지 실천의 지식기반과 학문적 특성에 관한 연구. **한국사회복지학**, 56(4), 195-214.

홍순구, 한세억(2013). ICT기반 지역공동체 가치창출 전략의 탐색. **한국지역정보화학회**, 16(2), 149-174.

홍순구, 한세억, 이현미(2014). 지역공동체 문제해결을 위한 Co-creation 접근. **지방정부연구**. 17(1), 1-24.

홍현미라(1998). 도시저소득층지역의 지역사회조직실천(CO Practice)에 대한 비교사례 연구-legal advocacy와 self-help 전략을 중심으로. 이화여자대학교 사회복지대학원 석사학위논문.

홍현미라(2005). 지역사회 변화전략으로의 자원개발과정에 관한 연구-사회자본(Social Capital) 관점 적용. 이화여자대학교 대학원 박사학위논문.

홍현미라, 김가율, 민소영, 이은정, 심선경, 윤민화(2010). **지역사회복지론**. 서울: 학지사.

황명주, 김형수(2019). 지역사회조직과 연계된 지역사회보장협의체 구축방안: 지역사회 네트워크 활용 전략을 중심으로. **한국동북아학회**, 24(2), 207-227.

황연수(2006). 농촌 새마을운동의 재조명. **농업사연구**, 5(2), 17-53.

황정임, 최윤지, 조현민, 윤순덕(2011). 농촌 이주 도시민의 지역사회 참여활동 실태 및 생활만족도와의 관계 분석. **농촌지도와 개발, 18**, 729-764.

황종덕, 이상배, 조철희, 신화은, 박소연, 하세린(2013). **앞으로의 5년 결정적 미래**. 서울: 비즈니스북스.

황철수, 류기덕, 류성봉, 백혜영, 임구원, 전대성(2011). **지역사회복지론**. 경기: 정민사.

황철수, 류기덕, 류성봉, 백혜영, 임구원, 전대성(2013). **지역사회복지론**. 경기: 정민사.

효고현사회복지협의회(1998). **청소년 복지교육**. (정종우 역). 서울: 인간과복지.

Agard, K. A. (2002). Learning to give: Teaching philanthropy K-12. *New Directions for Philanthropic Fundraising,* 36, 37-54.

Anderson, S. R., Anderson, S. R., & Carter, I. (1990). *Human Behavior in the Social Environment: a social systems Approach.* New York: Aldine de Gruyter.

Arnstein, S. R. (1969). A Ladder of Citizen Participation. *Journal of the American Planning Association, 35*(4), 216-224.

Banks, S., Butcher, H., Orton, A., & Robertson, J. (Eds.). (2013). *Managing Community Practice: Principles, Policies and Programmes* (2nd ed.). Bristol: The Policy Press.

Barkan, S. E. (2010). Sociology: Understanding and Changing the Social World, Brief Edition, vol 1. Flat World Knowledge LLC.

Battististich, V., Watson, M., Solomon, D., Schaps, E., & Solomon, J. (1991). *The Child Development Project: Acomprehensive program for the development of prosocial character. Handbook of moral behavior and development,* vol. 3. Application. New Jersey: Lawrence Erlbaum Associates.

Beck, U. (1999). *World Risk Society.* Cambridge: Polity.

Beck, U. (2014). **위험한 사회**. [Risikogesellschaft] (홍성태 역). 서울: 새물결(원저출판: 1986).

Bertalanffy, L. V. (1968). *General System theory: Foundations, Development, Applications.* New York: George Braziller Inc.

Bjorhovde, P. O. (2002). *Teaching Philanthropy to Children: Why, How, and What. New Directions For Philanthropic Fund raising,* 36. California: Jossey-Bass Publisher.

Bourdieu, P. (1972). *Outline of a theory of practice.* Cambridge: Studies in Social and Cultural Anthropology.

Bourdieu, P. (1986). The forms of capital. In: Richardson, J., *Handbook of Theory and Research for the Sociology of Education*(241-258). Westport, CT: Greenwood.

Brager, G., Specht, H., & Torczyner, J. L. (1987). *Community organizing.* New York: Columbia University Press.

Brower, A. M., & Nurius, P. S. (1993). *Social cognition and individual change: Current theory and counseling guidelines.* Newbury Park, CA: Sage Publications.

Brueggemann, W. G. (2006). *The practice of macro social work* (3rd ed.). Belmont, CA: Thomson Brooks/Cole.

Carlson, J. E., Junk, V. W., Fox, L. K., Rudzitis, G., & Cann, S. E. (1998). Factors affecting retirement migration to Idaho: an adaptation of the amenity retirement migration model. *The Gerontology, 38*(1), 18-24.

Chess, W. A., & Norlin, J. M. (1991). *Human Behavior and the Social Environment. Social Systems Theory* (3rd ed.). Boston: Allyn & Bacon.

Cnaan, R. A., & Rothman, J. (1995). Community development and the building of community. In Rothman, J., Erlich, J. L., & J. E. Tropman (Eds.), *Strategies of community intervention* (5th ed.) (241-257). Itasca, IL: Peacock.

Coleman, J. S. (1988). Social capital in the creation of human capital. *American Journal of Sociology, 94,* 95-120.

Coleman, J. S. (1990). *Foundations of Social Theory.* Cambridge. Mass.: Harvard University Press.

Compton, B., & Gallaway, B. (1999). *Social Work Processes* (6th ed.). Pacific Grove, CA: Brooks/Cole.

Cragun, R. & Cragun, D., & Konieczny, P. (2010). *Introduction to Sociology*. Blacksleet River: University Press of Florida.

Cunningham, J. V. (1972). Citizen participation in public affairs. *Public Administration Review, 32*(Special Issue), 589-602.

Dahrendorf. R. (1959). *Class and Class Conflict in Industrial Society*. Stanford, CA: Stanford University Press.

Dillick, S.(1959), The Function of Neighborhood Organization, in E. B. Harper and A. Dunham (eds). *Community Organization in Action: Basic Literature and Critical Comments*. New York: Association Press.

Dunham, A. (1970). *The New Community Organization*. New York: Thomas Y. Crowell Company.

Durkheim, E. (1960). *The division of labor in society*. Glencoe, IL: Free Press. (Original work published 1893).

Durkin, J. E. (1981). *The technical implication of general system theory for group therapy*. New York: International Universities Press.

Fellin, P. (1995). *The community and social Worker* (2nd ed). Illinois: F.E. Peacock Publishers.

Fiedler, C. R. (2000). *Making a difference: Advocacy competencies for special education professionals*. Boston: Allyn and Bacon.

Germain, C. B. (1973). An Ecological Perspective in Casework Practice. *Social Casework, 54*(6), 323-330.

Giddens, A. (1991). *Modernity and Self-Identity: Self and Society in the Late Modern Age*. Cambridge: Polity.

Glasby, J. (2005) Direct payments and the social model of disability. *Social Work and Social Sciences Review, 12*, 48-58.

Goodman, L. A., Liang, B., Helms, J. E., Latta, R. E., Sparks, E., & Weintraub, S. R. (2004). Training counseling psychologist as social justice agent: Feminist and multicultural principles in action. *The Counseling Psychologist, 6*, 793-837.

Grosser, C. F. (1965). Community development programs serving the urban poor. *Social Work*, 15-21(https://www.jstor.org/stable/23708254).

Hardcastle, D. A., Powers, P. R., & Wenocur, S. (1997). *Community Practice: Theories and Skills for Social Workers*. New York: Oxford University Press.

Hardcastle, D. A., Power, P. R., & Wenocur, S. (2004). *Community Practice: Theories and Skills for Social Workers* (2nd ed.). New York: Oxford University Press, Inc.

Hardcastle, D. A., Powers, P. R., & Wenocur, S. (2011). *Community Practice: Theories and skills for social workers* (3rd ed.). New York: Oxford University Press, INC.

Hardina, D. (2002). *Analytical Skills for Community Organization Practice*. New York: Columbia University Press.

Hillery, G. A. (1995). Definition of Community Areas of Agreement. *Rural Sociology, 20*(2), 111-123.

Homan, M. S. (1994). *Promoting community change: making it happen in the real world*. Pacific Grove, CA: Brooks/Cole Publishing Company.

Homans, G. (1961). *Social Behavior: Its elementary forms*. New York: Harcourt Brace Jovanovich.

Hunter, F. (1963). *Community Power Structure: A Study of Decision makers*. Anchor Book edition. Chapel Hill: The University of North Carolina Press.

Johansson, H., & Bjork, P. (2001). *Multi-Level Governance for Improved Public Services Iin Sweeden: The actor-dimension of co-ordination, Multi-Level Governance: Interdisciplinary Perspectives*. Sheffield: The University of Sheffield.

Joseph, M., Ogletree, R. (1996). Community Organizing and Comprehensive Community Initiatives, in R. Stone(ed.)

Core Issues in Comprehensive Community Building Initiatives(pp. 93-97). Chicago, IL: Chapin Hall Center for Children,

Kearney, M. (1986). From the Invisible Hand to Visible Feet, Anthropological Studies of migration and Development. *Annual Review of Antropology, 15*, 331-361.

Kemp, S. P. (1998). Practice with Communities. In M. A. Mattaimi, C. T. Lowery, c. H. Meyer(Eds.), *The foundations of social work Practice: A Graduate text*(2nd ed., pp. 209-239). Washington, DC: NASW press.

Kingsley, G. T., McNeely, J. B., & Gibson, J. O. (1997). *Community Building: Coming of age*. Washington, D.C.: The Development Training Institute, Inc., and the Urban Institute.

Kirst-Ashman, K., & Hull, G. (1999). *Understanding Generalist Practice* (2nd ed.). Chicago: Nekson-Hall.

Kiselica, M. S., & Robinson, M. (2001). Bringing advocacy counseling to life: The history, issues, and human dramas of social justice work in counseling. *The Journal of Counseling & Development, 79,* 387-398.

Kollock, P., & Smith, M. (1996). Managing the Virtual Commons: Cooperation and Conflict in Computer Communities. *Computer-Mediated Communication*. 109-128.

Kollock, P., & Smith, M. (1999). *Community in cyber space*. London: Routledge Press.

Korten, D. A. (1980). Community Organization and Rural Development: A Learning Process Approach. *Public Administration Review, 40*(5), 480-511.

Lin, N. (2000). Inequality in Social Capital. *Contemporary Sociology, 29*(6), 785-795.

Mattessich, P. W., & Monsey, B. R. (1997). *Community Building: What Makes It Work a Review of Factors Influencing Successful Community Building*. St. Paul, MN: Amherst H. Wilder Foundation.

Melville, M. B. (1978). Mexico women adapt to migration. *International Migration Review, 12*, 225-235.

Merton, R. K. (1949). *Social Theory and Social Structure*. Glencoe, IL: Free Press.

Meyer, D. S. (2004). Protest and Political Opportunities. *Annual Review of Sociology, 30,* 125-145.

Miley, K. K., O'Melia, M., & Dubois, B. L. (1998). *Generalist Social Work Practice An Empowering Approach*. London: Pearson.

Minkler, M. (1997). *Community organizing and community building for health*. New Brunswick, NJ: Rutgers University Press.

Mondros, J. B., & Wilson, S. M. (1994). *Organizing for Power and Empowerment*. New York: Columbia University Press.

Moore, J. (1971). Mexican Americans and cities: A study in migration and the Case of Informal Resources. *International Migration Review, 5,* 293-294.

Morgan, K. (1997). The Learning Region: Institutions, Innovation and Regional Renewal. *Studies, 31*, 491-503.

NASW(미국사회복지사협회)(2000). **사회복지실천이론의 토대**. [The Foundations of Social Work Practice(2nd ed.)] (이팔환, 박영희, 원기연, 김경, 서홍란, 김광운, 정원철, 이경희, 전형미, 이해영, 이문국, 박옥희, 이용표, 이기량, 박정문, 정유진, 권현정 역). 서울: 나눔의집(원저출판: 1998).

Netting, F. E., Kettner, P. M., & McMurtry, S. L. (1998). *Social work macro practice*. New York: Longman.

OECD(1999). Boosting Innovation: the Cluster Approach, Paris.

OECD(1999). Social Enterprises, OECD, Paris.

Peredo, A. M. & Chrisman J. J. (2006) Toward a theory of community-based enterprise. *Academy of Management Review, 31*(2), 309-328.

Pierre, J. (2000). Introduction: Understanding Governance. In J. Pierre (Ed.), *Debating Governance*(pp. 1-10). Oxford: Oxford University Press.

Powell, F. W. (2001). The politics of social work. Sage. *Social Sciences Review, 12*(2), 48-58.

Putnam, R., D. (1993). *Making Democracy Work: Civic Traditions in Modern Italy.* Princeton, NJ: Princeton Univ.

Reamer, F. G. (2004). **사회복지실천의 가치와 윤리.** [Social work values and ethics] (고미영, 최경원, 황숙연 역). 경기: 사회복지실천연구소(원저출판: 1995년).

Reed, B. G. (2005). Theorizing in Community Practice: Essential Tools for Building Community, Promoting Social Justice, and Implementing Social Change. In M. Weil (Ed.), *The Handbook of Community Practice* (pp. 84-102). Thousand Oaks, Calif: Sage Publications.

Rhodes, R. A. W. (1981). *Control and Power in Central-Local Government relationships.* Aldershot: Ashgate.

Ross, M. G. (1967). *Community Organization: Theory and Principles and Practice* (2nd ed.). New York: Harper and Brothers.

Rothman, J. (1995). Approaches to community intervention. In J. Rothman, J. L. Erlich, & J. E. Tropman (Eds.), *Strategies of community intervention* (5th ed., pp. 3-63). Itasca, IL: F.E. Peacock.

Rubin, H. J., & Rubin, I. S. (1986). *Community Organizing and Development.* Columbus, Ohio: Merrill Publishing Company.

Rubin, H. J., & Rubin. I. S. (1992). Community Organizing and Development. New York: Nacmillan Publishing Company.

Rubin, H. J., & Rubin, I. S. (2001). *Community Organizing and Development* (2nd ed.). London: Merrill Publishing Company.

Schneider R. L., & Lori, L. (2000). *Social Work Advocacy.* Belmont, CA: Brooks Cole.

Streeter, C. L. (2008). *Community, Encyclopedia of Social Work* (20th ed.). Washington, D.C.: NASW.

Tönnies, F. (1957). *Community and society* (Gemeinschaft and Gesellschaft) (C. P. Loomis, Trans., Ed.). East Lansing: Michigan State University Press. (Original work published 1887).

Trust, J., & Brown, D. (2005). Advocacy competencies for professional school counselors. *professional School Counseling, 8,* 259-265.

Twelvetrees, A. (2002). *Community work* (3rd ed.). New York: Palgrave.

Von Bertalanffy, L. (1950). An Outline of General System Theory. *British Journal for the Philosophy of Science, 1,* 134-165.

Warren, R. (1978). *The community in America* (3rd ed.). Chicago: Rand McNally.

Weil, M. (1996). Model development in community practice: An historical perspective. *Journal of Community Practice, 3*(3/4), 5-67.

Weil, M. , & Gamble, D. N. (1995). Community practice models. In R. L. Edwards (Ed.), *Encyclopedia of social work* (19th ed., Vol. 1, pp. 577-594). Washington, DC: NASW Press.

참고 사이트

1365자원봉사포털(http://www.1365.go.kr).

Development study center(http://www.devstu.org).

KNU기업경영연구소(http://www.kricm.or.kr).

Learning to Give(http://learningtogive.org).

국가법령정보센터(http://www.law.go.kr).

국토교통부 스마트시티 홈페이지(https://smartcity.go.kr).

국토교통부 홈페이지 자료실(www.molit.go.kr).

기획재정부 시사경제용어(2022.01.)(https://www.moef.go.kr/sisa/main/main).
법제처 국가법령정보센터 홈페이지(2015)(https://www.law.go.kr).
법제처 국가법령정보센터(2022.01.)(http://www.law.go.kr).
보건복지부(http://www.mw.go.kr).
사단법인 한국지역자활센터협회(http://www.jahwal.or.kr).
사회보장정보원 희망복지지원단(https://www.hopeletter.or.kr).
사회복지공동모금회(http://www.chest.or.kr).
세종시지역사회서비스지원단(https://www.sjss.or.kr).
중앙자활센터(http://www.cssf.or.kr/new_home/main.asp).
지역사회서비스지원단(https://csi.welfare.seoul.kr).
한국사회보장정보원(http://www.ssis.or.kr).
한국사회복지사협회(http://www.welfare.net).
한국사회복지협의회(http://kncsw.bokji.net).
한국청소년활동진흥원(https://www.kywa.or.kr/main/main.jsp).
희망복지지원단(https://www.bsbukgu.go.kr).

찾아보기

저자 소개

■ 이경은(李庚恩)

이화여자대학교 사회복지학과 석사(사회사업 전공)
대구대학교 사회복지학과 철학박사(사회복지 전공)
현, 경북대학교 사회복지학부 교수

〈주요 저서〉
청소년 인터넷 중독의 극복(2020). 학교사회복지론(공저, 2020)
사회복지개론(공저, 2014). 자원봉사론(공저, 2008)

〈주요 논문〉
코로나19 시기 학교 밖 청소년의 경험에 관한 질적 연구(2022)
스마트폰 사용조절 집단상담 프로그램 개발 및 효과 연구: 지역아동센터 이용 아동을 중심으로(2022)
학교 밖 청소년을 자녀로 둔 부모 경험에 관한 현상학적 연구(2021)
부모의 지지 및 방임이 학교 밖 청소년의 진로성숙에 미치는 영향 연구: 자아존중감의 매개효과를 중심으로(2021)
학교 밖 청소년의 아르바이트 경험과 진로성숙(2020)
지역아동센터 이용 아동의 스마트폰 과의존에 영향을 미치는 요인(2020)
스마트폰 중독 초등학생을 위한 개입 프로그램 메타분석(2019)

■ 정송화(鄭松花)

한남대학교 한국어교육학과 교육학석사
경북대학교 사회복지학부 문학박사(사회복지실천 전공)
현, 경운대학교 벽강교양대학 교수

〈주요 논문〉
스마트폰 사용조절 집단상담 프로그램 개발 및 효과 연구: 지역아동센터 이용 아동을 중심으로(2022)
스마트폰 중독 청소년을 위한 집단상담 프로그램의 효과에 대한 메타분석: 심리 · 사회적 프로그램의 효과를 중심으로(2021)
부모의 지지 및 방임이 학교 밖 청소년의 진로성숙에 미치는 영향 연구: 자아존중감의 매개효과를 중심으로(2021)
청소년 스마트폰 중독 집단상담 프로그램의 효과에 관한 메타분석(2021)
학교 밖 청소년의 아르바이트 경험과 진로성숙(2020)
스마트폰 중독 초등학생을 위한 개입 프로그램 메타분석(2019)
인터넷 중독 중고등학생을 위한 집단 프로그램 효과성에 대한 메타분석(2019)

■ 하나영(河娜煐)

경북대학교 사회복지학부 문학석사(사회복지정책 전공)
현, 경북대학교 사회복지학부 박사 과정(사회복지실천 전공)

〈주요 논문〉
스마트폰 사용조절 집단상담 프로그램 개발 및 효과 연구:지역아동센터 이용 아동을 중심으로(2022)
지역아동센터 이용 아동의 스마트폰 과의존에 영향을 미치는 요인(2020)
빈곤아동 스마트폰 의존의 영향요인 연구: 지역아동센터 이용아동을 중심으로. 석사학위논문(2019)

공동체 만들기 지침서
지역사회복지론

1판 1쇄 인쇄 — 2022년 8월 29일
1판 1쇄 발행 — 2022년 8월 31일

저　　자 - 이경은 정송화 하나영
발 행 인 - 강철원
발 행 처 - 양성원
주　　소 - 경기도 파주시 검산로 173번길 29-20
전　　화 - 031-946-3861(代)
팩　　스 - 031-946-3864
이 메 일 - tnwpub@naver.com
홈페이지 - tnwpub.co.kr
출판등록 - 2015년 8월 31일 제 2015-000211 호

ISBN 979-11-6126-480-6

정가 23,000원